... AVEC QUI VOUS SAVEZ

DU MÊME AUTEUR

VOICI TES FILS, *Grand Prix Vérité 1974,* Plon.

LE VENT DE LA LIBERTÉ, Plon.

POUR LA CONTINUITÉ *(articles parus dans la presse).* Tome I à VI — 1969 à 1977 — Information et Documentation.

DE GAULLE RACONTÉ AUX JEUNES, Rouge et Or.

Les notes font référence à l'édition des œuvres complètes de Charles de Gaulle parues chez Plon.

PIERRE LEFRANC

... AVEC QUI VOUS SAVEZ

Vingt-cinq ans avec de Gaulle

PLON

ISBN 2-259-00436-9

Aux compagnons obscurs et toujours fidèles,
artisans d'une certaine idée de la France.

I

LES RACINES

Le matin de l'enterrement du général de Gaulle, le froid est glacial. Malgré le bruit d'un hélicoptère, un épais silence pèse sur la foule. A l'intérieur de l'église, personne ne bouge. Malraux arrive le dernier, hagard.

Puis de jeunes garçons déposent le cercueil sur deux tréteaux.

L'hélicoptère s'est éloigné. Nous regardons le tissu tricolore, nous imaginons le corps étendu, les yeux fermés. Nous pensons : voici pour toujours l'intelligence disparue, la voix éteinte, un souffle d'une ampleur exceptionnelle retombé, une source tarie qu'on croyait inépuisable.

Devant nous, une forêt de dos courbés, une masse qui insensiblement se penche vers l'homme couché.

Nous savons que, alentour, une marée silencieuse bat la colline. Au-delà, une nation. Plus loin, d'autres pays et des millions de pensées tournées vers cette dépouille.

Les paysannes en noir, les hommes en blouson, les manteaux râpés et les pelisses se côtoient. Les larmes sont amères pour tous. Le froid intérieur est plus fort.

Enfin, la fraternité ! Pourquoi celui-là qui venait de mourir nous l'avait-il fait connaître ? Pourquoi, avec lui, les trois arbres du coin de la route, le village au-delà prenaient-ils une signification ? Comment, avec des mots simples, sans emphase, réussissait-il à faire naître en nous une fierté, une rigueur, un courage que nous ne connaissions pas ?

Les jeunes reprennent leur fardeau, plus lourd.

Pour la dernière fois il passe parmi nous, une assemblée de mauvais caractères et aussi, malgré tout, de quelques faux dévots.

Derrière : une femme qui a vécu mille fois cette mort, deux

yeux noirs profonds que peut-être l'angoisse vient seulement de quitter ; un fils, une fille, une famille qui se veut comme toutes les autres.

Nous entendons les pas des porteurs sur la route. De Gaulle va retrouver la terre et se fondre avec elle.

Nous nous regardons.

Comment expliquer ?

***

Il parlait de son père avec respect, un respect autre que celui des convenances.

Henri de Gaulle, d'esprit scientifique, avait préparé Polytechnique ; pourtant le souvenir que ses condisciples, amis ou élèves, gardent de lui est surtout celui d'un philosophe de l'histoire, fasciné par les problèmes de son temps et qui n'ignorait pas, dit-on, le maniement de l'ironie.

Sorti du collège de Vaugirard, solide maison tenue par les jésuites, il s'y était retrouvé comme professeur avant de fonder sa propre institution. C'était un traditionaliste respectueux du passé mais ouvert au changement puisqu'au début de sa vie, au lendemain de la chute de l'Empire, alors que toutes ses relations ne pensaient qu'au retour de la monarchie, il était républicain convaincu. Il portait la conviction que « la source de toute autorité vient du peuple mais qu'une fois constituée par le peuple, celle-ci revêt un caractère sacré auquel il ne faut pas porter atteinte », rapporte Jules Auffray, un de ses amis, membre comme lui de la conférence Olivaint. Voilà qui le classait, à l'époque du moins, parmi les progressistes.

Une attitude confirme son indépendance d'esprit : il fut dreyfusard. Après la cruelle défaite, s'opposer ainsi à l'armée et à la bourgeoisie bien-pensante, c'était manifester un non-conformisme peu répandu. Il est vrai qu'il appartient au milieu des intellectuels pour lesquels tout peut et doit obligatoirement être remis en question.

Une grande honnêteté d'esprit reposant sur le sens des réalités mais un attachement passionné à la France. Aussi l'histoire nationale se trouvait-elle présente à tous les repas. Le père y faisait référence et commentait les événements ; il conservait dans un tiroir une médaille gagnée en défendant Paris. Toute la population pensait à la revanche mais allait plus loin : elle en parlait pour y trouver des raisons d'espérer.

La statue de Strasbourg endeuillée de crêpe, la famille la rencontrait chaque dimanche à la promenade.

Il n'est pas étonnant que le jeune Charles ait alors considéré la France comme une dame que l'on salue.

Sans doute, au hasard d'une conversation, quelqu'un rappelait-il que les ancêtres avaient participé aux rassemblements successifs dont, petit à petit, la France était née. Une lignée de gens de robe et d'épée.

Du côté de Mme Henri de Gaulle, on était très croyant et lillois, c'est-à-dire sérieux, attaché à la règle et plutôt conservateur.

Les bons sentiments existaient donc de façon constante dans cette famille nombreuse aux modestes moyens : cinq enfants à élever en tenant son rang.

La voici, l'école de la dignité, à une époque où les hommes dits de la « bonne société » ne travaillaient pas. Après les revers financiers des grands-parents maternels, la petite chambre de la rue Princesse, à Lille, où Charles vit le jour, était-elle chauffée ? Et la charge d'un frère en mauvaise santé, la condition modeste du professeur ne permettaient sans doute pas à l'installation de la rue de Vaugirard d'être très luxueuse. Toutefois, l'on était servi et l'on partait en vacances.

Un grand-père et une grand-mère écrivains : ascendance peu courante.

Ce grand-père est chartiste. C'est un passionné du passé, un homme de textes et de citations. Charles a peut-être hérité de lui un petit carnet dont les pages couvertes de citations lues et relues fourniront, un siècle plus tard, des phrases insolites et des formules désuètes.

Les œuvres du savant sont sérieuses. Mais celles de la grand-mère, plusieurs dizaines, se révèlent plus fantaisistes, bien que pudiques et moralisatrices. Ce sont des historiettes assez mièvres qui, si elles ne finissent pas toujours bien sur terre, s'arrangent toujours au ciel. Dans la bibliothèque familiale, les ouvrages de l'ancêtre sont peut-être placés entre Michelet et Chateaubriand, mais ils ne resteront pas dans l'histoire de la littérature.

Plus original encore : l'oncle, par goût, est devenu « barde breton ». Il avait appris cette langue, qui n'était pas du tout celle de son enfance, et en sa compagnie se lança dans la poésie. C'est un de ses poèmes, il faut en convenir peu connu du monde des lettres, que le général de Gaulle cita, le 2 février 1969, à Quimper, dans son dernier discours public.

Bref, des écrivains dont les œuvres n'avaient pas atteint la notoriété, mais peu importe : dans les mœurs familiales le goût et l'habitude d'écrire existent. Les livres sont des réalités vivantes, ils se trouvent associés à la vie quotidienne. Charles découvre que l'écriture est une des formes les plus puissantes de l'action. Très vite, il prend la plume. A quinze ans, c'est une pièce... en vers, naturellement. Edmond Rostand n'est pas loin, mais perce un trait inattendu : l'humour. Heureuse surprise ! Comment cette fleur rare a-t-elle trouvé le moyen de pousser dans l'atmosphère d'un foyer si attaché aux principes ?

Pourtant il ne serait pas exact de croire que la famille vivait dans l'austérité et l'ennui. Le respect des principes n'empêchait pas que l'on s'amusât. Chaque été, les enfants et les cousins s'ingéniaient à monter un spectacle présenté à l'occasion de l'anniversaire de Mme Henri de Gaulle. Promenades et déjeuners sur l'herbe se succédaient. Le chef de famille pratiquait la plaisanterie, le jeune Charles manifestait un esprit taquin, les formules acérées jaillissaient déjà.

En fait, une famille bourgeoise bien classique, cependant un peu plus ouverte que d'autres à la marche des idées. Un foyer où la contestation n'est pas forcément considérée comme un crime.

L'éducation de Charles se fait aussi chez les jésuites. Les années passées sous leur férule ont-elles laissé sur ce jeune esprit les traces habituelles ? Le secret des intentions ; l'emploi des mots pour tendre un rideau de brouillard ; le mensonge considéré comme un honorable instrument ? La question s'est posée. Mais ce ne sont qu'expédients pour de petites manœuvres. Un jour, l'élève des jésuites s'apercevra qu'au-delà d'un certain niveau les ruses et artifices sont inefficaces. Seule compte la vérité.

Pour ce qui est de la dissimulation des desseins, on en trouvera des exemples.

Le choix d'une carrière ? En 1900, dans ce milieu de petits nobles et de bourgeois, le choix est limité. La médecine, le professorat, la magistrature, le barreau, l'armée... on peut aussi devenir ingénieur. Cette dernière voie est celle choisie par deux des frères de Charles. Lui n'hésite pas, c'est décidé depuis longtemps. Les grandes familles donnaient toujours un officier à l'armée ; dans le cas de Charles de Gaulle, ce n'est pas cette seule considération qui joue, mais une vocation. En 1905, l'armée, plus encore que l'administration, est un des piliers de la France. L'horizon est sombre et c'est là que la chance de servir est la plus grande. Et si de Gaulle avait éprouvé la vocation religieuse ? J'y pense parfois non sans amusement. Quel aurait été son destin ? Et le nôtre ?

***

A l'âge où il est de coutume de profiter de la vie, c'est la guerre et, par conséquent, la compagnie de la mort. Elle frappe sans relâche, les camarades, les hommes. L'existence de chacun s'arrête au lendemain, parfois même à l'heure suivante. Les sorties, la joie de vivre, les espoirs fous, tout cela est remplacé par les brutalités de la nature et d'innombrables cadavres. Le choc est terrible. Il a transformé une génération.

De Gaulle est parti en gants blancs, peut-être a-t-il crié

« A Berlin ! » avec les autres, et il se retrouve dans une boue de débris humains. Il y a quelque part des responsables de ces horribles hécatombes, des criminels ! Dans son trou, de Gaulle prend conscience physiquement de l'abîme qui sépare les théories brillantes des réalités. Est-ce là qu'est née son aversion des idées toutes faites et des systèmes ? Il opposera toute sa vie l'exigence des réalités à l'inconsistance des raisonnements abstraits.

A Berlin ! Magnifique idée, mais avez-vous des chaussures pour y aller ?

Au fond de sa tranchée, le jeune capitaine de Gaulle médite sur les inconvénients de croire que les désirs suffisent à modifier le cours des événements ; la mort de millions d'hommes elle-même n'y parvient pas.

Quel sacrifice ! Pour qu'un peuple accepte un tel bain de sang, il faut qu'un sentiment puissant l'habite. Se demande-t-il si ce sentiment est toujours présent dans les cœurs, s'il suffit de savoir l'éveiller ? A lui précisément la question se posera.

Ramassé moribond par les Allemands après un combat de cauchemar, il se trouve, pendant trente mois, privé de liberté. Obstiné, il tente à cinq reprises de s'évader. L'essentiel n'est pas là. De trente mois de réflexion, à vingt-cinq ans, le meilleur peut sortir. D'autres attendent en se lamentant. Lui, il regarde comment une nation formidable va perdre sa guerre. Oui, bien sûr, l'héroïsme des soldats alliés, le potentiel américain, mais, chez l'ennemi, le haut mal : la discorde. Il ne l'oublie pas.

En 1914, l'offensive possédait toutes les vertus. Après l'amère victoire, le changement est radical : la défensive devient vérité absolue. L'argent des Français est alors englouti dans la ligne Maginot.

Comme tout le monde, le capitaine passe par les écoles. Il rencontre à nouveau — mais c'est moins dangereux qu'au front — l'apriorisme et les théories toutes faites. Entre lui et les tenants de la doctrine officielle, la concorde ne règne pas. Celui que ses camarades appellent « le connétable » est mal vu. Il manifeste une détestable inclination à discuter les sacro-saintes directives qu'on lui affirme valables dans tous les cas.

— Non, de Gaulle, il n'y a pas de circonstance qui tienne, la défensive est le secret de toute victoire. Quant aux chars, c'est de l'artillerie à roulettes, un point c'est tout.

Il conteste. Il conteste le tout. Il n'y a pas d'autre mot pour décrire son état d'esprit. Quant aux chars, il les voit regroupés et constituant un fer de lance. On critique, il s'obstine et sort de l'Ecole de guerre avec une appréciation qui n'est pas mauvaise, mais loin d'être excellente. Imagine-t-on ce que signifie, pour un officier en début de carrière, une opposition aux grands chefs ? Quels que fussent les sentiments de ses camarades, eux saluaient et s'inclinaient. Mais de Gaulle n'est pas un professionnel d'un modèle courant.

Pour la suite, sans doute les événements le servent-ils : la mission en Pologne, le séjour au Proche-Orient, son temps passé à l'état-major de Pétain...

Pétain est alors un super-grand homme. Vice-président du Conseil supérieur de la guerre, il n'aime guère parler. La victoire vaut tous les talents. Pour un militaire, c'est compréhensible. Aussi Pétain prend-il beaucoup de distance. Il n'intervient pour ainsi dire jamais. Il domine les questions de si haut... c'est plus sûr.

De Gaulle a connu Pétain, colonel commandant le 33e régiment d'infanterie à Arras. Il n'a pas été indifférent à la libre façon de penser de ce chef qui, lui non plus, ne se contentait pas des règlements. Retrouvant ce héros au visage de marbre, il ne manque pas d'en être à nouveau impressionné. Jusqu'à quel point ?

On disait dans les couloirs que Pétain gardait, de son rendez-vous avec la gloire, une grande nostalgie, qu'il s'ennuyait ferme et trouvait la République bien ingrate, le danger passé. Que pouvait-elle lui donner de plus ? Le maréchal souhaitait ajouter l'Académie à sa panoplie. Pour cela il croyait indispensable de publier. Il choisit un « nègre », peu complaisant. De Gaulle a écrit. Il a appris à polir un texte parce que le patron, qui ne se met jamais à la tâche lui-même, est difficile et corrige bien.

Son temps d'état-major terminé, le jeune chef de bataillon part avec quelques chapitres d'un monument littéraire sous le bras. Lorsque Pétain manifestera l'intention de confier à un autre le soin de terminer l'ouvrage, de Gaulle protestera et les deux hommes se heurteront.

De Gaulle vient de passer plus de deux ans dans un entourage prestigieux où aboutissent rivalités et pressions. Il a commencé à observer de près la scène politique, ses mœurs, ses ambitions, et surtout son inconsistance. Il a vu ce que cachait le décor : un vide désordonné. En matière de Défense, ce qu'il a constaté ne lui inspire pas confiance et il ne le dissimule pas, tout au contraire.

⁂

Huit années avant le début de la « drôle de guerre », le commandant de Gaulle est nommé au Secrétariat général de la Défense nationale. C'est le signe du destin. Dirigé sur un escadron de chars d'une garnison de l'Est, absorbé par la routine d'un commandement, se serait-il hissé au plan des choix nationaux en matière de défense et aurait-il pris la mesure de ce qui se préparait ?

De plus, à ce poste, se dévoileront à lui les rouages et les influences qui fabriquent les décisions. Et sans doute, à ce carrefour des intrigues, aura-t-il la vision du sort qui attend le régime.

Pendant ces années, il écoute et réfléchit. C'est aussi une période où il écrit beaucoup. Sa plume reflète l'évolution de sa pensée. Il rédige ses conceptions du métier militaire et des devoirs d'un responsable. Ces textes, réunis sous le titre *le Fil de l'Epée,* constituent un prodigieux résumé des règles qu'il suivra lui-même. Y sont reprises les conférences données quelques années plus tôt à l'Ecole de guerre, dont la première prononcée en présence de Pétain qui avait tenu à venir présenter l'orateur, honneur inhabituel. Sans doute est-ce à cette séance que de Gaulle pensera en s'adressant, quatorze ans plus tard, de Londres, au même maréchal : « Cette voix que je connais bien », dira-t-il, et il se rappellera aussi les mots de Pétain : « Messieurs, je vous présente le capitaine de Gaulle, écoutez-le... »

Les pages des conférences ont été revues par le commandant de Gaulle dans la pièce de coin de l'appartement qu'il occupait à Beyrouth et portées dès son retour à Berger-Levrault, dont l'un des fondateurs a été son compagnon de captivité. Cependant *le Fil de l'Epée,* écrit par un soldat sur un thème militaire, est davantage un ouvrage politique et revêt un caractère universel. C'est l'homme face à sa naturelle faiblesse, à celle des autres, affrontant ou cédant à la séduction des accommodements ; c'est Antigone dénonçant tous les Créon, c'est l'homme d'Etat opposé aux politiciens.

L'analyse du portrait tracé d'une main ferme et en traits profonds donne, on le sait, les clefs de bien des agissements du fondateur de la Ve République. L'auteur nous y livre ses secrets que n'ont pas décelés les milliers de commentateurs obstinés à condamner une dualité inexistante.

Dès 1934, de Gaulle jugea ce qui l'entourait — d'autres le feront aussi, tel Léon Blum —, aperçut la menace à l'horizon — d'autres la décèleront aussi, tel Paul Reynaud —, mais il prit l'affaire à son compte ; là il fut seul ou presque, les autres parlaient.

Comment remuer cette masse indifférente sinon consentante ?

Les faits divers tenaient plus de place dans les journaux que les comptes rendus des réunions nazies et des premières manœuvres d'une *Wehrmacht* renaissante.

Les états-majors français préparent toujours la guerre précédente. C'est une règle. Pourquoi ? Dans l'armée française, les promotions sont sans doute trop lentes et les guerres trop fréquentes. Les généraux qui arrivent aux grands postes sont marqués par le conflit précédent auquel ils ont participé. « Mon cher, le problème consistait à ravitailler les fantassins dans leur trou. Le reste, c'est de la blague. » Ils s'enferment dans leur propre expérience. En 1913, on préparait la guerre de mouvements, en 1939 la guerre de forteresses. Et aujourd'hui ? On travaille beaucoup sur des chars qui n'auraient pas les défauts de ceux de 1945. Pire, on s'efforce d'adapter l'arme nucléaire aux combats de 1945 ! ! !

De Gaulle avait des idées sur les conséquences « du mariage du moteur et du canon ». L'état-major, lui, s'en tenait à la ligne Maginot. En 1914-1918, à coups d'hommes, on avait réussi parfois à franchir les premières lignes ennemies, mais les quelques vainqueurs survivants, morts d'émotion et de fatigue, se trouvaient incapables d'avancer d'un mètre. Et l'ennemi se reprenait. Les chars apportaient la possibilité d'exploiter une rupture. Or ils reçurent l'ordre d'attendre sur place la deuxième vague et de retourner à leur cantonnement, ... quand ils échappaient à la panne. Ces crustacés étaient dits « d'accompagnement d'infanterie ». On l'a vu, le capitaine de Gaulle s'était efforcé à l'Ecole de guerre de changer leur vocation ; depuis, sa pensée affermie et sa théorie complétée, il voit les chars prenant l'initiative et l'infanterie devenant « d'accompagnement » ; elle serait même transportée par camions, des avions protégeant la colonne et lui ouvrant la voie.

— Elucubration ! Sacrilège ! s'exclamèrent les grands chefs. On s'enterre et on les attend.

Ils ne pensaient pas qu'ils les auraient aux trousses jusqu'à Bordeaux.

Devant l'innovation, la surdité et la lâcheté sont plutôt des constantes que des exceptions. Chacun de nous a rencontré l'hésitation et le renoncement devant ce qui rompait avec la tradition du milieu.

On juge les militaires sur leur courage au feu. Erreur. C'est d'après leur courage devant les supérieurs et les idées toutes faites qu'il serait efficace, vraiment, de les noter.

De Gaulle a eu ce courage. De surcroît, son impudence et sa manie de transformer ses idées en articles et conférences font de lui le mouton noir du troupeau. et le haut commandement s'en méfie. On freinera sa carrière autant que possible. Sous peine de ne pas atteindre les étoiles, il se trouvera même contraint, un jour, d'intervenir en personne pour être inscrit au tableau d'avancement pour le grade de colonel. Quelle humiliation ! Sans doute ne l'oubliera-t-il jamais, sans doute gardera-t-il pour la hiérarchie qui a voulu l'écarter un ressentiment profond. Tous les lieutenants-colonels bottés et sanglés, qui passaient deux heures au quartier dès lors qu'ils étaient brevetés, franchissaient les grades sans peine...

mais en voici un qui a des idées, et qui manifeste la prétention de les défendre : à la retraite !

Le sentiment de révolte devant la passive acceptation jamais ne le quittera. Jusqu'au dernier jour, jusqu'à sa dernière pensée, il souffrira de se sentir toujours attaqué, injurié, parce qu'à l'inverse des autres il ne se plie pas aux événements en les baptisant « destin ».

De Gaulle se trouve devant une montagne d'indifférence. La France dispose d'une armée nombreuse, chaque soldat possède deux paires de brodequins et une arme, certains se voient même dotés d'un cheval. Des forteresses profondes gardent les frontières de l'Est. Pétain, incarnation vivante de la victoire, participe aux travaux du Conseil supérieur de la guerre ; un des collaborateurs de Joffre, Gamelin, commande en chef ; le bras droit de Foch, Weygand, manifeste la plus grande confiance en nos forces et un jeune lieutenant-colonel prétend donner des leçons à tout ce beau monde ! Bah, il y a toujours des esprits forts qui ne doutent de rien !

Paru en 1934, *Vers l'armée de métier* ne constitutait pas une doctrine d'ensemble comme en fabriquent les spécialistes dans les lieux où souffle l'esprit ; c'était une solution au problème posé à ce moment précis, une solution parfaitement réalisable ; mais il était inimaginable que les théories d'un simple officier puissent secouer les certitudes du commandement, surtout lorsque celui-là déclarait : « C'est en manœuvrant que l'on couvre la France » *, c'est-à-dire exactement le contraire de l'enseignement officiel.

De Gaulle découvre que la pyramide kaki ne bougera pas, il faut la tourner. Un temps, il espère qu'un appel par la presse est susceptible de réveiller l'opinion. Mais il déchante vite : des articles dans les journaux, les siens et ceux des Pironneau, Roure, Buré, Nachin, Auburtin, n'y suffiront pas. Seule la voie politique possède des chances de secouer l'apathie.

Il se rend donc chez un homme politique, lui offre le fruit de ses réflexions, le rallie à ses théories en opposition avec la doctrine en cours, et compte sur lui pour le triomphe de ses idées. Est-ce bien le rôle d'un modeste officier d'active, de surcroît affecté à l'organisme chargé de superviser les plans, que de fournir à l'opposition les éléments d'une contestation ?

On sait ce qu'il en advint : la tentative de Reynaud devant le Parlement en mars 1935, et son échec. Vingt mois après, ignorant toute hiérarchie, de Gaulle rencontre le président du Conseil

* *Vers l'armée de métier*, p. 49.

des ministres et s'efforce de le convaincre. Peine perdue, Léon Blum, pourtant homme aux vues larges, écarte à son tour la proposition.

1937. Le lieutenant-colonel se voit affecté au commandement d'un régiment de chars. Il en veut, on lui en donne. On lui confiera même tous les chars d'une armée parce qu'un incident survient : la guerre éclate.

II

L'ENTREE DANS L'HISTOIRE

Et, devant un peuple stupéfait, la France s'effondre.

Le 10 mai 1940, les Allemands attaquent. Les divisions blindées percent le front. Le 19 mai, Paul Reynaud, président du Conseil, appelle le maréchal Pétain au gouvernement. Il compte sur sa présence pour galvaniser les énergies et donner au général Weygand, nouveau commandant en chef, l'appui nécessaire à un rétablissement. Mais, dès le premier revers, Pétain considère la partie comme perdue et n'aura d'autre souci que de mettre fin à toute velléité de sursaut.

Certes, en arrivant, Weygand trouve une situation catastrophique, mais il n'envisage aucune autre solution que le combat en ligne de front, sur le territoire national, tel qu'il l'a connu.

Le 5 juin, Reynaud fait entrer de Gaulle au gouvernement ; cependant Weygand ne veut pas entendre parler d'une manœuvre à long terme utilisant l'espace représenté par l'Afrique du Nord et l'Afrique centrale. Au contraire, il se rallie à la thèse de la cessation des combats. Des poignées d'hommes se battent, mais que peuvent-ils lorsque les plus hautes autorités militaires ne pensent qu'à déposer les armes ?

Avec acharnement, Pétain, Weygand et un groupe de politiciens s'opposeront sans relâche et jusqu'à la fin, ouvertement ou en sous-main, aux tentatives désespérées des « résistants ».

Le transport des jeunes classes vers l'Afrique du Nord, ordonné par le gouvernement, n'est pas même esquissé.

Comment expliquer l'attitude et l'obstination de ces deux hommes qui avaient rendu, en d'autres temps, de si éminents services ?

Sans doute pour chacun d'eux se mêle-t-il aux considérations techniques des ressentiments politiques. Oui, des ressentiments : ni l'un ni l'autre, en effet, n'aiment le système républicain. Ils lui reprochent son manque de sérieux et le rendent responsable du drame qui frappe la France.

Reconnaissons qu'à la veille du conflit la IIIe République n'est guère séduisante. L'instabilité permanente de ses gouvernements, le principe du « on prend les mêmes et on recommence », la présentation du corps de ballet sur le perron de l'Elysée, la petitesse des querelles qui accaparent les vedettes — voir la querelle des Edouard entre Herriot et Daladier — tout ce fatras constitue, il est vrai, une affreuse caricature que les démocrates sincères ne reconnaissent pas. Et, de surcroît, pour des raisons différentes, les convictions démocratiques des deux grands chefs ne sont pas inébranlables. Pétain, malgré la considération qui l'entoure, se sent depuis Rethondes écarté des grandes affaires ; il constate qu'on l'utilise mais qu'on ne l'écoute pas et il vient de vivre en Espagne, à la tête de notre ambassade, les débuts d'un régime fort et organisé qu'il a certainement trouvé plein de qualités. Quant à Weygand, n'est-il pas d'ascendance royale, voire impériale ! N'a-t-il pas souffert et ne souffre-t-il pas de subir le joug de politiciens peu compétents et prétentieux, n'a-t-il pas une revanche à prendre sur tous ces parvenus qui l'ont malmené et ne le révèrent pas ?

Or, il arrive que les circonstances secouent l'édifice et que l'occasion se présente de se débarrasser d'un régime inconsistant et si peu respectueux des véritables valeurs.

La défaite de la France est pour ces deux glorieux militaires la faillite de la IIIe République et cet échec ne les rend pas exagérément tristes. Sans doute n'ont-ils pas compris que, depuis un certain jour du mois de janvier 1793, et malgré quelques restaurations, la République est devenue inséparable du destin national.

Et voilà qu'au moment de la chute, les hommes politiques manifestent la diabolique intention de vouloir passer la responsabilité de la catastrophe aux militaires ! Paul Reynaud veut soustraire la souveraineté nationale à la défaite et demande aux armées de déposer les armes sans que le gouvernement de la République se trouve compromis et soumis à la volonté de l'ennemi. Pétain et Weygand entrevoient tout de suite le danger que présente pour eux cette formule. En effet, décider la capitulation des forces armées, c'est détourner sur elles la responsabilité ; c'est rendre les militaires, et plus particulièrement les deux grands chefs, coupables d'impréparation et d'incapacité ; c'est aussi donner au régime une chance de survie.

Le maréchal et le commandant en chef savent mieux que personne combien ils ont été, l'un et l'autre, étroitement mêlés, depuis la fin de la Grande Guerre, aux décisions capitales relatives à notre défense ; ils n'ignorent pas que le procès de l'armée sera, en grande partie, leur procès. Il leur faut absolument écarter la menace et c'est donc au pouvoir politique qu'ils décident, d'un commun accord, d'imputer la faute, c'est lui qui doit faire figure d'accusé.

Weygand écarte violemment la solution demandée par Reynaud, il refuse même d'obéir et veille à ce que le maréchal ne se laisse pas circonvenir en Conseil des ministres.

Combien les choses eussent tourné différemment si, les armées déposant les armes, le gouvernement ne demandant pas l'armistice, la souveraineté de la République fût demeurée intacte ! Au lieu de celui de Riom, honteux procès tenu pour innocenter les généraux, les noms de Dakar et d'Alger eussent alors jalonné l'histoire de notre sursaut. La France n'aurait jamais accepté de collaborer avec l'ennemi, elle n'aurait jamais été vaincue, elle n'aurait été que prisonnière.

Mais Pétain et Weygand préféraient la France vaincue et humiliée à jamais, plutôt qu'une ombre sur leur gloire. Ils s'emploient donc à pousser l'autorité politique à se soumettre, à se placer à la merci du bon vouloir de l'ennemi, c'est-à-dire à demander l'armistice.

Paul Reynaud allait-il trouver l'énergie nécessaire pour imposer la volonté de combattre ?

Paul Reynaud était influençable ; en effet, il cédait successivement aux plus contradictoires des pressions. Tantôt résolu en entendant Mandel et de Gaulle, tantôt résigné en écoutant Mme De Portes, Baudouin, Chautemps et compagnie, champions du défaitisme, il passait d'un extrême à l'autre.

Le 16 juin, de Gaulle en mission à Londres, les partisans de l'armistice se regroupent et s'efforcent de chasser le président du Conseil. Reynaud, croyant sans doute être aussitôt rappelé, donne en fin d'après-midi sa démission.

La suite est entre les mains du président Lebrun. Ce fils du parlementarisme agit alors de façon inattendue. Il consulte les présidents des deux assemblées et, si l'on se réfère au passé, l'avis de ces institutions vivantes devrait être déterminant pour lui. Ce ne fut exceptionnellement pas le cas. MM. Jeanneney et Herriot déclarent : « Nous sommes partisans de la continuation de la lutte », et Lebrun prend la décision étonnante d'appeler pour constituer un nouveau gouvernement le chef de file de l'autre tendance, c'est-à-dire des partisans de l'arrêt de la lutte. Il est tristement comique que le premier acte d'indépendance de cet homme, engoncé dans les sacro-saintes règles du régime parlementaire, soit justement, en bousculant ces règles, de confier le pouvoir à celui qui se prépare à étrangler la République.

Le faisant sans consultation du Parlement et en vue d'une décision aussi grave qu'une demande d'armistice relevant de la compétence des assemblées, il entachait l'entreprise de Pétain de la marque indélébile de l'illégitimité. Or, la faute majeure, responsable de tous les abandons suivants, c'est bien cet armistice qui plaçait la souveraineté nationale sous la dépendance de l'adversaire.

Pétain, on le sait, pour mettre ensuite tout son dispositif en place, demandera et obtiendra de Hitler que ses soldats n'entrent pas dans Bordeaux. Il installait son pouvoir avec la complicité de l'ennemi.

En face : de Gaulle.

Le soir de ce terrible 16 juin, le Général revient de Londres, porté par l'espoir. Les Anglais ont accepté le projet stupéfiant d'une fusion des deux Etats. Cette incroyable proposition de marier les malheurs et bonheurs des peuples anglais et français paraît de nature à provoquer le choc nécessaire au maintien de la France dans la guerre. A peine descendu de l'avion, ses espérances s'effondrent : il apparaît que le chef de la fraction exigeant l'armistice est maintenant président du Conseil.

Que vont faire Jeanneney, Herriot, Mandel ? Que va faire Darlan dont la flotte, la première de l'Europe continentale, est intacte ? Que va faire Noguès, qui commande toute l'Afrique du Nord ?

Ce sont sans doute les questions que se pose de Gaulle dans la voiture qui l'emmène vers la capitale de la défaite. Peut-être demeure-t-il une chance ?

***

Le soir, il décide ; le lendemain matin, il agit. Il part. Il est le seul. Pourquoi ?

Les personnalités qui occupent les grands postes ne sont pas des médiocres, il y a là des hommes d'expérience et de courage. N'éprouvent-ils pas de sentiments patriotiques ? Personne ne peut mettre en doute leur attachement au pays. Alors, que se produit-il ?

Le poids du conformisme, l'habitude prise sous la IIIe République de servir des maîtres successifs sans s'interroger sur leurs intentions, la crainte de choquer les convenances, la peur de l'inconnu, le goût pour le confort des situations acquises, le manque de courage et de foi, tout cela a joué pour transformer en complices d'une trahison de bons et grands serviteurs du pays le plus amoureux de la liberté.

Une trahison, en effet. Comment appelle-t-on l'acte qui consiste à rendre à l'ennemi un bastion alors qu'il reste des défenseurs, des volontés, des vivres et des canons ? Pétain rendait la

France alors qu'elle disposait encore de ressources et de moyens immenses, humains, économiques et militaires.

Pourquoi de Gaulle possède-t-il, lui, une meilleure vision de l'événement ? Sans doute est-il le seul à apercevoir la véritable dimension du conflit. Il comprend que ce n'est plus 1870 mais au moins 14-18, sans doute même davantage, en raison de l'aspect psychologique de l'affrontement. Il est le seul, avec Churchill. Le vieux politicien britannique dont l'activité a ignoré les frontières entrevoit d'un coup d'œil les développements à venir. Il sait que l'Amérique s'engagera un jour et, dès la chute de la France, il n'aura d'autre préoccupation que d'obtenir l'appui et l'entrée en guerre de la démocratie d'outre-Atlantique.

De Gaulle, qui pense ressources, manœuvres, distances et espaces, est donc certain d'une issue heureuse pour les démocraties. Il y faut du mérite car, en ces jours de juin 1940, la situation de l'Angleterre paraît bien précaire. Mais le jeune général a confiance en son analyse.

Si l'analyse dicte le geste, c'est le caractère qui lui permettra de l'accomplir. Le caractère ! Il en a beaucoup parlé à ses auditeurs de l'Ecole de guerre, il leur a recommandé de le cultiver malgré les pressions des circonstances et du milieu. La capacité de sortir d'une obéissance passive lui paraît une nécessité à qui veut dominer l'événement, le militaire comme tout autre. Mais, hélas ! les impératifs de carrière, la somme de rebuffades et d'humiliations qu'ils imposent ont souvent raison des intelligences les plus vives. Que d'imaginatifs sous-lieutenants terminent leur vie professionnelle en ayant tout oublié et tout accepté. Que de brillants réformateurs se transforment en farouches gardiens du statu quo !

Jusqu'alors, Charles de Gaulle a mis ses recommandations en pratique. Par ses écrits il s'est exprimé sur son métier, sur la tactique et sur la politique de défense puis, devant l'immobilisme, il a agi. Ce faisant, il a largement dépassé le niveau de ses attributions, il est sorti de la hiérarchie pour faire triompher ses idées et, rompant les barrières, il s'est même aventuré, suprême indiscipline, sur le terrain politique... Il a commis là un véritable crime. Après s'être adressé directement au président du Conseil, il a persévéré dans les voies de l'inconvenance en expédiant, en janvier 1940, un mémorandum à quatre-vingts personnalités gouvernementales et du haut commandement. Que seraient devenues les instances supérieures si tous les colonels de l'armée française en avaient fait autant ! Et voilà que nommé membre du gouvernement le 5 juin, cet homme, en quelques heures, dépassant ses collègues et ses supérieurs, accède à l'échelon de la conception ; le voici en position de remettre à sa place le commandant en chef lui-même et de traiter avec le prestigieux Premier ministre du Royaume-Uni. Bref, le colonel de Gaulle, devenu en six jours général, puis ministre, pratiquait depuis longtemps sans d'encombrants scrupules — faisant ainsi largement preuve de ce qu'il appelait le caractère — des méthodes qui sortaient « de toutes les séries ».

C'est dire que celui qui, ce matin du 17 juin, en franchissant la mer dans un petit avion, bousculait toutes règles et hiérarchies, connaissait déjà la saveur brûlante des initiatives irrégulières et dangereuses. Sans doute est-ce dans ces précédents que l'on trouve l'explication de l'acte stupéfiant qui va suivre.

Le 17 juin, le voici donc de retour à Londres. La veille, il y était en ministre ; ce jour-là, il n'est plus rien.

L'ambassade et les missions françaises s'interrogent sur la signification de ce retour inattendu. Mais Churchill est là. Il éprouve sans doute tristesse et commisération à l'égard de l'allié, il ressent surtout une mortelle angoisse à l'idée que les Allemands sont en mesure de mettre la main sur les énormes moyens intacts dont dispose la France : la flotte et l'empire.

Si les forces navales françaises se conjuguaient aux efforts des marines allemande et italienne, l'Angleterre, réduite à ses moyens, verrait toutes ses voies de communication coupées et le passage d'envahisseurs à travers la Manche transformé en promenade. De plus, l'Angleterre n'a plus d'armée. Il lui reste des avions, mais sortirait-elle victorieuse d'un affrontement avec la Lutwaffe renforcée de l'aviation italienne et éventuellement des sept cents appareils français intacts ?

La Royal Air Force compte ses pilotes et ceux des Allemands un par un ; et ce n'est pas par hasard que Churchill a insisté, à son dernier voyage sur le continent, pour récupérer les quelques aviateurs allemands prisonniers des Français.

Le Premier ministre veut arracher à l'ennemi tout ce qui peut être utile à son propre salut. Il souhaite donc ardemment que certains dirigeants français se désolidarisent de Pétain et choisissent la lutte à outrance. De Gaulle arrivé, Churchill espère qu'il en viendra d'autres.

En conséquence, il apporte aussitôt son soutien déterminant à ce jeune ex-sous-secrétaire d'Etat obstiné. Ce faisant, sans doute éprouve-t-il le sentiment de corriger une erreur ; nul doute qu'il ne regrette son attitude des 11 et 13 juin à Briare et à Tours. S'il avait alors exigé de la France le respect de ses accords, s'il avait obstinément rejeté toute idée d'armistice séparé, il est probable que Reynaud et Lebrun, confortés, auraient choisi la poursuite de la lutte outre-mer. De Gaulle a jugé que Churchill avait alors commis une mortelle erreur, peut-être même lui en a-t-il fait reproche. Churchill tente de réparer. Il enverra sans succès ses hommes de confiance à Bordeaux et à Casablanca. Mais, en attendant mieux, il utilise à fond la seule carte dont il dispose et qui s'appelle de Gaulle. Bien que de grade modeste, celui-ci appartenait encore la veille au gouvernement de la France. Comme Mandel avait eu raison de dissuader le Général de démissionner du gouvernement...

Il importe tout d'abord que de Gaulle fasse savoir aux Français que la défaite n'est pas définitive, que d'autres forces vont intervenir. Il affirme donc l'existence d'une meilleure voie que celle de l'abandon et ceci, pour décider d'autres autorités à refuser l'armistice : « La Flamme de la résistance française ne doit pas s'éteindre et ne s'éteindra pas. » Nous sommes le 18 juin à 20 heures. Le colonel de Gaulle, général depuis dix-huit jours, se place en complète opposition avec son gouvernement. Extraordinaire action, magnifique appel, que malheureusement personne ou presque n'entendra. Cette rupture avec les voies traditionnelles peut lui paraître moins effrayante qu'à d'autres ; toutefois, bien qu'il ait un certain entraînement à la pratique des chemins escarpés, celui qu'il emprunte ce jour-là n'est pas sans l'impressionner. Une crête fort étroite entre deux précipices.

Cette incroyable décision est moins folle qu'il n'y paraît. Certes, pour parler au nom de la France, pour la représenter, les titres de De Gaulle sont plus que légers, mais par les postes occupés, il possède de l'Etat et de ses rouages une connaissance plus grande que nombre de généraux et même d'hommes politiques. Les cinq années et sept mois qu'il vient de passer au Secrétariat général de la Défense nationale, bien employés, lui ont révélé le fonctionnement des échelons gouvernementaux et la nature des forces en présence. Par surcroît, de fréquents contacts avec le haut personnel militaire et les chefs des territoires lui ont appris le style et la nature des échanges et des rapports entre grands responsables. Il possède donc une pratique des affaires à l'échelon des décisions d'Etat.

Malgré cela, et sans doute en raison de cela, le jeune ex-membre du gouvernement français sait fort bien que sa prétention est grande. Les circonstances ne le grisent pas et il ne veut pas prendre l'énorme affaire à son compte avant d'avoir tenté d'en passer la charge à plus important que lui. Mais ses tentatives auprès de Noguès, suprême responsable de l'Afrique du Nord, de Mittelhauser, qui commande la Méditerranée orientale, de Puaux, haut commissaire à Beyrouth, demeurent sans réponse positive. Sans doute connaissait-il déjà la réponse, pourtant il s'adressera même à Weygand pour le conjurer de gagner la France d'outre-mer et de continuer la guerre.

Ceux qui ont accusé de Gaulle, ambitieux contrarié, guettant l'occasion, de s'être précipité sur celle que faisait naître le malheur de la patrie, ont oublié un fait non négligeable. En ce temps-là, du côté des partisans d'une poursuite de la lutte, on ne constatait pas une grande bousculade.

Le général Noguès faillit se décider mais seul le général Catroux vint. Ce général d'armée sut, quelque temps plus tard, avec une dignité qu'aucun Français ne peut oublier, se placer sous les ordres de son cadet. On ne connaît pas d'autre exemple d'une telle hauteur de vue. Si, il y eut Malraux, plus tard.

Les appels lancés, le silence ayant répondu, il se retrouve donc seul.

Arrivant avec une flotte ou un territoire, les grands chefs auraient été considérés en fonction de ce qu'ils apportaient mais puisque de Gaulle n'a rien, du moins au début, son crédit ne peut se mesurer qu'à la rigueur de ses intentions. Tout accommodement, compromis ou intrigue détruirait ce qu'il représente.

Il écrit : « Il me fallait gagner les sommets et n'en descendre jamais plus. » *

Un mythe se crée. Aux yeux de tous, son personnage prend sa véritable stature. A ses yeux aussi, il devient « le symbole de Gaulle ». Il pèse désormais sur lui une écrasante obligation d'intransigeance et de rectitude. Exaltant, sans doute, mais, dans la lutte politique quotidienne, le fait de se sentir un monument doit parfois compliquer les choses.

De 1940 à 1945, nombreux sont les exemples où, placé devant un choix, de Gaulle, à tous risques, optera pour la rigueur.

Ses ennemis, et parfois ses amis, lui reprocheront cette extrême raideur, ne comprenant pas que le personnage n'aurait plus existé s'il s'était laissé aller à la moindre faiblesse. Ils diront : « Il a risqué de tout perdre. » Mais c'est en cédant qu'il aurait tout perdu.

De la défaillance des hauts responsables en 1940, le pays ne s'est pas encore remis. En cette circonstance vitale, ceux qu'on saluait de marques de déférence choisirent l'abandon et le principe absolu du respect de l'autorité fut remis en question ; il reçut alors une atteinte dont il ne se relèvera pas.

Un gouvernement et ses plus élevés exécutants n'incarnant plus l'intérêt du pays, tout le système s'en trouve ébranlé ; des élites suivant aveuglément ceux qui représentent l'acceptation et la servilité, cela provoque le discrédit des dirigeants et donnera naissance à une contestation fondamentale dont les effets se font encore sentir aujourd'hui.

Dans les premières semaines et les premiers mois de la France Libre, les coups ne furent pas ménagés à celui qui mar-

* *Mémoires de guerre*, tome I, p. 70.

chait sur la crête : Mers-el-Kebir, Dakar, l'opposition du Gabon, entre autres.

De Gaulle tint bon. Il classa ces malheurs dans la catégorie des péripéties ; c'était faire preuve d'un opportun discernement.

Mais que pensait-il, dans l'étroite cabine du transport de troupes, au soir du dramatique échec de Dakar ?

— La France est toujours là et les Allemands n'ont pas quitté Paris. Même si nous échouons dix fois, la onzième fois nous avancerons d'un pas.

Le chemin fut long, de 1940 à Brazzaville jusqu'à Paris. De Gaulle mit un pied devant l'autre sans jamais descendre pour retrouver les voies faciles et il en fut marqué pour la suite.

Un télégramme impératif du ministre de la Défense arrivait à Londres ce 18 juin 1940, qui intimait à de Gaulle l'ordre de regagner sans délai la France. Il n'a pas obéi à cet ordre parce que l'armistice se signait, mais que fût-il arrivé s'il avait cédé ? Se pose-t-on parfois cette question ? Nul ne possède la réponse. Toutefois ce que l'on peut écrire, sans le moindre doute, c'est que la France se fût trouvée en 1944 parmi les pays occupés par les forces anglo-américaines, ce qui eût sans doute provoqué de graves remous internes, peut-être une guerre civile ; que la France n'eût pas été présente à la table des vainqueurs, à Berlin, le jour de la capitulation allemande et que pour de nombreuses années, ou pour toujours, elle se serait vue considérée comme un pays satellite des vainqueurs.

La sonnette de la porte ne résonnait pas souvent, dans l'appartement de Saint-Stephen's House où de Gaulle et ses premiers volontaires s'installèrent. Où étaient passées les élites distinguées qui, dans les salons du VIIe arrondissement, abattaient et fabriquaient les ministères ? Qu'étaient devenues ces grandes âmes qui portaient la patrie en bandoulière ? Et tous ces journalistes et écrivains dont l'intransigeance tricolore entretenait un patriotique tumulte ? Oui, où se trouvaient-ils ?

Il fallut bien convenir qu'ils s'installaient tous dans leur Dordogne ou leur Tarn-et-Garonne pour « ne pas voir ça » et se consacrer à la confection des confitures, quand ils ne se jetaient pas au cou des vainqueurs pour susurrer leur admiration de l'ordre nouveau et proposer la naissance d'un nouveau journal ou d'une nouvelle revue.

Que devenaient les hauts fonctionnaires, préfets, ambassadeurs, inspecteurs des finances, dont la raison d'être était le service de la nation ?

Et les parlementaires ? Ceux-là, désignés pour représenter le peuple, pour le défendre, symboles vivants de la liberté, quelle révolte fut la leur ? Quels discours enflammés prononcèrent-ils pour appeler les citoyens à la lutte et à l'espérance ? Mis à part les quatre-vingts qui refusèrent, à Vichy, le 10 juillet, d'assassiner la République, ils acceptèrent tous et sans éclat de voir la France livrée tout en continuant à toucher leurs indemnités.

***

De Gaulle parvint à demeurer sur la ligne des sommets parce qu'il était homme à tout remettre en cause, c'est-à-dire à se retirer s'il n'obtenait pas satisfaction.

Churchill en fit l'expérience en plusieurs circonstances. Rappelons quelques faits connus mais symptomatiques d'une attitude qui se reproduira souvent, et révélatrice d'un caractère comme d'une méthode.

L'amiral Muselier, premier officier général rallié à la France Libre, aimait l'intrigue et la manœuvre. L'autorité et la rigidité du chef de la France Libre lui pesaient et les rapports entre les deux hommes connurent, dès le début, des périodes de tension. Cependant, Muselier était Français Libre et, à ce titre, ne relevait pour de Gaulle que de lui quant aux questions de service. Aussi, le 8 janvier 1941, lorsqu'il apprit que les autorités anglaises avaient trop hâtivement accusé l'amiral de trahison, de Gaulle, malgré le peu d'inclination qu'il pouvait éprouver pour cet encombrant subordonné, leur mit le marché en main : ou Muselier était libéré sous vingt-quatre heures, ou « toutes relations seraient rompues entre la France Libre et la Grande-Bretagne ». Que serait donc devenu l'unique espoir de la France ?

Le gouvernement britannique rendit la liberté à l'amiral et fit ses excuses.

Une seconde crise mérite d'être citée.

Les Anglais avaient décelé, dans les circonstances de leur entrée en Syrie et au Liban avec les Français Libres, une occasion de mettre en œuvre leur éternel projet de suprématie dans cette région.

Après avoir mis, pour n'y être en aucun cas impliqué, deux mille kilomètres de désert africain entre lui et les négociateurs d'un mauvais armistice avec les forces de Vichy, au nom de la France, de Gaulle s'oppose aux entreprises britanniques et menace de rompre. Ces menaces prennent une telle réalité qu'une date est même fixée au ministre du gouvernement britannique résidant au Caire, à partir de laquelle les forces françaises reprendront leur indépendance. Les Anglais se voient alors contraints de mettre momentanément un frein à leurs prétentions.

Tant de rigueur souleva l'émotion parmi les membres du Comité national demeuré à Londres ; de Gaulle leur écrivit de Beyrouth : « Notre grandeur et notre force consistent uniquement dans l'intransigeance en ce qui concerne les droits de la France. Nous aurons besoin de cette intransigeance jusqu'au Rhin, inclusivement *. » Ceci, affirmé le 13 août 1941, ne devait pas souffrir de démenti.

L'entreprise britannique sur Madagascar allait encore donner une occasion à de Gaulle de montrer qu'il n'acceptait aucune dérogation au principe d'indépendance de la France affirmé dans le contrat qui le liait provisoirement au Royaume-Uni. Il fit savoir alors que, si la France devait perdre, du fait de l'action des Alliés, quoi que ce fût qui lui appartenait, la coopération directe de la France Libre avec ses alliés anglo-saxons cesserait. Une fois de plus le gouvernement anglais, devant tant de détermination, finit par reconnaître la compétence de la France Libre à gérer la totalité des intérêts français.

Si, dans ces grands affrontements où le pot de terre se heurtait au pot de fer, de Gaulle l'a finalement emporté, c'est bien parce qu'il représentait les valeurs pour lesquelles cette terrible guerre était menée et qu'il symbolisait la lutte des peuples opprimés.

Dans sa longue vie faite de défis, on retrouvera souvent le souci de préserver l'aspect essentiel de son personnage et l'usage, pour y parvenir, de la pratique du tout pour le tout.

***

Les grands conflits que provoque l'arrivée des Américains en Afrique du Nord permettent d'illustrer plus complètement encore les voies et les méthodes.

Aux premières heures de la matinée, le 8 novembre 1942, de Gaulle reçoit confirmation de ce qu'il soupçonnait : les Alliés, sans l'avoir prévenu, débarquent en Afrique du Nord.

Pour couvrir l'opération, le général Giraud a été amené de France par les Américains.

De Gaulle connaît Giraud pour avoir été sous ses ordres. C'est un général digne et brave mais ignorant volontairement le monde de la politique et qui ne voit certainement pas dans quelle galère il vient d'être embarqué.

---

* *Mémoires de guerre*, tome I, annexe, p. 469.

Le ressentiment du chef des Français Libres se porte sur les Alliés.

De Gaulle, quoi qu'il lui en ait coûté depuis le premier jour de l'Alliance, a fait preuve d'une loyauté entière. Et voici que l'Américain, qui a entraîné l'Anglais, exige sa mise à l'écart. On connaît la méfiance de Roosevelt à l'égard de De Gaulle qu'il n'a pas compris et ne comprendra jamais. Il le traitera de « prima donna » et se moquera de lui en déclarant qu'il se prend pour Jeanne d'Arc.

Le président des Etats-Unis s'était vu soudain projeté, par les entreprises de Hitler, sur le devant de la scène. C'est à lui qu'en 1940 Reynaud s'adressait en désespoir de cause, c'est vers lui que se tournait Churchill. Prêt à tout pour bénéficier de l'aide américaine, Churchill le reconnaissait, avant même l'entrée en guerre des Etats-Unis, comme le suprême conseiller, le recours ultime.

Puis l'attaque du Japon survient, galvanisant son pays et, sous l'outrage, le jetant dans la guerre avec la formidable efficacité qu'on lui connaît.

Roosevelt croit profondément que les Etats-Unis détiennent la vérité en matière de démocratie, de liberté et de bonheur. Les rêves qui ont réussi à faire d'un agglomérat disparate une grande nation, il pense sincèrement qu'ils ont valeur universelle et qu'ils peuvent s'appliquer à tous les peuples et à tous les hommes. Il saisit donc la possibilité que les événements lui apportent de réorganiser le monde selon ses critères.

Le président des Etats-Unis porte peu de considération à la vieille Europe dont il estime que le règne est terminé. Il n'aime pas davantage la France, qu'il trouve bavarde, coquette et impérialiste. Après sa défaite, il la voudrait contrite et repentante comme une nation décadente qui vient de recevoir une leçon ; il pense que l'occasion est venue de rabattre ses prétentions et de la ramener à une position plus conforme avec les chiffres de sa production industrielle. Qu'elle fabrique des peintres et des poètes, soit, on les admirera encore ; mais qu'elle ne se mêle plus des affaires du monde !

Au surplus, Roosevelt subit la pression de son opinion, et plus particulièrement des forces religieuses de son pays dont la majorité, on le sait, est protestante. Le Conseil fédéral des élites protestantes est particulièrement axé sur la situation des peuples colonisés. Ces descendants de pionniers, champions de l'indépendance, très informés par leurs missions sur place de la situation en Afrique, réclament énergiquement que les tutelles, si tant est qu'elles se révèlent nécessaires, soient exercées par un organisme international et non pas par tel ou tel pays.

A la tête de ce Conseil fédéral se trouve précisément une

personnalité dont on s'apercevra plus tard qu'elle s'intéresse quelque peu aux questions extérieures : c'est M. John Foster Dulles. Dès lors, on comprend facilement que ces idéalistes saisissent l'occasion de la guerre et de nos revers pour mettre en cause les droits de la France sur son empire. Il ne faudrait pas que le frêle général de Londres vînt se mettre en travers de cet humanitaire et grandiose dessein *.

Habitué aux pratiques des républiques sud-américaines, le démocrate convaincu qu'est Roosevelt se méfie aussi des militaires et sans doute ne voit-il en de Gaulle qu'un général profitant des malheurs de son pays pour se mettre en vedette.

N'oublions pas l'affaire de Saint-Pierre et Miquelon. Les possessions les plus lointaines, les Nouvelles-Hébrides, Tahiti, la Nouvelle-Calédonie, s'étaient ralliées à la France Libre. Pourquoi les îles de Saint-Pierre et des Miquelon n'auraient-elles pas été sollicitées ? Se trouvant situées à proximité du continent américain, elles constituaient par surcroît un danger pour l'Alliance à l'époque où la lutte sur l'Atlantique devenait rude.

De Gaulle agit donc et la population, qui n'attendait qu'un signe, se rallia dans l'enthousiasme à la croix de Lorraine.

Qu'avait-il fait ! Comment, il était intervenu en zone dite américaine sans l'autorisation de Washington ! Quoi, il prétendait s'occuper des intérêts d'un territoire français sans en référer au président des Etats-Unis !

Il faut dire que les nerfs des autorités américaines se trouvaient alors légèrement tendus puisque l'affaire eut lieu seulement deux semaines après la discourtoise surprise de Pearl Harbor.

De Gaulle réagit à la mauvaise humeur du département d'Etat et Roosevelt dut noter quelque part que ce chef des « prétendus Français Libres » n'était pas un interlocuteur de tout repos et que, le jour venu, il importerait de trouver quelqu'un de plus souple.

Ajoutons que le représentant de Roosevelt en Afrique du Nord avait jeté son dévolu, pour comploter, sur des notables qui souhaitaient naturellement la libération du Maghreb mais lesquels, pour la plupart, ne déploraient pas le régime de Vichy en tant que formule politique de gouvernement. Certains d'entre eux se félicitaient même de la malencontreuse présence, à Alger, de Darlan, le dauphin du vieux maréchal.

Ces notables ne veulent pas entendre parler de De Gaulle, qu'ils ne connaissent pas et qui leur apparaît peut-être comme un « agent des juifs et des francs-maçons ».

Giraud, en revanche, qui affirme ne s'intéresser qu'à l'aspect

* A cette époque hautement morale, les dirigeants de la libre Amérique n'avaient pas encore découvert le système de la colonisation par le dollar.

militaire du drame, leur convient parfaitement ; et l'éventualité d'une ingérence américaine dans l'administration de l'Afrique du Nord libérée ne les préoccupe nullement.

Recevant donc la nouvelle du débarquement, de Gaulle éprouve des sentiments mêlés.

Ce qu'il a souhaité depuis le premier jour, ce qu'il a vainement demandé à Noguès et à Weygand, se produit enfin. Les Alliés ont compris l'importance de cette immense base de départ et l'Afrique française va se trouver tout entière dans la guerre.

Mais une sensation de profonde injustice ne manque certainement pas de l'assaillir. Il a été le seul à prendre position, à montrer la voie ; son attitude lui a valu de douloureuses blessures, il a résisté aux pressions multiples, aux insultes ; il a tenu sous tous les bombardements, amis comme ennemis, et une conjuration de Français et d'Américains l'ignore délibérément pour offrir l'Afrique du Nord à des dirigeants dont l'allégeance à Pétain a été officielle et publique.

Que dit-il à Churchill ce jour-là ? Ce qui se passe est bon pour notre combat sur le plan militaire, mais si l'on devait s'entendre avec les serviteurs de Vichy, ce serait sur le plan moral un désastre. Dans cette guerre, toute compromission avec l'idéologie que nous combattons constitue une défaite, je ne pourrai en accepter aucune.

Churchill sait qu'il a raison, qu'on ne gagne les guerres qu'en brandissant une juste cause.

Dans ce conflit, le désir des Américains de tout arranger, en dînant avec le diable si besoin était, ne pouvait se concilier avec l'idéal pour lequel on prétendait se battre.

Pénétré de cette conviction, de Gaulle ne trouve aucune difficulté à demeurer inébranlable. Devant les intrigues, il prend aussitôt du champ et c'est du plus haut point de vue qu'il analyse la situation : toute acceptation des idées et des hommes de l'ennemi constitue une erreur stratégique. Son jugement est si radical que, pour la première fois, l'usage de la B.B.C. lui est refusé.

Darlan, au nom de Pétain, se retrouve donc à la tête de l'Afrique du Nord. La cause est bafouée.

Une péripétie se situe à ce moment, qu'il convient de rappeler parce qu'elle est peu connue.

Roosevelt a invité de Gaulle à venir le voir. La date du voyage est arrêtée. Et c'est à trois jours du départ, le 24 décembre 1943, que tombe la nouvelle de l'assassinat de Darlan. L'invitation est annulée par les Américains, le voyage n'aura pas lieu.

Que se serait-il passé si la rencontre entre les deux hommes s'était alors produite ? La voie est ouverte aux suppositions ; Roosevelt lui-même, malgré sa méfiance, ne pouvait négliger les principes. N'aurait-il pas été impressionné par de Gaulle qui avait su s'y identifier ? Certes, le choix du Président s'était porté sur Giraud, mais il ressentait la précarité d'une solution de simple conjoncture au mépris de la morale. Est-ce que Roosevelt aurait alors compris que sa volonté de continuer la lutte contre le nazisme tout en ménageant Vichy constituait une impossibilité ?

Un mois après, c'est Anfa et le conflit ouvert avec les deux Grands. De Gaulle refuse en effet de se rendre à ce qui lui apparaît aussitôt comme un piège.

Giraud, usant de tous les prétextes, différait un face à face pour unifier l'action et l'entretien se trouve organisé par des étrangers, sur un territoire sous protectorat français. La France amputée ne compte pas encore pour beaucoup dans l'effort de guerre, ce serait une raison de plus pour la ménager. Non, la pression sera sans égards et la contrainte absolue.

Pourquoi de Gaulle cède-t-il alors aux menaces de Churchill et se rend-il à Anfa ? Pense-t-il qu'il est irréaliste d'affronter l'opposition conjuguée de ses deux grands alliés naturels ? C'est sans doute l'avis du Comité national de la France combattante mais peut-être considère-t-il aussi qu'il ne doit pas paraître redouter un contact avec Giraud. Ce serait un mauvais résultat si l'opinion pouvait penser qu'il craint la confrontation.

Au surplus, les Américains disposent de solides moyens de pression dont le principal concerne la place de la France au jour de la fin du conflit. Et pour de Gaulle, dans cette circonstance, la tension avec les Alliés ne devait pas atteindre le point de rupture sinon, qui aurait défendu le pays libéré d'une occupation et sur le point d'en subir une autre ?

Cette fois, il s'incline donc et décide de se rendre à « l'invitation ».

Le Maroc ! Souvent il a imaginé le retour du Maroc dans la guerre ; ce coin de l'Afrique ouvert sur l'Atlantique et la Méditerranée représentait la clef de l'Afrique occidentale française, de Dakar, et ensuite d'Alger et de Tunis ; il permettait la prise à revers des forces ennemies installées en Tripolitaine et qui bloquaient l'Egypte, Malte, la Sicile et le fameux « ventre mou » de l'Europe ; l'engagement du Maroc signifiait pour de Gaulle que la balance, enfin, se décidait à pencher du bon côté. Mais, en y arrivant, il éprouve un choc parce qu'il se trouve soudain dans un pays occupé. Certes, les occupants sont les Américains, des alliés, mais enfin, le Maroc, c'est aussi la France ! Les méthodes des U.S.A. au Maroc présagent mal de la suite. En sera-t-il de même en France ?

Dès l'instant que de Gaulle arrive, on le cache, on le surveille, on l'enferme presque. Il y a des agents armés derrière les rideaux ; et s'il rencontre le sultan du Maroc, notre associé, c'est sous les plis de la bannière étoilée !

Soumis à cette mise en condition, face aux deux chefs des plus puissantes démocraties, va-t-il céder ou tenir ?

Sans doute lui-même se pose-t-il la question.

Il est ardu, par la pensée, de reconstituer vraiment la situation. La France est prisonnière et bâillonnée. Giraud jouit d'un grand prestige, Churchill et Roosevelt, chefs d'une gigantesque coalition, empêtrés dans les intrigues, veulent en finir pour envisager l'étape suivante ; tous les diplomates et les hommes politiques s'impatientent ; la guerre se poursuit sur six fronts à la fois. Les principes auxquels de Gaulle se réfère sans cesse paraîtront-ils suffisamment importants ?

Oui, le général de brigade à titre provisoire reste debout. La colère du Premier britannique, les manœuvres voilées du président américain n'auront pas raison de lui. Qui plus est, les Anglo-Saxons ne provoquent pas la rupture. Pourquoi ?

Roosevelt intronise le général Giraud en espérant qu'il éclipsera l'homme du 18 juin et en lui reconnaissant une position de gérant des intérêts français, reconnaissance qu'il a toujours refusée à de Gaulle au nom de la démocratie. C'est tout à fait incohérent, d'autant que Giraud n'a jamais été qu'un exécutant alors que de Gaulle, au moins, a été membre du dernier gouvernement de la République.

Les affinités ne sont pas responsables de cette inconséquence, mais bel et bien la souplesse du général d'armée comparée à la raideur du sourcilleux champion à croix de Lorraine.

Dans sa lutte contre l'ingérence américaine, de Gaulle l'emportera parce que sa querelle est légitime, non parce que ses interlocuteurs y auront mis de la bonne volonté.

Pourquoi Roosevelt attacha-t-il tellement d'importance à la photographie des deux généraux français se serrant la main, pourquoi les deux *leaders* anglo-saxons n'écartent-ils pas résolument de Gaulle et tiennent-ils compte de ses réactions ? L'envie de bousculer son jeune interlocuteur a certainement atteint chez Roosevelt un haut degré d'intensité. Mais le Président, l'homme le plus fort du moment, n'ignore pas l'importance des sentiments de l'opinion. Une fois de plus, si de Gaulle ne se trouve pas tout simplement rejeté, c'est pour la raison que sa position est la seule conforme à la morale, aux raisons profondes qui ont provoqué le conflit.

En Angleterre étaient arrivés, venant de la métropole et de toutes les parties du monde, de jeunes Français, garçons de quatorze à vingt ans, qui se sentaient liés à leur pays et ne concevaient pas de rester spectateurs dans le drame qui se jouait. La jeunesse a parfois de ces exigences ! De Gaulle avait créé à leur intention une école militaire qui en fît des officiers. L'Ecole des cadets, ce Saint-Cyr de la France Libre, après plusieurs déménagements, se trouva installée dans un modeste manoir, près du bourg de *Bewdley-on-Severn.* Quant tout allait mal ou qu'il avait besoin d'un retour aux sources, de Gaulle rendait visite à ses cadets. Le désintéressement et la générosité des jeunes, insensibles aux intrigues de Londres, lui redonnaient confiance dans l'absolu.

Ainsi, un jour de mai 1943, avant son départ pour retrouver Giraud à Alger, il vient voir ses jeunes et leur dit : « Mes enfants, vous savez que je pars demain pour Alger, pour faire l'Union. On voudrait que je fisse l'Union par la bassesse, eh bien, je vais essayer de la faire par la hauteur... »

Quarante-huit heures plus tard, à Gibraltar, il rend visite à un groupe de Français évadés et sortis tout récemment des prisons espagnoles, et à ces tondus, il tient le même langage : « Ma tâche est de réaliser l'union de toutes les énergies qui servent la patrie, où qu'elles se trouvent et quels que soient les chefs qui les commandent. Cette Union se fera par le haut ou ne se fera pas ; elle se fera dans le respect des principes qui nous inspirent depuis le premier jour ou elle ne se fera pas. Je m'y engage. Ce que nous représentons restera intact. »

Sans doute voulait-il aussi s'engager vis-à-vis de lui-même.

Eût-il accepté quelque compromission que sa rigueur n'eût plus été prise en considération. Il le sait et tiendra, comme il l'a annoncé, la position jusqu'à la fin, jusqu'à la victoire, et au-delà.

L'issue de son affrontement avec Giraud ne paraissait pas évidente. Aujourd'hui il est facile d'affirmer : c'était couru d'avance. Ce n'est pas exact. La population de l'Algérie se sentait beaucoup plus proche de Pétain que dc De Gaulle. Les élites s'étaient toutes plus ou moins compromises avec la Légion des combattants ; les fonctionnaires n'oubliaient pas leur serment de fidélité au maréchal et les colons souhaitaient surtout que rien ne change, tout en recevant des Etats-Unis ce qui manquait à leur confort.

Le général Giraud faisait l'affaire de beaucoup, de tous ceux qui avaient soutenu Pétain et qui souhaitaient se trouver du bon côté le jour où ces fastidieux ennuis se termineraient. Giraud constituait un vivant exemple d'une confortable évolution : prisonnier, fervent de Pétain, évadé, sollicité par les Alliés, confirmant à leur poste les grands féodaux du maréchal, conciliant Washington et Vichy en passant par Londres ; bref, il représentait une parfaite synthèse de l'acceptation de la défaite, qui avait été quasi générale, et du souhait de s'en sortir honorablement, ce dont l'engagement américain permettait de déceler quelques indices annonciateurs.

De plus, sa présence et celle des hauts responsables qui tenaient leur poste de Vichy offraient la garantie d'une libération sans règlement de comptes ; l'Etat français redeviendrait la République, MM. Daladier et Reynaud reprendraient leurs fauteuils et leurs querelles, Pétain serait canonisé et l'on s'empresserait, en dégustant des conserves américaines, d'oublier les excentricités de ces Allemands un peu brutaux mais qui auraient pu être pires.

Le nœud fut tranché par ceux pour qui les principes avaient valeur de vie et de mort. Les résistants de France, les traqués, les martyrisés, déportés ou fusillés en sursis, ne s'y trompèrent pas. Eux ne pouvaient pas transiger. Ils ne pouvaient renier ce pour quoi ils combattaient et, donnant sans équivoque leur appui à de Gaulle par le fameux message du 15 mai 1943 et le soutenant après, rétablissant ainsi les terribles réalités, ils firent voler en éclat les masques et trompe-l'œil des continuateurs de Vichy et imposèrent l'auteur de l'Appel du 18 juin.

Il en a été souvent de même par la suite, les ardents, les combattants, les militants, ignorant les intrigues et ne quittant pas des yeux l'essentiel, ont apporté à de Gaulle, au moment opportun, l'appui décisif pour lui permettre de rester fidèle à sa rigueur.

De tous ces affrontements politiques du temps de la guerre, de Gaulle tira certainement la conviction que le respect des principes de valeur universelle, l'intégrité et la légitimité des intentions constituent une force puissante contre laquelle s'épuisent et échouent les calculs et les combinaisons.

Au cours de son action publique pour vaincre les machinations, c'est toujours aux principes qu'il aura finalement recours.

III

L'HOMME ET LES AUTRES

De Gaulle était un incurable pessimiste, affirment certains, un pessimiste et un sceptique ; il formulait sur les hommes et leurs actions un jugement dont la sévérité marquait sa conviction que rien de bon ne pouvait en sortir.

Il apparaît, tout au contraire, que de Gaulle portait en lui un optimisme puissant. Les sentiments sur lesquels se termine son récit de la guerre sont de confiance et d'espérance. Son dernier ouvrage, interrompu par la mort, s'intitule *Mémoires d'espoir*. Le Général m'avait demandé de lui suggérer des titres. « Mémoires d'avenir » figurait sur la liste et avait retenu son attention. Finalement il choisit « Mémoires d'espoir ». Ce choix est significatif.

Ses discours : pas une de ses allocutions importantes qui ne finisse par un message de confiance ; et quelle foi n'était pas nécessaire pour croire en la France au matin du 18 juin 1940...

En vérité, quoi qu'il arrivât, il ne désespérait jamais et la conviction l'habitait qu'à une résolution inébranlable rien n'était impossible. Pour lui, l'avenir n'a jamais été fermé, l'avenir contenait toutes les possibilités à condition de les vouloir. Il s'est empoigné avec l'Histoire ; l'ayant affrontée, il est finalement parvenu à l'infléchir. Elle était pourtant déjà écrite, ou presque ; il l'a effacée pour lui donner une nouvelle direction.

Pour lui, la France n'a jamais été vaincue. On connaît la phrase : « Elle a perdu une bataille... »

Refusant une réalité qui éclatait aux yeux, l'affirmation est magnifique. Elle n'accepte pas l'inacceptable, même s'il s'est produit, et... enchaîne, quoi qu'aient pu en penser les soldats parvenus aux rives de la Dordogne.

A partir de ce refus, de cette mauvaise foi, tout le reste

suit, jusqu'à la présence de la France à la capitulation de l'Allemagne.

La première circonstance où je le vis, nous sortions des prisons de Franco et il nous tint un rude langage du genre : « Mes jeunes amis, vous n'avez encore rien fait tant que vous n'êtes pas morts pour la France » ; mais il nous donna à tous rendez-vous sur les Champs-Elysées. La contradiction n'est qu'apparente. Son optimisme eut raison de quelques obstacles.

« Certes, il croyait en la France, mais il méprisait les Français », rétorqueront quelques beaux esprits habiles dialecticiens. D'ailleurs, ajouteront-ils, le Général n'a-t-il pas dit : « Les Français sont des veaux » ?

Comment croire en la France sans croire aux Français ? La France est faite des Français et, parmi eux, il y a comme partout des velléitaires, des créateurs, des lâches et des héros. Ce bon peuple insupportable et cocardier s'éparpille et galope dans toutes les directions, à moins que... à moins qu'un certain phénomène ne se produise et ne le transforme en une masse unie à laquelle rien ne résiste.

Ce phénomène intervient rarement et résulte d'un amalgame de sentiments qui paraît défier l'analyse alors qu'il se compose d'éléments simples. Point de chimie mais les aspirations de base qui ont toujours réussi à réveiller nos compatriotes depuis Vercingétorix.

Le secret consiste à apporter une réponse aux questions : qui suis-je et qu'est-ce que je fais là ? Ne suffit-il pas de donner à l'être humain une mission pour qu'il se révèle ? Pourquoi en serait-il autrement d'un peuple ? Il a besoin de croire en son existence et en sa vocation.

Tels les hommes qui se retrouvent au pied du chantier d'une cathédrale ou dans un cyclone, tels les citoyens se découvrent, se rassemblent et agissent en commun dès lors qu'ils sont appelés à servir une cause.

Pour que les Français sortent de leur confortable routine, du scénario métro-boulot-dodo — qui pourrait aussi bien être rebaptisé télé-supermarché-congé — il leur faut se sentir concernés par la pièce qui se joue et s'y voir attribuer un rôle. Qui plus est, ils n'interviennent publiquement que dans les drames ; la comédie, ils se la donnent tous les jours au bureau, au café ou devant la famille réunie.

Créer l'impression que le vent s'est levé, qu'il forcit, qu'il risque de tout emporter, c'est un moyen de nous mobiliser pour peu qu'un coq chante dans la coulisse, qu'un drapeau se déploie ici ou là ; et je ne pense pas provoquer la contradiction en déclarant que de Gaulle était passé maître dans l'art de dresser les décors, de mettre en mouvement les rouages et de lancer une action dramatique.

Ce n'est pas aussi facile qu'on pourrait le croire, et d'autres s'y sont essayé sans y parvenir. En l'absence de talent, on tombe vite dans la caricature et le résultat est inverse de celui souhaité.

Ajoutons que toute tragédie peut se terminer par la mort du héros et que cette perspective se révèle dissuasive pour beaucoup de nos ténors. La dramatisation est donc une arme à double tranchant et son maniement exige à la fois de la maîtrise et un cœur bien trempé.

La mise en scène d'une tragédie politique ne se limite pas seulement au choix d'un vocabulaire énergique ; elle implique qu'on accepte l'idée d'un départ immédiat. Or, s'il est désagréable à beaucoup d'envisager une démission sur un échec — c'est bien de cela qu'il s'agit — l'exercice du pouvoir présente beaucoup d'aspects délicieux. A ce poste suprême, comme à tout autre, on est tenté de vouloir réussir et marquer son temps, et l'on pense certainement qu'un jour prochain apportera une chance de réaliser un coup d'éclat. Nombreux sont ceux qui attendent en vain, en descendant chaque jour une marche de leur trône.

Etre prêt à claquer la porte à tout moment constitue, dira-t-on, le plus sûr moyen d'être retenu : « Non, non, ne faites pas cela ! » Mais cette scène ne peut être jouée pour la frime, il ne saurait y avoir tricherie ; sinon personne ne s'y trompe et l'on parodie Courteline.

Il faut connaître les Français. Ils admirent le courage plus que l'intelligence ; ils suivent les gens courageux plutôt que les esprits forts. Pour peu que l'on dispose d'un courage au service d'une intelligence, les Français ne résistent pas.

A la lumière de cette proposition, je suggère aux lecteurs de réfléchir aux événements et aux hommes qui se sont succédé depuis le départ de De Gaulle.

Certes, la vie de chef d'Etat serait plus douce et agréable si les Français portaient à leur président une profonde affection et un respect aveugle. Mais ils ne sont pas tous royalistes, ils estiment que le droit à la critique et à la contestation constitue le premier article de la Constitution.

Dès lors, leur confiance n'est jamais donnée pour bien longtemps et celui qui la leur demande a la charge permanente de prouver qu'il la mérite. Ce qui implique de successives remises en question. Le tour de force doit être renouvelé à la demande. Le premier rôle se voit contraint de risquer sa vie à chaque spectacle.

Esquiver l'épreuve autorise l'indifférence, voire la réprobation des citoyens.

Certes c'est lassant et, dans ces conditions, les après-midi à l'Elysée sont rarement désœuvrées et détendues. Même la nuit, il est rare que l'on puisse disposer de soi. Il y a toujours un laitier quelque part...

***

Je n'ai jamais entendu de Gaulle traiter les Français de veaux et je serais très étonné qu'il l'ait fait. Il ne se plaignait pas d'eux, il ne leur adressait pas de reproches. Et pourquoi l'aurait-il fait ?

Les trouvait-il ingrats ? Je ne le pense pas. Nulle part dans son œuvre ne se trouve un terme d'amertume, une ligne déplorant leur ingratitude. L'épreuve passée, contrairement à Churchill, il n'a pas été chassé, il est parti. Nuance. Sans doute les Français ont-ils mis quelque temps à approuver ses positions et à le suivre, mais ensuite, ils lui sont restés fidèles — les manuels d'Histoire sont là pour en témoigner — ils ont respecté, estimé et soutenu de Gaulle pendant vingt-cinq ans.

Dans le domaine des actions qui entraînent les peuples, il faut, a écrit l'auteur du *Fil de l'Epée,* des circonstances et une volonté, c'est-à-dire un homme. Sans la volonté, les circonstances passent, inexploitées. Par ailleurs, sans le climat d'une situation, une résolution, si forte qu'elle soit, se perd dans l'indifférence.

En 1940, parler de victoire alors que l'ennemi est le maître paraît chimérique et relève apparemment de l'utopie. Rien d'étonnant à ce qu'une grande majorité y soit restée insensible. De Gaulle se trouvait tellement en avance qu'il fallut quelque temps et l'aide active des Allemands, pour que la masse de la nation parvînt à le rejoindre.

La Résistance ne prit vraiment son ampleur nationale que lorsque les occupants firent sentir le poids de l'occupation. L'acharnement de De Gaulle n'y eût pas suffi. Son action se serait poursuivie mais la France dans son ensemble n'aurait pas répondu.

Le 11 novembre 1940, lors de la première manifestation publique d'une volonté de résistance, combien étaient les participants ? Un millier peut-être, sur des millions de Parisiens. Alors qu'en 1945, quand je suis revenu pour organiser l'action d'un maquis, toutes les portes nous étaient ouvertes, et pourtant la répression des colonnes allemandes sur les civils se faisait terrible. L'indifférence du début, l'adhésion qui suivit, ni l'une ni l'autre n'existaient en fonction du risque couru, de la peur. Non. Tout simplement, mois après mois, les Français avaient compris ce qu'était une défaite et qu'ils ne s'accommoderaient jamais d'une position de vaincus.

De même, de 1947 à 1953, période de la tentative de De Gaulle avec le Rassemblement du Peuple Français, qu'a-t-il manqué pour que la grande campagne réussisse ? Il y a manqué l'événement. Faute de vouloir le créer, il ne s'est pas produit. Dien-Bien-Phu n'a pas suffi. Il fallut attendre la déliquescence de la IVe République, en 1958, pour que lève le grain semé.

Et pour compléter la réforme des institutions, l'attentat du Petit-Clamart n'a-t-il pas été déterminant ?

En fait, les Français ont toujours répondu à de Gaulle quand les conditions, par lui-même reconnues nécessaires, se trouvaient réunies. C'est dire qu'ils ne l'ont pas déçu. En démocratie, voir un même homme encore acclamé par une population après un quart de siècle de vie publique, est-ce si fréquent ?

La France que de Gaulle plaçait si haut n'était pas une image abstraite. Même pour lui qui la voyait sous l'apparence d'une madone, c'était bien la somme des Français capables du meilleur et du pire. D'ailleurs, où puisait-il son inspiration, sinon en rencontrant celles et ceux qui la composaient ? Les voyages à travers les départements, les contacts avec la population revêtaient pour lui le caractère d'une nécessité aussi vitale que l'eau et le pain.

Les visites aux Français, il les voulut dès son retour en 1944. Il les reprit malgré son départ du pouvoir, les poursuivit pendant la période du R.P.F., ne les abandonna même pas de 1953 à 1958 durant la fameuse traversée du désert et les développa à une cadence accélérée à partir de 1958 comme président du Conseil des ministres et ensuite comme chef de l'Etat.

De Gaulle, par sa présence, apportait beaucoup lorsqu'il s'arrêtait au bord de la route, dans une mairie ou une préfecture. Mais il recevait beaucoup aussi. Il écoutait. Il écoutait le cœur battre et le sang circuler. Vingt phrases spontanées revêtaient à ses yeux plus de valeur que cent rapports. Et quand il disait : « Merci, merci », c'était un merci pour l'accueil, pour les bravos, mais aussi un merci d'être un peuple ainsi fait, capable d'applaudir des propos qui ne comportaient aucune démagogie.

Cela, c'était la masse des Français : veaux si on leur parlait de la mangeoire, taureaux si on les élevait au-dessus d'eux-mêmes.

Puis il y avait les individus avec lesquels il fallait travailler pour le bien commun ; les hommes politiques, les fonctionnaires, les journalistes.

De Gaulle accordait une plus grande confiance à l'ensemble des Français qu'aux technocrates prétendant tout savoir.

En 1964, comme préfet, je reçus des instructions pour associer les citoyens à la lutte contre l'inflation. On se souvient du « Soyez ferme sur les prix », recommandation rappelée chaque jour sur les écrans de télévision. Il était demandé à chacun de comparer les prix moyens justifiés avec ceux qu'il voyait affichés chez les commerçants. Le chef de l'Etat s'engagea personnellement dans ce combat en lui donnant une importance première. Etant représentant du gouvernement, je réunis à plusieurs reprises les journalistes de la presse locale et, à chacune des occasions où il me fut donné de prendre la parole — aux préfets, ces occasions ne manquent pas, au contraire — je revenais sur l'action que nous menions ensemble pour éviter au pays d'entrer dans un cercle infernal. Mes collègues agissant de la même façon, le Plan de stabilisation fut un succès. Le mérite de ce succès ne revient pas aux économistes, mais à chaque Français qui prit cette affaire à son compte.

Ces temps-ci, on voit des techniciens décider de tout souverainement mais les ordres, partis des bureaux, ne paraissent pas dotés d'une grande efficacité.

***

Pour mettre sur pied la France Libre, de Gaulle n'avait disposé que d'une équipe fort disparate, son choix s'étant trouvé limité aux volontaires qui se présentaient. C'est dire qu'il n'avait justement pas eu de choix. On l'a vu, parmi les hauts cadres, les soi-disant grands commis, aucun, hormis le général Catroux, ne se sentit concerné. Ces quelques volontaires, nullement préparés à une carrière hors de toute mesure, se révélèrent pourtant capables d'opérer des miracles. C'est entendu, rejoignant la France Libre, c'est-à-dire sortant des règles établies, ils manifestaient déjà un caractère peu commun, mais cela ne suffit pas toujours pour réussir ; or, ils mèneront tous ou presque, leurs entreprises à bien. On serait tenté d'en déduire que chaque individu possède des ressources exceptionnelles et qu'il suffit des circonstances pour lui permettre de les manifester.

Par ailleurs, de Gaulle avait constaté que, dans la Résistance, certains, que rien ne prédisposait à une action d'envergure, étaient soudain sortis de l'ombre où ils vivaient pour se substituer à ceux auxquels la tâche semblait revenir de droit. Pourquoi est-ce un modeste capitaine qui prit l'initiative de créer le mouvement *Combat*, et plus tard l'Armée secrète, alors que cent généraux sans emploi s'occupaient à élever des lapins ?

Voyant Leclerc partir de Rambouillet pour libérer Paris, de Gaulle lui dit : « Vous avez de la chance. » Et il écrivit dix ans plus tard : « A la guerre, la chance des généraux, c'est l'honneur des gouvernements *. »

(*) *Mémoires de guerre*, tome II, p. 302.

Il me semble que toute l'attitude de De Gaulle vis-à-vis des individus est contenue dans cette phrase.

Les hommes sont ce qu'ils sont, bons et mauvais à la fois ; ne seraient-ce pas les objectifs qui leur seront fixés, l'indépendance qu'on leur reconnaîtra, qui feront d'eux des médiocres ou des champions ?

Devenu président du Conseil des ministres, le 1er juin 1958, l'une des premières questions qui se posa à de Gaulle concernait les préfets : Fallait-il les changer ? Ceux qui étaient là, nommés par la IVe République, servaient depuis dix ans tous les gouvernements hostiles au retour au pouvoir du général de Gaulle. Localement, ils s'étaient opposés aux candidats gaullistes et, pour la plupart, s'identifiaient à l'immobilisme et à l'impuissance du régime. De Gaulle les garda et je puis témoigner, pour en avoir rencontré beaucoup au cours de l'année qui suivit, que la plupart de ces hauts fonctionnaires, enfin débarrassés des pressions politiques, aidèrent de toutes leurs forces à la naissance de la nouvelle république et œuvrèrent avec talent à la préparation de la réforme administrative qui prit forme quatre années plus tard.

En 1958, quand il s'est agi de former son gouvernement, sur la liste que nous regardions, à l'hôtel Lapérouse, dans une chambre voisine du petit salon occupé par le Général, un blanc demeurait face à la mention : ministre de l'Intérieur. Nous n'osions proposer l'un des nôtres, peu habitués encore à voir des camarades occuper de si hauts postes et nous restions perplexes. La charge menaçait d'être lourde. Elle consistait en la circonstance à opérer un changement complet d'orientation, à mettre en place de nouvelles structures. Assis sur les deux lits de la chambre, une assiette de jambon sur les genoux, il y avait là Georges Pompidou, Olivier Guichard, Jacques Foccart et moi. Finalement, le Général nous demanda quel était le fonctionnaire le plus ancien et le plus élevé en grade du ministère de l'Intérieur. Ce fut lui qu'il choisit. Emile Pelletier ne laissera peut-être pas le souvenir d'un grand ministre mais, en cette période infiniment délicate, aucune défaillance ne fut retenue contre l'administration placée sous ses ordres.

En 1944 et en 1958, le Général eut à bâtir un Etat sans disposer de la réserve d'hommes que constitue un vieux parti politique. A Londres, à Alger, malgré ses efforts, les arrivées de notables s'étaient révélées peu nombreuses. En 1958, il ne restait que quelques élus du R.P.F. à ne pas avoir cédé aux sirènes de la IVe République. En ces deux occasions, il s'était donc vu contraint — et cela en des circonstances particulièrement tendues — d'associer à son action des personnalités qu'il connaissait peu ou pas du tout et qui, souvent, avaient été ses adversaires : Thorez, Bidault, Mollet, Pinay, etc.

J'en conclus, après toutes ces années, que de Gaulle donnait également sa confiance. A celui qui bénéficiait d'une nomination, il appartenait de montrer qu'il en était digne.

Mais il ne faut pas oublier la présence non négligeable des « godillots ». Ils étaient là, autour de lui, les anciens : les Français Libres, puis ceux du R.P.F., et enfin la poignée qui constituait la petite caravane de la traversée du désert. Ils n'étaient devenus des « anciens » que par couches successives et, bien que les événements et les obligations professionnelles les eussent dispersés, un lien puissant les unissait. Une rencontre suffisait, même après des années, pour que la connivence se révélât toujours aussi solide.

De Gaulle, le froid, le lointain de Gaulle, vouait une tendresse cachée à ces « bonshommes » qui avaient fait passer une particulière idée avant leur quiétude et rompu leurs attaches matérielles pour la servir.

Pendant la guerre, mais aussi au temps du R.P.F. de 1947 à 1953 quand nous faisions part de notre conviction dans un dîner, les belles dames et les beaux messieurs nous regardaient comme si nous venions de nous livrer à quelque incongruité. Etre gaulliste, en 1948 ou 1949, c'était appartenir à un âge révolu, c'était faire figure de demeuré, de gardien de musée, de vieille culotte de peau, comme si nous prônions le retour de Gambetta ou de Clemenceau.

Mes amis manifestaient de la tristesse à me voir m'échiner pour une cause dépassée.

C'était l'époque où les gouvernements socialistes et radicaux interdisaient les antennes de la Radiodiffusion nationale à l'ancien chef du Gouvernement provisoire. C'était la période où les préfets s'étaient vu notifier l'interdiction d'assister à une manifestation où se trouvait de Gaulle. L'ayant fait, en mai 1947, René Ribière, sous-préfet de Lesparre, fut radié du corps préfectoral.

C'était le moment où les militaires anciens Français Libres recevaient les plus mauvaises affectations et où leur grade, rudement acquis pourtant, était parfois contesté. De même, dans l'administration, nos camarades constataient que les portes se fermaient, et tout ceci trois ans après la victoire ! L'oubli marchait plus vite encore qu'on ne l'aurait cru.

L'attitude du Général vis-à-vis de ses anciens était très claire. Il se montrait, à leurs égards, plus sévère qu'avec quiconque. Le

« qui aime bien châtie bien » s'appliquait sans faiblesse aucune. Oui, de Gaulle les aimait, mais il exigeait d'eux beaucoup plus et parfois les maltraitait.

Il tenait pour détestable ce qu'il appelait les « copineries », c'est-à-dire l'entrée en ligne de considérations autres que le souci de servir. Pour un poste, n'étaient retenues que les qualifications présentant le plus grand nombre de chances de réussite, le fait d'être un ancien constituait plutôt un handicap qu'un avantage. Par crainte d'être taxé de favoritisme, de Gaulle choisissait plutôt « l'autre ». Cette injustice permanente se trouvait tempérée par la petite flamme dissimulée de l'affection, et par conséquent de l'indulgence.

Il m'est souvent arrivé de plaider auprès de De Gaulle le dossier d'un des « vieux de la vieille ». Voilà comment se déroulait généralement le dialogue :

— Mon Général, je souhaiterais vous parler de Untel.

— Untel ? faisait-on de l'air d'ignorer totalement le personnage en question.

— Oui, Untel, qui a dirigé un réseau pendant la guerre — ou qui a été le premier délégué départemental du R.P.F. dans tel département — ou encore qui a été votre représentant ici ou là.

— Bon. Et alors ? Qu'est-ce qu'il me veut ?

— Mon Général, tel poste est rendu disponible par la nomination de M. Z et Untel possède tous les titres et la capacité nécessaires...

— Ce n'est pas mon affaire. C'est au ministre à décider.

— Mon Général, le ministre a fait savoir qu'il était parfaitement d'accord mais souhaiterait simplement connaître votre opinion avant de vous en parler.

— Je n'ai pas d'opinion. Si Untel est le meilleur, qu'il le nomme ; sinon, qu'il en nomme un autre. Et surtout ne lui dites pas que je souhaite quoi que ce soit.

— Bien, mon Général.

— Vous m'avez entendu ? C'est son affaire. Ne vous en mêlez pas.

— Bien, mon Général.

— Ne m'en reparlez pas.

— Bien, mon Général.

Et, quelques jours plus tard, le Général interroge : « Et alors, votre copain Untel, où en est sa nomination ? »

Puis il y avait « la famille », c'est-à-dire le groupe restreint que constituaient ses collaborateurs. Les nouveaux savaient parfaitement quand ils étaient acceptés dans la famille. La manifestation extérieure de cette inappréciable promotion consistait en la première admonestation. J'emploie ce mot par égard pour le lecteur. Le dialogue était à sens unique, vif, violent et tonitruant.

Le Général ne bousculait ainsi que « les siens ». Il n'aurait jamais élevé la voix avec une personnalité de l'extérieur. Le plus souvent, nous recevions l'algarade que méritait un autre. Malgré le caractère de flagrante iniquité du procédé et bien que les membres les plus chevronnés de la famille — dont j'étais — eussent de la méthode la plus grande expérience, chaque tempête nous secouait. Je me souviens d'avoir vu sortir du bureau du Général le plus ancien de ses collaborateurs, rouge comme un coq. Un coup de sonnette rageur l'avait appelé alors qu'il dirigeait l'une de nos réunions hebdomadaires. Nul doute qu'il venait de subir une rude bourrasque. L'objet de l'irritation échappe à ma mémoire mais je me rappelle que l'infortunée victime n'était pour rien dans l'incident. Notre ami nous regarda, un peu honteux d'éprouver encore, après tant d'années, une si profonde émotion. Nous tournâmes les yeux vers un coin de la pièce en attendant que le sang quitte ses joues.

Le 3 mars 1959, juste après la prestation de serment du premier Conseil constitutionnel, j'accompagnai le Général à Marly où il devait rencontrer le chancelier Adenauer.

La « réprimande » commença dès les portes de l'Elysée franchies, et dura jusqu'à Marly. Malgré les motocyclistes qui ouvraient la voie, c'est une longue distance. Motif : j'avais pris sur moi d'autoriser la télévision à filmer la cérémonie. Je reviendrai sur les rapports du Général avec la presse mais l'on peut dire à la décharge du premier président de la Ve République qu'en 1959 l'indiscrétion de la télévision n'apparaissait pas encore comme une exigence inéluctable.

La rigueur naturelle au général, il entendait qu'elle s'appliquât à tous les membres de sa maison. Il veillait à ce que les facilités qui accompagnent les hautes fonctions ne dégénèrent pas en abus. Ainsi en était-il pour les repas pris à Matignon ou à l'Elysée, ou encore pour l'usage des voitures. Mis à part l'aide de camp et le médecin de service, personne, quels que soient les horaires, n'avait accès à la salle à manger de permanence située au premier étage de l'Elysée, juste au coin de la place Bauveau et de l'avenue de Marigny. Beaucoup de déjeuners et de dîners manquèrent ainsi à nos programmes surtout lorsqu'il s'agissait de changer de tenue, ce qui était fréquent. Quelques-uns disposaient de cabinets de toilette où se trouvaient toujours prêts jaquette et habit. Au début, à l'Elysée, alors que mon bureau donnait sur la Roseraie — c'était l'ancien bureau du président Auriol — la pièce dont je disposais, cabinet de toilette-vestiaire à mi-étage, ne présentait qu'un mètre quatre-vingts de hauteur de plafond, ce qui me contraignait à m'habiller plié en deux. Cela n'est rien pour la jaquette ou le smoking, mais constitue un handicap pour boutonner le raide plastron d'un habit, surtout pour un individu maladroit et qui garde difficilement son sens de l'humour devant la rébellion d'un bouton de col.

L'usage des voitures de service tel que le concevait le Général provoqua bien des désillusions. Seuls les trois grands de la maison — secrétaire général, directeur de cabinet et chef de l'état-major particulier — avaient droit à des voitures affectées, le reste des véhicules constituant une réserve à laquelle la règle voulait qu'il ne soit fait appel que pour des motifs strictement de service.

Lors de la constitution du cabinet à Matignon, de Gaulle nous demanda d'y affecter trois officiers à cinq galons appartenant chacun à une des armes et de veiller à ce que cette représentation ne se transformât pas en armée.

— Vous verrez surgir trois officiers supérieurs adjoints, trois officiers subalternes pour assurer les permanences et un bataillon de sous-officiers...

A Matignon, les trois officiers qui vinrent me rejoindre représentaient une somme d'initiative, de courage et de caractère extraordinaire. Quant aux effectifs, ils respectèrent les limites demandées. Mais à l'Elysée, grande maison, il en fut autrement. Suivant le principe que l'exercice du commandement exige quelqu'un à commander, le nombre de militaires alla en croissant et je crois que personne parmi les civils ne connut jamais leur effectif exact.

⁂

Sans doute, de son expérience au cabinet de Pétain, de Gaulle gardait-il la crainte de se voir « chambrer » par son entourage. Cette situation, constatée autour du maréchal, lui paraissait redoutable. Le commandant X ou le lieutenant-colonel Z répondait pour le grand homme auquel une affaire pouvait être présentée de façon totalement tendancieuse.

A propos de l'incident concernant le manuscrit de *la France et son armée,* de Gaulle estimait que l'entourage pouvait en être rendu responsable.

— Chaque fois que le maréchal m'écrivait à la main, c'était amical. Quand c'était à la machine, c'était l'entourage ; alors là, ce n'était plus cordial du tout. C'était un homme qui était chambré par ses collaborateurs *.

* *En ce temps-là de Gaulle,* n° 15.

De Gaulle ne l'oubliera pas et fera en sorte que cette situation ne se produise pas avec lui. Aussi les règles qu'il instaura et qui furent respectées, à l'exception de Jacques Foccart et de Xavier de Beaulaincourt, consistaient à assurer un constant renouvellement des membres des équipes civiles et militaires. Ce système présentait l'avantage de l'arrivée d'esprits neufs tout chargés d'ardeur et d'idées. Quelqu'un pouvait aussi s'en aller et revenir après un temps passé dans une autre fonction. Pour réaliser ces départs sans heurter les intéressés, le Général prétextait de la nécessité de ne pas interrompre leurs carrières. En effet, pour des raisons de commodité administrative, il se trouvait que la plupart des collaborateurs de De Gaulle appartenaient à la fonction publique. Car si, à Matignon, quelques contrats de « chargés de missions » sont disponibles, à l'Elysée, il ne figure pas de poste budgétaire pour rémunérer des membres de la maison civile. C'est donc dans la riche réserve de la fonction publique qu'étaient puisés les maîtres des requêtes au Conseil d'Etat, conseillers référendaires à la Cour des comptes, sous-préfets, magistrats, etc., auxquels venaient s'ajouter les militaires.

Le passage dans l'entourage a marqué tous ceux qui ont bénéficié de ce grand privilège. Ils n'étaient pas choisis parce que « gaullistes » mais, au contact de cette haute conception du service de l'Etat que de Gaulle incarnait, ils le sont tous devenus.

***

Je voudrais revenir à la question de l'optimisme de De Gaulle

Inlassablement il a fait appel aux ressources cachées des Français, assuré que sa tâche consistait à les leur révéler.

Message après message, il les a persuadés que la France était chargée d'une mission, que sa vocation concernait tous les peuples. Sur les places des marchés, aux pieds des monuments, aux balcons des préfectures, à la télévision, il a parlé aux Français de la France avec tant de conviction que ses auditeurs ont fini par croire à son existence ; il leur en a donné une si belle description qu'ils en sont tous finalement tombés amoureux. Miracle de pédagogie et de persuasion ! Et, discours après discours, les Français ont perçu le rôle que leur pays pouvait jouer et qu'il jouait effectivement grâce à la certitude qui habitait de Gaulle.

En avril 1958, la France est un bouchon ballotté. Et en mai 1960, vingt-quatre mois plus tard, c'est à Paris que se réunit, à l'initiative de la France, pour la première et la dernière fois, une conférence des quatre Grands. Il est vrai que cette réunion se solde par un échec mais la cause en est extérieure à l'objet. Le monde entier, et les Français aussi, se prennent alors à considérer la France comme le porte-parole et le champion de l'indépendance et du droit à la personnalité des petits pays soumis à la pression des impérialismes russe et américain.

Les moyens de la France n'ayant pas changé, c'est bien à la force de persuasion de De Gaulle que cet extraordinaire redressement est dû.

En entreprenant cette campagne de « promotion » de son pays, le Général pensait assurément qu'il avait des chances de la réussir. Etant donné la situation du pays en 1958, n'a-t-il pas, en l'occurrence, fait preuve d'un considérable optimisme ?

***

Des foules innombrables ont regardé de Gaulle recevoir les puissants du monde. Elles l'ont vu alors qu'il apparaissait à un balcon ou monté sur une estrade. Quelqu'un s'est-il posé la question de savoir ce que ressentait, à ce moment-là, le personnage vers lequel convergeaient des centaines de milliers de regards ? Aimait-il ces représentations ou, au contraire, les redoutait-il ?

De Gaulle souffrait de timidité. Malgré ses immenses succès, il ne parvint jamais à s'en débarrasser totalement. Dans les débuts, le rythme saccadé de sa parole, le caractère emprunté et limité de ses gestes, trahissaient cet embarras à parler et à paraître en public. Puis, la nécessité imposant discours et manifestations, la voix s'affermit et l'aisance vint. Mais une indéfinissable réserve ne disparut jamais. Avant de se lancer dans l'acte public, avant de se donner en pâture, il se produisait un instant de concentration. L'homme changeait de personnage.

Un jour — c'était le 22 mai 1949 — il dit aux assistants du Conseil national du R.P.F. réunis avant de se rendre au monument aux morts de Vincennes : « Je vous retrouve dans quelques minutes, je vais revêtir l'habit de la victoire. » Il parlait ainsi de son uniforme. De même, lorsqu'il entrait en scène, revêtissait-il la personnalité de l'homme historique.

Naturellement, il éprouvait aussi l'inquiétude, l'angoisse, le trac de tous ceux que des spectateurs attendent et dont ils exigent une performance.

Les discours étaient appris par cœur. Cela lui parut nécessaire dans les premiers temps et, ensuite, une certaine coquetterie jouant sans doute, il estima impossible de revenir à la lecture d'un texte. C'est dire qu'à la tension normale d'une prestation venait s'ajouter la crainte d'une absence de mémoire.

A une personne qui le félicitait de sa capacité à retenir les textes de ses allocutions, il répondit : « C'est une question de pratique, voyez les comédiens, il y en a qui parviennent à apprendre un rôle en une nuit. »

Ce n'était pas si simple. Certes la mémoire du Général était exceptionnelle et subit un constant entraînement, mais les discours venaient s'ajouter aux tâches quotidiennes et, il le reconnaissait, le fait d'apprendre les textes par cœur constituait une terrible servitude.

Recevant un chef d'Etat et faisant un voyage en France ou à l'étranger, il apprenait plusieurs textes, de quatre à six pages, et il ne les mélangeait pas. Aux discours écrits et retenus venaient s'ajouter les improvisations. Parfois même, ne s'imposait-il pas de s'exprimer dans la langue du pays !

La mémoire du Général était en grande partie visuelle. Il savait, dans la page tapée à la machine, où se trouvait telle ou telle phrase. Pour se souvenir d'une formule, il l'écrivait quelquefois sur une feuille de papier qu'il détruisait ensuite, après l'avoir lue.

Tout juste après l'enregistrement de chacun de ses discours à la nation, il demandait à s'écouter et à se voir. Un magnétophone ou un récepteur était installé dans un petit salon et, assis autour de lui, nous suivions, texte en main. Il disait par exemple : « En haut à droite, j'ai dit souvent au lieu de fréquemment. Ne changez rien. » Ou : « Mettez fréquemment. »

On vit souvent de Gaulle le texte de son discours à la main, sinon, les feuillets se trouvaient dans sa poche. A ma connaissance, il n'y eut jamais recours mais ils étaient là, à sa portée, comme une bouée de sauvetage au cas où...

Il considérait l'infaillibilité de sa mémoire comme le test du bon état de ses moyens intellectuels, c'est-à-dire de ses capacités à rester en fonction.

Le naufrage de Pétain l'avait terriblement frappé : « C'était un homme exceptionnel... Le malheur a voulu pour la France et pour lui-même qu'il soit mort en 1925 et qu'il ne l'ait pas su. J'ai assisté à cela et, comme j'avais de l'affection pour lui, j'en ai été très malheureux. » *

De même, l'état dans lequel il vit Churchill se cramponnant au pouvoir, puis leurs rencontres du 6 novembre 1958 et du 6 avril 1960 lui laissèrent une impression tragique.

Le 6 novembre 1958, de Gaulle remit la Croix de la Libération à Churchill. J'organisai la cérémonie et j'eus l'idée de faire arriver l'ancien Premier ministre britannique par le fond du jardin de l'hôtel Matignon, itinéraire jusqu'alors inutilisé. Les trois sections des armées de terre, de mer et de l'air formaient un carré sur la pelouse. Les compagnons de la Libération se tenaient sur la terrasse.

---

* *En ce temps-là de Gaulle*, n° 15.

De Gaulle dit quelques mots : « La liberté sait ce qu'elle vous doit... »

La musique joua le *God save the Queen* et *la Marseillaise,* et Churchill passa les troupes en revue à la façon britannique, c'est-à-dire avec une extrême lenteur. Le Général, en uniforme, l'accompagnait. Churchill s'arrêtait à chaque pas et nous nous demandions s'il allait repartir. Il regardait l'un après l'autre les soldats dans les yeux. Le Général paraissait trouver la promenade un peu longue.

Ensuite, nous conduisîmes le grand Anglais à l'ascenseur. Cet appareil était certainement d'époque, c'est-à-dire qu'il avait été conçu au XVIIIe siècle. Il ne transportait que deux personnes d'une extrême minceur et aucun technicien ne pouvait assurer qu'il atteindrait le premier étage.

Churchill arriva à bon port et fut installé dans un solide fauteuil, il prit un cigare et du champagne lui fut servi. A table, installé face au Général, il commença à s'animer et raconta en français une ou deux histoires de guerre. L'ambassadeur Gladwyn Jebb participait à ces agapes. Il posait sur toute chose non britannique un regard froid et son visage de vieux lézard esquissait une moue distante et méprisante. Malgré beaucoup de simagrées, il ne parvenait pas à cacher que, pour lui, de Gaulle, dont il croyait savoir qu'il n'avait pas fréquenté Eton, n'appartenait pas au milieu de ses préférences.

Churchill parlait plus lentement encore qu'il ne marchait et nous souffrions tous du silence qui, entre chaque mot d'un français fantaisiste, s'abattait sur les convives. Le Général s'efforçait d'animer la conversation mais Churchill repartait sur un autre récit et l'attente anxieuse du mot à venir recommençait.

Si mes souvenirs sont exacts, il parla de 1940, « pauvre grande France », constata-t-il. Puis il relata un épisode confus de la Grande Guerre. Il fut question de Foch. A nouveau Reynaud entra en scène. « Pétain ! Un malheur ! » Puis le débarquement : « il y avait du vent, beaucoup. Soldats magnifiques. Le roi ne pouvait pas être là. Alors moi non plus. Je regrette encore ». Enfin, il me semble qu'il fut aussi question de l'Angleterre.

Nous l'escortâmes jusqu'à la Rolls-Royce de l'ambassadeur, au pied du perron. Dans le jardin, tourné vers de Gaulle, il salua longuement du chapeau.

— Quelle tristesse ! me dit de Gaulle dans l'ascenseur.

De Gaulle craignait par-dessus tout que ses facultés diminuent à son insu ; les performances que représentaient ses discours constituaient donc pour lui un exercice de contrôle. Je suis persuadé qu'à la première défaillance grave de sa mémoire, au premier oubli important, aurait sonné pour lui le signal d'alarme et que son départ volontaire n'aurait plus été qu'une question de jours. Sa résistance physique tenait du phénomène ; nous évoquerons plus loin notre état de fatigue comparé à son ardeur intacte au soir des éprouvantes journées de voyage.

Cette crainte de l'âge étant l'une de ses préoccupations, imagine-t-on ses sentiments, après 1946, alors que les années s'écoulaient et que demeuraient inemployées les capacités qu'il se savait et les chances qu'il représentait ?

« De Gaulle est exceptionnel, reconnaissaient ses adversaires, c'est justement pourquoi il faut bien se garder de faire appel à lui. Que deviendrions-nous si, après l'avoir appelé, la mort nous l'arrachait ? Non, il vaut mieux s'accommoder du médiocre. »

Il vit ainsi passer douze années. Chaque mois le rapprochait de cette vieillesse tant redoutée. A quel homme d'Etat voyant son pays glisser vers l'abîme, le temps a-t-il pu paraître aussi long ?

⁂

Les conférences de presse se trouvaient bien être les épreuves les plus redoutables. Les réponses aux questions principales, celles que l'actualité imposait, se voyaient rédigées et apprises par avance. Mais l'imprévu n'était jamais exclu. Le service de presse de Matignon ou de l'Elysée suggérait, il est vrai, à quelques journalistes les sujets sur lesquels le Général souhaitait être interrogé, mais toute question pouvait surgir, à laquelle une réponse devrait être donnée, ne serait-ce, comme cela s'est produit, que par une boutade.

Se souvient-on du jour où l'un des journalistes ayant interrogé le président de la République sur le malheureux déroulement d'une quelconque affaire secondaire, le Général avait répondu après un court silence : « Ceci ne peut être que la déplorable conséquence de ma grande imprévoyance. »

Dans les jours qui précédaient la séance, de Gaulle apparaissait tendu et il était recommandé de ne pas l'importuner par quelque question hors du sujet. Les conseillers techniques et leurs adjoints rassemblaient les éléments demandés en s'adressant aux ministères, au Commissariat au Plan, à l'Institut national de la statistique, etc. Et les dossiers s'accumulaient sur le bureau du secrétaire général.

Le jour venu, c'était moi, selon la tradition, qui allais le prévenir que tout se présentait comme prévu.

— Ah, faisait-il, bon, allons-y.

Il jouait le surpris ; je suis pourtant certain qu'il surveillait les aiguilles de sa montre. Son « Ah ! » était un peu celui du condamné à qui l'on vient dire : « C'est l'heure. »

Il prenait son dossier, car le plus souvent il en emportait un, et franchissait la porte de son bureau. Nous traversions le salon des aides de camp et le palier. Par la fenêtre, on pouvait apercevoir la cour, dix minutes plus tôt une vraie volière et maintenant calme et vide, à l'exception d'une inhabituelle remorque des P. et T. destinée à fournir des cabines téléphoniques supplémentaires aux journalistes. Puis nous empruntions le couloir étroit qui menait à l'ascenseur. J'y avais fait mettre de grandes gravures et la massive silhouette du Général tanguait entre les cadres dorés.

L'huissier tenait la porte de l'ascenseur ouverte et nous entrions dans la cabine. Sa main gauche qui tenait le dossier tapotait une ou deux fois sa jambe, puis il sortait un mouchoir. Régulièrement il me posait la même question :

— Y a-t-il du monde ?

Les journalistes de tous les continents se disputant les invitations et la vaste salle des fêtes de l'Elysée ne parvenant jamais à les contenir tous, la question ne manquait pas d'humour. Mais ce n'était pas une plaisanterie. Je pense que le Général souhaitait entendre des paroles apaisantes :

— Oui, comme à l'habitude, on a refusé du monde.

Je signalais deux ou trois journalistes connus de lui que j'avais repérés quelques minutes plus tôt. On paraissait plutôt intéressé par ceci ou par cela.

Au rez-de-chaussée, un autre huissier ouvrait la porte. Nous parcourions le salon de musique, la chambre de Mme de Pompadour et le salon des ambassadeurs, absolument vides.

— Vous verrez, ils me parleront de telle affaire (une déclaration intempestive d'une vedette politique ou un scandale), il n'y a que cela qui les intéresse.

Puis un garde ouvrait la porte du salon Murat sur le brouhaha des grandes premières avant le lever du rideau.

Nous tournions à gauche ; précédés de l'huissier, nous arrivions derrière les tentures dissimulant trois cents spectateurs qui espéraient voir manger le dompteur.

L'huissier écartait la tenture dont les couleurs avaient soigneusement été étudiées par la R.T.F. Il annonçait : M. le président de la République. L'assistance se levait. Le silence se faisait.

— Mesdames et messieurs, je me félicite de vous voir...

Je gagnais ma place dans le groupe des collaborateurs. Le spectacle commençait.

Ensuite, après la chute du rideau, je le rejoignais, avec quelques autres, dans le salon des ambassadeurs.

— Alors ? demandait-il, soulagé.

Que dire ?

Arrivaient ensuite le Premier ministre et le ministre de l'Information.

L'exposé, les questions, les réponses étaient au fur et à mesure pris en sténotypie par Madeleine Caglione, grande experte, assistée de Marie-France Brun, toutes deux collaboratrices d'André Malraux. Les petits rouleaux de papier passaient des mains de ces demoiselles dans celles d'un garde caché derrière la tenture. Celui-ci les portait au fur et à mesure au secrétariat où la frappe des stencils commençait aussitôt.

Le Général, de retour dans son bureau, revoyait la transcription et, s'il n'y avait pas d'erreur, moins d'une demi-heure après la fin de son intervention, le service de presse distribuait les copies.

⁂

Ce souvenir en appelle un autre.

De 1948 à 1952, lors des réunions au Vélodrome d'Hiver organisées avec Christian Fouchet, le Général arrivait par la petite porte de la rue Nélaton alors que la plupart des orateurs avaient déjà parlé. Nous voulions que la salle soit « chauffée » et que son arrivée constitue un événement. Avant qu'André Malraux ne termine son discours, j'allais le chercher dans une pièce de débarras où il attendait avec Claude Guy ou Gaston de Bonneval. Mon arrivée voulait dire que l'instant de l'entrée en scène approchait.

— Alors, c'est le moment ?

Les applaudissements éclataient dans l'immense salle, annonçant la fin de la péroraison de l'orateur précédent. Lorsque le bruit s'apaisait :

— Allons-y.

Le capitaine de Gaulle, à Verdun, en sortant de la tranchée, avait peut-être le même visage quelque peu anxieux.

Nous entendions : « Parisiennes, Parisiens, honneur et patrie ! ». « Voici le général de Gaulle » annonçait Malraux.

Un tonnerre éclatait. La salle, debout, acclamait ce grand monsieur qu'un projecteur happait dès le dernier portant franchi.

A chacune de ces extraordinaires réunions, nous nous battions avec le directeur du « Vél d'Hiv » et le commissaire de police du quartier à propos du nombre de spectateurs admis à entrer dans la salle. Nous faisions pénétrer beaucoup de militants deux heures avant, sous prétexte de préparer la salle, et nous distribuions aussi beaucoup d'invitations donnant droit à l'entrée par la porte des officiels — beaucoup plus qu'il n'en était autorisé.

Personne n'a oublié ces vibrantes soirées dont la préparation nous absorbait pendant des semaines. Ce qui nous préoccupait le plus concernait la sécurité. Que se serait-il passé en cas d'incident ? Non pas une bagarre, parce que nos adversaires n'iraient jamais jusqu'à se hasarder à une provocation au milieu de vingt mille sympathisants, mais nous craignions un sabotage : l'électricité coupée ou même l'explosion d'un engin. Il ne faut pas oublier que, pendant la première période du R.P.F. — 1947 à 1949 — toutes les réunions d'information organisées par le mouvement se voyaient perturbées par les communistes.

Au Vélodrome d'Hiver, nous trouvâmes, dans l'après-midi du 21 octobre 1950, une charge de plastic fixée à l'une des poutres maîtresses de la verrière. C'étaient des militants du service d'ordre revêtus de combinaisons qui inspectaient les innombrables bouts de ferraille sur lesquels reposait l'ensemble. Je fis moi-même le parcours en plusieurs occasions. Ce jour-là, nous fûmes émus à la pensée de ce qui aurait pu se produire quelques heures plus tard. Sans porter plainte, par crainte d'une trop grande publicité, nous décidâmes pour les réunions suivantes de faire appel aux pompiers et aux laboratoires de la préfecture de police.

La timidité du Général venait peut-être aussi de son éducation. La vie publique exige une absence de pudeur. Elle commande de se donner, de se dévoiler, elle réclame des gestes qu'un homme bien élevé n'accomplit que dans l'intimité. Extérioriser ses sentiments hors d'un cercle restreint n'est pas bienséant. Les scènes de souffrance et de mort de la guerre, le surcroît d'épreuves poussent à une impavidité qui ne s'accorde pas avec les relâchements et les familiarités de la démocratie. De Gaulle fut caricaturé en roi, il n'y a là rien d'étonnant. Sa réserve habituelle provoquait ce léger décalage que donnent la très haute naissance et l'habitude des égards.

En privé, dépouillé de la majesté de son rôle, le général de Gaulle devenait un autre homme. Pour nous, hors des circonstances officielles ou des rapports de service, il apparaissait comme un vieillard qui a beaucoup vu et que l'expérience incite à l'indulgence. Ce qui ne veut pas dire que ses jugements perdaient de leur sévérité. Au contraire. Sur les uns et sur les autres, nous connaissions alors le fond de sa pensée et, en l'absence d'oreilles féminines, les mots les plus crus ne se trouvaient pas écartés parce que, souvent, ils sont les seuls à bien dire ce qu'ils veulent dire.

Ces monologues qu'on se gardait bien d'interrompre se terminaient souvent par une réaliste constatation du genre : « Bah, c'est ainsi, les hommes sont les hommes. » Ou encore : « Ne croyez pas que c'est différent aujourd'hui d'hier ou d'avant-hier. Il y a eu pire. Il y aura pire. »

Quand il a dit : « Comment voulez-vous gouverner un pays où l'on compte plus de trois cents types de fromages différents ! », il rendait aussi hommage aux capacités des milliers de fabricants dont les connaissances et l'esprit inventif avaient permis de présenter une carte unique au monde ; il ne déplorait pas ce fait remarquable, il le constatait.

⁂

Orgueil insensé, prétention exorbitante, mépris de fer, ainsi fut qualifiée la fierté qu'il affichait. Comprend-on enfin que ce n'était pas la sienne mais celle de la cause et du pays qu'il représentait ? Ne pas se rendre à une invitation de Churchill au Maroc, protectorat français ; ne pas obtempérer à une convocation de Roosevelt à Alger, port français, cela ne relève pas d'une vanité mal placée mais procède du respect qu'il portait, et que les autres devaient partager, au grand peuple dont il présidait le gouvernement. Sa personne n'entrait pas en considération.

Et quand de Gaulle parlait de lui-même à la troisième personne : « Vous ne voyez pas de Gaulle devenir un politicien ? » ce n'était ni vanité, ni souci de grand style, simplement il se voyait de l'extérieur.

Lorsque Auriol, président de la République, voulut lui faire remettre la médaille militaire, il fit répondre : « Un gouvernement ne se décore pas lui-même. »

A l'inverse de ce qu'on se plaisait à proclamer, de Gaulle était un modeste. Malgré une expérience incomparable, il s'entourait du plus grand nombre possible d'avis avant de se décider. Survivance de sa formation militaire, il n'arrêtait son choix qu'après un examen approfondi des circonstances, du moment et des intentions des diverses forces en présence. Nombre d'entre nous ont subi ses questions, portant sur des problèmes simples, comme si lui-même ne possédait pas la réponse.

Aucune vanité personnelle ne commandait ses actes et il souffrait des excès d'hommages et d'honneurs. Il ressentait une gêne profonde des compliments à lui adressés, comme d'une faute de tact dont il eût été responsable.

Pourtant, il en entendit beaucoup, et plus souvent mauvais que bons. Il bronchait quand l'éloge durait ou utilisait des formules hyperboliques.

Cela m'arriva à la mairie de Vanves, le 11 mars 1951. J'étais alors Secrétaire national aux jeunes et aux étudiants du R.P.F., et nous tenions là une conférence nationale de nos cadres. Le Général n'arriverait qu'en fin de séance, on ne savait pas très bien à quelle heure, les élus se trouvant réunis le même jour à Levallois-Perret. Je devais tenir la salle en haleine. Vers 16 heures — je parlais depuis une heure — on me fit passer un papier sur lequel je lus avec effroi : « Tenez encore quarante-cinq minutes, le Général ne peut pas venir avant. »

Facile à écrire ! Mais repartir sur un nouveau discours lorsqu'on aborde avec soulagement la péroraison n'est pas chose simple.

Enfin le Général arriva. Je devais l'accueillir par une brève allocution, écrite et apprise par cœur. Mon intention était d'attirer l'attention des jeunes sur leur chance de servir une aussi grande cause sous la conduite d'un homme exceptionnel. Les mots choisis pour parler de De Gaulle durent lui paraître pécher par leur caractère un peu trop superlatif car je l'entendis murmurer : « Allons, allons. » Du coup, je perdis le fil et restai muet. Une demi-minute passa avant que j'enchaîne sur la fin. Une demi-minute dont je n'ai pas le sentiment qu'il en soit de plus longue et dont je me demande encore comment elle parvint à s'écouler.

Un jour, une dame, à la sortie d'une réunion particulièrement chaleureuse, se précipita vers le Général et, les yeux extasiés, lui déclara : « Ah, mon Général, si vous saviez combien je vous aime. » Le Général resta un instant surpris et répondit en souriant : « Eh bien, madame, je vous remercie, gardez ce secret pour vous. »

De Gaulle n'aimait pas que ses traits fussent reproduits. En 1947, pour les élections municipales, une affiche le représentant fut réalisée et on le vit sur tous les murs. Il me fit plusieurs observations à ce sujet.

— Quel besoin avait-on de me mettre en personne, le nom suffisait !

Plus tard, lors de la campagne du timbre, il interdit que son visage y figurât. De même pour la carte postale que nous éditâmes en 1951, il ne voulut pas qu'elle le représentât.

En 1959, il me fallut insister à plusieurs reprises pour qu'il acceptât la réalisation de la photographie officielle du président de la République. Ensuite, je ne réussis pas à faire admettre la présence dans son bureau d'un photographe de talent qui puisse le fixer pour la postérité.

Sans doute fut-il l'homme le plus photographié de son époque et pourtant, en 1965, cherchant un bon cliché pour les documents électoraux de la campagne présidentielle, je ne réussis pas à en trouver un ; pour le deuxième tour, j'eus recours à la photographie officielle.

Quant à la médaille traditionnelle qui fut gravée par la Monnaie, il n'accepta aucune séance de pose et le graveur,

Mme Couëffin, dut se contenter d'être convié à un déjeuner où il lui fut naturellement impossible de prendre des croquis.

Pourquoi tant de réticence ? Il acceptait les obligations et les servitudes de son état d'homme public, il allait même au-delà de ce qu'on était en droit d'attendre ; mais il ne souhaitait pas que son aspect physique fût reproduit.

N'aimait-il pas son visage ? Certes, si l'on se réfère aux canons académiques de la beauté, ses traits n'y répondaient pas exactement. La preuve en est que les caricaturistes attrapaient plus facilement la ressemblance que les artistes qui tentaient de le fixer sans le déformer. Et pourtant, ce visage, peu séduisant au repos, était magnifique dès qu'il s'animait, dès que l'intelligence et la volonté l'illuminaient. Le mouvement des sourcils et de la bouche accompagnaient le regard de façon saisissante et personne ne voyait plus les traits pour s'intéresser à la seule pensée. Lui, sans doute, ne subissant pas ce rayonnement, s'apercevait seulement sous l'aspect que les dessinateurs lui donnaient.

Combien parurent de dessins humoristiques dont il était la vedette et la victime ? Sans doute des dizaines de milliers. Les premiers figuraient sur les murs de la France occupée. Le général « de Gaulle de vache » portait monocle et cravache. Les renseignements donnés à la *Propaganda Staffel* n'étaient guère précis à la taille près, car ils l'avaient tout de même fait grand...

Deux dessins resteront dans l'Histoire : celui de Jean Effel à la Libération, où une tour Eiffel pavoisée tendait les bras à un Charles de Gaulle de même hauteur et l'appelait : « Mon grand ! » Et celui de Jacques Faizant, lors des jeux Olympiques de Rome en 1960, où la France ne brillait guère : on y voyait le Général en survêtement de sport, partant pour le Japon une petite valise à la main et déclarant : « Dans ce pays si je ne fais pas tout moi-même ! »

De son vivant, le Général avait catégoriquement refusé l'édification d'un quelconque monument dédié à sa personne.

Le fâcheux précédent que constituait la statue du général Leclerc jouait peut-être un rôle dans son refus. La représentation du vainqueur de Koufra ne lui paraissait pas correspondre à sa personnalité. La lame d'acier pur qu'était Leclerc n'avait rien de commun avec ce petit général de pierre d'aspect hésitant... De Gaulle craignait sans doute qu'on ne le statufiât la bouche ouverte et une vraie croix de Lorraine dans chaque main. Il se rappelait aussi que Gambetta n'avait pas été gâté par les statuaires.

Après la disparition du Général, d'innombrables initiatives se manifestèrent pour l'édification ici et là de monuments, de statues, de cénotaphes... Nous fûmes saisis d'appréhension à l'idée de ces œuvres d'art dont la prolifération risquait de devenir affligeante. Aussi Philippe de Gaulle accepta-t-il la proposition que toutes ces bonnes intentions fussent rassemblées au bénéfice d'une seule réalisation voulue de qualité. Nous rappelant les boutades du Général déclarant, à l'époque de la traversée du désert, que tous ses efforts se solderaient par une croix de Lorraine sur une colline de Colombey, nous reprîmes ce projet.

Colombey avait été le refuge de De Gaulle. En ce lieu, il avait médité, souffert et écrit, il considérait ce village comme le sien...

D'abord Mme de Gaulle hésita. Elle savait que le Général ne voulait pas de monument après sa mort ; toutefois, sa remarque sur une croix de Lorraine dominant la région, plusieurs personnes, dont je suis, pouvaient en témoigner.

Peut-être Mme de Gaulle craignait-elle un afflux de visiteurs ; je lui fis remarquer que, de toute façon, et quoi que l'on fît, le public affluerait au cimetière du village ; il était difficile d'imaginer qu'il n'y ait nulle part un témoignage de reconnaissance.

Le projet respectait-il bien la volonté de simplicité et de discrétion du disparu ?

Finalement, elle accepta et vint consulter les épures que nous avions rassemblées. Henri Duvillard, ministre des Anciens Combattants, présida avec tact et efficacité un Comité national dont René Guichet, ardent et dévoué, fut la cheville ouvrière.

⁂

Dans sa retraite de Colombey, alors que la mort n'était qu'à quelques semaines, de Gaulle lut à certains d'entre nous des passages des *Mémoires d'Espoir* et nous demanda un avis.

Quelle opinion valable donner à ce mémorialiste dont le monde avait reconnu l'incomparable talent ?

Il ne pouvait douter de lui-même. En octobre 1954, à la parution du premier tome des *Mémoires de Guerre,* une inquiétude eût été légitime. Mais en 1970, alors que venaient de sortir les cinq tomes des *Discours et Messages,* alors que sa grande maîtrise faisait l'unanimité, que pouvait signifier notre avis ?

— Est-ce bien nécessaire de continuer ? m'interrogea-t-il.

Je me souviens que, répondant à une question : « Ecrivez-vous la suite de vos Mémoires ? » posée par un visiteur à l'Elysée, il avait donné la réponse suivante : « Non, maintenant ce sont les autres qui écriront sur moi. » Et pourtant, il s'y était à nouveau astreint, il s'était imposé une pénible cadence dont il souffrait sans doute. Peut-être souhaitait-il que quelques-uns lui disent : « Abandonnez, reposez-vous, pour une fois, puisque c'est la dernière fois. Laissez les choses se faire et se défaire sans vous. » Peut-être attendait-il les arguments pour enfin déposer le fardeau.

Non, rien ni personne ne l'aurait arrêté car il connaissait la valeur et l'importance de cet ultime message.

En vérité, s'il nous lisait des passages, c'était parce qu'il se demandait toujours s'il serait compris, si le message porterait. Il voulait aussi s'assurer que tel ou tel chapitre correspondait à l'idée que nous nous en faisions. Nous étions, au hasard des visites, ses premiers « clients » et sans doute, comme tout auteur, était-il impatient de connaître l'effet produit.

Quant à sa question : est-ce bien utile ? elle n'était, bien entendu, que de pure forme.

Mme de Gaulle et leurs enfants, la toute proche famille, sont pénétrés d'une humilité qui parfois surprend. J'ai constaté chez tous un remarquable détachement des choses matérielles et ceci même dans la dernière génération. Pour eux, ce ne sont pas les manifestations extérieures qui comptent.

A la Boisserie, au fur et à mesure que les enfants grandissaient, avaient été installés un terrain de croquet, un golf miniature, un tennis et même une petite piscine démontable. L'été, on s'asseyait dans un transatlantique pour prendre le café. Les fêtes réunissaient la famille et, mises à part les ingérences répétées des informations de la télévision, l'atmosphère n'était guère différente de celle de milliers d'autres foyers.

Plus d'une fois, je me suis étonné de cette volonté du Général et de sa famille d'oublier l'exceptionnel de la situation. Faut-il y voir un réflexe de fonctionnaire qui ne doit pas s'habituer aux avantages d'une position parce que celle-ci n'est que provisoire ?

Le préfet qui habite une vaste demeure — la plus belle de la ville, avait ordonné Napoléon — et dispose d'un important personnel ; l'ambassadeur qui occupe de grandes résidences et se voit entouré de tout un apparat ; ou encore le Général commandant une région ; ces hauts personnages ne disposant souvent que de moyens personnels modestes finissent tous, un jour ou l'autre, par habiter un trois-pièces et par se déplacer en métro. Malheur à celui qui aurait attaché trop d'importance aux voitures à fanions et aux maîtres d'hôtel stylés !

Il est fort souhaitable que les serviteurs de l'Etat sachent, comme disait Kipling, rester les mêmes dans les palais et dans les chaumières. Ce retour à la modestie, les fonctionnaires, par respect de l'Etat, par tradition et par formation, l'acceptent et le supportent avec dignité, parfois même avec humour, au contraire des hommes politiques. Ces derniers ne se consolent jamais d'avoir perdu la grosse voiture ministérielle et la cour des membres du cabinet. Ils sont prêts à tout et admettent tout pour retrouver cette ambiance de puissance et de révérence qui a, pour toujours, empoisonné leur âme. Combien n'ont pas résisté à la tentation !

Les femmes des officiers français ont, depuis toujours, accepté avec un admirable courage les hauts et les bas, les cases, les palais et les baraques, de la vie militaire. Elles savent passer de l'un à l'autre sans changer d'humeur. Et, en fin de carrière, elles connaissent plus de H.L.M. que d'hôtels à hauts plafonds.

De Paris, Beyrouth, Trèves, de la modeste bâtisse des environs de Londres à l'hôtel de la route du champ d'entraînement, de la maison de garde de Marly à Colombey, de là à Matignon et à l'Elysée, sans compter les innombrables domiciles privés où ils passèrent une nuit ni les palais de Buckingham ou de Téhéran, les de Gaulle connurent des changements de situation considérables qu'ils accueillirent avec indifférence.

Le plateau de Langres est connu pour être la région la plus froide de France. Colombey est un rude pays. Je n'y suis jamais allé, même les dernières fois, sans ressentir une certaine angoisse. Ces longs mouvements de terrain, telle une houle immense, ces forêts couvrant les crêtes comme une écume, ces villages sans autre âme que la route qui les traverse, ces maisons aux petites fenêtres, tout cet ensemble paraît déserté et hostile. On ne se voit guère s'y arrêtant pour jouir un instant du charme de la nature ; on passe pour aller au-delà. Il n'y a ni placette ombragée d'arbres, ni fontaine, et les cafés n'offrent pas de terrasse. On éprouve le sentiment que les rares habitants s'enferment chez eux. L'hiver, on imagine les intérieurs à peine chauffés...

Mme de Gaulle vivait là comme elle avait vécu partout ailleurs, mais c'était sa maison. Le bureau est derrière cette porte. Cette Vierge en bois a été donnée au Général par le chancelier Adenauer...

Et chaque printemps, malgré tout, les narcisses refleurissent.

IV

SUR LE TERRAIN POLITIQUE

Pourquoi de Gaulle s'est-il retiré, en 1946, sans pousser l'affrontement avec les partis jusqu'à une conclusion ? Pourquoi n'a-t-il pas eu recours au peuple français pour trancher le différend ?

Ce départ, tel qu'il s'est produit, dans le silence, a été, me semble-t-il, une erreur.

Il est vrai que de Gaulle, depuis que les formations politiques avaient retrouvé un cadre pour leurs exploits — c'est-à-dire depuis qu'une Assemblée constituante avait été élue — les voyait s'organiser contre lui. Quelle satisfaction pour les partis que d'exister à nouveau après une éclipse qui aurait dû leur être fatale. Ils pouvaient craindre, à juste titre, que leur attitude de 1940, leur participation au meurtre de la République, les ait définitivement éliminés de la scène. Aucun d'eux, en tant que tel, ne s'était mis en travers des intentions de Pétain et de son coéquipier Laval. Après cette scandaleuse défaillance, à l'exception de quelques individualités, les formations avaient choisi une prudente hibernation et leurs représentants, tout couverts encore de la poussière des placards où ils se cachaient, reprenaient dans la joie leurs chères habitudes d'intrigues et de marchandages.

Monsieur Herriot, qui quittait à peine la table de M. Laval, poussait même l'arrogance jusqu'à vouloir donner au chef de la France Libre une leçon de patriotisme.

Le principe de l'entrée de certains partis politiques au Conseil national de la Résistance avait provoqué un sérieux débat.

Jean Moulin y était favorable, Pierre Brossolette hostile.

De Gaulle avait arbitré en faveur de la position de Moulin. Désireux d'une union nationale la plus large possible, il pensait que la présence des partis se révélait nécessaire.

Brossolette était sans doute dans le vrai. Ce militant socialiste, sachant de quelle matière peu fiable sont constituées les formations politiques, répugnait à les ressusciter telles qu'elles existaient avant la guerre ; selon moi, il souhaitait qu'une génération nouvelle vînt, dans des structures issues de l'épreuve, représenter le peuple français. A la différence de Moulin confronté à son difficile problème de l'union, qui voyait l'intérêt immédiat de l'opération, Brossolette songeait davantage à l'avenir.

Affrontant les partis sortis miraculeusement vivants et grâce à lui de la crise, de Gaulle, plus d'une fois, je l'imagine, regrettera sa décision. En effet, dès le premier jour de liberté retrouvé, ceux-ci s'en prirent à sa personne.

Fort encombrante pour eux se révélait, il est vrai, la présence du Général. Les partis cherchaient en vain des critiques sérieuses à lui adresser et son prestige demeurait immense.

Ce grand diable d'homme savait ce qu'il voulait et ne laissait, à une Assemblée débordante d'ambition, qu'une part estimée bien mince par cette dernière. Au surplus, les vieux routiers subodoraient que le Général appelait de ses vœux une profonde réforme des institutions dont le but serait, justement, de diminuer l'importance de leur rôle. Par conséquent, il convenait de neutraliser ce premier résistant en le poussant habilement vers un poste honorifique et sans responsabilité aucune.

Manifestations de grande considération pour la galerie et chausse-trapes discrètement placées sur les questions de gouvernement, telle fut la tactique choisie.

De Gaulle sentit le climat et décela la manœuvre, d'autant plus que le souvenir de pareilles entreprises menées sous la IIIe République, et parfois par les mêmes hommes, ne s'était pas effacé de sa mémoire. De son poste, il avait assisté, en effet, au jeu des salamalecs et des croche-pieds simultanés. Il comptait par dizaines les ministères ainsi tombés sous ses yeux.

De Gaulle aurait pu prendre le pays à témoin comme c'était son habitude. En exposant aux Français à quelles machinations il se heurtait, en stigmatisant ceux qui voulaient revenir aux pratiques auxquelles la France avait failli succomber, en proposant sans délai son propre projet de Constitution, il eût pris ses adversaires à contre-pied. L'aurait-il emporté ? Sans doute.

La pratique de tels affrontements, le Général la possédait ; ne venait-il pas, à Alger, de sortir d'une épreuve autrement complexe ? Cependant, parti pour Antibes afin d'y réfléchir, il ne choisit pas la solution du conflit ouvert. Je sais qu'il hésita longuement entre l'annonce publique du différend et le départ dans le silence.

Pendant la guerre, nous l'avons vu, cette façon de s'éloigner brutalement constituait pour lui un quasi-réflexe. En diverses circonstances, les manœuvres de retrait avaient produit l'effet espéré et porté leurs fruits. En partant, le 20 janvier 1946, de Gaulle imaginait-il obtenir le même résultat ? Escomptait-il qu'une délégation viendrait jusqu'à Marly pour le prier de revenir ?

Bien que le Général ait pris soin de méditer quelques jours pour ne point paraître agir sous l'emprise d'un emportement, un tel calcul n'est pas à exclure.

Arriver au terme d'un chemin si long et périlleux, et se heurter à des mesquineries, cela peut rebuter. Après avoir eu comme adversaires et interlocuteurs des Hitler, des Roosevelt et des Churchill, se retrouver en face de MM. Herriot et Gouin, n'est-ce pas quelque peu décourageant ? Après avoir discuté de la place de la France dans le monde et de sa présence ou non au-delà du Rhin, se trouver aux prises avec les basses manœuvres de groupuscules avides de se partager les places, il y a de quoi éprouver un certain écœurement.

Toutefois, je ne crois pas que le choix ait été dicté par la lassitude, la déception ou l'irritation. Il s'agissait d'une prise de position politique, d'un acte solennel.

Dès le lendemain de l'annonce de sa décision, — faite un dimanche lors d'un Conseil extraordinaire, avant même que les ministres aient eu le temps de s'asseoir, — il quitte l'hôtel particulier réquisitionné près du parc de Bagatelle pour s'installer à Marly dans une modeste demeure forestière louée à l'administration des Domaines.

Ce déménagement marque évidemment sa volonté de considérer comme révolue la période de son action à la tête des affaires publiques et, s'il ne gagne pas Colombey, c'est que la maison ne se trouve pas en état de le recevoir avec sa famille.

On lui prête aussi une déclaration au terme de laquelle il quitterait définitivement l'action politique.

Qui peut dire ce qu'il pensait alors ? Pour ma part, je crois que dans le salon humide et sombre de Marly, il attendait un geste. Sans doute l'eût-il repoussé, mais ce n'est pas sûr. Un tel geste lui paraissait nécessaire au succès de la lutte qu'il aurait à mener. Il fallait que les partis vinssent à Canossa-Marly pour lui permettre de stigmatiser leur impuissance et de franchir une nouvelle étape. Sans doute aurait-il ensuite lancé un appel pour la mise en place d'institutions respectant la séparation des pouvoirs, c'est-à-dire établissant un exécutif indépendant du législatif.

S'il n'attendait pas une telle manifestation de l'Assemblée

constituante et de son président M. Gouin, il aurait certainement, dès sa décision prise, donné au pays les raisons de son départ. Ce n'est pas l'intervention de M. Auriol qui serait parvenue à l'en dissuader.

Je pense, mais c'est un point de vue personnel, que s'il ne s'est pas expliqué, s'il ne s'est pas adressé au peuple français, lui qui le faisait pour marquer chaque grande circonstance, c'est que, pour lui, la page n'était pas tournée : il ne s'agissait que d'une péripétie, quelque chose pouvait encore se produire et en conséquence le champ devait être laissé libre à tout rebondissement.

Il est d'ailleurs scandaleux que tous ces messieurs n'aient pas ressenti la nécessité impérative de lui envoyer solennellement une délégation. D'une spectaculaire démarche de cette nature, de Gaulle attendait sans doute le choc qui réveillerait l'opinion et marquerait le recul des officines politiques.

Mais non, apercevant devant eux, vide, le grand escalier qui monte à l'Olympe, les membres du personnel politique se réjouirent et commencèrent à observer les petits camarades pour repérer celui qui escaladerait le plus vite les degrés.

Quant aux compagnons des premiers jours, membres de ce dernier gouvernement de la période héroïque, leur attitude est impardonnable. Que n'ont-ils remué ciel et terre pour provoquer une émotion et faire revenir de Gaulle sur sa décision ! Il garda donc le silence et les Français ne comprirent pas ce qui arrivait ; stupéfaits, ils ne manifestèrent aucun sentiment. D'abord parce qu'ils étaient encore marqués par les secousses de la guerre, ensuite parce que dans leur esprit de Gaulle manœuvrait et reviendrait vite, ayant obtenu ce qu'il souhaitait. Personne ne croyait qu'il serait pris au mot, qu'il partait vraiment.

Aucune démarche. Pas d'explication. De Gaulle perdait sur les deux tableaux, il partait et ce départ ne prenait pas la haute signification qu'il comportait.

La déclaration de quelques lignes annonçant l'événement resta sans portée, et il fallut des années pour amener les Français à comprendre son sens profond. Certes, d'innombrables commentaires et analyses furent publiés. Mais aucun texte ne valait une prise de position de celui qui savait gagner la confiance des Français.

Dès les débuts du R.P.F., par conséquent deux ou trois années plus tard, la première question à laquelle nous devions répondre dans les réunions publiques se formulait ainsi : pourquoi de Gaulle est-il parti ?

Nos interlocuteurs n'avaient pas saisi l'enjeu de la crise. Les rapports entre l'exécutif et le législatif ne leur semblaient pas un point essentiel. Cela leur paraissait une chicane juridique, assez abstraite, et ils suivirent sans grande attention, sans passion, les débats constitutionnels qui occupèrent le tapis de janvier à octobre 1946. Pendant ces dix mois, de Gaulle rassembla de grandes foules lors de ses apparitions publiques, mais à Bayeux, à Bar-le-Duc, à Epinal, celles-ci, venues par curiosité ou reconnaissance, n'écoutèrent que d'une oreille distraite ses objurgations concernant la future constitution.

Dans l'esprit de ses concitoyens, l'absence du Général de la direction des affaires publiques ne se trouvait pas liée à un problème de fond. Cette prise de conscience exigea plus de onze années, onze années pendant lesquelles la France ne cessa de glisser de compromis en abandons vers ce qui ressemblait fort à une déchéance.

Je crois que de Gaulle fut vite conscient de son erreur en constatant qu'il ne parvenait pas, malgré ses efforts, à faire repousser la mauvaise Constitution et qu'il n'empêchait pas la construction d'une République déséquilibrée par la toute-puissance de l'Assemblée.

A propos de la Constitution, il n'est pas inutile de rappeler qu'elle ne fut acceptée le 13 octobre 1946 que par un tiers du corps électoral. Le second tiers vota contre et le troisième s'abstint. 30 % d'abstentions, c'est considérable. Cela démontre que les Français ne portaient pas intérêt à leurs institutions. Le message de De Gaulle n'avait pas été perçu.

Le Général en déduisit qu'il ne conserverait son influence qu'en intervenant dans la vie politique. Six mois plus tard, il annonçait la création du Rassemblement du Peuple Français, dont il prenait la tête.

Pendant ces cinq mois les structures d'un nouvel Etat s'étaient mises en place. L'élection de l'Assemblée législative et celle d'un président de la République donnaient l'impression que tout se trouvait en ordre et qu'un nouveau départ se produisait. De Gaulle apparaissait comme une figure admirable, respectable, mais en marge de l'actualité. Il prenait quelque peu l'aspect d'un président d'anciens combattants tourné vers le souvenir d'une période dépassée. Ce qu'il représentait rappelait le drame de la guerre et beaucoup pensaient que son intransigeance, nécessaire et souhaitable en période de crise aiguë, présentait, en un temps que l'on voulait redevenu calme, un caractère excessif.

⁂

Le 7 avril 1947, de Gaulle fonde donc le Rassemblement du Peuple Français. Il apparaît trente ans plus tard que le choix de ce moment, pour une telle initiative, n'était sans doute pas le bon.

A cette date, la France se trouve à quatre années de la prochaine élection législative. L'entreprise de De Gaulle constitue un événement et provoque une émotion politique. Pendant quelques mois, les structures des partis craquent, leurs dirigeants vacillent, un reclassement est sur le point de se produire... Cette secousse modifie les données des élections municipales des 19 et 26 octobre 1947. Les listes R.P.F., qui comprennent des ralliés de presque tous les partis, emportent alors 40 % des voix ; et Paris, ainsi que les treize plus grandes villes de France, portent à la tête de leurs conseils municipaux les hommes du Général. C'est une éclatante victoire, oui, éclatante mais qui ne mène nulle part.

L'engagement de De Gaulle a provoqué des résultats spectaculaires. La France a répondu à ce nouvel appel, à cette invitation à ignorer les partis pour réaliser un groupement d'un caractère original. La vague a déferlé mais si le flot pénètre les mairies, il s'arrête là.

Quelles sont les raisons qui incitèrent le Général à lancer le R.P.F. quatre années trop tôt ? Tout d'abord, il fut poussé par certains de ses fidèles qui ne se voyaient pas participer aux « grenouillages » de la IVe République mais qui n'acceptaient pas non plus la perspective de se consacrer à la culture de leur jardin. Toujours le même scénario : ceux qui ont goûté à l'enivrante saveur du pouvoir ne peuvent plus s'en passer et commettent les pires maladresses pour s'en rapprocher.

Toutefois, la décision n'appartenait pas aux conseillers et c'est bien de Gaulle qui la prit. Il croyait sans doute qu'une trop longue absence de la scène le couperait du pays. Que se serait-il passé s'il s'était alors consacré à la rédaction de ses *Mémoires* pour les publier en 1949 et 1950 et si, tout juste à la veille des élections de 1951, il avait, devant la débâcle de la République, appelé les Français à se rassembler ? Le choc se serait produit à l'occasion d'élections décisives et son Rassemblement, bousculant les partis, emportait presque certainement une victoire.

Sur le moment, l'aspect prématuré de l'entreprise n'apparut pas. De Gaulle sortait de sept années d'extrême activité où les hommes et les événements, tendus à l'extrême, avaient réagi aux moindres sollicitations ; en quelques jours se prenaient de considérables décisions ; en quelques semaines elles trouvaient leur forme ; en quelques heures le destin se jouait. Cependant, le rythme, au lendemain de la reddition de l'Allemagne, avait aussitôt changé. Epuisés par beaucoup d'efforts, les individus n'aspiraient qu'au calme et à la routine. On leur avait demandé de voter pour de nouvelles municipalités, ils l'avaient fait en suivant de Gaulle dont ils regrettaient l'absence, mais le retour au calme politique, aux bonnes vieilles discussions du *Café du Commerce*, apparaissait comme un symbole du rétablissement de la liberté dont ils avaient tant rêvé...

Acceptant de participer à la vie publique dans le cadre du fonctionnement normal des institutions, ils n'envisageaient pas de bousculer le déroulement prévu par le calendrier. De Gaulle, d'ailleurs, ne le leur demandait pas.

⁂

Je répondis à l'appel de De Gaulle comme aux précédents, après toutefois une plus grande hésitation * et me retrouvai chargé de mission national du R.P.F. pour l'organisation du mouvement dans la région Centre, c'est-à-dire la Haute-Vienne, la Corrèze, la Creuse, la Dordogne et le Lot.

J'aurais pu choisir une autre région car je fus l'un des premiers à me présenter, mais je connaissais ces départements et les préférais à ceux du Nord ou de l'Est. Mon choix marquait mon peu de connaissance de la carte politique car ces départements se trouvaient justement situés au cœur de l'empire socialiste et radical et demeuraient parmi les plus imperméables aux influences nouvelles.

Un beau matin, je débarquai à Limoges et rencontrai la haute personnalité locale qui s'était mise spontanément à la disposition du Général. Ce n'était autre que le pasteur de Limoges : Albert Chaudier. L'estime dans laquelle les résistants et la population tenaient ce modeste homme d'Eglise, lucide et courageux, était telle qu'ils l'avaient placé en 1944 à la présidence du Comité départemental de la Libération et chargé, simultanément — exemple unique —, des fonctions de commissaire de la République. La tourmente apaisée, on le trouvait tout simplement dans son presbytère, au bout d'une allée plantée d'arbres.

Albert Chaudier mit tout son crédit au service du Général, et s'inclina, le jour venu, pour laisser la place à un candidat politicien qui s'empressa « d'évoluer ». Chaudier fut appelé à Paris et apporta son aide éclairée à de nombreuses ambitions. Il n'en récolta que de l'ingratitude.

En Corrèze se trouvait Edmond Michelet, homme de haute conscience mais écartelé à cette époque entre de Gaulle et le Mouvement Républicain Populaire auquel il appartenait et qui, après s'être prétendu le parti de la fidélité, refusait de rallier le fondateur du R.P.F. Michelet souhaitait tout concilier et comptait sur le temps. Toutefois les élections municipales étaient là et à

* Voir *Le Vent de la Liberté*, Plon, éd.

mon regret nous nous heurtâmes ; je me vis contraint de mettre sur pied une liste dont il n'était pas. Il y eut aussi une liste M.R.P. sur laquelle il ne figurait pas non plus, ne voulant pas choisir son parti contre le Général. Par la suite, nous devions devenir des amis et mon admiration pour l'homme chrétien qu'il n'a jamais cessé d'être, ni à Dachau ni au ministère de la Justice, lui est acquise sans restriction. Sa générosité, son humanisme lui inspiraient parfois des initiatives risquées, empreintes apparemment de naïveté et même de maladresse, mais le sentiment pur qui les inspirait et sans doute l'aide de Dieu leur évitaient de tourner en catastrophe.

Dans ce département de la Corrèze, l'implantation communiste était alors puissante et la tension qui entourait notre action, très forte. Une bielle de direction de la jeep utilisée pour les tournées de propagande fut sciée, et l'un de nos militants trouva la mort dans un accident. Le sabotage ne faisait aucun doute, mais le véhicule étant garé la nuit sur un terrain vague, aucune enquête ne pouvait aboutir. Quelques mois plus tard, Jean Nocher et moi fûmes précipités par un commando hors de la salle où nous nous efforcions de parler. Il m'arriva aussi d'être jeté par une fenêtre d'une salle des fêtes. A Limoges, avec Gaston Palewski, nous nous vîmes agressés par une bande déchaînée. A cette époque et dans cette région, l'action politique revêtait un caractère de haute sportivité.

En Creuse, je partis à la découverte, n'ayant dans ma poche qu'une lettre adressée au Général par un jeune avocat d'Aubusson. Je trouvai ce jeune homme installé au rez-de-chaussée d'une grande maison bourgeoise dont il louait deux pièces pour recevoir ses clients. Petit, brun, la tête carrée, il boitait légèrement à la suite d'un accident et paraissait aimer le coin de son feu. Je le trouvai direct et sympathique. Il m'emmena déjeuner dans sa famille qui habitait une belle propriété en bordure du plateau de Millevaches. Son père, ancien haut fonctionnaire de la IIIe République, me reçut chaleureusement. Je décidai de nommer ce jeune avocat délégué du Rassemblement pour la Creuse. Il s'appelait Pierre Juillet. Nous sommes demeurés amis, bien que le vent ait parfois rudement soufflé entre nous.

En Dordogne, je vis Pierre-Charles Cournarie, gouverneur des colonies du temps de la France Libre, administrateur au sens élevé du terme. Il habitait une belle demeure dans un minuscule village à quelques centaines de mètres de la Vézère. Il prit l'affaire en main et m'envoyait des comptes rendus dignes d'un plus haut destinataire.

Dans le Lot, je connus d'abord un inventeur, puis un pilote, puis un libraire. Le premier ne manquait pas d'originalité, réfugié après la défaite dans la ville de Cahors, il y demeurait et vivait des revenus de quelques brevets ; le second, le neveu de Marguerite Moreno, un passionné d'aviation, président de l'aéroclub du Lot, habitait une maison charmante dont il ne sortait que pour décoller et parcourir le département mais, malheureusement, d'un peu haut. Le visage du troisième homme, intelligent mais complexe, se trouvait barré par une paire de lunettes d'acier trop petites. Ces trois hommes œuvrèrent pour le Rassemblement chacun à sa façon dans un milieu tout à fait indifférent.

Je constatai que la guerre, passée par là pour la première fois et sans ménagement, n'avait pas changé les habitudes politiques et qu'aucune des vedettes du présent n'effaçait les souvenirs des Bonnet, Malvy et Espinasse.

Rendre gaulliste cette solide population paraissait une tâche démesurée. Elle l'était. Elle nécessita plus de vingt ans d'efforts et l'effondrement d'une République.

Je garde de cette période le souvenir d'une quête infructueuse. Les portes des notables auxquelles nous frappions, notre représentant et moi, s'ouvraient sur la circonspection et le scepticisme. Chez les simples, nous étions compris mais chez les nantis, il nous était répondu, en termes choisis et le verre de porto sur le guéridon, que les entreprises exceptionnelles appartenaient au passé et qu'à vouloir tout changer on risquait de prolonger les périodes d'incertitude très mauvaises pour les affaires.

Ces élites persévéraient dans la voie de la prudence qui leur avait permis de traverser les difficultés de l'Occupation et de la Libération sans désagréments excessifs.

Les journées et parfois les nuits se passaient en démarches pour la constitution des comités départementaux, en rencontres avec de nouveaux « compagnons » et en déplacements pour courir d'un rendez-vous à l'autre.

Ce terme de « compagnon », de Gaulle l'avait voulu. Ce n'était pas la première fois qu'il l'utilisait. Pendant la guerre, les combattants qu'il souhaitait honorer devinrent ses compagnons pour la Libération. Par ce terme, qui appartient de plus en plus au passé, sans doute avait-il voulu rappeler la fraternité qui, autrefois, unissait les bâtisseurs. Pour lui, c'était en effet à une construction que travaillaient les femmes et les hommes qui le suivaient.

Nous eûmes un peu de difficulté à nous habituer à cette appellation qui nous paraissait désuète et, pourquoi ne pas le dire, artificielle. Mais au cours des années, les difficultés rapprochant les individus, nous y vîmes quelque réalité.

Et entendre Malraux nous appeler : « les compagnons de la grandeur », c'était quelque chose.

Environ une fois par mois, les chargés de mission du R.P.F.

étaient réunis par de Gaulle dans la salle du rez-de-chaussée du petit immeuble de la rue de Solférino.

Une vaste table recouverte d'un tapis vert occupait toute la place. « Le Général », annonçait de Bonneval. Le silence se faisait et le Général, avant de prendre place, effectuait un tour de table en serrant les mains. Il s'asseyait ensuite au centre avec le secrétaire général à sa droite, Soustelle puis Terrenoire ; à sa gauche, parfois Malraux, parfois un autre.

— Où en sommes-nous ? questionnait-il.

Puis il répondait à sa propre question par un exposé de la situation. Il disait :

— Le régime est incapable de faire face aux événements mais, naturellement, il se cramponne. Le pays n'est pas encore conscient, il faut le réveiller, nous devons être prêts.

Il questionnait ensuite tous les présents l'un après l'autre. Nous étions une quinzaine parmi lesquels Foccart, Frey, Guichard, Marette, Ribière, et chacun dressait un bref tableau de sa région.

Le Général demandait des détails. Il s'informait du caractère et de la résolution de tel ou tel délégué, de tel ou tel élu et lorsque l'un des chargés de mission lui annonçait qu'Untel jouait sur plusieurs tableaux à la fois, il levait ses deux bras :

— Bien entendu ! Il n'y a que vous pour en être surpris !

Et moi j'éprouvais de la tristesse à voir cet homme exceptionnel réduit à s'occuper de problèmes aussi secondaires alors que notre pays subissait tant d'avanies.

Les exposés constituaient de rapides tableaux de l'ambition et de la duplicité mais aussi du désintéressement et de l'idéalisme.

De Gaulle avait des indulgences et des sévérités. Je l'ai dit, pour lui, le passé des individus, leur attitude pendant ce qu'il appelait la « grande épreuve », comptait beaucoup. Mais il se laissait impressionner par les titres, les fonctions occupées dans la cité ou dans le département ; il portait de la considération aux notables. Il souhaitait que son mouvement apparût comme sérieux et reposât sur des bases solides. Il ne voulait pas, une fois encore, passer pour un factieux, pour un chef de bande décidé à recourir à des procédés expéditifs, au contraire, il tenait à respecter scrupuleusement les règles du jeu et nous ramenait dans les voies les plus classiques si par malheur notre jeune ardeur nous poussait à en sortir.

Des discussions s'élevaient souvent au cours de ces réunions, et parfois même de véritables heurts se produisaient. Si l'un d'entre nous avait pris une décision jugée malencontreuse par le Général, celui-ci tonnait. La pauvre victime, diminuant de volume à vue d'œil, tentait d'expliquer, de se défendre.

— Combien de fois faudra-t-il répéter que nous sommes différents des autres. Vous vous croyez au parti radical !

Les hommes jeunes qui se trouvaient autour de la table venaient de tous les horizons. Certains avaient suivi de Gaulle dans la guerre, d'autres pas. Ces derniers pensaient sans doute que notre entreprise pouvait se comparer à une autre, ils n'étaient pas vraiment pénétrés du caractère extraordinaire, né de la démesure de l'entreprise, de celui qui nous dirigeait. Ceux-là, à un moment donné ou à un autre, désorientés, nous quittèrent.

La réunion se terminait par quelques phrases de conclusion le plus souvent empreintes de sévérité sur la qualité de notre action.

En juin 1947, la préparation du voyage du Général dans le Nord nécessita un effort particulier. Foccart, Troisgros et moi partîmes sur place. Avec le Pr Minne, Delbecque, premier délégué du R.P.F., et Mlle Martinache, nous établîmes un plan d'action. La région de Valenciennes m'échut et je m'y installai. Là, je trouvai Lépine, un vieux résistant engagé à fond. Nous prenions nos repas ensemble dans un café et il m'emmena visiter les corons et les usines.

Soustelle, secrétaire général du R.P.F., nous demandait d'organiser à Valenciennes une grande réunion où il viendrait parler. Je choisis la plus grande salle : le cirque. C'était, construit en brique aux alentours de 1900, un chapiteau d'une remarquable laideur. Avec des militants, je placardai quelques affiches, accrochai des écussons à croix de Lorraine aux piliers de fer et parcourus les environs pour annoncer la grande nouvelle. Le jour venu, je déjeunai seul à mon hôtel, la réunion devant avoir lieu à 3 heures, lorsque je fus demandé au téléphone. Soustelle m'appelait de Paris et me racontait qu'une panne de voiture, ou je ne sais plus quoi, l'empêchait de venir. Que je me débrouille. Je lui expliquai que sa venue était annoncée depuis dix jours en lettres de trente centimètres, lui demandai de me suggérer ce qu'il ferait à ma place et lui fis remarquer qu'il n'y avait pire incorrection que de se décommander au dernier moment. Rien n'y fit. Je lui en dis plus encore avec colère sur le sans-gêne des hommes politiques, sur leur légèreté, ce que, d'ailleurs, il ne me pardonna jamais parce que j'avais absolument raison. Moi-même, je me souviens encore, on le voit, de son inconvenance.

— Prenez vous-même la parole, me lança-t-il méchamment avant de raccrocher. Si vous n'en êtes pas capable, je me demande ce que vous faites là !

J'éprouvai une véritable indignation à la pensée que, depuis une semaine, il me harcelait de recommandations par l'intermédiaire de sa secrétaire pour s'assurer un accueil triomphal, qu'il avait pris des contacts avec la presse locale, envoyé des photographies et des notices biographiques et qu'il se dérobait à la dernière minute avec tant d'insouciance. Qu'allait devenir cette réunion, comment tourneraient les choses, les présents n'allaient-ils pas exprimer leur mécontentement en provoquant des incidents qui ne manqueraient pas de compromettre le succès de la visite du Général ?

Première déception, première fureur contre l'absence de sérieux des politiciens ! Je devais en connaître bien d'autres mais je n'ai pas oublié ce premier déniaisage.

Pourquoi ce changement dans son programme et pourquoi n'avoir pas prévu de remplaçant ? Je ne sais. Quelques jours plus tôt nous avions été, Foccart et moi, quelque peu malmenés à Denain. Nous avions demandé en conséquence une équipe de protection dont nous ne recevions pas même l'annonce de l'arrivée. Peut-être Soustelle eut-il peur ? Il n'était pas connu pour son courage physique.

A Denain, alors que la réunion se tenait à peu près normalement depuis un quart d'heure, un auditeur s'était levé et, nous désignant, avait hurlé :

— Vous en faites pas, alors que nous on bouffe du son, ces salauds-là se gobergent de pain blanc !

En apprenant le privilège exorbitant dont Foccart et moi bénéficiions, la salle poussa un « ah ! » d'indignation et décida de nous faire mordre la poussière. Nous passâmes un mauvais quart d'heure et nous nous demandons encore ce que signifiait cette histoire de pain blanc. Nous étions en 1947, le pain que nous mangions, comme tout le monde, n'était pas encore très blanc mais n'était plus très noir. J'appris ainsi qu'il suffit parfois d'une phrase bien lancée, d'un bon mot, pour faire « basculer » une salle.

Ce jour, à Valenciennes, en raccrochant le téléphone, la situation me parut délicate. J'essayai de joindre Foccart, qui se trouvait à Lille. Je ne me souviens pas si j'y parvins, mais ce bon ami ne pouvait rien pour moi. Repoussant les pommes de terre froides de mon assiette, je me préparai à tenir ma première réunion publique devant trois cents personnes habitées par le sentiment d'avoir été trompées. Je jetai quelques idées sur une feuille de papier. Mes pensées se bousculaient.

En entrant dans la salle comble — Soustelle eût été content — je ne savais plus du tout ce que je me proposais de dire.

Lépine parla le premier, et parla bien. Troisgros lui succéda, et je devais terminer. La salle scanda « Soustelle, Soustelle ». Je n'étais pas fier en approchant du micro. Devant cette situation, la colère me prit et, ne pouvant l'exprimer à propos du secrétaire général du Rassemblement, je la retournai contre les partis politiques qui s'obstinaient à barrer la route à de Gaulle. Mon irritation parut sincère et je me tirai honorablement de ce guet-apens.

Ensuite, mes rapports avec « Gros matou » — c'est ainsi que nous appelions Soustelle — restèrent empreints d'une vive incompréhension.

Soustelle était un homme compliqué. Sans doute traînait-il derrière lui beaucoup de complexes. Intellectuel précipité dans l'action, s'y sentant mal à l'aise, il en faisait trop ou trop peu. Pour s'éviter des décisions qui lui coûtaient, il contournait les réalités, esquivant l'obstacle. Il tenait de Machiavel et de Tartuffe, donnant l'impression qu'il ne disait pas ce qu'il pensait et ne pensait pas ce qu'il disait. Sa prédilection allait au genre d'hommes qui ne savent dire ni oui ni non.

Je pense que de Gaulle commit une erreur en le choisissant comme premier responsable du R.P.F. Un Gaston Palewski ou un Christian Fouchet eussent mieux donné à l'entreprise le ton d'innovation hardi qui était dans sa nature.

La suite a montré que Soustelle se laissait séduire par les fastes du pouvoir et que l'environnement pouvait avoir sur lui une profonde influence. Pour ce qui est de l'Algérie, soyons justes, il ne fut pas le seul à être dominé par ce qui l'entourait.

Ses remarquables études furent son refuge, dans lequel on aurait souhaité le voir rester.

⁂

Après les municipales, vinrent les élections au Conseil de la République, puis aux Conseils généraux, avant les législatives trois années plus tard. Tenir pendant tout ce temps un grand mouvement politique comme le R.P.F., né d'un enthousiasme, était une gageure.

Le Général payait de sa personne. Il visita tous les départements, assista à sept sessions du Conseil national, anima trois grandes réunions des Assises nationales, prononça des centaines d'allocutions et rencontra des milliers de personnes. Le mouvement se structurait mais l'élan perdait de sa force.

Dans les organisations locales, des conflits de personnes s'élevèrent, des rivalités éclatèrent ; à l'échelon national, nous connûmes de graves soucis financiers.

Pour une opération rapide, il est relativement facile d'obtenir des aides désintéressées. Mais pour accomplir un long parcours, le problème se complique. Les militants acceptent de payer de leur poche essence, téléphone, circulaires, et autres frais divers, pendant un certain temps ; quand cela dure, les épouses interviennent, trouvant que le dévouement à la cause coûte bien cher au ménage. Par pudeur, on ne parla jamais de ces difficultés et pourtant toute notre action en fut handicapée.

Pour survivre, il nous fallut créer l'UPANG — l'Union privée pour l'aide à l'action nationale du général de Gaulle — qui, sous la direction active de Claude Guy, émit des bons ; puis lancer la campagne du timbre, puis celle de la carte dont j'eus la responsabilité.

En 1948, les résultats de la vente des timbres, que les adhérents adressaient à Colombey, permirent de tenir dix-huit mois. La campagne de la carte postale, lancée en mai 1951, nous donna les moyens d'affronter honorablement les dépenses relatives aux élections législatives. Mais hommage doit être rendu à nos trésoriers qui de 1948 à 1954 trouvèrent suffisamment de ressources pour que la vie du mouvement ne s'arrêtât pas.

Après 1954, plusieurs années se révélèrent nécessaires pour résorber le découvert. Saluons aussi les courageux amis qui s'employèrent à laisser une situation tout à fait nette ; je pense à Henri Hildebrand et à Henri Bizot.

On le voit, ce sont de minuscules dons recueillis en masse auprès de gens simples, qui ont permis à de Gaulle de mener son action. Je ne crois pas que quiconque aujourd'hui puisse bénéficier d'une telle manifestation de confiance et d'affection. Ce touchant phénomène s'est produit une dernière fois en 1971 lors de la souscription nationale pour l'édification d'un mémorial à Colombey.

Officiellement de Gaulle n'était plus rien. Un général de brigade hors cadre. Au début de 1948, par une circulaire aux préfets, le gouvernement lui retirait le droit aux honneurs militaires. Il disposait d'une voiture et d'un chauffeur de la préfecture de police : un point, c'était tout.

Aussi l'organisation de ses déplacements soulevait-elle quelques problèmes. Le Général et Mme de Gaulle ne pouvaient pas descendre à l'hôtel du Commerce. Pour chaque étape, nous cherchions une maison amie, si possible un peu isolée et confortable. Du côté des châteaux, nous n'avions guère de succès, les châtelains, pour la plupart, vivaient encore sous la photographie de Pétain.

Nous nous adressions de préférence aux anciens résistants qui, sans la moindre hésitation, donnaient leur chambre et couchaient sous les combles. Le Général pénétra ainsi dans d'innombrables foyers, le plus souvent modestes.

Malgré nos assurances que tout irait bien, les hôtes étaient saisis d'anxiété pendant les jours précédant la visite du Général, et nous recevions des coups de téléphone pour savoir s'il fallait prévoir un traversin ou deux oreillers, ou quatre oreillers, ou si les enfants pourraient dire bonsoir, ou si Mme de Gaulle aimait le gigot, etc.

Je dois dire, pour avoir quelques années plus tard organisé de nombreux voyages, présidentiels ceux-là, que l'angoisse des maîtresses de maison, épouses de préfet, d'ambassadeur ou de gouverneur, se manifestait presque sous la même forme. Je fus réveillé au milieu d'une nuit parce que le haut personnage honoré d'une visite présidentielle souhaitait tenir de ma bouche quelle sorte de livre il devait disposer sur la table de nuit du général. Il m'était proposé un « charmant ouvrage en anglais sur les poètes britanniques du XVIe siècle ». Entre deux bâillements, je fis remarquer à mon interlocuteur que, d'après le programme, le Général ne s'arrêterait dans cette chambre que quelques minutes mais que, toutefois, le choix me paraissait insolite. Je suggérai un ouvrage en français, sur des poètes français, de la même époque si on y tenait. A l'autre bout du fil, on parut très déçu : « ...Mais ces poètes sont délicieux ! » assura-t-on d'une voix navrée.

Lors de ces soirées intimes, passées sous la suspension de la salle à manger, la conversation portait sur la situation générale, sur les problèmes économiques du département, sur les possibilités de développement ; puis le Général questionnait son hôte sur son métier, sur l'état de sa profession, ses difficultés et ses avantages ; on abordait parfois la question des études des enfants. Bref, aucun sujet ne se trouvait exclu et, s'enhardissant, les participants parlaient à cœur ouvert.

Cette série de voyages de 1946 à la fin de 1952 permit à de Gaulle d'acquérir une connaissance approfondie de la France.

Durant les six années du Rassemblement, de Gaulle se rendit au moins une fois, quand ce ne fut pas deux, dans chaque département. Il disposait de temps pour en découvrir les caractéristiques et les mentalités. Six ans plus tard, président de la République, il étonnera par sa connaissance des problèmes en suspens et du milieu où il débarque d'un avion ou d'un autorail. Cette connaissance venait non seulement du dossier préparé par le cabinet mais aussi des séjours qu'il avait faits au temps du R.P.F. et des rencontres que ces séjours avaient suscitées.

L'exceptionnelle mémoire du Général lui permettait de se rappeler des faits et des circonstances dont l'évocation laissait ses interlocuteurs pantois.

L'arrivée dans un modeste foyer de celui qui symbolisait la lutte pour la libération provoquait toujours une sincère émotion. Celle-ci se lisait dans les regards et se traduisait, le plus souvent, par un incompréhensible bafouillage. M. X, ancien membre d'un réseau de résistance et ancien déporté, préparait depuis une semaine les trois mots par lesquels il accueillerait « son patron », peut-être même avait-il procédé à une répétition. La Citroën, chargée sur son toit des bagages recouverts d'une housse noire, s'arrêtait. On nous attendait et la porte s'ouvrait aussitôt. Aux fenêtres des maisons voisines, les rideaux bougeaient. J'aidais Mme de Gaulle à descendre et de l'autre côté le Général déployait sa haute personne.

— Mon Général... commençait notre ami qui avait tenu le coup devant les S.S. Mon Général...

Parfois même, des larmes lui venaient aux yeux.

« De Gaulle, chez moi, pensait-il, je suis payé de tout. » Il se souvenait de la misère sans fond, du désespoir de Buchenwald, de la nouvelle de l'arrivée à Paris de De Gaulle, des rêves, des morts... L'immense fierté, présente au cœur, d'avoir été parmi ceux qui avaient répondu à l'appel, la reconnaissance pour cet homme, auquel il devait sa dignité, sa présence, là, debout sur son seuil, lui nouaient la gorge...

— Mon Général...

Un tremblement des lèvres, les mots prévus envolés, l'envie de garder cette main dans la sienne pour rappeler un pacte scellé dans l'angoisse et le malheur.

— Madame...

La maîtresse de maison rougissait. « Le voilà donc ce fameux de Gaulle, pensait-elle. Il entre chez moi. »

— Si nous entrions ? suggérait le Général aux deux braves gens pétrifiés.

En route, il nous arrivait de prendre nos repas au restaurant. Le Général choisissait le lieu de l'étape et jetait son dévolu sur un établissement. J'allais en reconnaissance pour m'assurer que l'endroit répondait à la description annoncée par le guide. Je retenais une table, à l'écart si possible, et réapparaissais avec mes voyageurs. Un silence absolu s'abattait alors sur la salle et le personnel se figeait instantanément, comme à la vue d'une apparition, puis une agitation fébrile s'emparait de tous, on se précipitait pour changer de tablier, de toque, de robe... et même de chemise.

Souvent, quelques minutes plus tard, un bouquet de fleurs, parfois tricolore, apparaissait sur la table. Le Général sortait ses lunettes, se plongeait avec intérêt dans la carte, le chef venait proposer une spécialité recherchée qui n'y figurait pas, un confit, une terrine.

Parfois, notre arrivée provoquait une telle perturbation que la qualité du service et des mets s'en ressentait.

Le Général ne dédaignait pas la bonne chère, il choisissait avec soin.

Le moment de stupéfaction passé, les conversations reprenaient dans la salle, mais au diapason du confessionnal. Un enfant s'échappait par-derrière pour colporter la grande nouvelle et bientôt les gens du pays, comme par hasard, entraient pour dire deux mots à la patronne. Il nous est arrivé de trouver en sortant le garde champêtre ou un gendarme s'efforçant d'écarter les curieux.

Les difficultés commençaient à propos de l'addition. Deux fois sur trois, le restaurateur refusait d'être payé.

— C'est un honneur pour nous. Ou : — On vous doit bien cela...

Le Général ne se laissait pas fléchir par ces formules mais lorsque, du côté de la caisse, on ne voulait rien entendre, j'avais pour mission de laisser au personnel une somme équivalente au montant approximatif des repas. Quand nous partions, les clients, qui avaient fait traîner leurs libations, se levaient, et il arrivait qu'ils applaudissent.

Dans la voiture, ensuite, Mme de Gaulle riait des légers incidents que le zèle excessif des serveurs avait pu provoquer.

Mme de Gaulle, qu'on a vue le plus souvent grave, trompe son monde car c'est une personne fort gaie et appréciant la fantaisie de bon aloi.

Le déroulement de sa vie eut de quoi la surprendre. Epousant en 1921, au lendemain de la guerre, un officier des plus classiques, elle était en droit de s'imaginer une vie paisible. Certes, elle s'attendait à quelques changements de garnison, mais Londres ne figurait pas sur la liste des affectations possibles. Les risques innombrables courus par le Général, les déplacements, plus tard les attentats, firent de son existence une perpétuelle suite d'alertes.

Au lendemain du Petit-Clamart, elle me dit : « Le Général et moi, cela n'avait pas d'importance. Mais Alain (le colonel de Boissieu) et Marroux (le chauffeur), ils n'avaient pas le droit de tirer sur eux. »

De plus, jusqu'au début de 1948, au travers de ces étapes tourmentées, elle ne quittait pas la main de la petite Anne. Qui peut imaginer, sans l'avoir vécu, le poids, le souci et le chagrin d'avoir un enfant qui vit « ailleurs » ?

L'épouse du président de la République, que les Français apercevaient constamment sur les photographies ou à la télévision, réussissait, à force de discrétion, cette extraordinaire performance de passer inaperçue. Elle parvenait à circuler dans les magasins sans être toujours reconnue. On pouvait ainsi la croiser dans l'ascenseur du Bon Marché, magasin qui n'est pas réputé pour ses extravagances et dont la famille était sans doute cliente de mère en fille.

Entre nous, nous appelions affectueusement Mme de Gaulle « tante Yvonne ». Cela nous était venu d'entendre Geneviève Anthonioz, sa nièce, pour laquelle c'était tout à fait normal, parler d'elle ainsi.

Appellation utilisée rigoureusement entre nous et, je le crois, par toute la France.

Le chauffeur qui pilotait la Citroën et qui conduisit le Général jusqu'à ses dernières sorties est Paul Fontenil. C'est un champion auquel on ne connaît pas d'accident. Son seul regret fut de n'avoir pas été de service lors des deux attentats perpétrés alors que le Général se déplaçait en voiture. A Pont-sur-Seine comme au Petit-Clamart, Francis Marroux tenait le volant et fit preuve, chaque fois, d'une extraordinaire maîtrise. Grâces lui en soient rendues. Mais Fontenil ne se console pas de son absence en ces deux parties de mortel cache-cache.

Au cours de l'un de ses voyages, en revanche, se situe un incident qui aurait pu faire parler de lui. C'est en février 1950, nous sommes dans le Lot et nous nous rendons de Rocamadour au château de Roumégouse, où nous devons passer la nuit. Roumégouse était devenu un hôtel, à l'époque géré par un Français Libre. La petite route départementale coupe la voie ferrée et le passage à niveau est fermé. La garde-barrière est là, appuyée sur sa manivelle. Nous nous arrêtons. Elle nous regarde et sa curiosité est piquée par la présence au volant d'un chauffeur en casquette. Sûr, cette simple voiture transporte une personnalité. La brave femme se penche, à travers la vitre, elle aperçoit la silhouette du Général. Son sang ne fait qu'un tour : il n'est pas convenable de faire attendre de Gaulle. Elle ouvre. Nous passons en la remerciant. Nous n'avons pas fait cinquante mètres qu'un train débouche dans un vacarme assourdissant. Nous nous regardons.

— Eh bien ! fait le Général.

Aimable personne qui, par courtoisie, a failli changer le cours du destin.

Le Général et Mme de Gaulle ont par la suite fait étape plusieurs fois à Roumégouse, notamment en 1970, en se rendant en Espagne. A la veille de ce déplacement, le Général me fit demander si l'établissement était toujours convenable. Effectivement, ces hôtels isolés ont parfois tendance à évoluer. Je demandai à ma mère d'y effectuer un bref séjour pour s'assurer qu'il n'y avait pas de lanterne au-dessus de la porte. Elle me téléphona de là-bas : le lieu était toujours fréquentable.

Pour l'organisation de ces voyages, la question se posa d'un renouvellement de voiture. Nous téléphonons à la direction de Citroën. On nous demande de rappeler et il nous est alors répondu :

— Six mois d'attente, adressez-vous au concessionnaire.

— Mais c'est pour le général de Gaulle et c'est urgent.

— Le général de Gaulle occupe-t-il encore des fonctions officielles ?

— Non, vous le savez bien.

— Alors, adressez-vous au concessionnaire.

— Mais...

— Au revoir, monsieur.

Nous n'avons pas osé rapporter cette réponse au Général.

Quelques années plus tard, je relatai cette communication à Pierre Bercot, le patron de Citroën.

— J'ai été au courant. C'est moi qui ait fait donner cette réponse, déclara-t-il très fier de lui. Pas de passe-droit, il faut donner l'exemple.

Je ne sais si l'exemple fut donné par ce patron dont l'entreprise se trouva par la suite en grande difficulté ; je ne sais pas non plus si mon interlocuteur est toujours aussi satisfait de lui.

***

Que savait le pays de ces déplacements, quel écho recevaient les propos du Général ?

Les gouvernements de la IVe République, formés de radicaux, socialistes et M.R.P., ayant interdit sur les antennes de la Radiodiffusion française le passage de ce qui concernait de Gaulle, l'accueil exceptionnel réservé au voyageur et ses déclarations demeuraient peu connus. Admirable exemple de libéralisme qu'il ne faut pas manquer de rappeler à ces intarissables professeurs de démocratie.

Quant à la presse, ou elle était constamment gouvernementale comme le formaliste *Figaro* ou hostile comme *Le Monde*, sans doute par esprit de contradiction au complexe d'Œdipe ; ou inféodée à des partis, tels *Le Populaire, L'Aube, L'Humanité,* etc.

Seuls, *Le Parisien Libéré* et l'hebdomadaire *Carrefour* d'Emilien Amaury reprenaient les déclarations du Général. Ce n'était pas rien, mais c'était peu.

Le mouvement édita un hebdomadaire, *Le Rassemblement,* confié aux deux grands journalistes qu'étaient Albert Ollivier et Jean Chauveau, mais notre presse ne jouit, malgré nos efforts, que d'une diffusion restreinte.

Sans doute l'achat d'un hebdomadaire politique n'était-il pas encore entré dans les mœurs.

Comme Secrétaire national aux jeunes et aux étudiants, et pour donner l'exemple, je vendis à la criée *Le Rassemblement,* le samedi après-midi, sur le boulevard Saint-Michel. Cela me valut d'y être chaque fois appréhendé sous prétexte de troubler l'ordre ;

et ceci alors que les vendeurs d'autres journaux politiques sillonnaient le même boulevard sans être inquiétés.

Le comportement des étudiants intéressait le Général ; à plusieurs reprises, il domina sa répulsion pour le téléphone en m'appelant en fin de soirée pour savoir ce qui s'était passé.

Un jour, Jacques Debû-Bridel, alors sénateur, et Jacques Foccart vinrent m'apporter leur aide. Nous nous retrouvâmes, comme d'habitude, au violon du commissariat de police de la mairie du Ve arrondissement. Le commissaire nous fit un sermon en traitant nos activités d'enfantillages et en expédiant allègrement le général de Gaulle au musée Grévin.

En 1958, chef de cabinet du même général de Gaulle devenu président du Conseil, je reçus le commissaire de police du VIIe arrondissement venu me présenter ses devoirs. C'était celui qui nous avait bousculés au quartier Latin ! Je crus déceler un certain embarras... Le 14 juillet 1958, il marcha à la tête de la police parisienne appelée pour la première fois à défiler sur les Champs-Elysées. L'idée était mienne. Nos braves « flics » se faisaient alors attaquer tous les jours par les porte-couteaux du F.L.N. et je trouvais juste de les mettre un peu à l'honneur. Le Général approuva. A leur grande surprise, ils furent acclamés.

Mais la vision de Debû-Bridel, emporté par trois agents et hissé dans un car, le buste barré de son écharpe tricolore, et braillant qu'on violait la liberté en portant la main sur lui, est, qu'il me le pardonne, un bon souvenir.

Grouper et maintenir sur la brèche des jeunes et des étudiants convaincus par de Gaulle présentait une difficulté. A l'issue de la guerre, les moins de vingt ans ne rêvaient que réseau clandestin et action révolutionnaire. De plus — c'est une banalité de le rappeler — la jeunesse est un état passager et dès que nos adolescents commençaient à comprendre ce qu'il y avait derrière notre entreprise, ils devenaient des adultes ; du coup, ils ne s'intéressaient plus qu'aux élections. Or, nous ne souhaitions ni les embrigader ni les engager trop tôt dans la compétition politicienne. Il nous restait la fabrication et la vente d'un journal, l'organisation de quelques manifestations et les palabres. Ce n'était guère exaltant, en comparaison des complots et des barricades dont on rêve à dix-huit ans.

De Gaulle eût souhaité une jeunesse tournée vers la France et avide de mieux la connaître, mais nos travailleurs et nos étudiants, à l'aube de leur vie, impatients et pleins d'appétit, n'éprouvaient d'intérêt que pour les événements du présent dans lesquels ils brûlaient de jouer un rôle.

Le fait que la jeunesse s'envole en un instant et qu'elle ne pense qu'aux jeux des grands rend toute action durable avec elle fort aléatoire. A moins de l'enrégimenter, tous les mouvements politiques ont éprouvé son caractère insaisissable. Toutefois, notre action eut pour résultat très positif de constituer une pépinière d'où sortirent de bons serviteurs de la cause, tels Pierre Dumas, Jean-Raymond Fouchet et Bernard Fauquenot. D'autres accomplirent leurs classes chez nous et se virent emportés par leur précipitation vers d'autres horizons. Il en fut ainsi, notamment, pour Alain Griotteray et Jacques Dominati.

C'était désespérant. Le Général parlait, était écouté et acclamé, et la France n'en savait rien ou presque. Cette lente campagne dura quatre interminables années. Si les visites secouaient une région ou une autre, l'ensemble de l'opinion n'en était plus ébranlée. Elle s'accoutumait aux critiques et aux suggestions formulées par le Général lors des manifestations nationales et lors des conférences de presse. Au cours de ces longs mois, la crainte de la classe politique alla s'amenuisant et la fatigue de nos troupes augmentant.

En mars 1949 eurent lieu les élections cantonales. De Gaulle décida que le Rassemblement présenterait des candidats partout, enfin partout où la chose serait possible.

C'est ainsi qu'il me convoqua :

— Vous avez bien des attaches en Corrèze ?

— Oui, mon Général. Je suis même conseiller municipal de Brive.

— Votre famille a joué un rôle dans le département ?

— Mon arrière-grand-père était sénateur de la Corrèze.

— C'est cela. Eh bien, il faut vous présenter aux élections cantonales.

— A Brive, mon Général ?

— Non, à Neuvic d'Ussel.

— Mais c'est le canton de M. Queuille.

— Justement. C'est pour cela. Je tiens à ce que nous ayons notre candidat contre M. Queuille.

Précisons qu'à l'époque M. Queuille était tout simplement président du Conseil des ministres.

— Mais, mon Général, je n'ai jamais mis les pieds à Neuvic d'Ussel, qui se trouve en haute Corrèze. Nous sommes installés et connus à l'autre extrémité du département, du côté de la Dordogne.

— Eh bien, ce sera une excellente occasion de voir du pays et de vous faire connaître. N'oubliez pas que M. Queuille a été mon ministre. Tenez-moi au courant.

Je partis donc, avec une petite valise et quelques adresses.

La campagne se fit dans les cafés et sur les marchés. Parler debout sur un tonneau au milieu des piaillements de volailles et des grognements de porcs est un exercice dépourvu de charme.

La président Queuille, fort occupé on s'en doute, avait envoyé son gendre, M. Jean Gallot, avocat réputé, pour tenir les indispensables réunions. Nous nous affrontions donc et, à Neuvic justement, la discussion fut chaude. Il en vint à reprocher au Général d'être parti en 1946 en emportant des fauteuils du mobilier national ! ! ! On pouvait adresser des reproches au Général qui ne se gênait pas pour critiquer la politique du gouvernement ; mais une telle accusation me parut scandaleuse et la colère me prit. Un homme en colère peut devenir mordant, c'est ce qui arriva. J'attaquai M. Gallot avec énergie et lui demandai pour finir qui, de son beau-père ou du général de Gaulle, abusait des biens de la République. Devant une salle silencieuse et ravie d'un spectacle aussi dynamique, je le priai de me dire d'où venaient la voiture et le chauffeur qui le conduisaient de mairie en mairie.

Il resta un instant ébahi et j'annonçai alors d'une voix triomphante que l'un comme l'autre appartenaient à la présidence du Conseil.

Le public, enchanté de ce numéro, éclata en rires et en applaudissements.

Toutefois, M. Queuille fut élu. J'avais obtenu plus de 5 % des voix, ce qui fit dire au Général, avec bienveillance : « Si vous y étiez allé un mois plus tôt... »

Mais l'histoire ne se termine pas là. Le soir du scrutin à la préfecture, je pris le préfet à l'écart. Il me dit :

— Vous vous êtes bien battu mais, vous comprenez, M. Queuille ceci, M. Queuille cela...

Je le remerciai de ses consolations et lui glissai à l'oreille :

— Je suis bien ennuyé pour vous.

— Et pourquoi donc ?

— Voilà. J'ai constaté ce matin qu'un bureau de vote ne disposait pas de bulletins à mon nom. Le président du bureau a déclaré aux gendarmes qui dressaient le procès-verbal à ma demande, qu'il n'en avait pas reçu. C'est fâcheux car je crains que cette réélection du président ne doive être annulée et que la conséquence ne soit désagréable pour vous.

Le préfet devint blanc et se mit à bégayer. Je lui montrai en toute simplicité le double du procès-verbal. Quand il retrouva l'usage de la parole, ce fut pour me dire :

— Vous n'allez pas faire cela ?

— Cela ne dépend pas de moi, répondis-je. Je consulterai Paris demain.

Naturellement, je reçus pour instruction d'enterrer l'affaire, mais le pauvre préfet a sûrement passé une mauvaise nuit.

Dans cette même préfecture, j'accompagnai le Général en mai 1962. J'avais suggéré d'inviter M. Queuille au dîner officiel. Il fut reçu avec beaucoup d'égards. Il n'avait rien oublié et nous plaisantâmes agréablement sur les jeux du destin.

Rien de décisif ne pouvait sortir des consultations successives que le R.P.F. affronta avec plus ou moins de bonheur. Quelques conseillers généraux, quelques sénateurs, pour quoi faire ?

Le premier résultat, celui de la vague des municipales, de Gaulle aurait pu éventuellement l'exploiter. Il ne le fit pas. Pour quelle raison ?

Cette exploitation n'était possible qu'en sortant des règles de la démocratie, en appelant au sabotage de l'action du gouvernement, en s'efforçant de paralyser les administrations, en attaquant les partis et leurs dirigeants, en un mot en soulevant le pays. Le Général ne le voulut pas et, de mon point de vue, il eut parfaitement raison. Pour le principe d'abord : ayant ressuscité la République, il ne devait pas l'agresser. Ensuite pour des raisons pratiques : le pays sortait d'une terrible épreuve et aspirait au calme, il aurait jugé inopportune et n'aurait pas suivi une semblable entreprise.

Dès lors, faut-il considérer comme nul le bilan de ce long et pénible effort ? La question s'est posée de savoir si le résultat n'a pas été négatif pour le Général. Le R.P.F. n'a-t-il pas porté préjudice à son image, et lui-même, qu'en pensait-il ?

Pour ma part, il me semble que le bilan de la tentative est largement positif. Tout d'abord, dans le cadre du Rassemblement, le Général acquit une connaissance profonde de la France et de son personnel politique. Aucun autre homme d'Etat de son temps n'a sans doute possédé cet exceptionnel capital.

Ensuite, un réseau de délégués et de correspondants se mit en place et l'on verra plus loin quel rôle il fut appelé à jouer.

Enfin, en installant partout son R.P.F., de Gaulle rompit un charme maléfique qui paralysait la vie publique en de nombreuses régions. Je fais allusion à la prédominance et à la réputation d'invulnérabilité du parti communiste. Bénéficiant en effet de l'état de fait de la Libération, les communistes, installés dans les mairies et les conseils généraux, exerçaient une véritable dictature. Dans des dizaines de villes, il paraissait parfaitement impossible de tenir une réunion publique qui fût désagréable à ceux qu'on appelait alors les « moscoutaires ».

Christian Fouchet, après avoir volontairement quitté sa carrière de diplomate pour se mettre à la disposition du Général, s'était vu confier une tâche d'organisation du mouvement ; ensuite, il prit la succession de Louis Vallon à la tête de la Délégation générale responsable de la région parisienne. Je ne le connaissais pas, encore que nous aurions pu nous rencontrer dans la France Libre dont il fut l'un des premiers sinon le premier volontaire, mais ma réputation d'organisateur fit qu'il me demanda de l'assister.

Le délégué général était entouré d'un comité présidé par Jules Antonini, ancien résistant, homme de haute conscience et dont la fidélité, depuis près de quarante ans, n'a connu aucune défaillance.

La région parisienne comprenait la banlieue et nous eûmes donc à nous occuper de la ceinture rouge. Les communistes nous firent savoir qu'ils n'acceptaient pas notre intervention, quelle qu'en fût la forme, dans leurs fiefs, c'est-à-dire pratiquement dans les villes qui entouraient les vingt arrondissements de la capitale. Naturellement nous ne pouvions accepter cette interdiction et les bagarres commencèrent. Ce ne fut pas une plaisanterie. La bataille se livrait commune par commune et fut longtemps incertaine. La nécessité de grouper des militants capables de soutenir les orateurs — capables au sens physique du mot — fut à l'origine de la création d'un service d'ordre. Dominique Ponchardier, grande figure de la Résistance, monta l'ensemble de toute pièce. Ponchardier était le contraire d'un fasciste. Il avait été arrêté et malmené par les nazis et rien n'aurait pu le convaincre d'agir comme ses anciens adversaires. Mais la liberté consistait justement à permettre à chacun de s'exprimer et Ponchardier et les garçons du S.O. s'employèrent à obtenir ce résultat.

Dès l'automne 1947, sièges, tables et micros commencèrent à valser. Ponchardier et son adjoint Dumont, imperturbables, étaient présents à chaque rencontre et s'occupaient ensuite des blessés. Rendons aussi hommage aux orateurs qui commençaient des discours sans jamais pouvoir placer leur péroraison en raison du formidable tintamarre déclenché dès leur première phrase et de la pluie d'objets divers qui s'abattait sur la tribune.

La bataille la plus décisive de cette campagne fut celle du gymnase Japy, en plein Paris. Pour l'occasion, l'histoire se déroula à l'envers, et c'est Austerlitz qui succéda à Waterloo. La première fois, le 2 septembre 1947, une série d'orateurs, dont Malraux, figurent à l'affiche. Louis Vallon commence et les premiers boulons partent du fond de la salle. L'orateur s'efforce de proclamer que la liberté n'a pas peur des boulons, c'est entendu, mais les boulons ne respectent pas la liberté et quelques garçons qui entourent la tribune tombent, la figure en sang. J'ai gardé longtemps dans la cave de la rue de Solférino le haut pupître qui servit aux orateurs ce jour-là : il était en contreplaqué et fut transpercé en plusieurs endroits.

Malraux s'empare du micro pour dire que la France n'acceptera jamais la dictature de la force. Mais la force n'entend rien à ses discours et la salle prend d'assaut la tribune. De la bagarre s'extraient, tant bien que mal, les orateurs.

Quelques jours plus tard, Malraux convoque dans son bureau du boulevard des Capucines une réunion d'état-major. Il faut effacer cette défaite. Japy est devenu Douaumont. Pas d'autre moyen que de quadriller la salle face aux brigades de choc communistes. Le service d'ordre, c'est de l'enfantillage. Il doit être réorganisé, développé. Rendez-vous pour un prochain Japy.

La bataille de la banlieue dura six mois. Le S.O. acquit de l'ampleur et de l'expérience. Le 26 avril 1948, second Japy. Les troupes de choc du P.C. sont contraintes de s'éparpiller dans la salle. Au premier cri, les brailleurs sont poussés dehors. Les lanceurs de boulons sont vite repérés et fermement rappelés à l'ordre. La réunion se déroule jusqu'à son terme.

C'était une véritable victoire qui fut remportée dans les salles, mais surtout dans les esprits. Les communistes n'agissaient plus en maîtres, il était devenu possible de s'opposer à eux.

Ce résultat, oublié aujourd'hui, était considérable. Il n'est pas exagéré d'écrire que la véritable libération politique de la France date de l'heureuse issue de ce combat.

***

De Gaulle a lancé le R.P.F. trop tôt ; il a probablement commis une seconde erreur lors des élections législatives de juin 1951.

Les comités départementaux, dont l'existence remontait à quatre années, souhaitaient voir choisis, comme candidats, leurs animateurs présidents ou secrétaires généraux. Dans la plupart des cas, il s'agissait de résistants locaux très dignes mais peu connus. Or, à Paris, autour de la rue de Solférino où le bureau du Général se trouvait installé, voletait une quantité de personnages, professionnels de la politique, à la recherche d'une circonscription, et surtout intéressés par les possibilités de sièges que laissaient entrevoir les résultats électoraux du mouvement.

De Gaulle eut le choix entre ces intrigants, dont on pouvait prévoir qu'ils n'en seraient pas à une intrigue près, et la cohorte anonyme et désintéressée des militants. Il choisit souvent les intrigants et devait par la suite apprécier ce qu'il en coûtait.

Partout où se trouvaient en compétition un notable et un militant, c'est le notable qui fut désigné, et quels qu'aient été ses revirements passés. Les braves gens des débuts se virent donc écartés, « coiffés au poteau », selon le jargon.

Je vis cela de près à Alger, à la fin du mois de mai 1951, à trois semaines des élections. De Bonneval étant retenu à Paris par la naissance d'un de ses nombreux enfants, je le remplaçais comme aide de camp du Général.

Le voyage, commencé le 26 mai, comprenait les trois départements d'Algérie, la Corse et trois étapes dans le Sud et le Sud-Ouest.

Nous utilisions un vieux Douglas DC 3 piloté par Jacques Soufflet, futur ministre de la Défense, ancien de la France Libre et dirigeant alors une petite compagnie aérienne qui devait ensuite être reprise par Air-France.

Oran, puis Alger. Nous résidons chez des amis du Général, M. et Mme Gauthier, dans une belle maison sur la hauteur qui domine la ville. Avant et après son discours au forum et sa visite au Monument aux morts, de Gaulle reçoit des visiteurs, en vue de la préparation des élections législatives : le délégué du R.P.F. pour l'Algérie, Jean-Louis Murat, et, après le dîner, Alain de Sérigny, directeur de *L'Echo d'Alger*, qui patronne une liste.

Sans aucun doute, le R.P.F. pourrait présenter sa propre liste et le résultat a toutes les chances d'être excellent. L'opinion, en effet, est décidée à porter son choix sur des têtes nouvelles qui changeraient des vieux politiciens liés aux grosses fortunes. La tendance s'est exprimée quatre mois plus tôt à l'occasion des élections à l'Assemblée algérienne où le R.P.F. a remporté un grand succès.

Le Général en décide autrement. Subissant la pression des puissances en place, il choisit d'intégrer le R.P.F. à la liste de Sérigny, une liste dont l'élaboration lui échappe. De plus, il cèdera deux fois aux pressions de Sérigny et de Jacques Chevalier. La première, pour éliminer Murat et la seconde, pour placer en tête le milliardaire Blachette.

De même, dans de nombreuses circonscriptions de la métropole, les opportunistes, chevaux de retour des officines politiques, obtiendront les places de nos animateurs locaux. Ces arrivistes, on les retrouvera, au moment crucial, la main tendue vers nos adversaires et ne tournant pas même la tête pour saluer le président du R.P.F.

Il est malaisé d'expliquer cette erreur lourde de conséquences.

De Gaulle ne pouvait avoir oublié l'expérience de la guerre et la dure réalité constatée : les nantis n'étaient venus qu'une fois la victoire assurée.

Sa phrase à Malraux : « Je suis le petit qui se bat contre les gros » prouve qu'il se savait en perpétuel conflit avec les possédants et les puissants qui ne donnent et ne risquent rien.

A-t-il espéré cette fois les rallier ? A-t-il considéré leur présence comme nécessaire au succès de son action nationale ?

Mais ce qui suivit devait apprendre à de Gaulle qu'il ne pourrait jamais compter que sur le peuple.

En cette circonstance des élections législatives, de Gaulle se vit confronté à une grave décision, celle de s'associer ou non au système des apparentements.

Ce système, mis au point par le dynamique M. Queuille, permettait — caractéristique originale — de porter des voix sur un candidat qui ne les avait pas eues. Ce n'était rien d'autre qu'un truquage scandaleux mis au point par les partis politiques au pouvoir pour y demeurer et écarter ainsi la menace représentée par le R.P.F.

Le moyen pour de Gaulle de déjouer la manœuvre consistait évidemment à entrer dans le jeu en s'apparentant au mieux des intérêts de ses candidats. C'est ce que vinrent lui suggérer quelques-uns, dont Jacques Chaban-Delmas, qui d'ailleurs, pour son compte, réussit l'opération à Bordeaux.

Le point de vue de Chaban-Delmas se défendait sur le plan de la tactique. Que voulait-on ? Obtenir le maximum de voix. Dès lors, pourquoi ne pas prendre les politiciens à leur propre jeu ? Au lendemain du scrutin, les vingt à trente sièges ainsi gagnés pourraient permettre de réaliser la réforme institutionnelle, objectif premier du Rassemblement. Le raisonnement était d'autant plus séduisant que le résultat de la consultation demeurait très incertain.

Malgré les pressions dont il est l'objet, de Gaulle ne cède pas. Et par un communiqué lancé un mois avant le jour du scrutin, il repousse cette compromission.

On a beaucoup épilogué sur cette décision et certains ont dit qu'elle avait fait perdre sept années à la France, qu'acceptant la combinaison le Général aurait disposé à la Chambre du nombre de voix suffisant pour opérer les réformes qu'il souhaitait. Les événements d'Indochine et d'Algérie se seraient déroulés de façon différente, et ainsi de suite.

Mais, devenant le complice d'une malhonnêteté, de Gaulle n'eût plus été lui-même. Il se transformait en un politicien identique aux autres et le crédit particulier dont il jouissait auprès des Français en eût été atteint. Son refus lui permettait de demeurer tel que l'opinion le considérait : un recours indiscutable. C'est ce qu'il ressentit et me confia.

A mon point de vue, il eut pleinement raison, en 1951, de ne pas accepter cette sorte de bassesse : on ne critique pas le système des partis pour y entrer et l'exploiter à son compte, même s'il s'agit de la bonne cause.

De plus, le pays n'avait pas encore pris conscience de l'ampleur de la faillite de la IVᵉ République ; il ne ressentait pas la nécessité de profondes réformes. Quelques députés de plus n'auraient sans doute pas fait pencher la majorité de l'ensemble du Parlement en faveur d'une révision de la Constitution ; il était besoin de circonstances contraignantes. De Gaulle, une fois de plus, tint à se garder intact et la suite devait apporter la preuve de sa clairvoyance.

Le résultat des élections de 1951, bien qu'insuffisant (118 sièges sur 625), avait donné à de Gaulle la possibilité de peser sur le régime. Patiemment, de juin 1951 à mars 1952, il manœuvra au mieux ses élus pour placer le système en face de son inconstance et de ses absurdités.

Il approchait d'un résultat lorsque vingt-six députés, élus sous son nom, rompirent le contrat en ruinant les chances du mouvement de jouer un rôle déterminant dans la nouvelle Assemblée *. A la vue des portefeuilles ministériels accessibles aux transfuges, cette poignée de parlementaires, passant outre aux directives du mouvement, rallia le système. La défection, en juillet 1952 lors d'un Conseil national élargi, de ces fossoyeurs du R.P.F. démontra l'importance de l'erreur commise dans le choix des candidats.

Je me souviens avec beaucoup de tristesse de ces séances qui marquèrent la rupture. Je n'avais jamais rencontré l'ambition et le reniement sous une forme aussi tangible. Il faisait une très forte chaleur. Le Général vint s'asseoir parmi les délégués. Il se trouvait tout juste derrière moi. L'un de ceux qui allaient nous quitter parlait à la tribune. Il s'efforçait de trouver des raisons élevées à un acte que lui dictaient les plus mesquines préoccupations. Il se donnait beaucoup de mal et prit même de Gaulle à partie. Ce dernier, les mains fermées sur ses genoux, demeurait impassible alors que tous les visages se tournaient vers lui à chaque attaque de l'orateur. Dans l'atmosphère étouffante de la salle, la scène atteignait une terrible intensité.

Nous comprenions tous ce que signifiaient ces discours venimeux : la chute de nos espoirs, l'échec d'innombrables efforts, des années de confusion pour la France, un coup direct porté à l'homme qui représentait, à nos yeux, la rigueur et la dignité.

Quand Legendre eut terminé, un terrible silence pesa sur la salle. Legendre s'en alla et, dès qu'il fut sorti, d'un seul élan l'auditoire se tourna vers de Gaulle et l'ovationna. Mais le bruit des acclamations était depuis longtemps dissipé que durait toujours une IVe République sauvée par cette félonie. Elle dura six ans, six années où la France, renoncement après renoncement, perdit son autorité et sa substance.

Le 13 septembre 1955, par un communiqué, le général de Gaulle mit fin à l'activité du R.P.F.

(*) Les noms de ces honorables personnes ont été donnés par toute la presse de l'époque et notamment par l'hebdomadaire *Le Rassemblement* n° 267 daté du 11 au 17 juillet 1952.

Cette dissolution confirmait l'échec mais, pour de Gaulle, nous l'avons dit, le bilan était loin d'être négatif.

D'ailleurs, sa décision d'arrêter la tentative augmenta son crédit. Les affirmations suivant lesquelles il aspirait au pouvoir personnel, à la dictature, perdirent de leur force. Un « apprenti-dictateur » ne s'incline pas et ne renonce pas à ses projets à cause de quelques mauvais résultats à des élections au Conseil général ou au Sénat ; il ne respecte pas strictement les règles démocratiques ; il ne décide pas de s'enfermer dans une maison de campagne parce qu'il ne se sent pas appuyé par la masse du pays.

Et pourtant, le R.P.F. ne demeura pas cher au cœur du Général, c'est le moins que l'on puisse dire. Il voulait l'oublier. Il fut même ingrat avec lui. Dans ses *Mémoires de Guerre,* il l'expédie en sept lignes sans lui reconnaître grand intérêt.

Mais le mot le plus cruel, c'est celui-ci : A Jacques Foccart qui, avec une conscience admirable, assurait la liquidation du mouvement, il lança en 1954 : « Quand cesserez-vous de m'en-nuyer avec *votre* R.P.F. ! »

V

LE DESERT

En 1954, de Gaulle ne prend que deux fois la parole pour s'élever contre le projet de la Communauté Européenne de Défense. L'affaire lui paraît suffisamment grave pour qu'il sorte de son silence. Le 7 mai, c'est la chute de Dien-Bien-Phu, c'est-à-dire une rude secousse. Certes, la guerre d'Indochine est perdue depuis longtemps, mais il s'agit là de la première grande défaite militaire de l'Occident. Et c'est la France qui la subit. Le pays en est frappé ; de Gaulle décide de paraître, pour marquer qu'il se sent concerné et qu'il est éprouvé lui-même. Il se rend le dimanche 9 mai à l'Arc de Triomphe afin de montrer que le passé est malgré tout garant d'espérance. Plaçant la manifestation « sous le signe du souvenir et de l'épreuve nationale », sans doute de Gaulle espérait-il que les Parisiens se dérangeraient, eux aussi, pour lui prouver qu'ils ne désespéraient pas. Mais il y eut peu de participants, très peu, plusieurs dizaines de milliers seulement.

Il est vrai qu'un considérable service d'ordre avait été mis en place et que la police exigeait pour laissez-passer des cartes d'invitation ; mais, de toute façon, on était loin de la marée.

En uniforme, avec Ponchardier, nous attendons le Général. Il est acclamé par les présents puis... il remonte en voiture et s'éloigne. Nos regards se croisent. Mais qu'attendions-nous ?

Les jeunes voulurent descendre vers l'Elysée. Pour quoi faire ? Je me hissai sur le rebord d'un des piliers et leur parlai : « Cette cérémonie doit rester digne, rentrez chez vous. » Peut-être aurais-je tenu un autre langage si nous avions été deux cent mille. Quatorze ans plus tard, nous y serons un million. Les plus ardents effectuèrent deux ou trois fois le tour de la place en poussant des clameurs et rentrèrent sagement chez eux.

Triste fin de journée. Notre pays dévalait la pente, le Général s'enfermait dans sa demeure. Tout était-il perdu ? Pourquoi tout ce souci et pourquoi se sentir impliqué ? C'est le printemps, la vie continue. Une France américaine et allemande, pourquoi pas ? Les braves gens que je croise s'en accommoderont. J'ai une bonne situation dans le secteur privé ; mon activité m'intéresse ; des possibilités flatteuses se présentent. Quel démon m'habite ?

A la fin de l'année se tient, à la porte de Versailles, la dernière « Journée nationale » du R.P.F. Chacun sent que c'est presque un adieu. L'organisation de cette ultime manifestation m'a été confiée. Dans un bureau que j'ai fait aménager pour le Général, entre quatre cloisons mobiles, il remet des insignes en argent à une dizaine de militants qui œuvrent depuis le début. Il leur parle : « Il ne faut jamais désespérer. Un jour viendra... » Ensuite, en séance, il prononce une longue allocution. « ...Beaucoup s'enferment dans le doute, pensant : L'entreprise ? L'effort ? La grandeur ? A quoi bon ? Ce n'est plus la peine ! » Va-t-il céder à son tour au découragement ? « Allons, allons ! Aujourd'hui même, beaucoup de signes qui naguère ne se montraient pas témoignent des possibilités de relèvement de la France. »

Certes, ils existent, mais le régime constitue un obstacle que de Gaulle n'a pas pu franchir. Il rappelle : « On aurait pu espérer que le mouvement ainsi lancé (le R.P.F.) parviendrait à changer le régime par l'intérieur de lui-même... Les partis truquèrent le scrutin (de 1951). Vous savez ce qu'il est advenu. »

Il ne se résigne pas et termine : « Mes compagnons, le destin a voulu que nous vivions à l'époque où la France, physiquement affaiblie et moralement ébranlée, a traversé la pire épreuve de son histoire et touché le fond du découragement. Ce fut naguère notre mission de faire en sorte qu'elle ne succombe pas. C'est à présent notre rôle de l'entraîner au redressement. Eveillons-la ! Affirmons-la ! Guidons-la ! Au reste, je ne sais quel souffle, passant sur notre pays, commence à faire lever les têtes. D'autre part, il semble bien que les forces obscures qui travaillent l'univers aient quelque peu déplacé des obstacles qui bouchaient les perspectives et que le monde, dans son angoisse, regarde si la France est là. Or, tout comme le mouvement, la France se prouve en marchant * ! »

Nos amis, nos compagnons quittent la grande salle avec tristesse. Quoi, cet immense effort pour en arriver là ! Et de Gaulle, que peut-il ressentir ? Cette tentative de changer le sys-

---

* *Discours et messages,* tome II. Discours du 4-12-54.

tème « par l'intérieur », en présentant des candidats aux élections successives et diverses, en formant un groupe parlementaire, en déposant des propositions de lois, cette tentative qui s'échelonne maintenant sur plus de sept années, se solde par un échec complet.

Coalisés contre de Gaulle, les partis, les attablés, se sont défendus et les habitudes sont trop fortes pour que la profonde réforme nécessaire aboutisse. Les élus du Rassemblement ont eux-mêmes cédé au mirage, qu'ils aient été dès le début enclins à faiblir ou qu'ils se soient laissés circonvenir petit à petit.

Le pays, sans doute, est conscient des abaissements successifs mais, sans doute aussi, lassé par les multiples manœuvres des politiciens, il se détache de l'action politique. En tout cas, il ne réagit que faiblement. Certes, l'action et les paroles de De Gaulle sont volontairement minimisées et étouffées et ne pénètrent pas la masse ; disons surtout que cette dernière n'est guère motivée et consacre son énergie à l'élévation de son niveau de vie.

Quant à de Gaulle, au fond de lui-même, pense-t-il que tout espoir est perdu, a-t-il renoncé ? Tenant compte des réalités, il est convaincu que seule une circonstance grave peut créer l'événement d'où naîtra une sensibilité nouvelle, mais il ne désespère pas. Confirmation se trouve, dans la dernière phrase des *Mémoires de Guerre*. Il est vrai que cette phrase a peut-être été écrite plus tard, après le retour au pouvoir. Mais le son qu'elle rend, si vrai, témoigne d'une âme vivifiée par l'espoir : « Vieil homme, recru d'épreuves, détaché des entreprises, sentant venir le froid éternel, mais jamais las de guetter dans l'ombre la lueur de l'espérance ! »

En vérité, la bourgeoisie au pouvoir a failli. En France, cette bourgeoisie fournit, depuis la Révolution, la classe dirigeante. Ses enfants emplissent les universités, monopolisent les diplômes et, par conséquent, tiennent, génération après génération, les grands emplois de l'enseignement, de l'administration et des affaires. Entrer dans ce monde est secrètement l'ambition de tout artisan et de tout commerçant. Et, pour que le système se perpétue, il faut qu'un certain nombre de règles soient observées par les membres du cercle, notamment la vénération de la hiérarchie. Ceci pour les chefs de famille, les épouses et les enfants. La femme d'un sous-directeur doit se déplacer pour rencontrer celle d'un directeur ; les enfants d'un professeur à la Sorbonne pourront maltraiter les rejetons d'un professeur de lycée, etc. De même qu'aux Etats-Unis l'argent est l'étalon d'appréciation et de classement social, de même en France ce sont les titres et les grades dans la Légion d'honneur.

Cette catégorie sociale, dont le contenu s'élargit avec les

siècles, rejette ceux qui transgressent ses conventions fondamentales. C'est précisément ce que fit de Gaulle.

Quand un président du Conseil déclare qu'on est prêt à affronter Hitler, c'est que rien ne manque, et si Hitler gagne, c'est lui le mal élevé : il n'a pas joué le jeu. Quand un maréchal vous dit qu'on est battu, c'est qu'on est battu, et l'opinion d'un modeste général, qui plus est à titre provisoire, ne saurait être prise en considération.

Blâmer la haute administration parce qu'elle pactise avec l'ennemi, cela non plus n'est pas convenable. Que pouvait-elle faire d'autre ? Il fallait bien continuer à vivre, à recevoir, à sortir... ! Après tout, des Allemands, n'en avait-on pas connu de charmants à l'université, à Fribourg et à Munich ? En 1918, la victoire était revenue à la France, aujourd'hui c'est à l'Allemagne : le balancier de l'Histoire !

Critiquer Weygand, vous n'y pensez pas, c'est le fils d'une impératrice ; et puis Weygand, c'est Foch.

La position prise par de Gaulle et son action bousculaient ce qu'il y avait de plus établi, et constituait une fausse note dans le concert des : « Mon petit, termine d'abord tes études, on parlera de la France ensuite. »

La bourgeoisie s'oppose à de Gaulle quoi qu'il fasse. Son hostilité, nourrie par « la grande peur des bien-pensants » de 1940 à 1944, désarmera d'autant moins que la voie choisie par le Général fit éclater au grand jour l'indignité des dirigeants et leur peu de considération à l'égard de la *res publica.* Cela ne se pardonne pas.

Même réaction de la part de l'armée. Il a transformé une armée défaite en une armée victorieuse ; que peuvent donc demander de plus les militaires ? Mais non, cette victoire de 1945 ne leur plaît pas, c'est tout juste s'ils acceptent de l'inscrire sur leurs drapeaux. A dire vrai, peu de militaires de carrière ont participé à la France Libre, à la campagne d'Italie, aux combats de la Libération. Ils étaient prisonniers, dans l'armée de l'armistice ou en congé. Ce que des volontaires sortis on ne sait d'où réalisaient avec quatre fusils et deux vieux camions heurte la tradition. Un Leclerc passant du grade de capitaine à celui de colonel en trois mois, ce n'est pas sérieux ! Que reste-t-il des règles de l'avancement ? Les camarades virent passer, couverte de poussière et de cambouis, une armée qui n'était pas la leur, qui leur parut étrangère, et qui gagnait les batailles. Pour leur malheur, ces professionnels exclus de la miraculeuse revanche pensèrent regagner la gloire et les galons perdus grâce à la campagne d'Indochine, mais le pays se désintéressa des trésors de courage dont ils firent preuve. Ensuite ils crurent que l'Algérie leur fournirait l'occasion de montrer leur talent. Hélas, de talents, il y en eut beaucoup, mais là aussi à contre-courant de l'Histoire, et nos malheureux officiers qui avaient tant servi et tant donné se retrouvèrent du mauvais côté des barricades, contre ce même de Gaulle, qui savait gagner sans eux. Comment ne pas comprendre le désespoir, la rage et la révolte ?

Oui, les cadres professionnels de l'armée ont bien fait partie de cette société bourgeoise qui n'a jamais aimé de Gaulle.

Plus que jamais, en 1954, celui-ci est persuadé que les hommes en place ne céderont que sous la pression d'une crise, lorsqu'ils ne trouveront d'autre issue que de se débarrasser de la charge. Les circonstances provoqueront cette situation ou ne la provoqueront pas. Pour ce qui le concerne, de Gaulle n'entreprendra rien pour la faire naître. Toutefois il ne cessera d'alerter le pays sur la dégradation générale.

Ainsi, en juin 1955, recevant la presse, il montre une fois de plus la responsabilité du régime dans la dramatique confusion qui paralyse la France : « Le renouveau des institutions, que je n'ai pu obtenir avec la Résistance, je l'ai tenté ensuite avec le Rassemblement. Cette fois encore, ce fut en vain. Dans un cas comme dans l'autre se dressèrent les mêmes obstacles *. »

Devant cet insuccès, de Gaulle s'absorbe dans la rédaction de ses mémoires. Ainsi il revit l'histoire d'une époque où « les ressorts n'étaient pas détendus ».

Il aimait écrire et acceptait d'y consacrer une bonne part de son temps. La liste de ses œuvres est longue. Il a seize ans quand sa signature est imprimée pour la première fois. Il gagne alors un concours littéraire et choisit d'être édité plutôt que de toucher un prix. N'est-ce pas symptomatique ? Ses parents découvrent un exemplaire d'*Une mauvaise rencontre* dans un tiroir. Il n'en a pas parlé. Pudeur, timidité d'auteur, crainte d'être moqué...

Après le bouleversement de la guerre, chaque année ou presque, une conférence, des articles ou un ouvrage verront le jour.

C'est une pratique habituelle pour lui que de se trouver devant une page blanche et de transformer la pensée en une matérialité durable. Chacun de ses actes, il le marque par des discours, mais qui sont d'abord des textes : moyen de contraindre ses idées à s'ordonner, à s'enchaîner et à s'exprimer.

Tâche harcelante dont il parlera toujours avec humeur mais à laquelle il reviendra sans cesse.

Les problèmes, les crises, les voyages, les rencontres avec

* *Discours et messages,* tome I. Conférence de presse du 30 juin 1955.

les nations et les personnalités sont des sujets sur lequels il fixera ses sentiments et ses intentions en rédigeant d'innombrables lettres, mémorandums, allocutions, appels, déclarations, etc. Telle était sa manière de faire le point. Il exigeait alors qu'on le laissât en paix. Malheur à celui qui devait régler une affaire avec lui alors qu'il travaillait sur un écrit.

Cette obligation m'échut à de nombreuses reprises à l'époque où j'étais chargé, à la présidence de la République, de l'organisation des voyages. Jusqu'au dernier moment demeurait toujours en suspens quelque question quant au programme, à la presse, aux ministres accompagnateurs, etc. Naturellement ces problèmes se posaient peu de jours avant le départ, alors justement que le Général rédigeait ses discours.

— Qu'est-ce qu'il y a encore ?

Il reste le stylo en l'air, sa main gauche tenant le haut de la feuille sur laquelle il écrit.

— Oui, bon, et alors ?

Ce que je lui dis, même si c'est important, ne l'intéresse pas. Son esprit est tout entier absorbé par une idée qui se présente. Sa main qui tient la plume s'impatiente, l'autre lâche le papier et se ferme.

— Faites ce que vous voudrez.

Me voilà dans le plus grand embarras. Je suis à peine auprès de la porte que je vois déjà repartir l'écriture à l'encre bleue.

Au début d'avril 1960, le Général reçoit Khrouchtchev à Rambouillet et prépare en même temps ses voyages en Angleterre, au Canada et aux Etats-Unis. Je viens moi-même d'accomplir le périple et me trouve dans l'obligation d'obtenir des réponses à plusieurs questions. Dans un bureau du premier étage du château, la scène se déroule de façon rigoureusement classique. Et je me retrouve, deux minutes plus tard, de retour dans la pièce voisine, tenant à la main la liste de mes propositions sur lesquelles il avait refusé de jeter un coup d'œil.

Ces grands voyages furent heureusement qualifiés de succès.

De Gaulle consacre pratiquement les années 1955, 1956, 1957, à la rédaction de la suite des *Mémoires de Guerre*. Il est installé dans la pièce octogonale de la Boisserie, devenue son bureau. Les murs ne sont pas encore couverts de livres. Il travaille le matin et sort avant le déjeuner pour une courte promenade. L'emploi du temps de l'après-midi est presque identique. Quand son fils ou son gendre sont là, les promenades sont plus longues.

On le sait, les longues feuilles blanches sont maintes fois raturées. De Gaulle a confié à Malraux : « Colette disait : “ C'est difficile la langue française, les adjectifs ! ” Elle se trompait, malgré son talent. La langue française, ce sont les verbes. Et puis, se délivrer des manies d'écriture... »

Repassaient sous ses yeux les télégrammes, les rapports, les visages... L'épopée riche en actions, en dévouements, en héroïsmes, se déroulait de nouveau. Et le soir, en écoutant les nouvelles à la radio française, il retombait sur les débats de l'Assemblée, sur les déclarations du président du Conseil désigné et non encore investi, sur les vedettes du jour et leurs formules redondantes...

Le sourire de Leclerc, le regard noir de Moulin, le nez aigu de Brossolette... Quel rapport existe-t-il entre ceux-là et les fantoches qui s'agitent ?

Un éclair de tristesse aussi quand paraissait le nom des renégats. Savaient-ils la peine qu'ils causaient ? Jamais une sévérité ne sortit en public des lèvres du Général, parfois même plus tard, il reçut les coupables avec gracieuseté. Mais quoi ! Avoir servi le pitoyable bastringue de la IVe République de préférence à celui qui demeurait pour tous la personnification de la dignité ! Président du Conseil des ministres de M. Auriol, qu'est-ce que cela signifie aujourd'hui ?

Il y a Mendès France. Appelé comme chef du gouvernement à la veille du 18 juin 1954, il télégraphie, ce jour-là, au Général : « Je pense à vous. »

Puis il essaie de gouverner. Les partis lui laissent régler l'affaire de l'Indochine pour le chasser aussitôt après.

Le 13 octobre 1954, Mendès France, encore président du Conseil, vient voir de Gaulle pour lui parler de la politique étrangère de la France.

Les deux hommes se connaissent. Mendès France a combattu dans les rangs des Forces Aériennes Françaises Libres, il a été commissaire aux finances à Alger, puis ministre de l'Economie nationale à la Libération. De Gaulle a sans doute fait à ce moment un mauvais choix en optant pour la thérapeutique de soins préconisée par Pleven et non pour le traitement de choc que réclamait Mendès France. Décision dictée par la commisération qu'éprouvait à ce moment-là le Général pour les Français ? Il les retrouvait si malheureux et pauvres qu'il recula devant la perspective de leur faire subir une épreuve d'austérité.

Après son éloignement du pouvoir, Mendès France choisit de devenir un adversaire politique et de Gaulle, qui lui avait rendu hommage dans son dernier discours en tant que président du R.P.F., en fut secrètement déçu. Près de vingt ans plus tard, en 1969, le Général exprima un jour son regret d'une attitude qu'il déplorait. Ayant décidé de s'opposer, Mendès France, avec l'obstination qu'on lui connaît, s'enferra en effet jusqu'au bout. Il se prononça contre l'investiture le 1er juin 1958 ; contre la Constitution de la Ve République ; contre l'élection du président de la République au suffrage universel ; en 1968, il se présenta sérieusement en sauveur de la démocratie et même aujourd'hui, il ne manque pas une occasion de juger sévèrement celui qui lui avait permis de reprendre ses armes au service de la France et qui, de plus, avait restauré la République. Mais au fond, n'y a-t-il pas dans cet excessif entêtement une part de regret ? On dirait que Mendès France veut se convaincre lui-même du bien-fondé de son hostilité.

Christian Fouchet fut l'un des « gaullistes historiques » qui acceptèrent un portefeuille ministériel de Mendès France en 1954. Avant de prendre sa décision, il téléphona au Général, à Colombey, pour lui demander son accord. Fouchet espérait une sorte de bénédiction. D'après ce qu'il me raconta, il eut droit à quelques mots du genre : Ceci ne me concerne aucunement, faites ce que vous croyez devoir faire.

Mais de Gaulle pensait que pour l'essentiel, l'action de Mendès France était positive et il ne tint pas rigueur à Fouchet de s'être laissé embarquer dans un gouvernement de la mauvaise République.

En cette circonstance, Christian Fouchet, dont j'étais l'ami, me demanda de l'aider à constituer son cabinet. Je m'y consacrai durant les vingt-sept jours ouvrables de mes vacances. Il me pria de l'accompagner à Tunis lorsque Mendès s'y rendit, le 31 juillet 1954.

Nous partîmes du Bourget au milieu de la nuit. Dans le hall désert et violemment éclairé de l'aérogare, nous arrivâmes parmi les premiers. Il y avait là deux capitaines de vaisseau en grand uniforme, gants blancs et sabre au côté, qui se demandaient ce qui leur arrivait. Convoqués sans aucune explication, ils ne savaient rien de ce qui allait se passer et furent aussi étonnés que nous de voir arriver le maréchal Juin. Ce dernier se rendait-il compte de l'objet réel du voyage ? Précédé par des motocyclistes et dans un crissement de pneus, M. le président du Conseil arriva. Il parut petit et ses joues, noires de barbe, rendaient son front plus pâle encore. Nous prîmes place dans un quadrimoteur qui était — ô ironie — celui que Roosevelt avait offert au général de Gaulle et que ce dernier n'avait pas emporté sous son bras.

Quelqu'un avait remis à Mendès la presse qu'on distribuerait quelques heures plus tard ; elle ignorait tout de ce spectaculaire voyage. Le président lisait puis jetait les journaux en vrac sur les sièges voisins et dans l'allée centrale. Bientôt, il fut entouré d'un amas de papier.

Le jour se leva, nous vîmes disparaître les côtes françaises ; pendant qu'on nous servait un frugal petit déjeuner, les rivages de la Tunisie apparurent. La Tunisie, elle non plus, ne se doutait pas de ce qui se préparait.

En raison du secret auquel tenait Mendès — par souci de frapper les imaginations —, le voyage avait été improvisé et notre débarquement à l'aéroport s'effectua dans un certain désordre. Aucun service d'honneur pour recevoir le chef du gouvernement en dehors de quelques policiers arrachés à leur lit. Les voitures arrivaient les unes après les autres. Enfin, nous partîmes. La ville se réveillait à peine et nous roulions à toute vitesse dans des avenues vides en direction de la résidence du Bardo ; le personnel s'y employait fébrilement à préparer la réception de ce « chargement » de hautes personnalités dont l'arrivée n'était pas prévue la veille au soir. Le résident général, M. Voizard, s'efforçait d'avoir l'air au courant.

Puis, le Bey, ayant en hâte fini sa toilette, fit savoir qu'il pouvait nous recevoir. La petite troupe repartit à fond de train et Mendès, accompagné de Fouchet, son ministre des Affaires tunisiennes et marocaines, d'un Maréchal de France et de deux capitaines de vaisseau en gants blancs, fit son entrée dans la salle du trône. Il y prononça un discours annonçant la future indépendance de la Tunisie. Le Bey, ébahi, hochait la tête. On nous fit passer des friandises rances et tout le monde s'engouffra de nouveau dans les voitures.

Un morne déjeuner réunit la troupe autour de la table du résident général. La soudaineté du geste laissait les autorités locales sans voix. Elles n'osaient décider si ce qui arrivait était bon ou mauvais. Mendès France, tout à son affaire, ne tentait aucune explication. Le général Boyer de la Tour, commandant supérieur, faisait « hum, hum », en toussotant.

Après le repas, alors que se formaient de petits groupes s'entretenant à voix basse, Mendès France s'approcha de Fouchet : « Qu'en pensera le Général ? »

Nous ne le savions pas. Certes l'état de choses ne pouvait durer, mais était-il nécessaire d'aller si vite et si loin d'un seul coup ? Qu'allait-il se passer au Maroc et en Algérie ? N'était-ce pas bousculer l'évolution ? Ce faisant, ne sautait-on pas des étapes intermédiaires très souhaitables ?

Avec le recul, on peut penser que le Général aurait progressé dans la direction de l'autonomie et de l'indépendance, mais vraisemblablement en ménageant des pauses et en réalisant un équilibre entre les évolutions des autres pays du Maghreb ; mais pour cela, il eût fallu la continuité d'une politique. Sachant que le temps lui était compté, Mendès France se hâta sans doute d'agir pour créer une situation irréversible. Naturellement, ce sont d'autres gouvernements qui durent faire face, au Maroc et en Algérie, aux répercussions de cette action brusquée.

De Gaulle connut d'autres cruelles désillusions au long de ses entreprises à propos de ceux sur qui il pensait pouvoir compter. C'est sans doute ce qui lui fit dire et répéter : « Les hommes sont les hommes. »

Il n'y avait pas de mépris dans cette formule mais, une fois de plus, une constatation de la réalité. Il ne dit pas : les hommes ne sont *que* des hommes.

Bien que jugeant sévèrement, de Gaulle n'était pas vindicatif. Il n'oubliait pas, certes non, mais il ne tenait pas rigueur. L'on vit réapparaître à des postes importants et même ministériels certains qui, en d'autres temps, s'étaient vus gratifier par le Général de peu aimables qualificatifs.

Je n'ai connu personne qui n'ait eu, comme l'apôtre Pierre, des moments de faiblesse. De Gaulle pardonnait parce qu'il se disait peut-être que chaque homme était à la fois le Pierre du crépuscule et celui de l'aube.

Pendant cette fameuse traversée du désert, de Gaulle vécut face à lui-même. Il voulait même faire croire qu'il avait renoncé. Et pourtant...

Pourtant, il ne mit pas fin à ses séjours à Paris, c'est-à-dire à ses entretiens avec les uns et les autres. Il est vrai que les demandes d'audience se firent rares. Le colonel de Bonneval, le plus dévoué et le plus fidèle d'entre nous, nous demandait parfois de l'aider à remplir les pages de l'agenda des rendez-vous. Le Général reçut alors des chefs d'entreprise, des écrivains, parfois aussi des gens sans grand intérêt. Entre deux audiences, il sortait de sa serviette le manuscrit des *Mémoires* et couvrait quelques pages de son écriture régulière.

Malgré le détachement apparent, il ne put jamais agir comme un simple particulier. Si encore le public s'était mis à le considérer comme un homme appartenant au passé, il aurait retrouvé une liberté de mouvement qui eût facilité son existence. Mais il n'en était rien.

Un jour d'hiver, il fit arrêter la voiture place de la Concorde et décida de marcher sur les Champs-Elysées. Le véhicule suivait lentement le long du trottoir.

Le premier individu rencontré se retourna. Un couple qu'il croisa fit de même puis s'arrêta et suivit à distance respectueuse.

Deux ou trois autres passants s'immobilisèrent pour considérer la haute silhouette. Le Général n'avait pas parcouru deux cents mètres qu'une dizaine de personnes marchaient derrière lui. Il faisait nuit pourtant, et les réverbères ne dispensaient qu'une pâle lueur, mais de Gaulle, sa stature et sa façon de marcher, furent aussitôt reconnus. En approchant du rond-point, vivement éclairé, une petite troupe silencieuse se trouvait déjà rassemblée.

— On ne peut décidément rien faire, bougonna de Gaulle en regagnant la voiture.

De 1944 à la fin de sa vie, durant vingt-cinq ans, je crois que de Gaulle n'est pas entré dans un magasin, il ne s'est pas installé à la terrasse d'un café, il n'a jamais flâné sur le quai d'un port ; voit-on ce que cela représente ?

Je me souviens toutefois d'une circonstance. Du temps du R.P.F., nous venions d'entrer à Ajaccio. Descendu de voiture, de Gaulle marche au milieu d'un grand concours de foule. L'atmosphère rappelle, paraît-il, celle de la Libération. Notre responsable me demande d'attirer l'attention du Général sur une boutique : c'est celle d'Eugène Macchi, grand résistant, qui fut le premier à l'accueillir en 1944. Le Général se dirige vers la boutique et entre. J'entends encore tinter le timbre. Notre accompagnateur retient les officiels à l'extérieur. La porte se referme. Nous sommes tous les deux seuls, la boutique est vide. J'appelle. Personne. C'est un magasin d'articles d'électricité. Nous considérons les boîtes d'ampoules qui s'alignent sur les rayons, les piles électriques, les lampes de chevet, les lustres suspendus au plafond... Dans la rue, la foule — dans laquelle se trouve certainement perdue la personne que nous venons voir — crie et chante.

— Bon, eh bien, fait le Général, puisqu'on ne veut rien nous vendre, allons-nous-en.

De Bonneval réussit à organiser quelques projections privées de films de cinéma avec l'aide d'un producteur de nos amis. Mais c'était chaque fois une telle complication pour que l'opération se déroule discrètement que le Général décida d'y renoncer.

Lors de ses brefs séjours à Paris, il descendait à l'hôtel Lapérouse, sur la recommandation du colonel Rémy. Là, il occupait une chambre double et disposait d'un petit salon comme salle à manger privée. Organisation commode, d'autant qu'une petite porte latérale permettait au Général d'entrer et de sortir de l'hôtel sans être vu des autres résidents. L'établissement était un peu vieillot et austère, mais la direction, ainsi que le personnel discret et efficace, manifestaient une serviabilité à toute épreuve.

En avril 1950 s'était produite la rupture avec Gilbert Renaud, plus connu sous le nom de colonel Rémy. Ce dernier, âme généreuse, rêvait de la réconciliation de tous les Français. Alors qu'il était en mesure d'apprécier mieux que personne le dommage irréparable causé à la France par l'armistice et les conséquences dramatiques qu'il avait entraînées, il rêvait d'assister, sous les regards attendris de Pétain et de De Gaulle se tenant par la main, à une embrassade générale. Image touchante mais, malheureusement, irréalisable. Rémy, par toutes ses fibres et toutes ses croyances, appartenait à cette fameuse bourgeoisie bien-pensante dont j'ai parlé sans grande tendresse et souffrait de la voir marquée par la collaboration. Comme il aurait été heureux de la réhabiliter ! Tel est le sens de son article paru dans *Carrefour* et qui provoqua la rupture. Il affirmait dans ce texte que le Général lui avait déclaré : « Pétain et de Gaulle ont été également nécessaires à la France, l'un constituait le bouclier, l'autre le glaive. » En quelque sorte, en concluait Rémy, la France disposait de deux cordes à son arc, les deux actions se complétaient et l'on ne pouvait imaginer l'une sans l'autre. A la publication de ces propos qu'on lui prêtait, le Général réagit aussitôt, et vigoureusement, par un communiqué. « Rien ne saurait, dans aucune mesure, justifier ce que fut la politique du régime et des hommes de Vichy, c'est-à-dire, en pleine guerre mondiale, la capitulation de l'Etat devant une puissance ennemie et la collaboration de principe avec l'envahisseur... »

Deux jours plus tard, le 12 avril 1950, Rémy, après un digne communiqué, démissionnait du comité de direction du R.P.F., quelques heures avant d'en être exclu. Triste affaire, mais il est des positions inconciliables, surtout lorsque leur différence est sanctionnée par la persécution, la torture et la mort pratiquées par un camp aux dépens de l'autre. Comment Rémy n'a-t-il pas compris cela ? Il est impensable que le bourreau et la victime aient tous deux raison, sinon, aucun sacrifice n'est plus justifié.

Dans son souci très chrétien de tout bénir, Rémy est allé plus loin encore, trop loin, puisqu'il est pratiquement devenu un fervent défenseur de l'armistice. Je crois savoir qu'il garde pourtant un certain ressentiment à l'égard des méchants nazis qui ont démantelé son réseau à coups d'affreux sévices et d'exécutions ; toutefois, il semble oublier que bien souvent, hélas, leurs auxiliaires français obéissant à Vichy se trouvaient à l'origine des arrestations.

Il faut savoir qu'écrivant ce fameux article dans *Carrefour*, il adressait aussi une missive à Pétain à l'île d'Yeu dans laquelle il le saluait comme un soldat « qui salue un de ses chefs, dont il a mis trop longtemps à comprendre qu'il lui avait donné le plus parfait exemple d'abnégation ». C'est plus qu'un pardon, c'est une approbation !

Enfin, précisons que l'avocat choisi par Rémy dans une action en diffamation lancée contre l'Association des Français Libres, action qu'il abandonna d'ailleurs, fut celui de Pétain.

A l'occasion d'un récent débat, je trouvai Rémy en face de moi pour donner raison à Weygand d'avoir jusqu'à son départ maintenu l'Afrique du Nord en dehors de la guerre. Je lui dis mon étonnement.

— Cher ami, me répondit-il, de Gaulle a fort bien compris le sens de mon action.

Je ne voulus pas blesser cet homme dont le courage et l'intelligence ont rendu tant de services à la France Libre. Mais je pensais que si de Gaulle avait vraiment apprécié cette « évolution » de son ancien compagnon, il n'eût pas écrit le 10 mai 1950 au colonel Fleuret, délégué du R.P.F., ami de Rémy, qui l'interrogeait sur la cause de cette séparation :

« Je croyais qu'on savait ce que j'ai fait et dit quant à Vichy depuis le 18 juin 1940.

« Je croyais que cela suffisait à démentir des millions de fois l'infamie des " deux cordes ".

« Je regrette de constater l'espèce de doute que paraît marquer à ce sujet, votre lettre du 2 mai et que, de votre part, je trouve inexplicable. »

Et si de Gaulle n'avait pas été profondément choqué par la déclaration de son ancien ami, sans doute l'aurait-il revu au cours des vingt années qui s'écoulèrent ensuite et durant lesquelles le Général ne le convia jamais.

De Gaulle attachait une grande importance, une importance primordiale qui commandait son attitude, à l'aspect moral des décisions.

Couve de Murville, lui, classe les initiatives, depuis la réflexion d'un balayeur jusqu'à la déclaration d'une guerre, en deux catégories : celles qui sont « convenables » et celles qui ne le sont pas. Serait-ce là le résultat d'une éducation aussi huguenote que possible ou une façon très britannique de ne pas employer de mots excessifs ?

Pour de Gaulle, qui n'avait pas peur des mots, importait le caractère justifié ou non des actions. Il se situait à l'opposé des adeptes de la détestable règle : qui veut la fin veut les moyens. Les moyens prenaient une valeur aussi grande que l'objectif à atteindre, et la démarche politique n'échappait aucunement à ce jugement. Au contraire, en politique, qui est l'art d'agir pour le bien commun — que cette définition paraît surannée ! — le respect des principes et des bonnes mœurs y est plus nécessaire que dans toute autre activité.

Inutile de dire que les pantalonnades du type faux attentat de l'Observatoire ou expédition d'un petit voilier pour empêcher les expérimentations nucléaires lui semblaient pitoyables et déshonorantes.

— Quoi, me dit-il en 1965 lors des élections présidentielles, on ne trouve à lancer contre moi qu'un champion de saut de haies !

Faisant remarquer que le concurrent était aussi champion de retournement de veste, il rétorqua :

— Les vestes, en politique, à force d'en retourner, on en récolte.

En ce même moment, celui de la campagne présidentielle, il refusait, parce que cela ne lui paraissait pas en rapport avec la dignité souhaitable de la compétition, qu'on fît allusion à la lamentable supercherie de l'Observatoire.

Dans son esprit, le général de Gaulle, tel qu'il existait aux yeux des Français, ne pouvait commettre aucune bassesse. Et son inventaire des actions basses était particulièrement exhaustif.

Il s'intéressait à la vie privée des personnes dans la mesure où celle-ci lui paraissait représentative de l'individu. A notre époque, en effet, les fortunes excessives, lorsqu'elles ne viennent pas d'héritages, sont rarement le fait de carrières irréprochables. Souvent il s'est trouvé un moment où la chance a quelque peu été poussée. Par ailleurs, ceux qui mènent une vie dissolue ne peuvent être pris comme exemples pour leur équilibre ou la stabilité de leur pensée.

Et le Général, pour ce qui était de la vie de chacun, en savait beaucoup. Comment parvenaient jusqu'à lui les informations sur les opérations immobilières de l'un ou sur la liaison de l'autre avec la femme d'un ministre ? De Gaulle n'a jamais eu son Fouché et il ne s'intéressait que peu ou pas du tout aux rapports de police. Alors ?

Tout se sait, a-t-on coutume de dire ; tout se répète en effet et tout s'écrit. Le Général lisait attentivement la presse dans laquelle, finalement, on trouve beaucoup d'informations pour peu qu'on sache découvrir ce qui se cache entre les lignes. Et parfois même, il suffit de regarder. Au cours d'un dîner ou d'une réception se révèlent les amitiés et les inimitiés ; la façon dont tel personnage agit, dont tel autre réagit, est souvent fort significative.

Un incident me revient à l'esprit. Pendant la crise algérienne, le Général décide de nommer un nouveau Délégué général. Il hésite et demande à une certaine personnalité d'effectuer un tour d'horizon et de venir lui en reparler quelques jours plus tard. Il lui suggère même de s'installer pendant cette courte période dans un bureau de l'Elysée pour disposer de toutes les sources possibles d'information.

Le nouveau venu débarque le lendemain d'une voiture de milliardaire, il pousse hors de son bureau un très haut personnage de l'entourage et organise aussitôt autour de lui un cabinet qui se répand dans les couloirs. Ce que voyant, le Général confia le poste à quelqu'un d'autre.

On a beaucoup parlé d'une certaine misogynie du Général. Il me semble que de Gaulle avait gardé de son milieu et du siècle de sa jeunesse l'idée que la plus noble mission de la femme est la mise au monde et d'éducation des enfants. En 1979, cette notion paraît rétrograde et provoque la colère de certaines femmes ; mais elle a constitué la règle pendant des siècles et les épouses ne sortaient de cet état protégé de mère de famille que lorsque les circonstances les y contraignaient.

Aujourd'hui, elles rejettent cette situation de protectorat, ce qui est leur droit ; toutefois, sans faire preuve de mentalité esclavagiste, il n'est pas interdit de penser qu'elles se trompent et perdent au change. Telle était sans doute la conviction de De Gaulle. Ajoutons que le Général avait été adolescent en un temps — la Belle Epoque — où les jeunes messieurs s'amusaient beaucoup et où les « histoires de femmes » occupaient largement la chronique.

Les officiers possédaient une solide réputation de viveurs ; innombrables étaient les incidents provoqués dans les carrières par les aventures galantes et les liaisons.

De Gaulle pensait sans doute que, partout où il y a des représentantes du sexe féminin, il y a des « histoires de femmes ». Il voyait dans la présence de celles-ci dans un groupe de travail un risque de perturbation.

Dans *La Discorde chez l'ennemi,* il relève que la présence des épouses au quartier général de Konrad à Teschen, constituait une cause non négligeable de la confusion qui régnait à l'état-major austro-hongrois.

Les femmes troublent les hommes. Heureusement. Ce n'est pas une nouveauté. Mais lorsqu'un homme exerce de hautes et dures responsabilités, sans doute n'est-il pas bon pour le fonctionnement du service qu'il soit décontenancé par la continuelle présence de quelque joli sourire.

Avant 1940, le Général avait, au cours de vingt-cinq ans de service, connu de nombreux cas où de jeunes officiers et de moins jeunes s'étaient trouvés secoués par les fièvres émotionnelles que nos charmantes compagnes s'emploient à provoquer. De 1940 à 1944, parmi ses compagnons d'armes isolés de leur famille, il s'était vu mis en présence de situations délicates. C'était un lieutenant de l'armée de terre qui enlevait la femme de son hôte anglais ; un aviateur qui séduisait l'épouse de son supérieur britannique ; un jeune cadet mineur qui fabriquait, sans se lasser, de futurs petits soldats de Sa Majesté. Ces incidents, fréquents dans toutes les garnisons et surtout en temps de guerre quand les héros pensent à profiter des jours qui leur restent à vivre, se matérialisaient, à Londres, sur le bureau du Général, par des plaintes provenant du *War-Office*. Et ces plaintes provoquaient sa colère parce que chacune, si insignifiante qu'elle fût, se voyait portée au débit de la France.

Le bouillant Français Libre qui serrait dans ses bras une lady enamourée pensait servir le prestige national alors que le chef des Français Libres y voyait au contraire un dérèglement qui diminuait sa position vis-à-vis du gouvernement britannique. Regrettable divergence de point de vue.

Bref, de Gaulle craignait comme la peste les turbulences provoquées par la rencontre d'un homme et d'une femme.

Pour lui, le service de l'Etat constituait un honneur au nom duquel tous les sacrifices s'imposaient. La rigueur morale et matérielle qu'il souhaitait, il en donnait lui-même l'exemple, ainsi que sa famille. Celle-ci ne bénéficiait d'aucun passe-droit ni d'aucune faveur d'aucune sorte. Le contraire se produisait plutôt. Le fait de s'appeler de Gaulle compliquait notablement l'existence de son fils, officier, ou de ses petits-enfants, collégiens puis lycéens.

— Charles de Gaulle, venez au tableau. Vous ne savez pas votre leçon, vous aurez un zéro.

Charles de Gaulle, six ans, penaud, regagne sa place sous les regards cruellement ironiques de ses petits camarades.

Le moment paraît venu d'aborder les rapports complexes qu'entretenait le Général avec le temps. Le temps, la durée, est un des éléments déterminants de la manœuvre militaire. Il intervient constamment, soit comme ami, lorsqu'il affaiblit l'adversaire, soit comme ennemi, lorsqu'il porte atteinte aux moyens ou aux possibilités dont on dispose.

De Gaulle connaissait sa valeur et s'est servi de lui tout au long de sa carrière. Parfois, il laissait traîner les choses ; parfois, au contraire, il les brusquait.

Pour ne prendre d'exemples que depuis 1940, il attendit pour lancer son appel que la nouvelle de la demande d'armistice fût connue, estimant qu'une précipitation serait néfaste tandis que son action bénéficierait du choc créé par cette annonce ; à

Dakar, il jugea que si l'entreprise ne l'emportait pas dès son engagement, les autorités, s'étant reprises, disposeraient des moyens de s'y opposer, ce qui arriva. Vis-à-vis des Anglais, à plusieurs reprises, il différa longtemps ses réponses sur des questions essentielles. A l'égard de l'initiative américaine en Afrique du Nord, il ne se précipita pas, pensant que le temps travaillait pour lui. En revanche, aussitôt entrepris le débarquement de Normandie, il lui parut des plus urgents que le Gouvernement provisoire affirmât son existence sur le sol national.

Plus tard, après son retour de 1958, on verra comment il utilisa le temps pour rendre possible ce qui, au début, ne le paraissait pas.

Mais, en 1955, rue de Solférino, le temps se montrait sous les traits d'un implacable ennemi.

D'abord pour la France. En chaque occasion, l'impuissance du régime se révélait plus flagrante. Que de faits irréparables se produisaient, que d'erreurs aux multiples répercussions se commettaient qui rendaient de plus en plus aléatoires les chances d'un redressement.

Le drame de l'Indochine, de la Tunisie, du Maroc, et le destin de l'Algérie eussent sans doute connu des déroulements et des dénouements différents si la France, pendant ces années, avait été gouvernée.

La situation financière, l'organisation de notre défense, nos rapports avec nos alliés se seraient certainement orientés dans d'autres directions si une continuité avait été assurée. Le régime auquel les partis se cramponnaient entraînait le pays vers la catastrophe.

Et, pour de Gaulle, chaque heure qui passait portait atteinte à son secret espoir.

Il voyait avec anxiété l'avenir se rétrécir. Il allait atteindre les portes de la vieillesse ; la vie, comme du sable, filait entre ses doigts. Chaque anniversaire, dont il ne voulait pas qu'on lui parle, réduisait le nombre d'années qu'il pourrait un jour consacrer à la France.

Après la mise en sommeil du R.P.F., aucun événement ne se produisant, il ne pouvait s'empêcher, pendant cette période désertique, d'aborder le sujet avec nous. Ses réflexions prenaient un caractère poignant par l'angoisse qu'elles trahissaient.

— C'est fini, la France ne se ressaisira pas.

Lui, qui habituellement prodiguait l'espoir, cherchait presque des encouragements.

Les signes annonciateurs d'un réveil dont il avait parlé lors de la dernière réunion du R.P.F. à la porte de Versailles, c'était à nous maintenant de les lui rappeler, à nous d'insister sur le moindre indice d'une prise de conscience, à nous de lui présenter un article ou une étude sur la nécessaire réforme des institutions.

Malheureusement, notre moisson péchait par son indigence et notre argumentation par sa faiblesse.

— Non, répondait-il, tout cela ne signifie rien.

Un jour, nous étions debout devant le feu de bois de son bureau, et il me dit ceci à quelques mots près :

— Voyez-vous, ce mauvais régime s'effondrera bien un jour. Comment l'éviterait-il ? Ce sont tous des politiciens, ils se dérobent devant leurs responsabilités, par habitude et parce que le destin de la France ne les intéresse pas. Ce qui les intéresse, c'est de savoir quelle place ils occuperont et quelle place ils empêcheront leurs rivaux d'occuper. C'est la chaise musicale : ils tournent et ne pensent qu'au fauteuil dans lequel ils vont pouvoir s'asseoir. Un jour ça craquera, mais quand ? Le pays est solide, il en faut beaucoup pour l'abattre. Quand ça arrivera, je ne serai plus de ce monde ou trop vieux. Et ils diront : Ah ! si de Gaulle était encore là. Mais quand de Gaulle était là, ils se liguaient tous pour lui barrer le chemin. Je suis leur ennemi. L'ennemi des compromis, des arrangements, de la République des petits copains. Vous aurez été un témoin, vous pourrez leur dire : de Gaulle vous jugeait pour ce que vous étiez, des naufrageurs... Après tout, ça n'a pas d'importance, vous ne leur direz rien.

Le 5 de la rue de Solférino, qui fut le cadre de cette période, est un hôtel particulier de trois étages avec cour. Nous nous y sommes installés en location à l'automne de 1947. Au rez-de-chaussée se trouvait une loge de concierge et une salle de réunion. Au premier étage, le salon, devenu le bureau du Général ; l'aide de camp occupait le fumoir voisin. Le second salon fut transformé en deux bureaux et la salle à manger servit de secrétariat. Les pièces ouvraient sur un palier dont le plafond se voyait supporté par deux prétentieuses colonnes.

Le second, étage des chambres, comptait trois grandes pièces divisées chacune en deux, plus une petite bibliothèque et quelques dégagements.

Le troisième, mansardé mais assez élevé de plafond, se divisait en six à sept bureaux. Dans la cour, une ancienne écurie et aussi un logement de cocher.

L'ensemble avait été habité par l'écrivain François de Curel et appartenait à sa fille. La gouvernante de Marcel Proust, Céleste Albaret, raconte dans ses mémoires que le grand écrivain, lié avec de Curel, venait assez souvent en ce lieu pour rendre visite à son ami.

Le bureau du Général est une pièce de cinq mètres sur huit donnant par de hautes fenêtres sur la rue. Le mur de gauche est occupé par une cheminée encadrée d'une lourde boiserie du siècle dernier.

Devant cette cheminée se sont assis de Curel et Marcel Proust et, trente ans plus tard, Charles de Gaulle et nombre de ses collaborateurs et visiteurs, dont André Malraux.

Le mobilier est des plus simples. Un bureau imitation Louis XVI, une sorte de bibliothèque à porte vitrée, un guéridon 1900, deux fauteuils de visiteurs type chef de bureau de ministère et, devant la cheminée, deux profonds fauteuils de cuir passablement usés. Pas de tapis. L'ensemble est disparate et affreux.

Dans un coin, un appareillage en fer permet à plusieurs panneaux de tourner autour d'un axe. Sur ces panneaux sont fixées des cartes, la France administrative, l'Afrique du Nord, l'Algérie et un planisphère. Deux souvenirs sont également suspendus au mur : un morceau de blindage d'un sous-marin allemand coulé en Méditerranée et un profil de mineur en bronze. Une maquette de char de combat en bois blanc est posée sur le sommet de la bibliothèque. Une pendule électrique, semblable à celles des concierges d'usine, complète le décor.

De l'autre côté de la rue s'imbriquent deux belles constructions, où sont installées la Fédération de l'Education nationale et la Fédération des fonctionnaires. Dans l'un de ces immeubles fut assassiné Philippe Henriot en 1944.

La maison du 5, achetée par un groupe de fidèles que réunit Henri Hildebrand, a été remise par ceux-ci, ainsi que la maison natale du général de Gaulle à Lille, à l'Institut Charles-de-Gaulle qui s'y est installé dès sa fondation, en 1971, trois mois après la mort du Général. L'immeuble est en bon état et le bureau n'a pas été modifié depuis que le Général l'a quitté, le 29 mai 1958.

La parution des *Mémoires* et les commentaires qui s'ensuivirent apportèrent au Général une distraction et un réconfort.

Il n'ignorait pas qu'il possédait un style mais, le considérant d'abord comme un homme politique, les commentateurs portaient leur appréciation plus souvent sur le fond que sur la forme. Dans le cas des *Mémoires,* le lecteur connaissait sommairement l'histoire et le style provoqua l'intérêt. Raconter la guerre et les démêlés d'état-major paraissait banal, mais les critiques découvrirent une espèce de vaste poème héroïque qui ne laissait pas un moment de répit. La première phrase est dans toutes les mémoires, elle est lue plutôt qu'une autre dans les classes et les amphithéâtres :

« Toute ma vie, je me suis fait une certaine idée de la France... »

Les écrivains et les littérateurs reconnurent un chef-d'œuvre ; toutefois l'extraordinaire succès de ces écrits vient de ce que, malgré d'innombrables rencontres, voyages, discours, l'auteur, Charles de Gaulle, demeurait encore pour la plupart des Français un personnage mystérieux. Contrairement à tous les hommes publics, il n'avait jamais, ou presque, parlé de lui. D'autres ne s'étaient pas gênés pour le faire à sa place — ce à quoi je procède à mon tour — mais on ne l'avait jamais entendu se laisser aller à des confidences.

Maintenant, par ses écrits, il se livrait, parce qu'une page de mémoires est plus révélatrice que cent discours. Et combien de Français n'ont pu retenir leur trouble en lisant les deux lignes qui suivent l'annonce de la victoire de Bir-Hakeim : « Je remercie le messager, le congédie, ferme la porte, je suis seul. O ! cœur battant d'émotion, sanglots d'orgueil, larmes de joie ! » Comment, sans l'avoir lue, imaginer que cet homme qui lutte sans défaillance, seul, depuis deux ans, puisse, soudain, céder aux larmes. On le voit, le dos à la porte, la main sur le visage, se laisser emporter un instant par une grande joie, par l'immense fierté d'avoir rendu à la France son honneur.

On le suit, se reprenant et se recomposant une attitude digne pour appeler son visiteur suivant, ou peut-être, quittant son bureau pour tenter d'être un moment un homme heureux d'avoir accompli sa tâche... Mais de Gaulle se mêlant à la foule londonienne est une hypothèse peu plausible.

De Gaulle pouvait donc pleurer ! A ma connaissance, dans une autre circonstance, cette fois publique, il ne parvint pas à maîtriser son émotion. Il s'agit du jour où il alla accueillir à la gare le premier train ramenant les Françaises du camp de déportation de Ravensbrück. Devant tant de misère, de souffrance et de courage, le flot l'avait alors submergé.

Dans les deux cas, ce qui le toucha sans doute au plus sensible, fut qu'il n'y avait pas de limite à ce que la France pouvait demander à ses enfants.

La grandeur de la France, n'était-ce pas le sacrifice de ceux-là et de celles-ci, morts dans le désert ou lentement exterminées ? Sans eux, la France n'aurait plus jamais été elle-même. Le don de leur vie pour une idée et la fierté devant le bourreau, c'était la matière même de ce vieux pays si souvent martyrisé, et de Gaulle, devant le miracle qu'ils représentaient, leur faisait le don de son émotion.

De Gaulle attachait beaucoup de prix à l'opinion que l'on avait de lui. Je ne crois pas qu'on puisse lui appliquer l'adage : « Il n'y a pas de grand homme pour son valet de chambre. »

Bien que n'ayant jamais rempli ces fonctions, j'ai eu l'occasion de me trouver avec lui dans des situations privées et je ne l'ai jamais vu s'abandonner à quelque attitude négligée. Le personnage gardait en robe de chambre le quant-à-soi et la dignité qu'on lui connaissait à l'extérieur.

A quelqu'un qui lui demandait comment il avait subitement cessé de fumer du jour au lendemain, il avait répondu : « J'ai dit autour de moi que je cessais de fumer, alors, vous comprenez, je ne pouvais faire autrement que de m'arrêter. »

C'est là un exemple tout simple de l'importance que prenait à ses yeux l'idée que ses proches eux-mêmes se faisaient de son personnage.

Cette décision de ne plus fumer serait consécutive à un ordre médical. Mais, ce qui est curieux, c'est qu'elle correspond à peu près à la date de la mort du général Leclerc.

De tous ses amis et compagnons, Leclerc fut sans aucun doute le plus proche. Il fut physiquement, en raison de ses missions, souvent éloigné du Général, et somme toute, les deux hommes se virent assez peu, mais leur conception de la France, de son rôle, de ce que l'on devait à son service, se révélèrent identiques. Ils appartenaient à la même race et agissaient dans la même direction sans se concerter. Leclerc de Hautecloque avait été l'élève du père de Charles de Gaulle.

La disparition de Leclerc fut une perte irréparable pour de Gaulle, d'autant qu'il avait, avec le recul du temps, apprécié le sens politique de l'ancien commandant en chef en Indochine.

En 1945, de Gaulle se trompa certainement dans son choix en désignant d'Argenlieu comme haut-commissaire en Indochine et en lui subordonnant Leclerc. Vraisemblablement, il pensait que le religieux qu'était d'Argenlieu agirait avec la largeur de vues d'un esprit chrétien ; ce fut le contraire qui se produisit. Sans doute de Gaulle estimait-il aussi que Leclerc était trop jeune et choisit-il l'âge en croyant choisir la clairvoyance.

Comment expliquer l'autoritarisme de d'Argenlieu et le fait qu'il repoussa toute idée d'évolution et de coopération avec les volontés locales qui se levaient ? La guerre, en dévoilant les aspirations des peuples colonisés, venait de modifier les rapports et de créer un nouvel état de choses. Comment et pourquoi s'est-il volontairement fermé à tout changement ?

D'Argenlieu est parti pour l'Indochine avec une idée arrêtée ; ceux qui connaissaient la situation sur place et qui alors l'ont rencontré constatèrent qu'il n'écoutait pas ce qu'on lui rapportait, tout entier pris par sa vision première.

Cette obstination — cet aveuglement peut-on dire — n'était-elle pas liée à son état de religieux, de moine ? D'Argenlieu, homme d'action, n'était-il pas avant tout un combattant de la foi ? Et lorsque l'occasion lui en fut donnée à l'échelon d'un pays, n'est-ce pas la croix qu'il brandit avant de tendre la main ? Son arrivée en Indochine, sa présence, son règne, il souhaitait qu'ils revêtissent la signification d'une victoire de la chrétienté sur « l'obscurantisme ».

Il faut reconnaître que la religion chrétienne pâtit durement de l'indépendance du Viêt-nam. Mais la mission de la France, la défense de ses intérêts, n'étaient pas subordonnées au développement ou à la récession de l'Eglise dans cette partie du monde.

Leclerc vit tout de suite ce que la restauration pure et simple de la situation antérieure avait d'impossible. Mais il n'était que commandant en chef, c'est-à-dire le second.

Si de Gaulle était demeuré aux affaires, nul doute que, découvrant sa faute d'appréciation, il l'eût rectifiée, mais il partit avant que les positions respectives se fussent affirmées.

Quel service aurait rendu Leclerc vivant ! On ne peut le mesurer. Mais en le perdant, la France perdait celui qui, avec de Gaulle, aurait donné un autre sens au destin de l'Afrique du Nord et qui aurait mené à son terme, sans réticence, l'adaptation de nos forces armées à la doctrine de la dissuasion nucléaire.

En apprenant le drame de Colomb-Béchar, de Gaulle sentit l'importance de la perte, il sut qu'il ne le remplacerait jamais et que la France en souffrirait.

Dans sa dernière conférence de presse — le 30 juin 1955 — avant de s'enfermer dans le silence et répondant à une question sur l'Algérie, de Gaulle déclare : « La politique, quand elle est un art et un service, non point une exploitation, c'est une action pour un idéal à travers des réalités. Il en est ainsi de celle que la France doit mener en Afrique du Nord. » Puis il ajouta plus loin : « ... Je dis qu'aucune autre politique que celle qui vise à substituer l'association à la domination dans l'Afrique du Nord française, en y apportant bien sûr la fermeté qui est nécessaire et en châtiant tous les crimes, ne saurait être ni valable ni digne de la France. » *

* *Discours et messages,* tome I.

VI

NAISSANCE D'UNE REPUBLIQUE

Le mardi 13 mai 1958, je suis à Bruxelles. Après une série de conférences professionnelles, je me prépare à regagner Paris. Chez Pierre et Annick Juillet, nous buvons, une fois de plus, au retour du Général. Il est 19 heures quand nous écoutons les informations : le gouvernement général en Algérie est occupé par les manifestants qui jettent les archives par les fenêtres.

Nous nous disons : Ça y est.

Le soir même, Jacques Foccart et moi, nous nous retrouvons rue de Solférino. Nous rendons visite à Michel Debré au milieu de la nuit.

Jacques Foccart, qui se destinait à une carrière commerciale, s'était lancé sans hésitation dans la Résistance. Après avoir échappé par miracle à la Gestapo, il se retrouve, à la Libération, délégué militaire départemental avec le grade de colonel.

Dès l'annonce de la fondation du R.P.F. par le Général, il vient se mettre à sa disposition. D'abord délégué régional pour la région du Centre-Ouest qu'il connaît bien, il se spécialise rapidement dans les questions d'outre-mer. Il dispose, en effet, de par sa famille, de relations privilégiées avec les Antilles. Rien ne le prédestinait au service de l'Etat mais son action dans les territoires d'Afrique constituera une exceptionnelle réussite et c'est tout naturellement que de Gaulle, le constatant, le nommera Secrétaire général de la présidence de la République pour les Affaires africaines et malgaches. Dans ce vaste cadre, son œuvre, qu'il saura faire reposer sur d'étroits rapports humains avec les nouveaux dirigeants connus, pour la plupart, dès le début de son activité au

R.P.F., sera capitale ; il a joué un rôle essentiel et éminent dans l'œuvre de décolonisation de la France.

De la guerre, il a gardé le goût des contacts discrets et des liaisons parallèles, aussi la petite histoire lui a-t-elle attribué beaucoup plus d'intrigues qu'il n'en a mené. Toutefois, cette légende autour de son personnage ne lui déplaisait pas ; au contraire, même quand il n'y avait rien de clandestin, il s'amusait à laisser planer un doute.

C'est un homme fidèle et sérieux sur lequel le Général a pu compter sans jamais le regretter.

En 1961, lors du putsch des généraux, alors qu'on pouvait craindre une opération sur Paris, c'est à lui que de Gaulle remit le pli contenant ses instructions au cas où il serait empêché.

De Gaulle est arrivé dans la soirée du mardi 13 mai à Paris, pour un séjour de routine. A 10 heures, le lendemain 14 mai, je suis dans son bureau rue de Solférino.

— Que pensez-vous du coup de Massu ? me demande-t-il en pinçant les lèvres pour retenir un sourire.

— Il me semble que, cette fois-ci, ils ne peuvent s'en tirer avec des expédients.

— Croyez-vous ! les événements d'hier ont permis à Pflimlin d'obtenir son investiture. Nous allons avoir droit à une belle déclaration et tout recommencera.

Pour moi, le Général ne croit pas ce qu'il dit. Je décèle au fond de son regard une lueur que je n'y ai pas vue depuis longtemps.

— Surtout, me recommande-t-il, qu'ici on ne se mêle de rien !

Il fait allusion au petit groupe que nous sommes, rue de Solférino, et qui comprend Jacques Foccart, Olivier Guichard et moi-même.

Nombreux se trouvaient encore ceux qui souhaitaient que de Gaulle prît en main les affaires de la France et chacun s'employait, à sa façon, là où il se trouvait. Le Général, lui, demeurait totalement en dehors des initiatives dispersées.

Toutefois, en janvier 1954, il me confiait : « Notre œuvre n'en est peut-être qu'à ses débuts ».

Et voici ce qu'il m'écrivait au début de 1957 : « Il semble que quelque chose commence à bouger » ; et dans le courant de la même année : « Pour ce qui sera, un jour, positif dès que le pays en deviendra capable (il le devient) le rassemblement du peuple s'imposera comme l'unique solution ».

En 1958, alors que je le pressais de s'exprimer, il me répondait : « Je doute que dans la conjoncture quelque message que ce soit puisse retourner le cours des choses. Si l'ambiance venait à changer, alors, oui, il faudrait agir. » Et il ajoutait : « Cette ambiance nouvelle, que ceux qui le peuvent la préparent dès à présent. »

Ainsi apparaît sa pensée, tel est son état d'esprit.

Que ceux qui le souhaitent, et se trouvent en position d'agir, s'emploient à faire évoluer l'ambiance. Alors, l'on verra ce qu'il sera possible de tirer d'une ambiance nouvelle. C'est tout.

Les adversaires de De Gaulle ont prétendu qu'il était lui-même à l'origine d'un complot. Cette affirmation a pour but de démontrer que son retour s'est effectué par une sorte de coup d'Etat et que, ayant transgressé les règles démocratiques, il n'était rien moins qu'un usurpateur mis en place par les mitraillettes des parachutistes.

Or, il n'y eut pas complot. Il y eut l'effondrement d'une République mal bâtie et déjà secouée par vingt crises. Puis, le vide et la peur du vide. Devant ce vide, les grands « caïds » de la politique s'affolent et viennent successivement tirer la sonnette de la maison de Colombey. On voit se présenter : MM. Pinay, Boris, Mollet, Auriol, qui s'offre pour occuper le poste de vice-président du Conseil, Deixonne, le maréchal Juin ; de Gaulle reçoit des lettres pressantes de MM. Bidault, Auriol, Lacoste ; et il rencontre le président du Conseil, M. Pflimlin, et les deux présidents des Assemblées. Puis le président de la République annonce qu'il se propose de faire appel à lui. De Gaulle lui rend visite ; il reçoit ensuite les présidents des groupes parlementaires et se présente enfin devant l'Assemblée nationale où se déroule un classique débat d'investiture. De plus, le Général revient discuter avec l'Assemblée des pouvoirs spéciaux dont disposera son gouvernement.

Le souci du Général pendant cette période est, on le voit, que les règles démocratiques ne soient pas transgressées. Il ne veut pas prendre le pouvoir à la suite d'un coup de force et les quelques énergiques instructions qu'il nous donne vont résolument dans ce sens.

Ces événements et le rôle des uns et des autres ont pu être présentés comme un scénario se déroulant suivant un plan établi, comme une conjuration mûrement ourdie. Cette construction artificielle est très éloignée de la réalité.

Dans des circonstances aussi disparates et confuses que celles de 1958, aucun plan ne peut s'appliquer, les rebondissements sont la somme d'une série d'initiatives non coordonnées. C'est d'ailleurs le cas dans la plupart des crises. Par la suite, les historiens s'efforcent de leur donner une cohérence et d'y trouver des fils conducteurs mais, le plus souvent, le hasard et l'improvisation sont responsables de l'essentiel. Cela n'exclut pas que l'on puisse improviser avec talent, voire avec génie.

Notre situation ne manquera pas de se révéler difficile car de Gaulle, pendant ces journées mouvementées, passera beaucoup de son temps sur la route. Il effectue, en vingt jours, onze trajets entre Colombey et Paris. Sans doute les longues heures silencieuses, passées dans la voiture, loin de l'agitation, lui permettent-elles d'apprécier plus sereinement la situation. Quittant une atmosphère quelque peu agitée, il prend du champ suivant une méthode qu'il a souvent mise en pratique. Mais, pour ce qui nous concerne, nous nous trouvons soudain harcelés par d'innombrables problèmes réclamant des solutions immédiates. Très vite, les hommes politiques et les chefs militaires se tournent vers notre immeuble où ils pensent trouver la clef de la crise. Or, les éléments dont nous disposons sont fort minces. De Gaulle nous a ordonné de ne nous mêler de rien. L'ordre ne saurait être plus clair, son application se révèle moins simple. Sollicités, nous ne manquons pas de répondre : « Le Général est sur la route. Nous n'avons aucun commentaire à ajouter. » Mais pas un de nos interlocuteurs ne s'estime satisfait de cette formule.

Pour les questions embarrassantes, nous rencontrons Michel Debré. Et c'est ainsi que se constitue une équipe restreinte à laquelle se joindront René Ribière et Christian de La Malène. Nous nous retrouvons, tantôt chez l'un tantôt chez l'autre, au hasard des circonstances.

Il est nécessaire de préciser que nous fûmes, dès le premier jour, étroitement surveillés par les services du ministre de l'Intérieur, le très libéral Jules Moch. Des inspecteurs stationnaient rue de Solférino, nous observaient des fenêtres opposées ; des voitures suivaient les nôtres, et nos lignes téléphoniques étaient écoutées. De surcroît, nous fûmes avertis par un ami du ministère que l'on envisageait en haut lieu de nous neutraliser pendant quelques jours. Ainsi, Foccart, Guichard, Debré et moi nous organisâmes pour coucher chez des amis. Notre meilleure nuit se passa chez Jean Sainteny dont l'appartement communiquait avec un hôtel disposant de plusieurs entrées dans deux rues différentes.

Rue de Solférino, nous nous sentions protégés car il était inconcevable que Jules Moch fît intervenir ses sbires là où se trouvait le bureau du Général lui-même.

La grande question était celle d'une intervention militaire venant d'Alger. Certes, tout permettait de penser que le personnel de la IVe République avait compris et qu'il ne s'opposerait plus à une réforme des institutions ; mais, dans notre petit groupe, il y en avait pour estimer que les politiciens disposaient de plus d'un tour dans leur sac et qu'ils ne se résoudraient à abandonner les délices du jeu parlementaire que contraints et forcés.

Pour ma part, j'étais convaincu qu'une action militaire, quelque forme qu'elle prît, constituerait une grave erreur et que de Gaulle devait revenir au pouvoir dans la légalité, ou ne pas revenir. Jamais plus de Gaulle ne serait de Gaulle s'il acceptait de bénéficier d'une manifestation de force. De 1947 à 1955, il n'avait pas refusé de franchir le Rubicon pour aujourd'hui faire appel aux légions.

Nos discussions furent vives et je me souviens d'un affrontement presque dramatique dans un appartement de l'île Saint-Louis. Au plus fort de la discussion, la jeune femme qui nous accueillait passa même la tête pour s'assurer que tout allait bien, ce qui détendit l'atmosphère.

Ce fut de Gaulle qui trancha. Alerté et soucieux qu'aucun impair ne puisse être commis par excès de zèle, il intima à l'armée, le 19 mai au cours de sa conférence de presse, d'avoir à rester dans la légalité républicaine : « de demeurer l'instrument de l'Etat ».

Cinq jours plus tard, avec Foccart, dans un appartement proche du Val-de-Grâce, nous rencontrions le commandant Vitasse, envoyé par l'état-major d'Alger pour mettre au point les détails de l'opération « Résurrection », c'est-à-dire l'envoi sur Paris de quelques bataillons de parachutistes. Nous eûmes beaucoup de peine à lui faire comprendre que l'opération nous paraissait inutile et néfaste. Il nous quitta écœuré et persuadé d'avoir rencontré des saboteurs.

Le 27 mai, devant l'excitation des militaires, de Gaulle publie un communiqué dans lequel il renouvelle ses consignes à l'armée et, pour être sûr d'être compris : « Je ne saurai approuver, dit-il, toute action qui mette en cause l'ordre public. » Puis, par la voie officielle, il fait demander au général Salan de lui envoyer un de ses adjoints. C'est le général Dulac qui se présente le lendemain matin à Colombey. De Gaulle lui répète de la façon la plus formelle qu'il ne veut revenir au pouvoir qu'en respectant le processus démocratique et que toute intervention militaire n'aurait pour résultat que de compromettre les circonstances de son retour et la suite. C'est ainsi que quelques jours plus tard Dulac me relatera cet entretien.

Je sais qu'une autre interprétation a été donnée de l'entrevue. De Gaulle aurait laissé à l'armée carte blanche pour une éventuelle intervention. Une telle position de De Gaulle n'est pas vraisemblable compte tenu de ce qu'il avait déclaré publiquement le 19 mai et la veille, le 27 mai.

De plus, une semblable attitude eût contrarié son intérêt qui était d'apparaître comme un rempart face à une opération de force.

La netteté et la fermeté du Général met un terme aux velléités de brusquer les choses par l'envoi de bataillons. Ce choix fut le plus important de l'heure. Et félicitons-nous que, informé à plusieurs reprises de la réalité du risque, de Gaulle ait réagi avec autant de vigueur.

A côté de cette question sérieuse, il y eut beaucoup de parlottes. De nombreux amis bien intentionnés, des adversaires inquiets, une foule de journalistes convergeaient vers nos bureaux. De province nous arrivaient d'innombrables appels téléphoniques, de correspondants connus ou inconnus. Quelques préfets sympathisants, ou prévoyants, se mettaient en rapport avec nous : que devaient-ils faire vis-à-vis des groupes divers qui envoyaient des télégrammes, déposaient des motions, manifestaient...

Quelques proches vinrent apporter leur aide matérielle et, la vague grandissant, nous nous demandâmes comment l'endiguer.

J'eus alors l'idée de créer une association qui regrouperait et encadrerait les énergies et, au besoin, calmerait les plus vives ardeurs.

Foccart et moi, nous cherchâmes quelqu'un pour réaliser le projet. Cela devenait urgent. Christian Fouchet, sollicité, refusa, et c'est à Bernard Dupérier que la mission fut confiée. Dupérier, glorieux pilote de la France Libre, ancien commandant du groupe « Ile de France », chef d'entreprise fort occupé, n'hésita pas une seconde et fit face à la situation avec une efficacité remarquable.

Il fallait trouver un nom qui suggérât l'affiliation au Général sans alarmer en apparaissant comme une ligue destinée à bousculer ou à remplacer les formations politiques. De ces impératifs sortit, le 16 mai, « l'Association nationale pour l'Appel au général de Gaulle dans le respect de la légalité républicaine ». Elle s'installait rue de Solférino et, malgré son nom barbare, six semaines plus tard, devant son foudroyant développement, elle déménageait pour de vastes locaux, 15, rue du Louvre. Le Général étant installé — bien installé — à Matignon, elle prit le titre plus simple d' « Association nationale pour le soutien de l'action du général de Gaulle ».

Dupérier fut alors secondé par Jean Sainteny, et une équipe de grande valeur, qui joua un rôle fort important au moment des élections du mois de novembre suivant.

Alors que paraissent ces lignes, en 1979, l'Association existe toujours et mène depuis la disparition du Général un combat permanent pour éviter que ne soient déformées ses pensées et accaparé son héritage. C'est de Gaulle lui même qui a souhaité qu'elle demeurât et, aussi désagréable que cela puisse apparaître à certains, elle enregistre chaque semaine plusieurs dizaines d'adhésions.

Pendant cette deuxième quinzaine de mai, les tâches se répartirent d'elles-mêmes entre nous. Foccart se consacrait plutôt aux questions militaires ; Guichard assurait les contacts avec les hommes politiques ; je m'occupais du secteur de l'information, de l'Association nationale et, en raison de mes activités professionnelles, des questions d'organisation. C'est ainsi que m'échut la mise sur pied de la conférence de presse du 19 mai à l'hôtel du Palais d'Orsay.

J'avais l'habitude de ce genre de manifestation et nous ne manquions jamais de clients mais, cette fois, j'eus à supporter un véritable assaut. Si nous avions vendu les places, l'Association nationale, qui ne disposait pas d'un sou pour s'équiper, aurait pu s'installer au Ritz.

Dès que l'intention du Général fut connue, avant même que ne soient commandées les cartes d'invitation, le gardien de Solférino se vit contraint de se barricader. Notre ami Louis Colinot, qui remplissait ces fonctions depuis plusieurs années, est un personnage remarquable. Il aimait le Général et ne refusa jamais rien qui fût pour son service. Deux jours après la mort de De Gaulle, toujours à son poste au rez-de-chaussée du n° 5, il vint me voir pour m'annoncer qu'il désirait prendre sa retraite. Nous nous revoyons une ou deux fois par an et il me rappelle parfois le jour où le Général, le rencontrant dans le hall, lui avait demandé son avis sur la conjoncture.

Colinot refusa donc d'ouvrir la porte et s'efforça de maîtriser le central téléphonique devenu fou.

Il fallut opérer une sélection draconienne pour les invitations et je demandai à Philippe Ragueneau de venir à mon aide. Il s'installa dans une pièce du troisième étage et commença à se débattre.

Les solides fidèles du service d'ordre, réapparus comme par enchantement, furent requis et, dès le matin de la conférence, étaient occupés à chasser les resquilleurs.

Mais Jules Moch se surpassa en plaçant le quartier en état de siège. Des dizaines de cars d'agents de police, des motocyclistes, des voitures-pies sillonnaient les rues et stationnaient aux carrefours. On apprit que le ministre lui-même, sans doute déguisé en bonne sœur, surveillait le tout d'une automobile garée au coin du quai. Pour la vérité historique, je puis toutefois affirmer que je n'aperçus ni char de combat ni train d'artillerie lourde... Que redoutait donc le ministre de l'Intérieur ? Une marche sur l'Elysée ou sur la place Beauvau ? La prise d'assaut de la Chambre ou de

Matignon ? Ce qu'allait dire le Général serait plus puissant qu'aucune manifestation et les forces de police déployées ne l'embarrasseraient guère.

Pour la première fois, nous avions à régler le problème particulier posé par la télévision. J'en découvris les impératifs et les servitudes. Je parle aussi bien des projecteurs que de l'intrusion d'une multitude de techniciens ; ceux-ci ne tenant compte ni du caractère privé de certains locaux ni du fait que celui qui va s'exprimer n'est pas entièrement à leur disposition.

Comme à l'habitude, un espace est ménagé devant la table du Général pour permettre aux photographes d'opérer. Cet espace est large d'au moins deux mètres. Longtemps avant l'arrivée du Général, la salle est comble. Il y règne déjà une très forte chaleur.

J'accueille de Gaulle sur le trottoir et son entrée dans la salle déclenche des dizaines d'éclairs, des applaudissements et, curieusement, les journalistes ne protestent pas ce jour-là contre une manifestation partisane qui, en d'autres temps, déchaînait chez eux une vive indignation. Les déclics des appareils crépitent.

« Mesdames, messieurs, il y aura bientôt trois années que j'ai eu le plaisir de vous voir... »

Un silence intense s'est subitement établi ; les présents, rivés aux paroles de l'orateur, manifestent une attention tendue. De Gaulle est parfaitement à son aise. Nous nous sentons heureux. Aujourd'hui il touche le revenu du capital amassé au cours de toutes ces années où, dans la solitude, l'indifférence et même la réprobation, la tristesse était sa seule compagne.

Pendant ces quinze journées de mai 1958, de Gaulle a manœuvré avec génie. Toute faute pouvait donner aux fanatiques du régime parlementaire prétexte à se ressaisir et à sauver le système qui assurait leur fortune. Une phrase de trop, une maladresse risquaient d'entraîner un excès, dans un sens ou dans un autre ; la relation déformée d'une conversation avec un visiteur faisant le tour du monde politique avait des chances de provoquer de graves réactions ; bref, le Général ne disposait que d'une minuscule marge et l'utilisa de façon magistrale.

Je pense que la raison de ses déplacements vers Colombey, de ses brefs séjours dans ce village perdu, n'est autre que la volonté de se rendre inaccessible et de se soustraire aux pressions. Il ne participait pas aux manœuvres, entretiens ou marchandages, parce qu'il se trouvait à la Boisserie ou sur la route.

Quitter le terrain des intrigues, c'est son habitude, nous l'avons vu. Ce qui pouvait se passer aux échelons intermédiaires ne l'intéressait pas. Il considérait les grands mouvements et n'intervenait qu'à l'instant choisi par lui. C'est lui qui décide le moment de rencontrer le chef du gouvernement, qui fixe rendez-vous aux présidents des Assemblées, qui propose au président Coty, dans l'après-midi du 29 mai, de se rendre à l'Elysée ; puis chaque fois, ayant fait connaître sa position, il monte en voiture et regagne sa retraite. Ces allers et retours joueront leur rôle. Comme au temps de la France Libre où il se retirait à la campagne, en ces jours déterminants il met des kilomètres entre lui et l'événement. Ainsi fera-t-il le 29 mai 1968 tandis que le pays oscille.

Lors de cette fameuse conférence de presse, l'attention était si forte qu'inconsciemment les auditeurs s'approchèrent au plus près de l'estrade, si bien qu'à la fin l'espace réservé aux photographes avait disparu et le premier rang donnait du nez dans le tapis vert.

Extraordinaire démonstration de maîtrise de soi : « La République ! Il fut un temps où elle était reniée, trahie par les partis eux-mêmes. Alors moi, j'ai redressé ses armes, ses lois, son nom... J'ai rétabli la République chez elle. » Quel politicien pouvait répondre à cela ? Il était bien vrai qu'en 1944 il leur avait rendu la République, et victorieuse qui plus est.

Aussi l'humour, un humour cinglant : « Croit-on qu'à soixante-sept ans, je vais commencer une carrière de dictateur ? »

Il termine : « J'ai dit ce que j'avais à dire. A présent, je vais rentrer dans mon village et m'y tiendrai à la disposition du pays. »

L'assistance demeure un instant immobile. Celles et ceux qui se trouvent là sont subjugués. Cette république-là, c'est autre chose que celle de MM. Herriot, Queuille et Pflimlin !

Puis, malgré leur règle professionnelle, les auditeurs applaudissent. Dans l'ascenseur, nous nous retrouvons Foccart, Guichard et moi avec le Général.

— Alors, qu'en pensez-vous ? nous demande-t-il.

Nous bafouillons de vagues réponses. Une photographie nous montre tous trois sur le trottoir tandis que de Gaulle monte dans la voiture. A considérer nos têtes, l'on peut conclure que, nous aussi, nous sommes secoués.

Les journalistes lâchés courent dans toutes les directions. Nous tournons le coin de la rue.

Le vendredi 23, Guichard reçoit un timide coup de téléphone de Georges Pompidou désirant savoir si le Général voudrait bien le recevoir. Le Général est à Colombey. Consulté, il invite son ancien chef de cabinet à déjeuner pour le lendemain. Jusqu'alors Pompidou était resté très sceptique sur l'importance des événements et leur issue.

Le 29 mai, le Général rend visite à M. Coty. Il quitte la rue de Solférino. Il n'y reviendra jamais.

Quelques jours plus tard, alors que je me rendrai à l'Elysée pour régler certains problèmes pratiques, je parlerai avec Charles Merveilleux du Vignaux et le général Ganeval. Je leur dirai combien digne et élevée nous a paru l'attitude du président Coty. En fait, son intervention avait été déterminante, les entretiens du Général avec Pflimlin, Monnerville et Le Trocquer n'ayant permis aucun progrès. En effet, de Gaulle souhaitait les profonds changements constitutionnels, tant redoutés par les autres.

Je constaterai que Ganeval me considère comme les familiers de Louis XVI durent regarder ceux qui venaient d'imposer au souverain la cocarde tricolore. Par la suite, ce sentiment de défiance allait devenir public.

Ce soir du 29 mai, le président Coty raccompagne de Gaulle chargé de constituer le gouvernement et... qui retourne à Colombey.

Le lendemain, en fin d'après-midi, il est de retour ; installé à l'hôtel Lapérouse, il procède à la composition de son gouvernement. Ce dernier est savamment dosé — tous les partis s'y trouvent représentés à l'exception des communistes — ; à la fin de l'élaboration de la liste, il manque toutefois un représentant d'une formation pour établir l'équilibre.

— Trouvez-m'en un, demande le Général.

Dans la chambre à coucher voisine, nous nous creusons la tête en feuilletant les « trombinoscopes », autrement dit, les annuaires illustrés de la Chambre et du Sénat.

Le regard de Pompidou tombe sur un de ses camarades de promotion à l'Ecole normale supérieure, il parvient à le joindre par téléphone et lui demande de venir aussitôt.

Ce personnage jure, depuis dix jours, qu'il s'opposera de toutes ses forces au retour de De Gaulle et que si ce dernier devient, par malheur, chef du gouvernement, ce sera après lui avoir passé sur le corps. En arrivant au Lapérouse, il est persuadé que ses propos ont été rapportés et que si Pompidou le convoque c'est pour le tancer vertement. Nous voyons un être accablé franchir la porte.

— Georges, commence-t-il. Il faut me comprendre. Elevé dans les principes de 89, je ne peux...

— Nous sommes pressés, coupe Pompidou ignorant le caractère héroïque des récentes déclarations de son interlocuteur, le Général désire te voir.

— Non, non, implore l'autre. Je reconnais que mes propos...

Il est introduit comme un pauvre animal que l'on mène à l'abattoir et ressort... ministre.

Guichard affirmait, lorsqu'il racontait l'histoire — je ne sais pas s'il la raconte toujours — que les pieds du nouveau ministre ne touchaient plus le sol.

Pendant nos travaux au Lapérouse, ma voiture fut volée. Je constatai son absence avec détachement, estimant que les événements en cours valaient bien la perte d'une automobile. J'avais laissé sur le siège des documents relatifs à l'Association nationale, le texte de la conférence de presse, etc. Le soir, je retrouvai la voiture qui avait mystérieusement regagné sa place. J'en déduisis qu'il y avait des voleurs de voiture gaullistes ou, inversement, des gaullistes voleurs de voiture.

Le lendemain, j'organisai les visites du Général aux deux présidents des Assemblées, Monnerville et Le Trocquer. Visites purement protocolaires que le président du Conseil désigné tenait à effectuer. Chez Le Trocquer, il ne resta pas plus de trois minutes.

Le jour suivant, le 2 juin, je suis envoyé pour préparer l'arrivée du Général à Matignon. Je n'ai aucun papier officiel mais pour le garde républicain, le seul nom de De Gaulle est alors le meilleur des laissez-passer. Je me fais annoncer et monte pour la première fois le grand escalier en faux marbre. J'attends un instant dans le salon. Silence complet, tout est immobile. J'ai l'impression qu'il y a des oreilles derrière chaque porte et des regards à tous les trous de serrures. Je suis l'envahisseur. Est-ce que je mange les enfants et vole les pendules ?

Un collaborateur de Pflimlin vient me chercher, c'est Jean Lecanuet. Il me reçoit dans le bureau qui sera, tout à l'heure, le mien. Pas un dossier, pas un papier, pas un coup de téléphone. C'est un musée un jour sans visite.

Nous réglons quelques détails. J'aperçois deux yeux qui m'observent de derrière un rideau. J'apprendrai que c'est Michel Poniatowski.

Quel moment !

Yvon Morandat m'a raconté comment avec sa femme Claire, en août 1944, il a occupé tout seul ce bel hôtel où siégeait Laval. Naturellement, il ne saurait y avoir de comparaison. Mais accueillir de Gaulle venant s'installer à la résidence du président du Conseil de la IVe République n'est pas non plus une circonstance banale.

Pflimlin attend dans le salon du premier étage. Les deux hommes se retirent quelques instants. De Gaulle raccompagne son prédécesseur en haut des marches. C'est fini. Tout commence.

Le Général est parfaitement détendu. Ce qui arrive était

écrit, semble-t-il répondre à la joie profonde qui doit se lire sur nos visages. Certes, c'était écrit. On dit cela après et bien des prédictions, même écrites, ne se réalisent jamais. Il est vraisemblable que, sans l'acuité du problème algérien, le syndicat des exploitants de la IVe République serait parvenu à durer les quelques années nécessaires à l'éviction définitive de De Gaulle. Il suffisait pour eux de tenir encore cinq ou six ans, c'est-à-dire d'échafauder une dizaine de ministères, même bancals.

Depuis 1947, onze années d'efforts, d'espoirs et de déceptions, et maintenant un pays qui se donne. Plus : des politiciens qui reconnaissent leur impuissance. Sans défaite nationale, cela ne s'était jamais vu !

Le soir de ce 2 juin, dans le bureau du directeur de cabinet qu'occupe Pompidou, nous nous retrouvons un peu étourdis.

Le Général veut partir dès le lendemain pour Alger.

Certes, l'Algérie a provoqué l'effondrement du régime. Mais maintenant, le Général est au pied de l'obstacle.

Les manifestations d'Algérie sont inspirées par l'inquiétude des Européens devant le progrès de la rébellion. L'armée a participé au mouvement, ce qui constitue un fait exceptionnel. La population et l'armée, devant la démission des gouvernements successifs, espèrent un pouvoir fort qui mate le F.L.N. et soit capable de maintenir l'Algérie dans la France.

Ceux qui ont appelé de Gaulle et qui ont favorisé son retour souhaitent donc vivement que l'Algérie demeure française. C'est sans doute aussi le vœu de la majorité des Français.

Nous-mêmes qui l'entourons, moi-même, nous espérons que le temps des hésitations et des atermoiements est terminé et que le Général, disposant des pleins pouvoirs, va rapidement s'employer à mettre fin aux troubles et à promouvoir une politique hardie qui scelle pour toujours l'appartenance des trois départements algériens à la République française.

L'armée est engagée, elle a pris parti. Pourquoi ? On l'a vu, la plupart de ceux qui la commandent ont participé à la guerre d'Indochine. Ils y ont connu la défaite. Une défaite infligée davantage par la politique que par les combats. Ils ne veulent pas la subir de nouveau et par conséquent se sont décidés à agir autant sur le terrain politique que sur celui des armes. Ils ont créé des services d'action psychologique, ils ont pris directement part à l'administration, ils ont tenu à se rapprocher de la population et se sont engagés vis-à-vis d'elle. Bref, les militaires sont eux-mêmes prisonniers des filets qu'ils ont tendus sur tout le pays.

Puisqu'ils ne voulaient pas une nouvelle fois être vaincus. puisqu'ils s'appliquaient au maintien de la présence française, ils se sont trouvés en communion de pensée avec les colons. Mais ce n'était là qu'une coïncidence fortuite. Ils ne se constituaient pas les défenseurs des intérêts des propriétaires européens, ils défendaient ce qu'ils croyaient profondément être l'intérêt de la France.

Ayant choisi la carrière militaire, ces hommes servaient au mieux leur pays ; si celui-ci les avait envoyés en Algérie, c'est bien qu'il voulait y maintenir son drapeau. Qui de nous n'aurait pensé ainsi ?

Il est remarquable que tous les grands responsables envoyés à Alger par la République, quelle qu'eût été auparavant leur appartenance ou conviction, qu'ils eussent été gaullistes, socialistes ou démocrates chrétiens, saisis par l'atmosphère et subissant l'influence des notabilités locales, réagirent de cette même façon.

Certes, les soldats du contingent, dont l'état militaire n'est qu'un bref passage, ne se trouvaient pas motivés ; eux ne se sentaient ni vraiment concernés, ni tenus par un engagement.

Quant à l'opinion française, en ces jours de troubles, elle souhaitait ardemment que l'ordre fût rétabli et les esprits n'imaginaient pas la fin de la présence française.

Dans l'appareil des partis dits de gauche, à l'exception de quelques communistes, les socialistes avaient fait Suez et envoyé le contingent en Algérie et leurs dirigeants s'étaient sans ambiguïté déclarés résolus au maintien de la présence française.

De Gaulle ne se trouve-t-il pas alors devant une voie toute tracée ? Refus de l'internationalisation de l'affairc, affirmation, quoi qu'il arrive, de la souveraineté française, renforcement des moyens militaires et écrasement des bandes de nationalistes algériens.

Qu'en pense-t-il ?

D'une façon générale, il pense que l'heure coloniale est révolue. Il a affirmé maintes fois, à propos du mandat de la France sur la Syrie et le Liban, en 1944 à Brazzaville puis lors de ses prises de position sur la Constitution, que l'évolution commandait la mise en place de nouvelles structures.

Sans doute a-t-il été impressionné par la souplesse et l'efficacité du système anglais du *Commonwealth*, pour envisager une union française ou une communauté reconnaissant aux divers pays une véritable autonomie au sein d'un ensemble.

Qu'en est-il pour l'Algérie ? Il est resté discret à son sujet, tant est mouvante la situation. Cependant, on l'a rappelé, lors de sa dernière conférence de presse avant son retour, en juin 1955, il a formellement déclaré que l'heure était venue, en Algérie, de substituer l'association à la domination.

Voilà ce qu'il pense. Mais, appliquant son principe qu'en

politique les seules données sont les réalités, il ne néglige ni la volonté des cadres militaires ni les sentiments de la masse des Français.

Il ne peut les heurter de front. Il lui faut saisir la situation, se fixer un objectif et y parvenir en utilisant le terrain et le temps. S'il va trop vite, il risque l'affrontement ; s'il tarde trop, la maîtrise des événements peut lui échapper.

Nous l'avons vu ainsi, avancer un pied, puis l'autre, avec une grande prudence, accélérant ou ralentissant suivant les réactions. Ses voyages, tant en France qu'en Algérie, lui permettront de tâter le pouls et, en conséquence, de régler son allure.

Son premier mot, alors qu'il paraît au balcon de la délégation au Forum d'Alger, a fait couler beaucoup d'encre : « Je vous ai compris », dit-il à la foule. Cela veut dire uniquement ce que cela dit. Aux civils : je sais ce que vous voulez ; aux militaires : je sais pourquoi vous êtes sortis du cadre de vos tâches habituelles.

Mais il ne dit pas : je ferai ce que vous souhaitez. Au contraire, il annonce en termes généraux d'autres intentions.

Le discours du 4 juin avait été soigneusement rédigé par le Général et, en le relisant — ce qu'il faut faire — on y trouve l'avenir : égalité des citoyens, unification des collèges électoraux, élections et « ... avec ces représentants élus, nous verrons comment faire le reste ». Le reste ? Qu'était-ce sinon l'association, c'est-à-dire l'autodétermination. Oui, tout y était, mais je ne suis pas sûr que nous l'ayons vu.

Contraint de rester à Matignon pour mettre sur pied le cabinet — je viens pour la seconde fois d'abandonner une situation dans le privé —, je n'étais pas de ce premier voyage dont on sait l'enthousiasme qu'il provoqua. Pourtant, à chaque fois qu'il prit la parole, le Général, paraphrasant le discours d'Alger, n'en dit guère ni plus ni moins. Il est vrai toutefois qu'à Mostaganem, il terminera son allocution par l'exclamation : « Vive l'Algérie française ! » Ah, combien ces trois mots lui furent souvent reprochés !

De Gaulle, au sujet de l'Algérie, prononça plusieurs centaines de discours et d'allocutions. Dans chacun, il mesura ses paroles et l'on note, en les relisant, une constante progression vers la solution à laquelle il s'efforce d'aboutir. Mais, pour les partisans de l'intégration, ces innombrables déclarations ne compteront pour rien au regard des trois mots une seule fois prononcés : « Il a crié vive l'Algérie française, il a voulu nous tromper. » La vérité est plus complexe que ce dérisoire procès.

Le Général revient à Paris le 6 juin au soir. Je vais le chercher à Villacoublay et effectue le retour en voiture à côté de lui.

— Ils rêvent, me dit-il. Ils oublient qu'il y a neuf millions de musulmans pour un million d'Européens. L'intégration, c'est quatre-vingts députés musulmans à l'Assemblée. Ce sont eux qui feraient la loi.

« L'armée, qu'est-ce que c'est ? Quelques colonels qui se prennent pour Giap.

« Les Français là-bas ? Les gros n'ont rien compris, ils se cramponnent ; les petits sont affolés.

« Les fonctionnaires, ce sont partout les mêmes. Monsieur le contrôleur des poids et mesures... »

Je continue, « pourquoi pleurer ? » et je mentionne : *Siegfried et le Limousin.*

Nous traversons Paris à toute vitesse derrière des motocyclistes.

— Non, vous vous trompez, me dit le Général. C'est *Suzanne et le Pacifique.*

Pendant ce temps il répond du bras aux saluts de la petite foule massée aux bords des trottoirs. Nous discutons. Il évoque Giraudoux.

— Que ne nous a-t-il rejoints ! déclare-t-il.

Nous parlons de Giraudoux jusqu'à Matignon. Les passants peuvent-ils imaginer de quoi nous nous entretenons ?

Le lendemain, je déjeune à la table du Général et, bien entendu, la conversation porte sur l'avenir de l'Algérie.

— Nous ne pouvons pas garder l'Algérie. Croyez bien que je suis le premier à le regretter mais la proportion d'Européens est trop faible. Si nous étions plus nombreux... mais un contre neuf ! Et puis, maintenant, la Tunisie et le Maroc jouissent déjà de leur indépendance, même si on ferme les frontières les idées passent, et personne ne pourra empêcher les Algériens de vouloir ce que leurs voisins possèdent déjà.

— Mais alors ?

— Eh bien, il faudra trouver une formule de coopération où les intérêts de la France seront ménagés.

— Et les Français qui sont là-bas ?

— Et aussi les intérêts des Français. Mais j'ai peur qu'ils n'acceptent aucun changement.

« La fraternisation, c'est une illusion. Si l'on disait aux Français d'Algérie : la fraternisation c'est l'égalité entre vous et les musulmans, ils en feraient une tête, et ils renverraient vite les Arabes dans leurs gourbis ! »

Je suis profondément remué par ces vérités à l'opposé de mes convictions. Le Général a sûrement raison. Dans ces conditions que va-t-il se passer ? Comment agira-t-il ? Et quelle sera la réaction de tous ceux qui attendent de lui une vigoureuse reprise en main aboutissant à l'intégration de l'Algérie ?

Je pense alors à une tromperie. De Gaulle trompe-t-il tout le monde ?

Comme toujours, il a poussé son raisonnement jusqu'au bout ; puisqu'il ne croit pas l'intégration possible, le chemin conduit à l'indépendance. Le parcours sera plus ou moins accidenté et plus ou moins long, voilà tout. Et cette indépendance se fera, avec ou contre la France.

Naturellement, il souhaite qu'elle ne soit pas une rupture mais un accomplissement auquel nous serons associés, ce qu'il réussira avec les Etats africains, mais en définitive cela dépendra des Français installés en Algérie, plus que des Algériens.

Sans les colons, il eût probablement réussi. Mais rien ni personne ne parvint à les convaincre. Ils ont plus que des excuses, il existe de profonds motifs à leur aveuglement. Les efforts des pionniers, les sacrifices consentis par plusieurs générations et les résultats obtenus. Il ne faut pas seulement penser aux grands. Il y avait aussi les petits. Respectons ces obstinés ; qu'aurions-nous fait à leur place ?

De Gaulle s'efforcera d'aménager la cruelle réalité mais, dès le début, il voyait clair malgré le pénible que présentait pour lui la route dont il connaissait l'aboutissement. Il l'évoquera plus tard en quelques phrases discrètes. *

Je crois utile de rappeler ici un témoignage de valeur. C'est celui d'un partisan obstiné de l'Algérie française et d'un patron puissant et courageux. Il s'agit d'Alain de Sérigny, alors directeur du très important *Echo d'Alger*.

Les discours du Général pendant son premier voyage ne l'ayant pas totalement rassuré, et ce que lui dit Delbecque ** de son entretien avec de Gaulle à Alger l'ayant inquiété, ce professionnel de l'analyse demande à voir le Général lors de son passage à l'hôtel Matignon le 24 juin. Voici le récit que Sérigny donne lui-même de son entretien ***.

« — Sérigny, attaqua d'emblée le Général, je vous ai fait
« venir pour attirer votre attention sur le fait que, dans mes
« discours, je ne prononce pas le mot intégration.

« — Je m'en suis bien aperçu, répondis-je étonné par cette
« singulière entrée en matière, et je ne suis pas le seul. J'aime

---

* *Mémoires d'espoir*, p. 41.

** Gaulliste, ancien délégué du R.P.F. pour le département du Nord. Alors membre du cabinet de Chaban-Delmas, ministre de la Défense nationale. En mission à Alger, avait été mêlé de près aux événements du mois de mai. Reçu par de Gaulle lors de son premier voyage, celui-ci lui aurait dit quelque chose comme : Ne rêvez pas, l'intégration est une solution irréalisable ; il faudra trouver autre chose.

*** A. de Sérigny, *L'Abandon*, Presses de la Cité, p. 199.

« à croire cependant qu'en vous déclarant ennemi du mot, vous « ne vous déclarez pas ennemi de la chose.

« — Mais non, Sérigny, reprit le Général en hochant la « tête, ce n'est pas ce que je veux dire... »

A la fin de l'entretien, de Gaulle revient sur son propos :

« — Sérigny, coupa de Gaulle, j'espère vous revoir plus « longuement un autre jour. En attendant, je vous le répète, ne « me faites pas dire dans votre journal ce que je ne dis pas.

« Bouleversé, les jambes molles, je descendis l'escalier de « Matignon en pleurant », termine Sérigny.

Rencontrant quelques jours plus tard Jacques Soustelle, l'auteur, qui avait fort bien compris, se laisse toutefois rassurer. C'est ce qui s'appelle prendre ses désirs pour des réalités.

Bref, Sérigny croit plutôt Soustelle qui parle dans son sens que de Gaulle d'où viendront les décisions.

Mais ce passionné, dont les alarmes sont grandes, revient à la charge. Le 22 décembre de la même année, il réussit à être une seconde fois reçu par le Général qui lui confirme ce qu'il lui a déjà dit.

« — Sérigny, s'écria-t-il en levant les bras au ciel. Il faut « en finir. Cette guerre d'Algérie ne pourra pas durer éternelle- « ment. Vous savez, les Arabes sont les Arabes, ce ne sont pas « des gens comme nous... L'avenir de l'Algérie ? Au mieux, de « l'Houphouët-Boigny, au pis, du Sékou-Touré. Et puis, nous « avons le monde entier contre nous. Il faudra bien trouver une « solution qui puisse, en définitive, mettre un terme à cette « guerre. »

Sérigny ajoute le commentaire suivant : « Je sortis découragé, convaincu que mon plaidoyer n'avait servi à rien. Je pris cependant la résolution, comme en témoigne le récit qui va suivre, de faire l'impossible pour en appeler de De Gaulle mal informé à de Gaulle mieux informé.

« Hélas, de Gaulle n'était pas mal informé, mais mal intentionné. Il avait déjà arrêté les grandes lignes de son plan de liquidation et il était vain d'espérer le fléchir *. »

Cette conversation, je le souligne, a lieu le 22 décembre 1958. Mais, Sérigny — décidément la passion rend aveugle mais sourd aussi — ne veut toujours pas croire ce qui lui est dit. Malgré le privilège qui a été le sien d'un entretien direct au cours duquel le Général a dévoilé le fond de sa pensée, le directeur de *L'Echo d'Alger* continuera de militer pour l'intégration, ce qui était parfaitement son droit ; mais il prétendra et affirmera à grand bruit que de Gaulle l'a trompé et a volontairement trompé l'opinion

* A. de Sérigny, *op. cit.*, p. 331.

publique. Ce faisant, il a déformé, et déforme, encore aujourd'hui, la vérité.

Le plus curieux, c'est qu'en écrivant ses mémoires, il nous révèle avec honnêteté son propre aveuglement.

Je fais partie du voyage suivant.

Je ne suis pas venu en Algérie depuis le début des « événements ». Ce qui frappe, c'est la présence organisée et efficace de l'armée. Elle est partout en bon ordre, entretenant, semble-t-il, d'étroits rapports avec la population. Après un ballet d'hélicoptères, nous voici à Alger.

Au Palais d'Eté, le général Salan présente la situation. Il paraît tenir l'affaire bien en main, mais le Général remarque que de grandes parties du territoire demeurent sous le contrôle du F.L.N. Manque d'effectifs, si l'on veut tenir partout, lui répond-on. Et la poursuite des bandes ?

— Il nous faut, déclare en substance le Général, demeurer maîtres du terrain. C'est l'essentiel. Ce que nous voulons faire l'exige. Les prochaines élections doivent se dérouler dans le calme. Nous avons besoin d'une grande participation.

Je rencontre ensuite le général Massu.

— Si nous n'étions pas intervenus, c'était le bordel !... Je le sais, me dit-il, le Général n'aime pas beaucoup que nous nous mêlions de toutes ces salades politiciennes. D'accord, mais ne valait-il pas mieux contrôler l'opération ? Et puis, maintenant, il est là. Alors, le reste... — Et, du bras, il esquisse un geste significatif.

Massu est un brave et un fidèle. Le lendemain, alors que le cortège de voitures nous emmène vers l'aéroport, la foule acclame de Gaulle mais aussi Massu. Nous sommes dans la même voiture. Je lui fais remarquer qu'il y a autant de « vive Massu » que de « vive de Gaulle ».

— Qu'est-ce que j'en ai à foutre ! me répond-il avec sincérité, sinon élégance. Le père de Gaulle est là, maintenant je retourne à mon boulot.

Il est vrai que le général Massu fit preuve, en cette période, d'une grande sagesse et de beaucoup de loyauté. Placé comme il l'était, il aurait pu exploiter la situation. Il ne le fit pas. D'ailleurs Massu ne tira pas d'avantages personnels de sa popularité. Mieux, elle se retournera contre lui lorsque, piégé par un journaliste, un grand retentissement sera donné à quelques-unes de ses paroles, imprudentes, il est vrai. Mais c'est un être droit, qui sut garder la tête froide et son cheminement, dans cette affaire aux multiples intrigues, ne mérite que des éloges.

Au dîner, les dames sont là. Mesdames Salan et Massu sont placées à droite et à gauche du Général.

Soudain, dans un silence, nous entendons le général de Gaulle, penché vers Mme Salan, lui dire :

— Tintin, soit, c'est un peu Don Quichotte. Mais alors Spirou, non, vraiment, je ne lui trouve aucun intérêt.

— Quand même, réplique Mme Salan, vous êtes sévère, Général.

Les regards des participants se croisent. Est-il possible que se tienne, en ce jour, en ce lieu, un tel dialogue ?

Nous retrouvons l'armée. Entre l'armée et de Gaulle, on l'a vu, flottaient déjà quelques nuages. Le Général voulut d'abord lui faire comprendre quelle était sa véritable tâche et où se trouvait son devoir.

Les officiers pensaient que la dignité de la France en Algérie, c'était l'intégration complète de l'Algérie dans la Communauté nationale. Beaucoup de temps fut employé à tenter de leur faire admettre que la mission de la France dans la deuxième moitié du XXe siècle n'était pas la même que celle choisie un siècle plus tôt, dans la deuxième moitié du XIXe.

De Gaulle effectua de nombreuses visites et rencontra un très grand nombre d'officiers. Mais le désengagement de ce grand corps ne réussit pas complètement, malgré les efforts considérables consentis pour l'orienter vers une nouvelle mission. La modernisation de l'armée, pourtant poussée avec détermination, ne parvint pas à faire oublier à ses cadres le rôle de colonisateur et d'administrateur que leur avait ouvert l'époque coloniale. Pas plus qu'aujourd'hui la dissuasion nucléaire ne les détache vraiment du combat d'un régiment ou du déploiement de cinquante chars.

De Gaulle considérait avec respect l'œuvre accomplie par l'armée en Algérie, mais il voulait atteindre le point où il aurait pu lui dire : Bravo, vous avez gagné, laissez maintenant œuvrer la politique. Il s'en fallut de peu qu'il n'y parvînt. Au moment même où le succès sur le terrain se trouvait à portée de main, des excès venant des militaires eux-mêmes remirent tout en cause.

Que signifiaient les déclarations formulées le 23 octobre 1958 à la conférence de presse dite de « la paix des braves » sinon : considérons le conflit comme terminé et négocions. Naturellement, à ce moment-là, l'affaire ne se trouvait mûre ni d'un côté ni de l'autre mais c'est dans cette direction que de Gaulle poursuivit son effort : l'arrêt des affrontements armés et la mise en marche d'une évolution.

Il mena les deux entreprises parallèlement : d'une part l'effort militaire, d'autre part le plan de développement et la mise en place d'instances élues. Mais les passions atteignaient une telle intensité que le déroulement souhaité s'en trouva bouleversé. Le soir de la conférence de presse du 23 octobre, j'exprimai à Simonne Servais, qui dirigeait notre service de presse avec beaucoup d'intelligence et de talent, mon espoir d'une solution où la France demeurerait présente.

Elle me dit à peu près ceci : « Vous vous trompez, la paix des braves, la réconciliation générale, cette étape-là ne sera jamais atteinte. Il y a trop de forces qui s'y opposeront. Pour moi, cela se terminera par un drame plus grand encore. » Je rends hommage à sa clairvoyance.

Visitant sur le terrain les capitaines et les chefs de bataillon, que pouvait leur dire de Gaulle sinon : Ce que vous faites est utile à la France.

Ces hommes risquaient chaque jour leur vie. A tout moment, ils pouvaient se trouver dans l'obligation d'envoyer de jeunes soldats à la mort. Et, puisqu'il n'était pas question de mettre fin au conflit sur l'heure et de les rapatrier, le chef des armées ne pouvait que les encourager et les assurer de sa considération.

Les risques pris par ces soldats et leurs sacrifices étaient indispensables à la solution qui ne pouvait être que politique. Nous le savions. En les quittant pour regagner d'un saut d'hélicoptère une confortable préfecture ou le Palais d'Eté, nous pensions que le soir même ils seraient peut-être attaqués, et que nous poursuivions un but qu'ils ignoraient, un but lointain, moins clair que la bataille gagnée ou perdue ; un but que de Gaulle s'était fixé sans posséder la certitude que leur combat conduirait à une coopération bénéfique.

A ma place, je me posais nombre de questions et les souvenirs de fraternité de la guerre étaient trop proches pour que je reste indifférent à l'angoisse des officiers. Par surcroît, j'avais l'honneur de présider l'Association des anciens cadets de la France Libre comprenant des capitaines et des commandants d'active qui tous se trouvaient en Algérie. Tous, dont le magnifique Claude Barrès, petit-fils de l'écrivain, qui y serait tué.

Nous nous rencontrions régulièrement avec ces camarades et je les voyais souffrir de ce qu'ils considéraient comme une évolution catastrophique. Naturellement, nous parlions, et j'étais l'objet de toutes les attaques. Je me souviens de la visite de l'un d'entre eux à l'Elysée. Le ton de ses reproches atteignait un niveau si élevé que je lui proposai d'effectuer le tour du parc. Nous tournâmes pendant une heure. Il était malheureux. Moi aussi.

En juin 1961, avec l'autorisation du Général, je partis effectuer comme capitaine de réserve une période de quinze jours dans la région de Constantine. Les officiers que je rencontrais dans les unités et les popotes ignoraient mes fonctions et j'écoutais ce qu'ils pensaient de De Gaulle et de sa politique. Ce séjour, qui me permit de participer à une opération dans la presqu'île de Collo, se déroulait quelques semaines après le putsch des généraux et le début des premières négociations d'Evian. L'atmosphère demeurait très tendue. Chacun parlait devant moi sans restriction et ce que j'entendis m'effraya, tant étaient ancrés les choix et graves les désillusions. J'en fis rapport en rentrant. Mais qu'y pouvions-nous ?

Ce qui était dans mes moyens fut d'intervenir pour atténuer quelque rigueur et tendre une main secourable.

Sachant tout cela, de Gaulle tenait ferme la barre. Il pensait que ni les militaires ni les Français d'Algérie ne lui faciliteraient les choses et que la révolte de ces derniers risquait de détruire le bénéfice des sacrifices consentis par les premiers. Il expliquait cent et cent fois que la seule solution d'avenir s'appelait l'entente ; en vain, ceux auxquels ces discours s'adressaient et dont il souhaitait à toute force sauver les biens et les droits, ne voulaient pas comprendre et choisirent les solutions extrêmes du désespoir.

On a beaucoup reproché à Michel Debré d'avoir changé de point de vue sur le destin de l'Algérie. Mais qui n'a pas changé d'avis sur cette affaire ?

Ce dont s'était plaint Debré, c'était de l'impuissance et de la confusion ; mais, devant une politique résolue qui mettait en évidence les réalités, aucun esprit ouvert ne pouvait plus les ignorer. Il n'y a rien de plus absurde qu'une obstination qui ignore les faits. Certes, Debré était intervenu avec véhémence alors que d'autres chuchotaient, aussi les critiques qui lui furent faites prirent-elles la proportion de son ardeur. D'ailleurs, en ce qui concerne l'Algérie, que sont devenues les théories des partisans de l'intégration ? Aujourd'hui, ceux-là mêmes reconnaissent tout bas qu'il n'y avait d'autre solution que celle qui intervint.

Comme nous tous, comme de Gaulle lui-même, Debré s'est incliné devant une exigence de notre époque. Pour prolonger l'ère coloniale, il eût fallu ne pas envoyer de professeurs, ne pas ouvrir de voies de communications et n'inventer ni l'avion, ni la radiodiffusion, ni la télévision ; c'est-à-dire qu'il eût fallu arrêter la civilisation.

Cette inévitable évolution que de Gaulle reconnut par la formule du droit à l'autodétermination des peuples, elle s'impose encore chaque jour, ici ou là, et il est frappant et émouvant de retrouver dans la bouche de tous ceux qui luttent pour leur liberté les termes mêmes lancés par le président de la République française. N'est-ce pas la vocation de la France d'apporter les idées, les chants et les mots qui marquent la marche des peuples vers leur indépendance !

Visant donc loin sur l'Algérie, choisissant d'utiliser le temps, de Gaulle mit dès son retour le projet de constitution sur le métier.

Il créa un groupe de travail qui se réunit le soir autour de lui. En faisaient partie les ministres d'Etat Houphouët-Boigny, Jacquinot, Mollet et Pflimlin, ainsi que Michel Debré, Georges Pompidou et Raymond Janot. Par ailleurs, il demanda à Paul Reynaud de présider une vaste commission largement représentative des diverses tendances.

Ce que voulait de Gaulle, c'est un système qui assurât la stabilité et par conséquent la continuité. Il souhaitait aussi associer aux décisions des organismes, tels les syndicats, qui interviennent dans la vie publique sans en partager les responsabilités. Enfin, il tenait à ce que l'Etat puisse, en cas de catastrophe, être soustrait au fléchissement inévitable des politiciens. Mais, en 1958, il ne réussit pas d'un coup à obtenir tout ce qu'il estimait souhaitable.

Il tint bon sur la stabilité et, par l'insertion du fameux article 16, il donna au président de la République le moyen de sauvegarder l'Etat. Sur ce point, le Général tint à participer à une séance de la grande commission. Cette séance eut lieu le 8 août 1958. Et, prenant la parole, il brossa un saisissant tableau de la panique de 1940 et de la nécessité d'éviter le retour d'une pareille déchéance. Avec quelle conviction il voulait qu'en pareil cas un chef de l'Etat eût le pouvoir d'emmener la République avec lui ! De Gaulle se souvenait de son terrible dénuement, de celui de la France dans la défaite. Un souffle dramatique passa sur l'assistance. Du bout de la table, je regardais de Gaulle et Reynaud côte à côte. Le premier décrivant en termes mesurés l'agonie de l'autre. Je m'efforçais d'imaginer leurs rapports alors que la France s'effondrait. Et aujourd'hui ?

De Gaulle, grand homme, sorti de l'ombre par Reynaud qui lui avait donné ainsi la possibilité d'agir, et dont le nom franchirait les siècles alors que celui du dernier président du Conseil de la IIIe République disparaîtrait bien vite des manuels.

Pourquoi Reynaud, qui avait choisi la poursuite de la lutte, ne l'avait-il justement pas poursuivie ? Pourquoi n'avait-il pas pris la tête de la Résistance au lieu de solliciter une ambassade ? Quelle fêlure avait alors porté atteinte au caractère et à la détermination ?

Pour sa défaillance au moment crucial, de Gaulle a certainement porté sur Reynaud un jugement sévère. Il ne l'a pas écrit ; au contraire, dans ses mémoires, il semble comprendre et excuser. Et, en ce jour, il agit très délicatement, sans vouloir à aucun moment blesser son ancien ami.

En décembre suivant, au lendemain des élections législatives, c'est à Paul Reynaud que le Général pense pour présider l'Assemblée nationale. Mais les nouveaux élus en décideront autrement et Chaban-Delmas l'emportera. Ce fut certainement préférable parce que Reynaud, vedette de la IIIe République, n'aurait jamais pu se faire aux mœurs nouvelles, la suite allait le démontrer. En effet, quelques années plus tard, Paul Reynaud prit très activement la tête de la coalition des politiciens qui s'opposa au projet d'élection du chef de l'Etat au suffrage universel.

A propos de la loi électorale, des divergences se produisirent. De Gaulle, dans la logique de sa Constitution, souhaitait un système majoritaire qui rassemblât, de préférence à la proportionnelle qui divise à l'infini. De leur côté, les partis, effrayés par la popularité du Général, craignant que les candidats se référant à lui ne récoltent toutes les voix, s'ils ne désiraient pas, dans la circonstance, la proportionnelle, tenaient toutefois à pouvoir y revenir au cas où la conjoncture se renverserait. C'est pourquoi, et malgré l'insistance de Debré, la loi électorale majoritaire ne fut pas incluse dans la Constitution. Grand dommage ce fut.

En effet, la possibilité était ainsi donnée aux partis impatients de leur revanche de revenir un jour au bon temps de l'éparpillement et des innombrables combinaisons qu'il permettait. Ce jour est peut-être proche.

De Gaulle choisit la place de la République pour présenter le projet au pays : il parlerait au pied de la statue.

Dès le choix annoncé, le préfet de police m'informe qu'un des hauts responsables du parti communiste — la seule formation décidée à voter contre — se trouve habiter un appartement qui, de toutes ses fenêtres, fait face au monument. Je crois me souvenir qu'il s'agissait de M. Waldeck Rochet. Le pire est à craindre, c'est-à-dire haut-parleurs diffusant *la Java bleue* ou groupes de braillards chantant *l'Internationale.*

Le préfet m'explique aussi qu'il ne peut rien faire, que la France est une démocratie — ce que je sais — qu'une violation de domicile est un acte très grave. Il m'assure qu'il prendra des mesures suffisantes pour que la manifestation annoncée sur la voie publique ne perturbe pas la cérémonie officielle mais que, pour ce qui est de l'appartement, hélas, il est impuissant.

La perspective d'une méchante plaisanterie en provenance de ce domicile privé, bien que peu probable, ne pouvait pas être négligée. Les membres du cabinet consultés sont tous d'accord pour affirmer que ce problème secondaire entre parfaitement dans mes attributions.

Le discours du Général sera naturellement filmé et télévisé, et tout cri ou chant venant de l'immeuble ne manquerait pas d'être enregistré. Réjouissante perspective.

Je fis alors appel aux anciens cadets de la France Libre. Sous la direction de Robert Gaitz, une équipe demanda asile aux locataires qui occupaient l'appartement situé juste au-dessus de celui qui nous inquiétait. Le groupe était équipé de cordes, grappins, échelles, et de divers outils. Nous convînmes que je me tiendrais au pied du podium où parlerait le Général et qu'au premier geste, les cadets occuperaient en douceur le domicile du camarade et neutraliseraient très courtoisement tout individu ou groupe d'individus, ou tout dispositif ayant pour but de perturber le bon ordre de la solennelle réunion. L'entreprise n'était guère orthodoxe mais semblait la seule riposte possible à une éventualité elle-même peu classique.

Pendant le discours de Malraux et du Général, je me tins donc debout au pied du podium, l'œil fixé sur les fenêtres suspectes. Celles-ci avaient été fermées, ainsi que les volets, dès le matin. Sur le balcon supérieur, je voyais mes dévoués amis. Personne n'eut à intervenir.

De très loin, nous parvenait une rumeur : quelques milliers de manifestants tenus à distance respectueuse, criaient à la dictature.

Le discours de De Gaulle est l'un des plus beaux, et le résultat du référendum fut spectaculaire.

J'eus ensuite à organiser quelques déplacements et, dès l'annonce du premier, reçus la visite du directeur des voyages officiels envoyé par le ministre de l'Intérieur. M. Albayez était un homme charmant, toujours prêt à raconter une histoire cocasse et avec lequel tous les problèmes trouvaient miraculeusement des solutions. J'eus par la suite toutes les raisons de l'apprécier. Mais, quand il vint se présenter à moi, il avait revêtu une apparence d'extrême gravité. Vêtu et cravaté de sombre, ses cheveux blancs en ordre impeccable, il m'apparut au premier abord comme l'un de ces grands-maîtres des pompes funèbres qui officient lors des deuils nationaux.

— Monsieur le directeur, commença-t-il cérémonieusement, je viens, à la demande de M. le ministre, porter à votre connaissance les conditions à remplir pour l'organisation d'un voyage officiel.

Impressionné, je lus la circulaire qu'il me tendait : « Six semaines avant la date du voyage, une réunion se tient sous la présidence d'un membre du cabinet du ministre de l'Intérieur. Le directeur général de la Sûreté nationale donne son point de vue sur... »

— Monsieur le directeur, dis-je à mon tour à mon visiteur, le Général a décidé de se rendre la semaine prochaine à Rennes et à Bordeaux, et ensuite à Strasbourg et à Lille ; dans dix jours, après un passage en Algérie, il se rendra en Corse, à Marseille et à Lyon, et je pense qu'ensuite, il aura d'autres projets.

Le responsable des voyages officiels me regarda fixement et un léger sourire vint transformer son visage.

— Il me semble que nous allons avoir à changer nos habitudes, constata-t-il.

— Sans doute.

— C'est parfait, conclut-il. (Et il sortit un carnet de sa poche.) Vous dites... Rennes... Bordeaux...

L'excellent M. Albayez n'était pas au bout de ses peines.

Avant d'entreprendre ses visites en France, de Gaulle voulut, par une tournée en Afrique qui le mena à Madagascar, en Afrique centrale, équatoriale et occidentale, fixer les bases de ce que serait l'évolution de nos territoires africains. Il souhaitait gagner les événements de vitesse et réussir avec certitude ce qu'il n'était pas certain d'accomplir en Algérie.

A cette même époque, le Général estima nécessaire de prendre date avec les Américains.

On a beaucoup brodé sur les sentiments de De Gaulle à l'égard des Etats-Unis. De Gaulle ne nourrissait aucune prévention contre le peuple américain. Sans doute avait-il trouvé, en 1916, que la grande démocratie amie réfléchissait bien longtemps avant de se décider à apporter son aide ; sans doute estimait-il qu'on pouvait déceler une certaine contradiction entre l'isolationnisme brandi après la Première Guerre mondiale et la volonté, manifestée par la suite, de tout régenter ; sans doute jugeait-il que la France, en matière de liberté, pouvait se passer des leçons américaines surtout lorsqu'elles prétendaient s'appliquer au colonialisme ; sans doute un certain passif existait-il, mais il se trouvait beaucoup moins lourd que celui qui nous séparait d'autres peuples. Non, ce que de Gaulle trouvait excessif, c'était le droit que se donnaient les Etats-Unis de se mêler de nos affaires.

Certes, la France s'était souvent placée en situation de demanderesse ; mais après tout, l'inverse avait existé et Paris n'envisageait pas pour autant de régenter la politique de Washington.

De la guerre, des réticences de Roosevelt à son égard, le Général avait gardé un mauvais souvenir. Néanmoins, le ressentiment personnel, si brûlant qu'il fût, ne pouvait commander les attitudes du gouvernement français.

De Gaulle tenait rigueur aux Américains de brandir de

magnifiques principes démocratiques et d'agir en s'inspirant de la formule : la raison du plus fort est toujours la meilleure.

Que les Etats-Unis cherchent à défendre leurs intérêts et s'efforcent de placer le monde entier à leur service, quoi de plus naturel ? Mais pourquoi les autres nations ne se défendraient-elles pas, pourquoi devraient-elles systématiquement tout accepter de cette exigeante amie, et les alliances, pour être durables, ne devraient-elles pas être équilibrées ?

De Gaulle n'oubliait pas les fâcheuses conséquences, après 1918, du travers de la France considérant l'intérêt de ses alliés avant ses intérêts propres. Il avait contemplé les ravages causés dans notre politique par la domination morale qu'exerçait l'Angleterre ; il se souvenait de l'autorité désastreuse dont jouissait le *Foreign Office* dont le souci millénaire de ne voir aucune force organisée en Europe qui ne dépendît de lui se trouvait à l'origine de bien des malheurs de la France ; mais il avait pu constater aussi que dans la tourmente, et pour sauver sa vie, la Grande-Bretagne s'était trouvée dans la nécessité de céder devant les exigences de la Maison-Blanche.

Or, il est toujours en France un parti de l'étranger ; il y existe en permanence une masse d'industriels, de journalistes, d'hommes politiques qui ne jurent que par ce qui vient du dehors. Le clan découvre, en toutes occasions, d'excellentes raisons de servir des desseins extérieurs, de préférence à ceux qui portent la marque nationale. Il faut bien constater que par leur puissance et leur apparent libéralisme, les Etats-Unis drainent derrière eux une vaste clientèle fascinée par la hauteur des gratte-ciel, les bilans de l'I.B.M. et qui finit par confondre Wall Street et la rue de la Liberté.

Le Général pensait aussi que la séparation du monde en deux zones d'influence constituait un grand danger pour la paix. L'existence d'une troisième grande puissance lui paraissait un facteur de stabilité. Cette conviction apparaîtra dans toute sa force lorsqu'il s'agira de la construction de l'Europe.

Dès son retour aux affaires, de Gaulle tint à mettre les choses au point. Il le fit en expédiant aux alliés son fameux mémorandum du 17 septembre 1958.

Le Général rappelait que la France comme les Etats-Unis et la Grande-Bretagne possédait des intérêts dans le monde entier et que sa sécurité et ses engagements ne se limitaient pas à la zone couverte par l'organisation militaire qu'était l'OTAN, qu'en conséquence elle subordonnait au fait que l'on tienne compte des réalités sa participation à une éventuelle révision du traité militaire. C'était une demande qui, plaçant la France à égalité avec les USA, mettait en cause la suprématie américaine. Elle reçut une réponse négative des Américains trois semaines plus tard ; mais Washington et Londres surent, dès lors, à quoi s'en tenir.

Dans ce domaine aussi, de Gaulle affichait ses intentions. Mais il semble que les diplomates du monde entier ne sachent pas lire les textes gênants car lorsque, quelques années plus tard, la France annonça son intention de quitter l'OTAN, la plus grande surprise se peignit sur leurs visages. Avec les diplomates, sait-on jamais, peut-être n'était-ce là qu'une feinte surprise...

André Malraux, le compagnon des longues années d'attente, entrait au gouvernement. A vrai dire, on ne savait guère à quelle tâche employer son bouillonnant génie.

L'étranger considérait l'arrivée de De Gaulle avec inquiétude et le tiers monde se demandait si cet homme, intransigeant pour ce qui concernait son pays, serait le champion de l'impérialisme ou celui des indépendances. Les hommes d'Etat qui rêvaient de pouvoir à nouveau compter sur la France s'interrogeaient. Quel ambassadeur, mieux que Malraux, disposait des moyens de leur présenter le nouveau visage de la France ? Je suggérai donc au Général que l'auteur de *la Condition humaine* fût envoyé en Orient, porteur d'un message fraternel de la France ; ce qui fut fait.

Dans son bureau, de l'autre côté de la rue de Varenne, Malraux me joua la scène d'un de ses futurs entretiens. J'en conçus de l'enthousiasme pour ce que je découvrais sur la terre de mes pères et éprouvai un certain vertige vu les hauteurs où nous nous promenions.

Ces voyages furent des réussites. Le prestigieux porte-parole se rendit même aux Antilles où il dépassa la frénésie locale, ce qui n'est pas peu. En Guyane, un commando d'excités, ivres de fraternité agissante, marcha sur lui en brandissant des coupe-coupe, et il n'évita d'être débité en rondelles qu'en entonnant in extremis une *Marseillaise* qui figea les enthousiastes sur place.

Durant cet été-là, recevant les catalogues de plusieurs libraires, je vis un jour figurer sur l'un d'entre eux le manuscrit de *la Condition humaine*.

Nous ne pouvions laisser partir un tel document. J'en parlai au Général qui me donna aussitôt son accord, et je fis acheter le gros volume de cuir bleu contenant les cinq cents pages couvertes de la sage écriture d'André Malraux. Je le feuilletai avec émotion, Pompidou aussi, et il fut décidé que je le garderais jusqu'à nouvel ordre. Je l'installai donc dans mon coffre où je le voyais chaque jour avec plaisir. Je l'emportai à l'Elysée. En quittant la maison, cinq ans plus tard, je le remis à Georges Galichon, alors directeur du cabinet du Général. Après le rapide départ du Général en avril 1969, Xavier de la Chevalerie, le dernier directeur du cabinet, vint me voir pour me demander ce qu'il convenait de faire de ce prestigieux manuscrit. Je lui suggérai de proposer au Général de le remettre à la Bibliothèque nationale. Il s'y trouve depuis.

Je n'ai jamais parlé à André Malraux des conditions dans lesquelles les feuillets de son plus célèbre ouvrage avaient été intégrés au patrimoine national. Se doutait-il que le général de Gaulle s'était soucié de leur sort, savait-il même qu'ils se trouvaient à la Bibliothèque nationale ?

La Constitution approuvée, la mise en place des Assemblées approchait et la nécessité de lancer un mouvement favorable à de Gaulle se révéla indispensable. Nous y procédâmes avec Roger Frey et ce fut Olivier Guichard qui le baptisa : « Union pour la Nouvelle République. »

En quelques jours, il importait de réaliser une implantation nationale, de mettre en place des comités, de sélectionner des candidats, etc. Vaste tâche, mais qui s'accomplit dans un élan naturel.

Ce furent les sections locales de l'Association nationale qui, dans presque tous les cas, servirent de noyau à ce qui allait devenir une grande formation politique.

Quant aux candidats, beaucoup avaient appartenu au R.P.F. et c'est non sans plaisir que nous vîmes réapparaître les traits connus de ceux qui avaient si longtemps œuvré dans l'ombre.

Olivier Guichard, directeur adjoint de cabinet, possédait une excellente connaissance de la carte politique ; à lui incombaient les questions électorales.

Guichard est un homme subtil et perspicace qui suit son chemin avec lenteur mais calcul. Il n'aime guère les affrontements et pense qu'il existe toujours une solution de compromis acceptable. En cela, il ressemblait à Georges Pompidou.

Georges Pompidou, que le Général avait choisi pour diriger le cabinet, n'était pas un homme compliqué, c'était un brillant élève, provincial, gourmand de tout et malin.

Conscient d'avoir déjà réussi en passant du foyer de l'instituteur à celui de l'agrégé, heureux d'avoir connu de Gaulle en 1945, content de son appartenance au Conseil d'Etat, satisfait de sa position dans le monde des affaires et fier d'être en relation avec les puissants, il se serait bien arrêté là. L'étudiant puis le jeune professeur ne s'étaient jamais sentis très concernés par la vie publique. L'occupation s'était passée sans qu'il eût éprouvé la moindre nécessité d'agir. Non, il voulait profiter de la vie, mais écarte-t-on une chance aussi brillante que celle qu'apportait de Gaulle !

Pompidou n'avait pas milité directement au R.P.F. Il s'était occupé de vagues commissions d'études mais, surtout, découvrait la vie parisienne. Sorti de l'enseignement, il cherchait une occasion de gravir un nouvel échelon. Elle se présenta par son entrée dans une grande banque privée qui lui donna les moyens de connaître le Tout-Paris.

En prenant, en 1958, la direction du cabinet du Général, il se proposait de faire une expérience et de regagner son emploi lucratif. C'est ce qu'il me dit et fit, en acceptant toutefois un siège au Conseil constitutionnel.

Il est vrai qu'alors il ne souhaitait pas une autre destinée qu'un poste élevé dans le monde de la finance ; il n'envisageait pas de consacrer sa vie au service de l'Etat. Cela ne correspondait guère à ses goûts ni à ceux de son épouse, heureuse d'avoir quitté sa petite ville pour la capitale. Elle aimait les premières, les vedettes, et les soupers sans façon. Ni l'un ni l'autre n'envisageaient de se laisser condamner à perpétuité à ces prisons que sont les palais nationaux. A l'occasion, ils appréciaient les honneurs et la considération, mais ils se souciaient peu d'en payer le prix. Pourtant, le couple choisit ensuite la voie des palais, mais sans renoncer pour autant à rester « dans le vent ».

Pompidou n'aimait pas les ennuis. Qui les aime ? Cependant, les hommes de caractère, s'ils les créent parfois, savent y faire face. Pompidou cherchait toujours les solutions qui permettraient de tourner la difficulté même si celles-ci devaient quelque peu égratigner les principes. Personnage d'intelligence et de culture, il estimait que la conduite d'un pays consiste à éviter les à-coups et les chocs et à sacrifier les grandes inspirations au calme du parcours. Rien de ce qui pouvait secouer la société ne lui paraissait bon ; une évolution lente et sans heurts représentait son idéal. Appartenant à la première génération de la réussite, étant celui qui a effectué la percée, il n'avait pas encore dominé la satisfaction du succès ; selon lui, son propre exemple démontrait que le progrès social était possible dans cette République où il suffisait de se donner du mal. Il y avait, dans ce sentiment, l'irréalisme du monsieur doué qui retient un texte après l'avoir lu une fois.

Tant que le Général fut là, bon gré, mal gré, en maugréant parfois, il tint le cap et l'altitude. Mais ensuite, son penchant pour les chemins paisibles l'emporta. De Gaulle savait ce qui allait arriver et l'on verra plus loin ce qu'il en pensait.

Ceci dit, Georges Pompidou était un homme charmant, spirituel et généreux. Toutefois, lui, il était vindicatif.

De Gaulle habitait l'hôtel Matignon dans des conditions assez peu confortables. Il disposait de deux salons de modestes dimensions, d'une salle à manger, d'une chambre à coucher et d'une étroite salle de bains. A côté se trouvait un petit appartement de fonction où j'ai souvent couché.

Cette période d'un semestre, du 1er juin au 31 décembre 1958, fut d'une intense activité.

Nous arrivions de fort bonne heure le matin et le Général gagnait son bureau vers 9 heures, après avoir pris connaissance de la presse. Il occupait, au premier étage, le même bureau que ses prédécesseurs. Une table y avait été portée pour les réunions. Le commandant Gaston de Bonneval, aide de camp, plus tard secondé par le capitaine Philippe Archambeaud, et Mme Mantrand, ancienne déportée, la fidèle secrétaire arrivée tout droit de la rue de Solférino, occupaient le salon blanc qui servait aussi de salle d'attente pour les personnalités. Georges Pompidou était installé dans le bureau central qui donne sur la cour.

Au premier étage se trouvaient également installés Guichard et moi-même. Les conseillers techniques et chargés de mission occupaient les vastes salons du rez-de-chaussée ou les bureaux à plafond bas de l'aile opposée au secrétariat général du gouvernement.

Deux fois par semaine, à 10 heures, nous nous réunissions autour de Pompidou pour un rapide passage en revue des affaires en cours.

Pas de bavardages, nous étions tous pressés. Je vois encore Olivier Guichard pour les contacts politiques, Jacques Foccart pour les questions d'outre-mer, Jean-Marc Boegner pour les Affaires étrangères, Roger Goetz pour les questions financières avec Jean Méo et Antoine Dupont-Fauville, Raymond Janot pour les travaux constitutionnels, René Ribière pour les questions relevant du ministère de l'Intérieur, puis Jacques Richard, qui suivait les questions administratives et parlementaires, et Raymond Labelle. Simonne Servais et Philippe Ragueneau assuraient les rapports avec la presse.

Je suivais une partie des affaires politiques, les questions relatives au secteur de l'Information, R.T.F., périphériques, *A.F.P.*, etc. et tout ce qui concernait les déplacements et grandes manifestations.

L'amiral Cabanier, avec les colonels de Bordas et Branet et le capitaine de vaisseau Daille, se chargeaient des questions militaires. René Brouillet, assisté de Bernard Tricot, traitait de tout ce qui touchait à l'Algérie.

L'équipe se révéla, au cours des mois, d'une extraordinaire homogénéité. A ma connaissance, il n'y eut pas le moindre malentendu ni conflit. Nous donnions tous le meilleur de nous-mêmes. Pour ma part, je n'ai jamais travaillé avec tant d'ardeur et de conviction.

Le Général recevait peu, revenait à son bureau presque tous les soirs après le dîner, et consacra beaucoup de son temps à de nombreux voyages.

Sur les deux cent quatorze jours de cette période décisive, il fut en route près de trente jours, prononça de nombreux discours, tint une conférence de presse, s'exprima à sept reprises à la radio et reçut une dizaine de chefs de gouvernement. Prodigieuse activité quand on pense que les discours importants étaient écrits et non improvisés.

Mais cet écrasant labeur, après tant d'années d'activité réduite, donna au Général une jeunesse nouvelle. Lui aussi était heureux. Il était calme, résolu et en pleine possession de ses moyens. Il sentait que la France le soutenait et que la possibilité de redresser le pays et de façonner l'avenir s'ouvrait devant lui.

Le matin, il prenait connaissance des télégrammes et des dossiers et recevait parfois un ministre. Les déjeuners se déroulaient en petit comité avec Mme de Gaulle, un ou deux collaborateurs ou un membre de la famille, et le jeudi, quelquefois, les petits-enfants. Pendant cet été et en raison de l'emploi du temps, il y eut peu de séjours à Colombey.

L'après-midi, soit tenue d'un comité, soit réception d'une personnalité étrangère. Le soir, venait notre tour si nous avions quelques affaires à traiter directement avec lui. Ensuite, c'était le moment du secrétaire général du gouvernement, Belin, qui apportait par piles de parapheurs les décisions à signer.

Le soir, le Général dînait le plus souvent en tête à tête avec Mme de Gaulle.

Après le dîner, se tenait un comité pour l'étude du projet de Constitution à moins que le Général ne travaillât seul dans son bureau à la préparation de ses discours.

L'un de nous était toujours présent et une permanence de nuit se tenait dans le petit appartement.

Je restais souvent tard le soir car je ne trouvais pas d'autre moment pour mettre en ordre les questions financières du cabinet dont j'avais également la charge.

Les déplacements dans Paris s'effectuaient avec une certaine solennité et j'ai toujours été ému de voir sur le trottoir des Parisiens soulever leur chapeau ou enlever leur béret au passage du général de Gaulle. Hommage simple, mais plein de signification.

Le résultat du référendum, celui des élections législatives, l'élection du Général à la présidence de la République, constituèrent des occasions où nous faisions dresser un modeste buffet dans une des pièces du premier, qui servait au secrétariat. Par la suite, nous connaîtrons de nombreuses soirées où, réunis, une coupe de champagne à la main, nous nous réjouirons des succès remportés par le Général et les idées qu'il représentait. Mais ces réunions de Matignon restent les meilleurs souvenirs. Nous participions à une grande œuvre, nous bâtissions du nouveau et nous en avions conscience. Les sentiments qui s'exprimaient étaient, dans cette équipe, sentis et sincères. Quelles conditions exceptionnelles se trouvaient réunies !

Le 8 janvier 1959, de Gaulle prend ses fonctions de président de la République et se rend à l'Elysée, avec Georges Pompidou dans sa voiture. Dans l'unique voiture qui suit, nous sommes trois : Jacques Foccart, Olivier Guichard et moi. Puis, de l'Elysée, nous suivons le Général et M. Coty qui montent à l'Etoile. Pompidou effectue le trajet dans la voiture présidentielle, ce qui fait que, ce jour-là, Paul Fontenil a conduit trois présidents de la République, passé, présent ou futur.

Les Champs-Elysées, voie immense, s'ouvrent devant nous, entièrement vides de voitures. Une grande foule applaudit le Général. Nous voici à l'Etoile. Je ne peux m'empêcher de penser à notre triste visite de mai 1954 et au désespoir qui nous envahissait.

Je pense aussi au 11 novembre 1940.

Sous l'Arc, il y a toujours le même courant d'air. Ce jour est glacial mais nous n'avons pas froid. Une joie profonde m'habite. Le général de Gaulle est président d'une république toute neuve.

Jamais je n'ai eu comme en cette minute le sentiment d'un accomplissement. Ce sentiment fut plus fort qu'au moment de la Libération, car alors tant de forces avaient joué, tandis que, pour cette entreprise de renouveau, nous étions si peu... J'avais envie de rentrer chez moi et d'arrêter, à ce moment précis qui ne se reproduirait jamais, ma modeste participation à la vie publique.

VII

PREMIERES ANNEES PRESIDENTIELLES

Quinze jours avant cet événement national, le 23 décembre 1958, je suis au travail dans un salon du rez-de-chaussée du Palais de l'Elysée, plus précisément dans l'ancienne chambre à coucher de Mme de Pompadour. On a placé pour moi une table Louis XVI, un fauteuil Empire et un téléphone... plus récent.

Le chef du service intérieur, précédé d'un huissier, m'y a conduit avec une grande solennité, comme si c'était lui qui avait décidé d'installer de Gaulle dans cette prestigieuse maison.

Le lendemain de son élection, le Général m'a chargé de prendre les contacts nécessaires avec le président Coty et ses services pour arrêter les modalités de la passation des pouvoirs.

Au début de l'été, j'étais déjà allé me présenter à René Coty. Après quelques paroles aimables, il m'interroge paternellement sur mon passé, mes activités, ma famille. Soudain, il me dit :

— Je crois savoir que vous êtes protestant.

— C'est exact.

Je suis quelque peu étonné de cette ingérence dans un domaine aussi personnel. Il médite, puis déclare :

— La Saint-Barthélemy a été une bien grande faute politique.

Naturellement, j'abonde chaleureusement dans son sens, quand il ajoute :

— Oui, on aurait dû les tuer tous.

Ma stupeur est grande quand je décèle une lueur d'ironie dans l'œil présidentiel. On sait donc plaisanter dans ce bureau solennel. Je me laisse aller à sourire et le président est très content de lui.

Sous la direction affable de Francis de Baecque, je parcours pour la première fois le palais. Je suis un peu déçu. La partie ancienne est belle mais de taille exiguë. Quant aux ajouts Second Empire et IIIe République, si on y dispose d'un peu plus d'espace, ils ne provoquent aucune émotion artistique, au contraire. Il paraît que le tout est très mal commode, ce que je veux bien croire.

Au second, dans le bureau d'angle, se trouve, sur un trépied, le buste ébauché du président Coty. On me rassure, il sera terminé à temps.

La vaste pièce de l'angle opposé était devenue, pour les besoins du précédent occupant, une salle à manger. Elle est maintenant décorée d'une cheminée ultra-moderne entourée de bas-reliefs de céramique représentant une cascade de fleurs et de fruits. Dans ce bâtiment Louis XV, on en est surpris.

— L'auteur de ces œuvres était une amie de Mme Auriol, me dit-on.

Tout s'explique.

A côté de la salle à manger, un petit salon, particulièrement laid, genre club anglais du début du siècle, avec fauteuils profonds, table basse, et une cheminée type pavillon de chasse.

M. Coty a souhaité que je visite les appartements privés pour en parler au Général.

Au premier, donnant à la fois sur la rue de l'Elysée et sur la Roseraie, un salon assez réussi. A droite, une chambre ; à gauche, une étroite salle à manger.

Deux autres chambres. Deux salles de bains désuètes, une pièce de placard et un couloir, tout cela constitue un ensemble bourgeois du XVIe arrondissement.

D'épais rideaux empêchent les vis-à-vis de la rue de l'Elysée de plonger dans la vie privée du chef de l'Etat.

Je découvre ensuite avec étonnement que de nombreuses personnes habitent en permanence l'Elysée dans de petits appartements aménagés dans les ailes. Un ancien collaborateur du président Auriol, un jeune adjoint de l'architecte des Monuments historiques, certains employés de la maison... Je serais étonné que le Général accepte une telle situation.

Naturellement, la commande est aussitôt passée au Mobilier national d'une paire de lits jumeaux de grandes dimensions. Le problème de la taille des lits devait, par la suite, se poser en maintes circonstances.

A propos de la cérémonie prévue pour la prise de fonction, une question est soulevée, celle de la Légion d'honneur. La tradition veut que le chef de l'Etat reçoive, du grand chancelier, le collier de l'Ordre et les insignes de Grand-Croix. Et le Général me fait remarquer qu'il a déjà été chef de l'Etat en 1944, lorsqu'il était président du Gouvernement provisoire, et qu'il ne saurait être question qu'on lui remette les insignes de quelque grade que ce soit.

Renseignements pris à la Grande Chancellerie, le Général y figure toujours avec son grade d'officier remontant à 1934. Sa présence à la tête de la France ne lui a valu aucune promotion.

Comment faire ? J'insiste auprès de lui en excipant des renseignements reçus et de la tradition, mais sans succès. De son côté, le général Catroux, grand chancelier, tient absolument à un geste spectaculaire. On le comprend.

En fin de compte, après m'avoir « bousculé » à plusieurs reprises, le Général accepte que lui soient remis, en privé et dans leur écrin, les insignes de Grand-Croix, et que le général Catroux lui confie le collier de Grand-Maître au cours de la cérémonie officielle.

Je rencontre une autre difficulté à propos de la présence à cette cérémonie, qui doit se dérouler dans la Salle des Fêtes, des opérateurs d'actualité cinématographique et de télévision. Là, en présence des corps constitués, le président Coty accueillera le général de Gaulle et lui passera ses pouvoirs ; et le Général estime que l'intervention des « porteurs de caméras » n'est pas convenable. Il craint que les preneurs d'images, par leurs déplacements, perturbent le déroulement prévu et « fassent pagaille ».

Il est naturellement impossible que cet événement ne soit pas filmé. Que faire ? J'ai l'idée de dresser un passage surélevé tout au long de la Salle des Fêtes comme une passerelle de navire, et sur lequel les journalistes pourront déambuler sans porter atteinte à la dignité de l'événement. Il me faut insister beaucoup pour obtenir enfin un accord.

Je dois régler aussi le déroulement du déjeuner offert par le nouveau président à l'ancien.

Le jour venu, tout se passe bien et c'est en revenant de la Salle des Fêtes, ému de voir réalisé un espoir vieux de nombreuses années, que je trouve, dans les salons du rez-de-chaussée, des ouvriers en blouse bleue occupés à décrocher les tableaux des murs.

Je m'informe. Ce sont des employés du musée du Louvre qui s'empressent de récupérer les œuvres prêtées par cette noble institution au précédent président de la République.

— Mais, dis-je, n'avez-vous pas appris qu'il y a un nouveau président de la République ?

— Nous avons reçu des ordres. Ces tableaux ont été mis à la disposition de M. Coty, il n'est plus président, nous reprenons donc les tableaux, me déclare le responsable du commando.

— M. Coty était ici ce matin, le général de Gaulle regagne

à peine ses appartements : ne pensez-vous pas qu'il y a quelque précipitation ?

— Nous avons des ordres.

J'appelle Mme Adhémar, conservateur au musée du Louvre, responsable de cette indélicatesse, et il me faut hausser le ton pour obtenir un délai de quelques jours afin que le Général ait le temps de faire son choix.

Je crois comprendre que mon interlocutrice est moins heureuse que nous de l'évolution des événements, elle semble considérer que les barbares viennent d'investir le palais présidentiel.

J'avais suggéré au Général d'occuper le vaste bureau d'angle donnant sur la Roseraie et faisant face à l'appartement privé. Cette pièce, réaménagée pour un séjour du duc d'Edimbourg, possédait une garde-robe et une salle de bains. De plus, on pouvait y accéder des appartements sans rencontrer personne. Mais, après une visite des lieux, le Général choisit la pièce centrale disposant de trois grandes fenêtres sur le parc.

Sans doute était-ce plus noble, mais beaucoup moins pratique. Le Général se voyait contraint de gagner ses bureaux par un couloir très étroit et devait utiliser l'entrée du bureau du secrétaire général. Dans ce couloir, il pouvait lui arriver de rencontrer des visiteurs destinés au directeur de cabinet ou au secrétaire général. Malgré les précautions prises, de telles rencontres eurent lieu à plusieurs reprises.

L'imposante stature du Général occupait tout le passage et une manœuvre « en arrière-toute » se révélait nécessaire lors de ces rencontres.

Le Général choisit l'ancienne salle à manger pour y tenir les conseils des ministres. Les céramiques furent dissimulées par des panneaux recouverts de tissu mais, hélas, rien ne put être fait pour cacher l'énorme cheminée en forme d'entrée de blockhaus.

Les conseillers s'installeraient au rez-de-chaussée, et je me retrouvai dans l'ancien bureau du président Auriol, entre la rue de l'Elysée et la roseraie.

Le premier samedi après-midi, je travaillais à l'organisation de la maison lorsque la porte s'ouvrit. Parurent le Général et Mme de Gaulle. Ils effectuaient une reconnaissance.

— Ah, vous êtes ici ? Vous n'êtes pas mal.

En effet, je me trouvais très bien. J'ouvris la porte pour leur présenter le fameux salon d'argent. C'était là que Napoléon Ier avait signé son abdication après Waterloo. Je montrai le guéridon au plateau de très fine mosaïque. Dans le tiroir se trouvait une photocopie de l'acte et certains prétendaient retrouver sur la mosaïque la trace du trait dont l'empereur avait, avec désespoir, souligné son nom. Je montrai cela à Mme de Gaulle et rappelai que, dans cette pièce, s'étaient retrouvés Napoléon III et Morny pour décider, dans la nuit du 1er au 2 décembre 1851, du coup d'Etat, et signer l'arrestation des républicains.

Fier, j'indiquai au Général que mon arrière-grand-père faisait partie des victimes du prince président.

— Eh bien, vous voilà ici maintenant. Tout est en ordre, me dit-il. Mais vous oubliez de dire que c'est aussi dans ce salon que le président Félix Faure eut un malaise.

Je restai embarrassé.

— Je connais bien l'histoire, fit Mme de Gaulle en riant de mon embarras. Et voici sans doute la porte par laquelle le président perdit sa « connaissance » !

Dès le premier jour, j'avais reçu la mission de récupérer sur les occupants abusifs la totalité des locaux. Ce ne fut pas sans mal. Aucune des pièces dont nous disposâmes ensuite ne se révéla superflue, au contraire. L'immeuble ne répondait pas aux besoins d'un président de la République, chef de l'exécutif, et les collaborateur du Général acceptèrent de travailler dans de très modestes conditions.

Le Général envisagea un déménagement. Il est exact qu'il pensa à Vincennes mais, après enquête, il devint évident que d'importants travaux seraient nécessaires et que l'accès aux heures d'intense circulation se révélerait malaisé.

Je formulai deux propositions. La première se trouvait liée à l'éventuelle organisation à Paris d'une exposition universelle. Le calendrier désignait la France, allait-elle exploiter cette possibilité ? Dans le cas d'une réponse positive, je suggérai que le pavillon de la France fût : « La résidence d'un chef d'Etat », et que celle-ci fût construite dans le parc de Saint-Cloud, vide de son château. Tous les corps de métiers auraient été utilisés pour aménager, meubler et décorer cette résidence puis, l'exposition terminée, le président de la République s'y serait installé.

L'idée plut au Général mais finalement la France repoussa la possibilité d'organiser une exposition internationale. Le ministre des Finances s'était prononcé contre et de Gaulle n'insista pas, pensant qu'il n'était guère opportun d'envisager des festivités alors que le pays se trouvait aux prises avec l'affaire d'Algérie.

Ma seconde idée consistait à acquérir les petits immeubles de la rue de l'Elysée, à les relier entre eux et à y installer l'ensemble des services de la présidence. Le Général hésita, trouvant que l'opération coûterait beaucoup d'argent.

Je parvins toutefois à faire racheter un des immeubles disponibles pour y installer l'état-major particulier. Edmond de

Rothschild, fort élégamment, nous proposa ses deux petits hôtels pour le cas où ils nous intéresseraient. Mais, comme le plus grand des immeubles du coin de l'avenue Gabriel abritait la « Maison de la pensée française », organisme étroitement lié au parti communiste, il n'était pas question de le chasser et le projet fut écarté. Plus tard, ce bel hôtel devint à son tour disponible et l'Etat s'en assura la propriété pour y installer un service de l'Elysée, le Secrétariat général pour les Affaires africaines et malgaches. Je regrette que mon second projet n'ait pas été retenu. L'ensemble eût permis au chef de l'Etat de disposer des locaux nécessaires à son activité. Il est vrai que Pompidou prit l'heureuse initiative de faire acquérir le vaste hôtel qui fait face à l'Elysée de l'autre côté de l'avenue de Marigny pour y loger les hôtes d'honneur ; mais les bureaux de l'Elysée sont toujours aussi exigus et mal commodes.

Les pièces de réception sont également insuffisantes. Les salons de la partie ancienne, de taille modeste, dépendent les uns des autres, et la Salle des Fêtes, d'une dimension tout juste acceptable, en équerre, se présente sans perspective et ne dispose que d'accès médiocres. Quant aux vestiaires, ils se situent au sous-sol et leur usage, les jours de grande assistance, relève de la performance.

Lorsque le président et son épouse accueillaient leurs hôtes, nous nous tenions le plus souvent derrière eux, apercevant ceux qui attendaient. Nous pouvions saisir le moment où se composaient les visages. Nous nous amusions à observer ceux que nous ne connaissions pas et qui vivaient cet honneur pour la première fois. Les épouses aux belles robes neuves et les messieurs, raidis par les plastrons empesés et dont l'habit se révélait un peu trop étroit ou un peu trop long.

Le Général tendait la main et prenait soin d'appeler ses invités par leur titre. A son côté, se tenait Mme de Gaulle, vers laquelle le Général se penchait parfois pour ajouter quelques mots aimables.

— Vous connaissez M. X. ?...

Ou :

— Le général Y était avec nous à Londres...

Ou :

— M. Z. vient d'écrire un livre remarquable sur...

Ces brèves phrases valaient une citation et le bénéficiaire, comblé, franchissait la porte suivante sur de petits nuages.

La réflexion la plus amusante du Général concerne Brigitte Bardot. Cette artiste avait été conviée : eh oui, d'une certaine façon et avec des moyens qui lui étaient personnels, ne participait-elle pas au renom de la France ? Sans doute Mme Bardot avait-elle longuement réfléchi à la façon dont elle s'habillerait pour cette consécration. Evidemment, le plus simple appareil eût été la tenue la plus remarquable, mais B.B. respectait la République, et on la disait très admiratrice du Général. Il n'était donc pas question de se présenter trop légèrement vêtue. Elle eut l'idée de génie de se vêtir d'une tenue très proche de celle d'un officier, ce qui fit dire au Général, l'apercevant :

— Chic, un militaire !

Réflexion inoubliable, compte tenu de son auteur, de son objet et du lieu où elle fut prononcée.

Il y eut aussi parfois de savoureuses bourdes de la part des huissiers chargés d'annoncer les visiteurs et qui, au début, ne les connaissaient guère.

C'est ainsi que l'on entendit un jour l'annonceur ouvrir la voie à :

— Monsieur le pasteur et madame Vallery-Radot, ou encore, pour introduire Maurice Thorez dont l'épouse, sénateur, était également invitée :

— Madame Jeannette Vermeersch et monsieur.

D'évidence, le palais de l'Elysée ne convenait pas à un chef d'Etat jouant un rôle politique de première grandeur et auquel tous les rois et présidents souhaitaient rendre visite. Les hôtes du Général, espérons-le, auront compris que l'époque n'était guère favorable à la construction de nouveaux palais.

***

Le Général et Mme de Gaulle occupèrent l'appartement de l'Elysée sans plaisir. Ils résidèrent en ce lieu plus de dix années et pourtant nous eûmes l'impression qu'ils ne s'y installeraient jamais. Quand ils partirent, en 1969, quelques valises suffirent à contenir leurs affaires.

Ils aimaient la simplicité. Et si le Général exigeait, dans l'exercice de ses fonctions, un certain apparat, il souffrait de la constante présence autour de lui du lourd appareil de la présidence.

Pour le personnel, la garde, les chauffeurs et les collaborateurs de permanence, il n'y avait pas de dimanche. Et les de Gaulle se sentaient sans arrêt environnés d'une constante activité, même si elle se dissimulait. Ils éprouvaient le sentiment d'être prisonniers d'une machine ne s'arrêtant jamais.

Ajoutons à cela que le parc est vu des immeubles de la rue de l'Elysée et que les tours de jardin pouvaient également être suivis des gardes occupant les postes de l'avenue Gabriel ; enfin que le Général n'aurait pu aller se promener dans l'allée des Acacias sans provoquer quelques mouvements de foule.

Pour parachever cette impression de claustration, il y avait les mesures de sécurité. Le Général ne voulait pas en entendre parler, mais nous étions dans l'obligation de les prendre et de les vérifier constamment. Le climat n'a guère cessé d'être inquiétant. En 1958, ce qui était à craindre s'appelait le F.L.N. qui perpétrait de nombreux attentats, naturellement en Algérie mais également en France. Il n'était pas de jour où nous n'apprenions l'agression d'un représentant de l'ordre ou un règlement de compte entre collecteurs et collectés. Ensuite, ce fut la menace des activistes et, pour finir, de l'O.A.S. Durant toutes ces années, il n'y eut pas une réception, une sortie ou un voyage qui ne provoquât l'angoisse de ceux qui assuraient la sécurité de l'homme sur qui reposait le destin national. Cela dit sans exagération. La disparition brutale de De Gaulle, à un moment quelconque de ses mandats, eût provoqué une telle situation que l'unité nationale risquait d'en être rompue.

Avec le colonel de gendarmerie Dupuis, nous reprîmes le problème à son point de départ. Je visitai avec lui les sous-sols, les caves et les égouts, ainsi que l'abri aménagé en 1939 pour servir de refuge éventuel au président Lebrun. Quelques armes dérisoires demeuraient là. Nous cherchâmes sans succès, avec l'aide des spécialistes de la préfecture de police, un prétendu tunnel qui aurait relié l'Elysée à l'un des hôtels particuliers voisins. Nous découvrîmes toutefois une galerie menant aux égouts. Il nous fallut revoir complètement le règlement du service intérieur et les conditions des déplacements.

Or, le Général éprouvait un très vif agacement pour tout ce qui prenait l'apparence d'une mesure de protection personnelle. Il estimait que sa mission comportait des risques et entendait les prendre sans restriction. Il comprenait néanmoins que notre devoir et celui du ministre de l'Intérieur nous commandaient d'assurer la sécurité du chef de l'Etat autant que faire se pouvait. Chacun jouait le jeu. Nous prenions les dispositions qui nous paraissaient nécessaires et le Général faisait semblant de ne rien voir. Pourtant, habitué au service, aucun détail ne lui échappait.

Nous plaçâmes notamment jour et nuit un garde devant la porte des appartements privés, porte à laquelle on pouvait aussi accéder par un escalier donnant sur la cour d'honneur. Le Général ne fit aucune observation mais, sans en parler, il suggéra au garde de s'installer dans une pièce qui constituait une sorte d'antichambre, et ceci de façon à ce qu'il puisse s'asseoir.

Un très simple réseau de communication fut aussi établi qui permettait d'alerter le commandant militaire du palais où qu'il se trouvât. Le colonel Dupuis s'entretenait un jour avec le Général lorsque le couineur du récepteur qui ne le quittait pas se mit à fonctionner. Le Général fut surpris un instant, puis :

— Je crois qu'on vous demande, Colonel.

C'est ainsi qu'il apprit l'existence et le fonctionnement de ce dispositif.

Pour la protection rapprochée, nous disposions par chance de la fameuse équipe dite des « gorilles ». Ils étaient tous les quatre bénévoles depuis les débuts du R.P.F., c'est-à-dire depuis onze années : Comiti, Tessier, Djouder et Auvray, quatre garçons merveilleux de courage et de dévouement que l'âge d'homme ne changeait pas. Naturellement, ils arrivèrent avec nous à l'Elysée. Leur situation administrative ne fut pas sans poser quelques problèmes, mais devant leurs qualités, les professionnels s'inclinèrent avec gentillesse et ils furent adoptés par le service de sécurité présidentiel. Nous savions qu'aucun d'eux n'hésiterait à se jeter sur une grenade ou à se placer entre une arme quelconque et le Général. De surcroît, ils étaient courtois et gentils avec tous les gens qui se précipitaient vers « le grand » mais dont personne ne savait s'ils n'étaient pas animés de mauvaises intentions. On les appela les « gorilles » sans doute parce qu'ils avaient servi sous les ordres de Ponchardier qui, sous le pseudonyme de Dominique, son prénom, publiait d'excellents romans policiers dont le héros portait le surnom de cet impressionnant primate.

Notre cauchemar demeurait les déplacements entre Paris et Colombey. Le couple présidentiel, qui effectuait les voyages en voiture, quittait l'Elysée presque toujours à la même heure, le vendredi soir, et se dirigeait vers un point connu de tous. Deux cent cinquante kilomètres de routes comportant, quels que soient les itinéraires, des points de passage obligés.

Avec Jean Verdier, directeur général de la Sûreté nationale, nous étudiâmes la question sous tous les angles.

Naturellement, le moyen de transport le plus sûr était l'hélicoptère : départ d'un point quelconque qui pouvait varier à l'infini et arrivée à deux cents mètres de la Boisserie. Mais le Général n'accepta de l'utiliser de façon régulière que vers la fin de son mandat. Il prétextait du prix de revient, du dérangement occasionné à plusieurs équipages, etc. En réalité, je crois qu'il aimait effectuer ce parcours en voiture, c'était pour lui un moyen de voir vivre la France. Il connaissait chaque bourg et chaque ville pour les avoir traversés plus de deux mille fois et il pouvait suivre le développement de l'activité en observant les travaux en cours, les constructions, et ainsi apprécier l'évolution du niveau de vie.

— Savez-vous, me dit-il une fois, que je ne vois plus un cheval entre Paris et Colombey. Ils ont disparu. Et les tracteurs deviennent de plus en plus gros.

Pour lui, le silence de la route constituait aussi une plage d'absolue tranquillité, un repos pendant lequel il ne pouvait ni lire ni écrire et qu'il consacrait par conséquent à la réflexion.

L'avion ne représentait pas un moyen de transport pratique, le terrain équipé le plus proche étant celui de Saint-Dizier, distant d'une quarantaine de kilomètres de la Boisserie. Son utilisation exigeait deux transbordements et par conséquent, en temps absolu, le gain était faible.

Le convoi comprenait deux voitures, l'une pour le Général et Mme de Gaulle, l'autre en secours, transportant les inspecteurs de police et les bagages quand il y en avait. Il s'agissait de DS noires, lesquelles, bien que n'arborant aucun signe distinctif, se reconnaissaient facilement.

Nous disposions de deux itinéraires, l'un, nord, par Provins et Pont-sur-Seine ; l'autre, sud, par Fontainebleau et Sens.

Avec le ministre de l'Intérieur et Verdier, nous décidâmes que les itinéraires seraient choisis au tout dernier moment avant le départ et que sur la route se suivraient deux convois absolument identiques, chacun composé de deux DS noires. A l'intérieur de son convoi, la voiture du Général serait tantôt la première, tantôt la seconde. Les éventuels agresseurs se trouveraient dès lors devant trois inconnues : quel itinéraire, quel convoi, et dans le convoi quelle voiture ?

Par ailleurs, sur les deux itinéraires circuleraient des patrouilles de gendarmerie, que les déplacements aient lieu ou non.

Malgré ces dispositions, le 8 septembre 1961, une bombe explosait au passage de la voiture du Général près de Pont-sur-Seine. Ce jour-là, les dispositions habituelles avaient été prises mais les auteurs de la tentative connaissaient l'itinéraire et la place exacte de la voiture du Général. Qu'en déduire ?

L'été 1961, commencé avec l'échec du putsch des généraux en avril, poursuivi avec la condamnation à mort par contumace des généraux Salan et Jouhaux et de leurs adjoints, a été celui de la plus grande tension. Les négociations avec le F.L.N. s'étaient trouvées rompues et l'O.A.S., par une série d'attentats, s'efforçait de contraindre de Gaulle à changer de politique. La République vivait sous l'empire de l'article 16 de la Constitution, les passions connaissaient leur paroxysme et l'on pouvait se demander si la France n'allait pas tragiquement se diviser en deux.

C'est dire les crises de conscience qui secouaient les uns et les autres. Dès lors, il n'est pas exclu qu'une information relative à l'itinéraire et à la formation des convois ait été donnée in extremis par une personne au courant. C'est en effet ce qui a été dit, et même écrit. Toutefois, l'enquête a également démontré qu'une série d'indicateurs se trouvaient sur l'itinéraire et que, par téléphone, ils avaient précisé à des complices l'ordre des voitures et indiqué celle qui transportait le chef de l'Etat.

Le S.D.E.C.E., a-t-on dit, serait plus ou moins mêlé à l'affaire : il aurait saboté la « bombe », rendant ainsi l'explosion inoffensive et limitant la tentative à un avertissement. Une partie de la charge de la bombe fut en effet récupérée sans avoir explosé. Mais il eût été impossible de régler un engin de façon à faire peur sans entraîner de catastrophe. En vérité, la vie du Général a tenu au sang-froid et à l'habileté de Francis Marroux, le chauffeur, et tout avait été mis en œuvre par les conjurés pour réussir l'attentat.

Les circonstances de l'attentat du Petit-Clamart sont différentes. Le Général et Mme de Gaulle se trouvent en vacances à Colombey et, ce mercredi 22 août 1962, le Général effectue un voyage d'une journée pour assister aux réunions à Paris du Conseil supérieur de la magistrature et d'un Conseil des ministres. Son arrivée est annoncée par les postes de radiodiffusion, qui précisent de surcroît que le chef de l'Etat et Mme de Gaulle ont gagné Paris par avion. Les comploteurs savent donc que, dans la soirée, le Général regagnera Villacoublay et ne connaissent d'autres difficultés que de repérer l'itinéraire, de se mettre en place et d'attendre.

Il y a peu d'itinéraires pour se rendre à Villacoublay mais c'était toutefois en raison de changements de parcours que deux tentatives précédentes s'étaient vues chaque fois contrecarrées. Malheureusement, ce jour-là, les dispositifs d'identification des agresseurs avaient bien fonctionné, et il faut reconnaître que, dans le domaine des attentats, à des hommes résolus rien n'est impossible.

On est surpris, disons-le aujourd'hui avec calme, que l'O.A.S. n'ait pas réussi à tuer de Gaulle. La seule explication est qu'il n'existait pas d'équipe vraiment décidée, c'est-à-dire acceptant de perdre la vie pour mettre ce dessein à exécution. Il y a eu, paraît-il, trente et une opérations montées. Mais les conspirateurs voulaient aussi sauver leur peau. Qu'ils ne voient pas ici un reproche de notre part.

Le lundi 27 août, le Général retrouve son bureau après le Petit-Clamart ; je lui fais part de notre émotion à tous, et il me réplique :

— Bah ! c'eût été une belle mort. Il vaut mieux mourir comme cela qu'aux cabinets !

— Mais que serait devenue la France ?

— Ça, reconnaît-il, c'est une autre histoire. Mais l'affaire algérienne est pratiquement terminée. Pour le reste, la France serait retombée dans les pattes des partis, et tout recommencerait, comme avant de Gaulle.

Pour ces déplacements rapides, Mme de Gaulle accompagnait toujours le Général. Pourquoi ? J'ai le sentiment que, se sentant constamment menacés, ils souhaitaient se trouver ensemble le jour où le destin frapperait. Ce 22 août, le destin s'est arrêté à quelques centimètres. La balle qui aurait pu tuer le Général a été ralentie par un longeron, sinon... Un projectile est passé entre la tête de Mme de Gaulle et celle du Général, dans un espace qui, compte tenu de l'angle de tir, était si peu large qu'on pourrait vraiment croire à une intervention divine.

Dans le refus de gracier Bastien-Thiry, deux considérations sont, semble-t-il, intervenues. D'abord les présences de Mme de Gaulle, du colonel de Boissieu et du chauffeur n'avaient pas été considérées par les agresseurs comme un obstacle et, en tirant au fusil-mitrailleur sur la voiture, ils n'observaient aucune distinction entre les responsabilités respectives des passagers ; de plus, des motocyclistes et des passants n'échappèrent à la mort que par miracle.

Ensuite, l'instigateur du complot appartenait à l'armée. Sa volonté de porter atteinte à la vie du chef de l'Etat, chef des armées, était indiscutable. Il s'y était même repris à plusieurs fois. Un exemple s'imposait.

Ne croit-on pas qu'il eût été plus facile pour de Gaulle de gracier ? N'est-il pas plus aisé de pardonner que de punir, ne laisse-t-on pas à la postérité une meilleure image en cédant à la clémence plutôt qu'en s'en tenant à la sévérité ?

Les principaux membres du secrétariat général, comme ceux du cabinet, se réunissaient plusieurs fois par semaine. Notre première difficulté fut celle de notre situation par rapport au Premier ministre et aux membres du gouvernement.

De Gaulle avait été président du Conseil des ministres pendant six mois et, à ce poste, il dirigeait directement l'action du gouvernement. Michel Debré, premier Premier ministre d'une nouvelle République, avait repris nombre de ministres de la précédente formation, et ceux-ci étaient habitués à traiter directement avec les collaborateurs du Général. Tout naturellement, ces rapports se prolongèrent au-delà du 9 janvier 1959 et nous fûmes tentés de poursuivre l'étude des questions qui nous étaient soumises, de les faire progresser et de solliciter l'accord de De Gaulle, ainsi que les choses s'étaient passées à Matignon.

Nous fûmes aussitôt stoppés dans nos élans. Les premières notes adressées au Général nous revinrent avec la mention, de l'écriture bleue que nous connaissions bien : « Cette affaire est de la compétence du Premier ministre » ou « Cette question relève du Premier ministre. »

Après quelques tâtonnements, Geoffroy de Courcel, premier et très brillant secrétaire général de la présidence de la République, parvint à établir les limites, assez imprécises, de nos fonctions.

De Courcel, le premier compagnon de De Gaulle à Londres puisqu'il fut le seul de ses collaborateurs d'alors à partir avec lui le 16 juin 1940, est un homme calme et assez froid qui sait ramener les problèmes à leurs véritables proportions et placer les individus à leur juste place. Le monde de la politique l'a toujours un peu effrayé et il ne s'y sent guère à l'aise tandis que l'administration n'a pas de secrets pour lui. Il connaît la personne capable de le renseigner sûrement ou de dominer un sujet. Ses rapports avec ses collaborateurs sont clairs et directs. Je crois que personne ne peut se plaindre de sa part d'une manière inélégante. Sur les choix essentiels, comme en 1940, il va droit et ne cède pas. On le voit, depuis l'origine de son action nationale, le Général avait bénéficié d'un collaborateur de premier ordre. Notre secrétaire général fut peut-être parfois agacé par l'ardeur sans frein de Michel Debré, son principal interlocuteur, mais il ne le montra pas et la coexistence des deux hommes demeura pacifique.

Ainsi, semaine après semaine, mois après mois, s'établit entre le président de la République et son Premier ministre un partage des attributions et responsabilités qui ne figurait pas dans la Constitution.

De Gaulle souhaitait, et fit en sorte, que le Premier ministre en fût un, et non pas un super-directeur de cabinet. Sinon, pourquoi n'avoir pas proposé aux Français une Constitution présidentialiste puisqu'en septembre 1958 toute constitution proposée par lui eût été adoptée ? Non, il désirait que le chef de l'Etat fût débarrassé de la pression des innombrables problèmes quotidiens pour se consacrer aux grands choix.

De domaine réservé, il n'y en eut pas de défini, à aucun moment. De Gaulle suivait de près ce qui lui paraissait déterminant, à savoir l'économie, la défense et le rôle de la France dans le monde. Quant à l'Algérie, en 1959, personne ne lui disputait la charge de tenter de résoudre ce terrible drame.

Constamment, de Gaulle fut soucieux de prendre du champ, de ne pas se laisser engluer. Il définit donc notre rôle en fonction de sa propre attitude. Nous devions tout savoir, être à même de répondre très vite à toutes ses questions ; nous devions l'alerter sur tout projet d'importance dont on parlait ; enfin, il ne nous était pas interdit de formuler un avis, à condition qu'il fût constructif.

Les notes, soumises le plus souvent après accord du secrétaire général, nous revenaient avec la mention « vu » ; y figurait quelquefois une question ou une observation. Parfois, on avait droit à la mention « intéressant M. X (ou M. Y) m'en parler. »

Je fus d'abord chargé des voyages et du secteur de l'Information. Après le départ de Guichard, en 1961, je suivis officiellement les questions politiques dont je n'avais cessé de m'occuper. A ce titre, j'établissais chaque semaine un document de deux ou trois pages qui expliquaient certains faits, en annonçaient d'autres, et se risquaient parfois à des prévisions.

En cas de consultation électorale, la prévision est une pratique risquée mais je disposais d'un bon réseau d'information.

Naturellement, la préparation des diverses élections donnait lieu à de multiples entretiens, rencontres et réunions. Nous étions censés ne pas intervenir mais nous suivions les choses de très près. Avant 1966, le Premier ministre ne participait que de loin à la vie des mouvements soutenant l'action de De Gaulle. Ceux-ci désignaient leurs secrétaires généraux, présidents de groupes et de commissions. C'est pourquoi ces mouvements se tournaient vers nous avant de prendre leurs décisions et d'affirmer une position.

Le Général voyait chaque jour de la semaine les quatre grands de la maison : secrétaire général, directeur de cabinet, secrétaire général des Affaires africaines et malgaches et chef de l'état-major particulier.

Au cabinet, je remplaçais le directeur absent, en voyage ou en vacances. Au secrétariat général, il m'est arrivé, dans les mêmes conditions, d'assurer une coordination. J'ai donc participé au fonctionnement de la machine aux divers carrefours. Je voyais le Général quand je le demandais ou quand une affaire me concernait.

Au cours de nos réunions, le directeur René Brouillet, ou le secrétaire général, donnait la parole à tous les présents, de huit à dix personnes, qui s'efforçaient en quelques minutes de mentionner les faits saillants et les questions à traiter. Parfois s'instituait une discussion générale. Peu de grandes considérations, le temps de chacun était compté.

Nous savions le Général derrière la double porte voisine, tous nos collègues au travail dans leurs bureaux, sur l'autre rive de la Seine le Premier ministre, au-delà le pays.

En été quelques bruits parvenaient, par la fenêtre ouverte, des Champs-Elysées proches et bruyants.

Notre navire fut parfois rudement secoué et il n'y eut pas, à proprement parler, une seule période vraiment calme. Nous regardions avec espérance vers des jours paisibles, mais, l'affaire algérienne passée, d'autres événements devaient troubler les flots et le capitaine ne put se dispenser de tenir solidement la barre ni l'équipage de veiller au grain.

Voyant pour la première fois le général de Gaulle dans son

bureau à l'Elysée, au lendemain des cérémonies de transmission des pouvoirs, j'hésitai sur la façon de m'adresser à lui : mon Général, ou M. le Président. Je lui posai sans gêne la question :

— Alors, selon vous, je ne suis plus général ? fut sa réponse.

Nous continuâmes donc avec plaisir à l'appeler « mon Général ».

Pour la photographie officielle, et sous le prétexte que je m'étais occupé d'un portrait fait à Matignon, René Brouillet, prévoyant sans doute que l'opération n'irait pas toute seule, me fit la gracieuseté d'annoncer à la ronde que je m'en occuperais.

Le Général, sans doute l'homme le plus photographié de France, n'aimait pas ce genre de séance, mais il voulut bien convenir de sa nécessité puisque selon la tradition son portrait devait être présent dans toutes les mairies et les mess militaires.

J'eus beaucoup de mal à obtenir qu'une demi-journée d'un dimanche de février soit consacrée à cette obligation. Le portrait le plus classique nous paraissait, en la matière, le plus convenable. Le bureau de Bernard Tricot, en raison de la belle bibliothèque qui l'ornait, fut le théâtre de ce difficile après-midi. Jean-Marie Marcel opérait et il chercha par tous les moyens, à l'exclusion toutefois du petit lapin en caoutchouc qui fait « couic », à dérider quelque peu son sujet.

Je servis à fixer le regard du Général auquel Marcel recommandait de me suivre. Le Général recevait aussi des instructions, et le photographe s'en excusa.

— Ne vous excusez pas, dit-il, je sais bien que je ne suis ici qu'un accessoire.

Après le cliché en habit de grand-cordon, changement de tenue et nouveaux clichés en tenue militaire. Le Général se mordillait la lèvre, signe d'agacement, et Marcel transpirait à grosses gouttes, s'efforçant d'obtenir encore quelques minutes de pause.

— Messieurs, finit par dire le Général, si vous le voulez bien, nous allons faire tomber le rideau.

Les photos ne furent pas si mauvaises mais le Général n'y apparaît pas très détendu.

Au mois d'avril 1959, le Général reçut la reine mère d'Angleterre à déjeuner. Nous bénéficiions pour la première fois des services d'un nouvel intendant, ancien responsable de la restauration sur l'une des plus belles unités de la Compagnie Générale Transatlantique. C'était un homme discret et efficace. Ce jour-là, il était fort ému pour annoncer le repas. Il s'avança jusqu'au milieu du salon des Ambassadeurs où la reine mère, Mme de Gaulle et le Général s'entretenaient, le verre de muscat en main, et annonça, d'une voix de stentor :

— M. le Président de la République est...

Il s'arrêta là et reprit courageusement :

— M. le Président de la République est...

Visiblement, la suite présentait quelque difficulté.

Pour la troisième fois, et alors qu'il commençait à attirer l'attention, il reprit :

— M. le Président de la République est...

Rouge comme un coq, il lança subitement :

— M. le Président de la République est élu !

Nous le savions, nous fûmes toutefois surpris.

Le Général ne broncha pas, il détourna seulement un peu la tête et l'on passa à table.

L'après-midi, M. Lefèvre, le nouvel intendant, vint me voir et déposa sa démission sur mon bureau. Sa tenue aurait comporté une épée que l'infortuné se la serait passée au travers du corps sans hésiter. Dieu merci, cet ornement ne se porte plus.

Je le calmai et promis d'en parler au Général, ce que je fis le lendemain.

— Bah ! dit-il, il vaut mieux cela que d'avoir renversé de la sauce dans le cou de la reine. Et pensez qu'il aurait pu proclamer : « La reine est élue ! » C'eût été un incident diplomatique. Qu'il reste encore quelque temps, on verra bien.

M. Lefèvre demeura en fonction de nombreuses années après cet incident.

Entre mon bureau et celui de Bernard Tricot, il y avait une double porte condamnée et dans l'épaisseur du mur se dissimulait un immense coffre. De Baecque m'en avait donné la clef et la combinaison.

— Ce coffre contient, m'avait-il dit, des comptes rendus des Conseils des ministres.

Un jour je l'ouvris. Sagement placés, tous les procès-verbaux des Conseils de la IVe République dormaient là, à ma disposition.

Les Conseils des ministres ne donnent pas lieu à l'établissement d'un procès-verbal mais, depuis Alger, le secrétaire général du gouvernement dresse une sorte de compte rendu à mi-chemin entre l'aide-mémoire et le relevé de décision.

Un jour férié, je me plongeai dans la lecture de ces documents. Leur indigence explique que ces textes soient jalousement gardés ! Me repérant sur les périodes de crises, je pris connaissance des conclusions des délibérations qui les précédaient ou les suivaient. Naturellement, il ne s'agissait que de résumés, et l'essentiel manquait peut-être, mais cette lecture me parut désolante. C'était donc cela, la IVe République !... Naturellement, de cette lecture, j'ai tout oublié.

L'obligation qui pesait le plus sur nous était celle du silence. En effet, nous étions très sollicités et nous devions demeurer bouche cousue.

Devant les questions des membres de notre famille, de nos amis, de nos relations, aux dîners, aux réceptions, nous restions muets sur tout ce qui concernait nos activités, et cela à une époque où tous les yeux se trouvaient constamment fixés sur le Général et ses faits et gestes.

C'est dire que nous acceptions la désagréable situation de passer soit pour des comparses, soit pour des imbéciles ; le plus souvent pour les deux.

A l'époque, pour une maîtresse de maison parisienne, compter parmi ses convives un collaborateur direct du président de la République, cela valait plus qu'un cardinal ou un membre de l'Académie française, c'était le *nec plus ultra.* Les invités triés sur le volet se léchaient les babines à l'idée du succès qu'ils comptaient se tailler au dîner suivant, la galerie n'en reviendrait pas des informations petites et grandes qu'ils se promettaient de distiller au compte-gouttes.

Le malheureux collaborateur du président arrivait, le plus souvent à l'heure, ce qui surprenait et ne faisait pas très sérieux, et s'asseyait. La maîtresse de maison, sûre de la réussite de sa soirée, ouvrait aussitôt le feu :

— Alors, cher ami, racontez-nous, que pense-t-on dans votre grande maison ? Que pense le Général ? Est-il vrai qu'il a dit : « Je veux l'Angleterre toute nue ! » ?

Tous les regards fixés sur lui, notre pauvre héros, à peine assis, cherche à s'en tirer par un :

— Savez-vous que je ne suis pas en permanence caché sous le bureau du Général...

Ou encore par un :

— De grâce, chère amie, laissez-moi reprendre mon souffle...

Ou enfin :

— Ce que je serais très heureux d'entendre, c'est justement ce que vous pensez de la situation ; il ne nous est pas facile de connaître la vraie réaction de l'opinion publique, et j'ai toujours constaté que vous étiez particulièrement clairvoyante pour, etc.

Mais ces dérobades, plus ou moins bien amenées, ne donnaient satisfaction à personne et je suis sûr qu'après notre départ on se posait sérieusement la question de savoir comment le Général pouvait bien choisir ses collaborateurs.

Les méchants prétendaient d'ailleurs que le critère de sélection était uniquement la haute taille.

Il y avait aussi le guet-apens. Un déjeuner ou un dîner qui

paraissait tout amical et d'où surgissait subitement de derrière un rideau un journaliste, un homme politique, un industriel, chacun préoccupé d'un renseignement, d'un projet ou d'une affaire de la plus haute importance. Dans ce cas, la sagesse consistait à se dégager tout de suite en suggérant l'organisation d'un prochain tête-à-tête.

— Ici, il n'est guère facile de parler... Mais bien sûr, le numéro de l'Elysée est dans l'annuaire, nos secrétaires se mettront d'accord.

Ainsi l'on pouvait s'en tirer en inscrivant l'importun sur une liste rouge.

Il advenait aussi qu'un ami nous demandât rendez-vous pour une affaire personnelle. Comment refuser ? Et le coquin — n'était-ce donc pas un véritable ami — se présentait accompagné d'un ou deux quidams. Que faire ?

Le recevoir seul et refuser de faire introduire ceux que l'on veut vous imposer ? L'opération est délicate et particulièrement vexante pour les personnes auxquelles on ferme sa porte, mais une grande prudence, et une vigilance permanente se révélaient indispensables.

Ceux qui se sont imposé de telles règles en restent encore marqués aujourd'hui. Moi-même, en écrivant ces discrets souvenirs, j'éprouve comme le sentiment d'une faute. Pourtant, ils sont si nombreux, les auteurs qui ont parlé de De Gaulle sans l'avoir approché. Nous avons le droit, me semble-t-il, nous qui l'avons vraiment connu, de lever un coin du voile. Supposons qu'en vertu de cette dure discipline qu'ils s'étaient imposée, aucun des proches collaborateurs n'ait rien écrit ; n'était-ce pas laisser l'exclusivité du sujet aux observateurs lointains et ne disposant que de ouï-dire ?

Mais, je m'avance un peu parce que je ne suis pas encore parvenu à me débarrasser complètement de la règle de réserve ; malgré ces quelques pages, je garde encore bien des souvenirs pour moi.

Pour illustrer la place occupée par de Gaulle dans l'esprit des Français, je raconterai l'histoire suivante que je tiens du Dr Poisson, dentiste du Général.

Pour se faire soigner, le Général se rendait au cabinet du docteur boulevard Malesherbes, le plus souvent en fin d'après-midi.

Un jour, il sort de l'ascenseur sur le palier, alors qu'une cliente referme derrière elle la porte de l'appartement. Le Général sonne, la porte s'ouvre, il entre.

Quelques minutes plus tard, l'infirmière est rappelée à la

porte par un long coup de sonnette. Elle trouve la cliente toute pâle.

— Mademoiselle, murmure cette dernière, ça ne va pas. Sans doute la piqûre de tout à l'heure...

— Asseyez-vous, madame, qu'est-ce qui vous arrive ?

— J'ai des visions, mademoiselle.

— Des visions ?

— Oui, je viens de voir, là sur le palier, le général de Gaulle ! Vous voyez, ça ne va pas du tout.

Si nous étions la cible des organisateurs de dîners en ville, nous ne l'étions pas moins des violents qui nous voulaient du mal.

Nous avons chacun reçu d'innombrables lettres de menaces nous concernant directement ou visant ceux que nous aimions.

Pour soi, quand on a connu la présence quotidienne du pire, on parvient à s'en accommoder. Le risque relatif aux autres, c'est plus difficile à accepter. Naturellement, on prévient les personnes concernées en leur demandant d'être prudentes, mais cela ne veut rien dire et ce n'est d'aucune utilité, et lorsqu'il s'agit des enfants, est-il vraiment possible de les protéger ?

Georges Galichon reçut un paquet piégé à son domicile. Heureusement que la consigne fut respectée ; en effet, le colis remis aux Services de Sécurité et ouvert par les laboratoires spécialisés de la préfecture de police contenait un engin explosif.

Il peut arriver aussi des lettres légèrement chargées mais capables, tout simplement, de rendre aveugle.

Pendant une certaine période, la tension provoquée par la répétition des menaces se révéla assez lourde. Quelques-uns, particulièrement visés, se voyaient accompagnés d'un inspecteur de police, sans que le problème des familles en fût résolu pour autant.

Je me mariai alors que la violence battait son plein et tous les paquets que je reçus passèrent par le laboratoire. Ma jeune femme, qui ne s'était jamais occupée de politique, se demanda si notre vie serait de tout repos. Elle ne le fut pas mais mon épouse a accueilli d'une humeur égale l'agréable et le rude. Mon choix se révèle donc chaque jour excellent. Pour elle, de Gaulle était un mythe, et elle fut quelque peu surprise de constater son existence quand il la reçut, le jour du déjeuner donné à l'Elysée pour célébrer notre union.

Quelle influence les collaborateurs du Général pouvaient-ils avoir sur lui ? La question a été souvent posée et de bonnes réponses données.

En bien des cas, avant de prendre une décision importante,

il demandait l'avis de celui d'entre nous qui connaissait le domaine dont elle relevait. Quelle part nos avis prenaient-ils dans la décision ? Il est difficile de le savoir puisque de Gaulle recueillait de nombreuses opinions sur chaque cas critique, mais il est vrai que, dans les arguments publiquement avancés pour justifier ceci ou cela, nous pûmes parfois reconnaître des idées que nous avions défendues.

De même dans le choix de certains grands responsables, ministres, délégués généraux, conseillers constitutionnels et autres, nos suggestions furent retenues.

Mais quelle qu'ait été l'efficacité de nos interventions, il n'en était jamais question à l'extérieur. Jamais un seul collaborateur du Général ne se livra à quelque confidence que ce soit. En écrivant ces lignes, je me garde d'ailleurs de citer des exemples précis.

L'importance de notre action ne saurait être prise en considération puisque, dans tous les cas, la décision finale appartenait à de Gaulle et que le poids en reposait sur ses seules épaules.

De Gaulle lisait et écoutait. L'essentiel tient en ces deux constatations. Il lisait soigneusement ce que nous écrivions et, soit par réflexe d'écrivain soit par délicatesse, pour montrer combien sa lecture avait été attentive, il n'était pas rare que nous trouvions quelques corrections de son encre bleue dans les dernières lignes. Il s'agissait le plus souvent d'un changement de ponctuation. Dans ce domaine, l'auteur qu'il était, peut-être aussi l'ancien militaire, attachait une grande importance à la ponctuation pour laquelle il pratiquait des règles très précises et assez personnelles. Il me dit, un jour que je lui présentais une lettre comprenant trop de virgules, que celles-ci ne devaient figurer que pour permettre, lors d'une lecture orale, au lecteur de reprendre son souffle. Ce principe me parut discutable, je l'appliquai pourtant, malheureusement sans plus de succès. Peut-être la virgule et le point et virgule constituaient-ils pour lui un moyen de communication avec ses collaborateurs.

Je l'ai dit, souvent nos papiers revenaient annotés, parfois tout simplement par un « non » dans la marge, face à une réflexion ou à une proposition.

Et de Gaulle écoutait. Il s'est toujours montré avide d'information et laissait ses interlocuteurs exposer entièrement leur pensée. Celui qui le connaissait pouvait parvenir à déceler le degré d'intérêt que faisaient naître ses paroles, il devinait l'approbation, le désaccord ou l'impatience. L'agacement se trahissait par un mordillement de la lèvre inférieure ou un mouvement des mains ; l'intérêt par une quasi-immobilité.

De Gaulle aimait l'humour et un portrait rapide ou une réflexion heureuse pouvait amener un sourire.

Il écoutait en silence le premier exposé, celui qui portait sur l'objet de l'entretien. Ensuite, il posait quelques questions supplémentaires. Il lui arrivait de demeurer encore silencieux une ou plusieurs minutes, ce qui paraissait un siècle. Le dos appuyé au dossier du fauteuil, le buste en arrière, il réfléchissait en se « savonnant » lentement les mains.

Quand il prenait la parole, c'était pour formuler les objections, énumérer les obstacles et détruire la thèse ou la solution proposée. Il ne fallait pas se laisser prendre à cette pratique et abandonner la position pour abonder dans son sens, sinon cela voulait dire qu'on ne croyait guère à sa propre proposition et, en perdant la partie, l'on risquait aussi de perdre sa considération. Il était, au contraire, recommandé de tenir et il n'était pas rare de voir le Général écarter alors les objections avancées par lui quelques instants plus tôt.

Par ailleurs, il lui arrivait souvent, et quel que soit son propre sentiment, de défendre le point de vue opposé à celui de son interlocuteur, par calcul, pour éprouver la valeur d'une argumentation.

Ce jeu, nous le connaissions, mais les visiteurs qui étaient reçus pour la première fois par le Général, en ignorant la pratique, surpris et désorientés, cédaient parfois à la panique.

Il faut porter à leur crédit qu'il n'était pas toujours aisé de résister aux attaques ou à la raillerie du Général plaidant le contre. Son efficacité dans cet exercice était si grande que nombre de visiteurs sortaient persuadés que de Gaulle pensait le contraire de ce qu'ils croyaient en entrant.

Il en fut ainsi pour l'Algérie. Lors des audiences, il est arrivé au Général de présenter les arguments en faveur de l'intégration. Les bénéficiaires d'un tête-à-tête parcouraient ensuite Paris en rapportant ses propos, ce qui alimentait pour une bonne quinzaine les officines et les gazettes. Détenant des réflexions authentiques du Général entendues de leurs propres oreilles, nos personnages provoquaient une grande émotion et ébranlaient bien des convictions.

Cherchant par tous les moyens à connaître l'état de l'opinion, ce qui est d'une grande difficulté lorsque l'on se trouve au sommet, le Général montait parfois de cruels guet-apens. C'est ainsi que, recevant un haut responsable, il s'arrangeait souvent pour le prendre à contre-pied. Imaginons qu'il s'agisse du président d'une importante fédération professionnelle. Le monsieur, informé de l'audience environ une semaine auparavant, se fait rassembler une importante documentation, convoque ses comités et groupes d'étude, écrit ce qu'il veut dire, se bourre les poches de statistiques, bref, prépare soigneusement son entretien. Il arrive quelques minutes avant l'heure, comme un candidat à un concours, féru de connaissances sur sa spécialité. Le voilà introduit. Le Général le prie fort courtoisement de s'asseoir, attend un instant, et lui demande tout de go : « Que pensez-vous de l'affaire de l'Algérie ? » ou « Quel est votre point de vue sur l'élection du président de la République au suffrage universel ? » Notre homme, pris à l'improviste, oublie tout et, contraint de s'exprimer, dit finalement ce qu'il pense. Le but est atteint.

Le Général se méfiait des spécialistes dans leur spécialité. Peut-être un mauvais souvenir des réactions des grands chefs militaires devant ses théories peu orthodoxes ?

Les collaborateurs intervenaient dans l'établissement de la liste des personnes reçues, suggérant de ne pas recevoir M. X. dont la demande d'audience n'était motivée que par une préoccupation personnelle ; proposant que M. Y., dont le rôle était important, puisse avoir un contact direct avec le chef de l'Etat. Mais les deux demi-journées par semaine réservées à la réception des visiteurs n'appartenant pas au gouvernement ne permettaient pas de donner cette chance à beaucoup de monde.

De 3 heures à 5 h 30 ou 6 heures, il n'y avait place que pour cinq ou six personnes. Les audiences duraient en moyenne trente minutes. Le Général estimait que ce temps était suffisant pour l'exposé d'une question, une discussion et une conclusion. Il respectait d'ailleurs son emploi du temps et rares, très rares furent les visiteurs qui attendirent dans le salon où se tenaient les aides de camp. A la demie et à l'heure, ces derniers entendaient la première porte s'ouvrir et s'empressaient de tirer à eux la seconde.

Lorsque nous rencontrions une personnalité dont la conviction et la pensée nous paraissaient intéressantes, nous pensions aussi à la faire inscrire pour l'un des déjeuners restreints tenus dans la salle à manger de l'appartement. Il s'en organisait un, parfois deux par semaine. René Brouillet raconte que le Général, lui parlant de l'organisation de ces repas en petit comité, lui aurait dit à propos des éventuels convives : « Plus que les grâces, moins que les muses. » L'invitation au déjeuner flattait davantage, mais les possibilités d'entretien avec le Général étaient, en réalité, moindres. Il y avait huit à dix convives, et Mme de Gaulle et le Général se consacraient aux uns comme aux autres. Le bon moment arrivait avec le café et le cigare. Le Général prenait alors un de ses hôtes par le coude et l'emmenait dans un coin :

— Alors, que pense-t-on de ceci ou de cela ?

L'invité, tasse de café d'une main et cigare de l'autre, ne disposait que de cinq petites minutes pour dire quelque chose d'intéressant qui n'ait pas déjà été lancé autour de la table lors de la conversation générale.

Pendant le repas, tous les sujets se voyaient abordés : la télévision, le sport, les voyages, et même la poésie.

C'est ainsi qu'un jour, alors qu'on parlait poètes, l'un des présents, un diplomate, s'efforçant de briller, citait tel sonnet ou tel quatrain.

— Je vois, fit le Général préparant son coup, que vous connaissez bien ce dont vous parlez.

— Oh, mon Général, répliqua l'autre rougissant de plaisir, j'aime la poésie et je crois bien la connaître.

— Eh bien, dit le Général, je vais vous dire quelques vers et nous chercherons ensemble leur auteur.

Le malheureux diplomate sentit, mais un peu tard, le piège se refermer sur lui.

Et le Général de lancer quelques vers que je ne me consolerai jamais de ne pas avoir notés.

— Ah, attendez mon Général, voyons, il me semble que c'est de... Ah, c'est trop bête, je connais le passage, c'est un auteur du début du siècle, il a écrit une série de petites pièces fort charmantes... Oui, oui... Maintenant je suis sûr, le nom m'échappe...

Le Général le laissa s'enferrer puis, le sourire aux lèvres, il déclara :

— Farceur, c'est moi qui ai écrit ces vers.

La table rit franchement, à l'exception du malheureux imprudent qui éprouva la sensation d'un saut en parachute sans parachute.

Les entretiens restant rigoureusement à l'intérieur des trente minutes prévues, le visiteur sortant ou celui qui attendait s'étonnaient parfois de cette régularité. Elle tenait à un petit subterfuge.

Le plateau du bureau du Général n'était guère chargé. Un ou deux dossiers, un livre, une lampe et, dans un coin, un classeur à papiers qui présentait son dos aux visiteurs. Dans ce classeur avait été insérée, à la demande des aides de camp, une petite pendule. De son fauteuil et sans que cela se remarque, le Général surveillait les aiguilles et, le moment venu, mettait aimablement fin à la conversation par un : « Eh bien, je vous remercie et je vous rends votre liberté. »

De même, les aides de camp avaient fait procéder à l'installation d'un système de voyant lumineux qui leur indiquait l'entrée du Général dans son bureau et sa sortie.

Quand il s'installa provisoirement à l'Elysée, M. Poher laissa courir le bruit qu'une installation secrète d'enregistrement des conversations du Général avait été découverte.

En vérité, si M. Auriol fit enregistrer ses entretiens avec ses visiteurs, le Général n'y procéda jamais.

Le seul système mis en place, dans un meuble du bureau des aides de camp, permettait de conserver sur bandes magnétiques les éventuels échanges téléphoniques du Général avec ses correspondants étrangers, chefs d'Etat ou chefs de gouvernement. La nécessité de garder une trace de telles communications est évidente. Il n'y eut aucun autre dispositif.

A l'occasion des réceptions, beaucoup de candidats à une audience s'entretenaient avec le Général et ce dernier ne pouvait pas dire non à une phrase du genre :

— Mon Général, il serait très souhaitable que vous veuillez bien me recevoir quelques minutes seulement, ce que j'ai à dire ne saurait l'être dans cette circonstance très brillante...

— Mais bien sûr, M. le Conseiller, ou M. le Député, ou M. l'Ambassadeur, je vous verrai très volontiers. Demandez à mon cabinet de vous fixer une date.

Dès le lendemain matin nous recevions un coup de téléphone et portions le nom de l'Excellence en question sur une liste des « en attente ».

— Untel, nous rétorquait le Général, certainement pas, je n'ai pas de temps à perdre. Qui d'autre ?

Ce cas s'est produit cent fois.

Trois jours plus tard, l'Excellence ou le parlementaire rappelait.

— Bien sûr, le Général vous recevra, mais toutes les prochaines audiences sont déjà arrêtées... Oui, oui, je vous rappellerai, bien sûr.

Nous rappelions par courtoisie si l'intéressé ne nous téléphonait pas toutes les quarante-huit heures, sans que notre réponse varie.

Le correspondant se laissait aller à la colère, nous comprenions mais, qu'y pouvions-nous ?

De telles situations accréditait la rumeur d'un entourage « chambrant » le Général, faisant barrage devant sa porte, éliminant les esprits libres et supérieurs.

Certes, de ce point de vue, notre image de marque n'était pas excellente, mais nous étions là pour recueillir la mauvaise humeur des éconduits.

Quoi qu'on dise, en onze années, de Gaulle eut à l'Elysée d'innombrables entretiens avec des personnalités variées, de tous les horizons. Et il y eut aussi les voyages. Ils méritent qu'on s'y attarde un peu.

J'ai rappelé plus haut suivant quel rythme se succédaient les voyages de MM. Fallières et Auriol. Préparés fort longtemps à l'avance, ces déplacements se déroulaient suivant une sage lenteur ponctuée d'interminables banquets. On progressait en chemin de fer et le tout s'ordonnait, dans un chef-lieu, autour d'un discours, dont le thème principal portait sur la valeur des institutions démocratiques et la vigilance à l'égard de tous ceux qui complotaient dans l'ombre en vue d'y porter atteinte.

— Je veux rencontrer le fermier et le chef d'entreprise locale. Je me déplacerai en voiture. Je passerai par les préfectures et les sous-préfectures et je m'arrêterai dans les mairies des bourgs et villages traversés. Quatre ou cinq départements en trois ou quatre jours, nous avait indiqué le Général.

Tout restait donc à inventer.

La première région visée fut le sud-ouest de Perpignan à Pau. Il fallait aller voir sur place. L'équipe se constitue. J'avais avec moi un représentant du ministre de l'Intérieur, M. Pelletier — le propre frère du ministre — ; le directeur général de la Sûreté nationale Jean Verdier ; le directeur des voyages officiels Albayez ; et Jean-Marie Pelou, chef-adjoint au service de presse de l'Elysée.

Ce petit groupe va élaborer et mettre au point un style nouveau de voyage présidentiel.

Le choix des itinéraires, en fonction de l'importance comparée des étapes, de l'état des routes, des lieux où le Général s'adresserait à la population, des grands travaux nationaux ou des entreprises qui seraient visitées, des personnalités conviées au repas ou avec lesquelles s'entretiendrait le chef de l'Etat, ce choix présentait quelques difficultés.

Nous n'étions d'ailleurs pas tout à fait les maîtres de nos options, puisque nous rencontrions les maires et recevions parfois l'assistance intéressée d'une ou deux personnalités du cru connaissant naturellement le département mieux que personne et s'efforçant de nous dicter nos décisions.

Vis-à-vis des hommes politiques locaux, tout chargés de comptes à régler, notre réserve était grande. Ils s'agitaient et mettaient sans cesse en avant l'opinion du peuple qu'ils représentaient. Ainsi conseillés par le peuple, nous nous efforcions de tout concilier.

Ajoutons aux problèmes locaux ceux que posaient les communications et la sécurité. Le pays étant engagé dans la guerre d'Algérie, le chef de l'Etat devait pouvoir être joint à tout moment. Quant à la sécurité, comment l'assurer alors qu'il suffit, au milieu de cent mille personnes, d'un individu décidé pour commettre le pire ?

Verdier étudiait soigneusement, avec les préfets, la situation locale. Cette étude allait de l'analyse des mouvements politiques passés et présents, aux activités de certains individus susceptibles de nourrir de mauvais desseins : anciens collaborateurs, membres des comités de soutien au F.L.N., extrémistes de tous bords et excités de toute nature. En somme, beaucoup de gens.

De surcroît, les limites des départements ne constituant pas des frontières, la position des suspects changeait chaque jour, et au dernier moment, par les routes de campagne, toutes les mises en place étaient possibles.

Nous travaillions sur la sécurité préventive, mais aussi sur la survie en cas d'accident ou de drame. Personne n'avait oublié les conséquences mortelles de la panique qui suivit l'attentat contre le roi Alexandre à Marseille.

Les dispositions prises prévoyaient la présence, dans une voiture très proche de celle du Général, d'un médecin le connaissant et disposant d'une réserve de sang du groupe voulu ; un hélicoptère au-dessus du convoi et en liaison radio avec lui, une chambre pourvue du nécessaire pour une réanimation avec les équipes chirurgicales compétentes, et cela dans un rayon de quinze à vingt minutes de vol, complétaient le système. Ce n'était pas simple, surtout dans les régions montagneuses où les zones d'atterrissage des hélicoptères à proximité des routes se trouvent difficilement.

De plus, le groupe sanguin du Général était assez rare et c'est pourquoi le médecin me portait grand intérêt, le hasard faisant de moi une bonne réserve mobile qu'il souhaitait avoir toujours sous la main.

La présence des journalistes n'était pas la question la moins épineuse à résoudre.

Naturellement, il était de notre devoir de leur faciliter la tâche, mais dans la limite des convenances, c'est-à-dire sans que leur présence perturbe les manifestations appelées par définition à revêtir un caractère quelque peu solennel. Nous souhaitions les placer le mieux possible, sans oublier que le voyage n'avait pas lieu pour leur seule satisfaction. Quant au Général, l'irruption dans une préfecture ou une mairie d'une bande de jeunes gens agités, brandissant micros et caméras, s'interpellant et bousculant les potiches, ne lui semblait pas indispensable.

Parfaitement conscients de la nécessité de donner à ces déplacements le plus grand écho, nous étions donc, une fois de plus, pris entre deux exigences.

Je me souviens d'un méchant incident, lors de la visite du Général à l'île de Sein, le 7 septembre 1960.

Déjà, au cours du voyage de reconnaissance précédant ce déplacement, le programme pratiquement arrêté, nous nous heurtons soudain à une opposition formelle de la mairesse de Sein sur la date de la visite du chef de l'Etat dans son fief, au cours de laquelle est prévue l'inauguration d'un beau mémorial à la mémoire des hommes de Sein qui, dans leur totalité, ont rallié la France Libre. Nous expliquons à Mme la mairesse qu'il nous est très difficile de modifier le déroulement prévu ; elle comprend tout ce que nous lui expliquons mais refuse obstinément de recevoir le Général ce jour-là. Cette dame est très courtoise et porte une grande admiration au Général ; que se passe-t-il donc ? Son attitude est incompréhensible. Nous sommes fort ennuyés car ce voyage, qui s'effectue en partie à bord du porte-avions *Clemenceau* est particulièrement difficile à mettre au point. Nous convenons avec le préfet qu'à la faveur d'un vin d'honneur offert par la mairie, il s'efforcera de confesser notre très sympathique interlocutrice.

Alors que nous finissons notre coupe de mousseux tiède, il me rejoint en souriant.

— Voilà, me dit-il. Pour cette occasion notre hôtesse s'est fait confectionner un nouveau dentier et celui-ci ne sera pas prêt pour la date que nous lui proposons !

Joint aussitôt par téléphone, le dentiste, conscient de l'importance nationale de son rôle, secoua tous ses prothésistes et nous assura que l'appareil serait livré en temps utile.

Après cette première péripétie, la visite elle-même comporta donc un incident avec les journalistes. Il était prévu que, le jour de ce voyage, ils effectueraient le passage Brest-île de Sein comme nous, à bord du *Clemenceau*, et que des hélicoptères, par rotation, les déposeraient sur place avant l'arrivée des autorités.

Nous prenions un risque, car le Général ne souhaitait pas que les journalistes apparaissent comme faisant partie du cortège officiel. Nous avions donc décidé de les faire embarquer discrètement après nous et de les faire débarquer avant.

Le Général monte à bord et l'amiral le conduit à son bureau. Nous sommes tous debout lorsque le haut-parleur de communication générale du bord déclare, à haute et intelligible voix :

— Messieurs les journalistes, l'amiral vous souhaite la bienvenue à bord du *Clemenceau* et vous invite à rejoindre le mess des officiers où un buffet a été dressé à votre intention. Le décollage des hélicoptères de presse est prévu pour...

Le Général se retourne d'un bloc et m'appelle.

— Qu'est-ce que c'est que cette plaisanterie ? Les bâtiments de la Marine nationale ne sont pas faits pour transporter ces messieurs. Je vous ai dit et répété, etc.

Le vide se fait autour de nous. Le savon est d'importance. Je tente d'expliquer qu'il n'y avait pas d'autre solution pour que les représentants de la presse fussent à la fois présents à Brest et à Sein ; mais cet argument n'est pas pris en considération et je subis une algarade de première classe en présence de nombreuses étoiles et d'innombrables feuilles de chêne.

Onze années plus tard, effectuant une période militaire à bord du *Clemenceau,* je reçus, dans ces mêmes salons, de l'amiral Sanguinetti, un accueil qui effaça la mauvaise impression que j'avais gardée des porte-avions et de leur très efficace système de communication intérieure.

L'évocation des voyages appelle irrésistiblement le souvenir des petits matins de départ et des soirées de retour.

De Gaulle n'était jamais en retard. Il sortait de ses appartements à l'heure exacte figurant sur le programme. Ce programme se présentait sous la forme d'un opuscule de petit format destiné à la poche de tous les participants, ministres, préfets, généraux, etc.

Nous attendions dans le hall de l'Elysée et Mme de Gaulle et le Général nous serraient la main. Puis, après avoir considéré tous ceux qui l'entouraient :

— Eh bien, allons-y.

Ces déplacements représentaient une terrible épreuve physique et intellectuelle. Le chef de l'Etat ne jouissait pas d'un instant de répit. De bonne heure sur la route, dès les premiers hameaux traversés, il se voyait arrêté par les municipalités au complet, maire et drapeau en tête. Là, il absorbait sa première allocution de bienvenue et prononçait sa première réponse. Ensuite, la scène se reproduisait douze ou vingt fois avant l'arrivée dans une grande agglomération. De plus, des délégations des communes voisines de la route se déplaçaient et venaient occuper le milieu de la chaussée. D'où s'ensuivaient des arrêts non prévus, impossibles à éviter mais qui bouleversaient l'horaire. Ce sont ces petites cérémonies inopinées qui sont responsables de certains des retards du Général.

Le Général a ainsi, bien malgré lui, fait attendre M. Guy Mollet, maire de la bonne ville d'Arras. Je partis en avance pour excuser le retard et M. Mollet me raconta qu'il ne s'était jamais trouvé sur le balcon de l'Hôtel de Ville avec de Gaulle contrairement à ce que ce dernier avait déclaré. Je m'arrangeai alors pour rappeler le malentendu au Général et lui suggérai d'y faire allusion, ce qui se produisit au grand étonnement de notre hôte.

Le programme se poursuivait inexorablement. Dans les villes, discours d'une tribune sur la place publique ; au chef-lieu du département, nouveau discours ; puis réception des autorités religieuses, des parlementaires, des conseillers généraux, des maires, des corps constitués et des notabilités. Ensuite, déjeuner de trente couverts. Nouveau départ, nouveaux arrêts, nouveaux discours, nouvelle réception, dîner de trente couverts, ultime entretien avec les convives. Enfin, il est près de minuit, la journée est finie pour recommencer le lendemain.

Le Général, alors âgé de plus de soixante-dix ans, faisait preuve d'une incroyable résistance. Et j'oubliais les bains de foule. Cette pratique, cauchemar de nos amis de la sécurité, ne s'est pas établie dès le début. La volonté du Général qui sortait des parcours balisés nous amena à modifier les dispositifs en conséquence. Ces passages à travers le public présentaient quelque similitude avec un match de rugby et laissaient sur le corps des traces analogues. On en sortait meurtri, courbatu et les boutonnières déchirées.

En un mot, chaque soir nous étions sur les dents, fourbus, et le Général, qui portait le double de nos âges, paraissait indemne et disponible. Etait-ce le fait d'une vigueur sortant de l'ordinaire ou la conséquence de l'extraordinaire atmosphère d'affection et d'enthousiasme qui l'entourait ?

Ce devait être un peu des deux. Le Général possédait une très solide santé et, mis à part quelques rhumes et des incidents techniques, telles ses opérations de la cataracte et de la prostate, je ne l'ai jamais vu malade. Mais j'ai pu constater aussi l'extraordinaire ressource que lui donnait sa volonté de remplir pleinement son rôle et de répondre à l'attente qu'il faisait naître.

Il éprouvait certainement une immense satisfaction, un réconfort puissant, lorsqu'il sentait que se créait autour de lui l'unanimité nationale dont il rêvait si souvent.

L'impression que, pendant quelques heures, les querelles des Français disparaissaient devant le sentiment d'appartenir à une communauté unie, constituait certainement pour lui un extraordinaire adjuvant.

Sa présence agissait comme un catalyseur et effaçait les différences de classe, de formation, aplanissant les divergences, parce qu'il représentait la France. Face au pays affrontant ses problèmes, affrontant les autres, lorsque l'alternative est nettement posée, le Français écarte les vieilles chamailleries et choisit le pays.

Se reconnaissant en lui, nos concitoyens se sentaient grandis par sa présence. Imaginons la Loire, les falaises d'Etretat ou les Alpes s'adressant à leurs habitants. Là c'était, par la présence de De Gaulle, toute la France qui s'adressait à chaque Français.

Naturellement, lors de ces tournées, les incidents secondaires furent innombrables.

Un jour, nous inaugurons une nouvelle DS dont le toit en toile se retire électriquement vers l'arrière, de façon à permettre au Général de se lever et de saluer la foule. En effet, nous gardions les limousines décapotables pour les grandes villes qu'elles gagnaient par des itinéraires détournés. A l'entrée d'une agglomération, comme d'habitude, le convoi s'arrête et le préfet cède la place au maire. En arrivant dans le centre, Fontenil appuie sur un levier et le toit s'ouvre en se repliant sur lui-même.

Le Général, non prévenu, considère le dispositif d'un air curieux. Puis, s'adressant au maire :

— Vous avez une voiture très pratique, monsieur le maire, dit-il.

— Mais... mais... elle est à vous, mon Général, réplique le maire.

— Je vous en prie, monsieur le maire, il n'en est pas question, répond le Général, croyant à un cadeau démesuré.

A Saint-Denis, dans l'île de la Réunion, le 9 juillet 1959, il est prévu que le Général posera la première pierre d'un monument aux Français Libres de l'île. Il est 8 h 30 du matin, nous attendons sous la véranda que le Général et Mme de Gaulle sortent de leur appartement. Les voici, à l'heure dite. Les moteurs des voitures tournent déjà lorsqu'arrive, au pas de course, un ancien combattant, ses décorations brinquebalantes sur la poitrine.

— Monsieur le Préfet, monsieur le Préfet...

Il monte quelques marches et, entre deux hoquets, il annonce :

— Monsieur le Préfet, on a volé la première pierre !

Puis, s'il avait eu le sens de l'Histoire, il serait tombé raide mort.

— Volé la première pierre ?

— Oui, oui. Volée...

— C'est inqualifiable, déclare le préfet subitement inquiet pour son avenir.

Tous les regards se portent vers le Général qui, un léger sourire aux lèvres, questionne :

— Quelle affaire ! Mais sans doute est-il possible de trouver une seconde première pierre ?

Mais la meilleure histoire est certainement celle de Calais. Je ne peux résister à l'envie de la faire figurer ici bien qu'elle ait été excellemment racontée par M. Jacques Vendroux *.

A Calais, dont M. Vendroux, beau-frère du Général, est député-maire, plusieurs anciens du 33e régiment d'infanterie, auquel de Gaulle a appartenu de 1914 à 1916, se trouvent rassemblés.

L'un d'entre eux, fort âgé, assis sur une chaise, le menton sur sa canne, paraît indifférent à l'agitation qui l'entoure.

---

* *Ces grandes années que j'ai vécues*, Jacques Vendroux, Plon éditeur.

Coup de sifflet, commandements, sonneries, voici le cortège. Le Général passe devant les drapeaux des associations et quelqu'un attire son attention sur la présence des anciens de son régiment. Il s'approche, les salue et soudain reconnaît celui qui est assis sur la chaise.

— X ! Bonjour, comment vas-tu ? interroge le président de la République.

Le vieux se réveille, lève la tête.

— Ah, par exemple, fait-il. De Gaulle ! Ah, alors, quelle surprise, qu'est-ce que tu deviens ?

Si de Gaulle traversait les péripéties avec un égal détachement, il en était de même pour les intempéries. Alors qu'à Hassi-Messaoud nous étouffions, il ne paraissait pas ressentir l'écrasante température. Dans l'Est, en novembre, derrière lui nous claquions des dents tandis qu'il s'attardait à serrer des mains. En Afrique, il refusait aussi de porter des lunettes de soleil et, par déférence, nous nous soumettions à la même règle. Nos regards se brûlaient à la réverbération des sables chauffés à blanc du Sahara, et je pensais à ses pauvres yeux, déjà blessés, et auxquels il imposait ce feu éclatant.

Autre coquetterie, il ne portait presque jamais de pardessus. D'où le fait que nous n'en portions pas, d'où, dès l'automne, les grippes et bronchites dans l'entourage.

Nous ne lui vîmes un imperméable... qu'en Irlande. Trop tard pour nous permettre d'en porter.

Extraordinaire insensibilité au climat ou miracle de la volonté ? Aguerri, il l'était par ses séjours dans les tranchées, en Pologne, au Proche-Orient, en Allemagne, etc., ensuite au centre de l'Afrique.

Aguerri, mais aussi pris à son propre jeu. Puisqu'on l'avait toujours vu sans manteau, il se devait de demeurer fidèle à lui-même. Ainsi il montrait que la canicule ou le gel ne l'atteignaient pas. Un être au-dessus de ces contingences ! De fait, cette indifférence fut remarquée du nord au sud par les journalistes et ce qu'on en disait ne faisait que le renforcer dans son attitude.

Il éprouvait une grande répugnance à parler de sa santé. Si quelque rhume le tourmentait, il importait de n'en pas faire mention, de ne pas demander de nouvelles, de ne pas le remarquer. On l'a vu, il tenait à cacher les misères physiques dont il a pu souffrir et ses collaborateurs, mis à part un ou deux, apprirent son entrée à l'hôpital et son opération du 17 avril 1964 par les journaux.

Relevait également du souci de se distinguer des autres l'habitude qu'il prit de prononcer quelques mots dans la langue des pays visités. Artifice, diront certains. Oui et non. Si cela se révélait aussi simple, pourquoi donc tous les chefs d'Etat n'en feraient-ils pas autant ? Et j'en connais au moins un qui parlerait le javanais s'il pensait y parvenir sans faire rire. De Gaulle ne se contentait d'ailleurs pas de quelques phrases, il prononçait des discours entiers en allemand et en espagnol. Curieusement, il ne le fit jamais en anglais.

Les retours à l'Elysée, qui se produisaient le soir, le plus souvent après un rapide dîner pris dans un avion ou un autorail, étaient marqués par le soulagement de tous.

Le Général d'abord, qui laissait alors la fatigue envahir son visage, les organisateurs ensuite qui se trouvaient déchargés d'un grand poids dès lors que le périple se terminait bien, sans incident majeur.

Dans le vestibule de l'Elysée, nous nous quittions sur un sourire de connivence.

Les voyages couvrant le territoire national, de Gaulle les considérait comme un moyen de pratiquer une démocratie plus directe. Menant une politique osée et novatrice, il ressentait le besoin constant de l'appui du peuple. Vis-à-vis de ses opposants, vis-à-vis de l'extérieur, il estimait nécessaire de démontrer que le pays lui faisait confiance et le suivait. L'accueil qu'il recevait ici ou là représentait un instrument politique pour faire progresser les solutions qu'il trouvait les meilleures et renforcer l'unité nationale. C'est pourquoi il tint à visiter la quasi-totalité des départements et des pays liés alors à la France ; c'est pourquoi il se rendit aux Comores comme à Saint-Pierre et Miquelon, et ceci bien que certains lieux, comme Saint-Pierre, fussent particulièrement difficiles à atteindre en l'absence de terrain d'aviation suffisant.

Même objectif politique des visites à l'étranger. Par le cérémonial particulier dont il bénéficiait, par le concours de foule et l'enthousiasme dont il était entouré, par la qualité de ses interventions et les effets de son passage sur la politique locale, il affirmait le rôle de la France dans le monde.

L'Europe, le Proche-Orient, l'Extrême-Orient, la Russie, les Amériques, centrale, du Nord et du Sud, l'Afrique, le virent acclamé par des foules et répondant à d'innombrables allocutions par des paroles toujours dépourvues de banalité. Je ne sais si chacun comprend quel effort physique et intellectuel représentait une tournée comme celle effectuée en Amérique du Sud durant l'automne 1964. Le Général a soixante-quatorze ans et, en vingt-huit jours, il est reçu par dix pays différents et prononce une centaine de toasts et de discours en français et en espagnol. Extraordinaire performance qu'aucun chef d'Etat n'a jamais réalisée. Apparaître sur les écrans de télévision du monde entier, jour après jour, pour s'adresser sans note au Parlement d'un Etat, puis d'un autre ; parler dans leur langue natale, aux foules immenses assemblées, de la démocratie et de la liberté, c'était pour le président de la République servir la France de la façon la plus élevée qui puisse être.

Mais la préparation de ces visites d'Etat présentait une grande complexité. Avec chaque pays, la cadence et le style différaient. Ce qui réussirait à Athènes déplairait à Londres ou à Mexico. Trouver la démarche qui toucherait l'opinion malgré le service du protocole et des ambassadeurs fort enclins à ne pas s'éloigner des traditions n'était pas toujours aisé.

A Washington, c'est nous qui proposâmes la visite à Harlington ; mais à Londres, c'est la reine qui eut la délicate attention de nous suggérer une revue de sa garde personnelle. Les Romains, eux, furent réticents sur tout alors que les Iraniens se révèleront très ouverts à condition que l'on passe par Persépolis. Ainsi les missionnaires des voyages préparatoires rencontraient-ils des facilités ou des obstacles.

Des situations insolites également. Avec Ludovic Chancel, chef du protocole, nous débarquons à la Nouvelle-Orléans sans savoir que c'était jour de carnaval. Dans l'ascenseur de l'hôtel, nous croisons Mephisto et Cléopâtre puis le consul général nous emmène dîner dans un excellent restaurant du vieux quartier. A la table voisine, un couple et ses amis prennent place. L'homme, énorme et rubicond, est déguisé en... danseuse hawaïenne. Il est maquillé comme une vieille cocotte et nous regardons avec déception deux grosses jambes poilues dépasser de la jupe de raphia. Une plaisante jeune femme qui l'accompagne a revêtu la tenue des aviatrices de 1925 : veste de chevreau, foulard et casque souple en cuir avec lunettes de vol. A la fin de notre repas, cette charmante personne s'approche de nous et en excellent français nous invite à sabler le champagne avec ses amis et son mari : la danseuse poilue. Nous hésitons. La danseuse se lève alors et se présente : amiral X, commandant la base de la US Navy à la Nouvelle-Orléans ! ! !

Nous imaginons le préfet maritime de Brest, le jour du mardi gras, dînant dans un restaurant du port en pareille tenue.

A l'occasion de ce voyage préparatoire, nous pûmes constater le particularisme de chaque Etat qui possède ses propres lois, le peu d'efficacité des instances fédérales et l'influence constante — même dans la gestion municipale — du politique sur l'administratif. Nous n'étions pas rassurés quant au déroulement du déplacement officiel qui ne souffrit toutefois d'aucun incident.

La réception en France des chefs d'Etat nous permettait de considérer les problèmes du point de vue de celui qui accueille. Mais en France, nous disposions de tous les services spécialisés et nos tâches étaient moins lourdes. Nous avions alors à traiter avec les missions étrangères qui nous étaient envoyées et dont nous connaissions par avance les soucis.

Contrairement à ce que l'on aurait pu imaginer, les Américains se révélèrent plus soupçonneux que les Russes. Les moyens déployés par les gens de la Maison-Blanche étaient considérables, jusques et y compris le Boeing transportant la voiture blindée du président. J'eus toutefois la satisfaction de leur donner une petite leçon. Chez eux n'existait pas la mise en place d'un système d'intervention sanitaire pour le cas d'un accident. Ils furent consternés quand je leur demandai le groupe sanguin de leur président afin de prévoir le nécessaire à l'hôpital américain où une unité de réanimation serait réservée. Malgré leur armada de quadriréacteurs, ils n'avaient pas pensé à cela.

Lors de la visite des « boys » du C.I.A., je fus intrigué par un insigne que chacun portait à la boutonnière. A ma question, il fut répondu : c'est l'insigne des services secrets ! ! !

Mais, pour la première visite d'Eisenhower en 1959, nous eûmes un « pépin ». Ce n'est pas que la capote électrique de la voiture d'apparat ait refusé énergiquement de s'ouvrir à l'entrée de Paris, cela n'arriva qu'au deuxième voyage ; non, c'est une histoire de photographie.

Désirant être tranquille avec son hôte, le Général avait décidé de recevoir le président des Etats-Unis à Rambouillet. Nous avions, avec les Monuments historiques et le Mobilier national, consacré nos efforts à la remise en état du château et surtout à la modernisation de ses installations pour qu'il puisse servir à des réceptions de chefs d'Etat, de leurs ministres, ou à des conférences internationales.

Le président Eisenhower, logé dans la grande chambre dite de François Ier, disposait d'un vaste salon mis au goût du jour, de façon d'ailleurs discutable, par Mme Auriol.

Le séjour se déroule sans accroc et, le 3 septembre, arrive l'heure du déjeuner qui doit précéder le départ d'Eisenhower, en hélicoptère, pour Orly. C'est alors qu'un fonctionnaire nous apporte la première édition d'un journal du soir. Sur la première page figure, en grand, une photographie du président des Etats-Unis, dans sa chambre, en maillot de corps !

Comment est-ce possible ? Que s'est-il passé ? Nous décidons de cacher l'événement jusqu'au départ de l'invité.

Brève cérémonie dans la grande allée du château, tout le

monde est souriant. Envol d'Eisenhower pour le paradis américain. Ensuite, nous commençons notre enquête.

Voici ce qui s'était produit. Invités à photographier l'arrivée du président, les journalistes s'étaient vus autorisés à entrer dans le parc. L'un d'entre eux réussit à y rester en se cachant dans les taillis. La nuit venue, grimpé au sommet d'un immense sapin, télé-objectif en main, il attend une occasion, il ne sait laquelle. Vers 23 heures, l'appartement de sa future victime s'allume. Il braque l'appareil. Ensuite, c'est la chambre qui s'éclaire, les rideaux ne sont pas fermés. Et, ô stupéfaction ! le journaliste voit, dans sa ligne de mire, le président Eisenhower se déshabiller. Ce journaliste est un homme pudique et il n'attend pas que le président se trouve dans le plus simple appareil pour opérer. Clic ! ça y est. Il tient un cliché unique. Maintenant, il cherche à sortir du parc, mais les issues sont gardées ; il lui est aussi impossible d'en sortir qu'à quelqu'un d'autre d'y entrer. Il lui reste donc à grelotter toute la nuit au pied de son arbre, ce qu'il fait, en méditant sur la grandeur mais sur les servitudes du métier de voyeur professionnel.

Le lendemain, il profite des premières activités pour s'éclipser et porte son « scoop » à son journal.

Naturellement, nous protestons auprès de la direction du quotidien, nous nous excusons platement auprès de l'ambassade des Etats-Unis, naturellement le service de sécurité est mis sur la sellette, le maître d'hôtel reçoit sa part de compliments pour n'avoir pas fermé les rideaux, et nous attendons la foudre. Naturellement, elle tombe, et c'est naturellement sur nous.

Mes responsabilités dans l'organisation des voyages, qui comportaient comme on le voit certains risques, offraient en revanche l'avantage de me mettre en rapports prolongés avec les chefs d'Etat que le Général allait voir ou recevait.

C'est ainsi qu'un matin je retrouvai Eisenhower dans les cuisines de Rambouillet baragouinant avec les cuisinières et que nous fîmes ensuite une promenade dans le parc. Par la suite, il me reçut longuement à la Maison-Blanche, m'entretenant de l'équilibre européen.

Mes contacts les plus surprenants furent ceux qui s'établirent avec M. Khrouchtchev. Je le trouvai fascinant, sans doute s'en aperçut-il. Quoi qu'il en soit, il répondit à l'intérêt que je lui portais et m'invita en URSS.

Le Général, consulté, me demanda fermement de ne pas donner suite. C'était fort sage. L'un des collaborateurs de Kennedy, Pierre Salinger, invité dans les mêmes conditions, se trouva soudain, lors d'une partie de campagne, placé en face de tout le gouvernement soviétique qui l'interrogea très aimablement mais très longuement. Il eut, raconte-t-il, beaucoup de difficultés à se sortir de cette épreuve sans provoquer une crise diplomatique.

Les réceptions de chefs d'Etat étrangers comportaient toute une gradation dans les égards. D'un mot ou deux, le Général nous fixait le niveau auquel devait se situer l'ensemble. Au début, le Petit Trianon n'était pas encore en état et les hôtes de la France se voyaient logés, assez mal d'ailleurs, au ministère des Affaires étrangères. Au programme figurait l'Opéra ou, au niveau au-dessus, la Galerie des glaces pour le dîner et le merveilleux Théâtre gris-bleu du château pour les spectacles. Le choix de Versailles permettait chaque fois de financer une tranche supplémentaire de l'installation des fameuses bougies électriques à tremblement, ces bougies qui imitaient les vivantes vibrations de la flamme. Les femmes des hautes personnalités conviées à ces soirées en paraissaient plus belles, ce qui faisait plaisir à tout le monde.

Pour le roi des Belges, il y eut innovation : dîner et réception au Louvre. Ce fut original mais extrêmement compliqué en raison des mesures de sécurité à prendre, non pas pour les hôtes de passage, mais pour les pensionnaires, c'est-à-dire pour les œuvres d'art. La qualité des invités ne paraissant pas une garantie suffisante au conservateur en chef. Comme il avait raison !

Mais la soirée débuta mal car le couple royal arriva avec près de trente minutes de retard.

Le Général et Mme de Gaulle, bien entendu, sont ponctuels et, dans la grande galerie, nous attendons autour d'eux. Les minutes passent. Le protocole envoie quelqu'un aux nouvelles. Le roi et la reine n'ont pas encore quitté leur appartement. Entre le Quai d'Orsay et le Louvre, la circulation est arrêtée pour permettre le passage du cortège. Rien ne bouge. Le Général fait les cent pas pendant que Mme de Gaulle s'entretient avec quelques dames. Les invités contemplent, peut-être pour la première fois, les chefs-d'œuvre de l'art égyptien. Le protocole annonce que la porte de l'appartement royal ne s'est toujours pas ouverte.

— Ils sont jeunes, remarque le Général. (C'est plus une condamnation qu'une excuse.)

A travers les murs parvient jusqu'à nous le concert des avertisseurs des voitures bloquées.

Enfin, on annonce que le couple est dans l'ascenseur du Quai d'Orsay. Quelques minutes après, ils arrivent. Nous n'entendons aucune excuse. Que s'est-il passé ?

La reine comptait pour la soirée sur une nouvelle robe devant arriver dans l'après-midi par avion militaire de Bruxelles. Or, la robe, partie en retard de Bruxelles, arriva en retard à Villacoublay, fut prise dans les encombrements... Les convenances ne pèsent pas lourd devant la coquetterie d'une reine.

Dès le début, nous avions cherché à donner aux réceptions un caractère nouveau. Des gardes à cheval furent placés à droite et à gauche des porches ; l'entrée par les Champs-Elysées fut ouverte pour l'arrivée de certains visiteurs et leur salut au drapeau ; les soirs de printemps, les trompettes de la Garde donnaient une aubade au fond du parc ; on utilisa la petite scène de la Salle des Fêtes. Ce n'étaient que des détails, mais, de l'avis de tous, ils donnèrent aux soirées traditionnelles un caractère un peu différent.

Les entrées par la grille de l'avenue Gabriel — la grille du Coq — nécessitèrent même le déplacement d'une fontaine dans les jardins des Champs-Elysées, et l'aménagement d'une chaussée. A l'époque, rien n'était impossible et ce que nous suggérions timidement se voyait aussitôt réalisé. En temps normal, combien d'obstacles insurmontables ne se lèverait-il pas pour déplacer un simple bassin !

En ces premières années du septennat, l'Algérie nous concernait tous et, avec Bernard Tricot — précis, sûr et clairvoyant — je m'efforçai d'établir des contacts avec certains milieux évolués, tant européens que musulmans.

L'Association nationale installée en Algérie constituait, pour ce faire, un réseau utilisable ; cependant, entre les pieds-noirs conservateurs et ceux qui acceptaient le dialogue, entre les extrémistes musulmans et ceux qui souhaitaient à la fois l'indépendance et une coopération avec la France, la voie se révélait si étroite qu'y maintenir nos responsables sans qu'ils basculent d'un côté ou de l'autre fut extrêmement difficultueux. Je conçus alors et conserve beaucoup de considération pour l'intelligence et la perspicacité de Tricot.

Avec Paul Delouvrier, délégué général du gouvernement à Alger, nous cherchions à entraîner les uns et les autres vers une coopération sincère sans vraiment y parvenir. Il me semblait indispensable que l'Association, qui apparaissait liée à de Gaulle, ne s'engageât pas dans une action s'écartant, fût-ce imperceptiblement, de la politique menée à petits coups par le Général. Delouvrier souhaitait un engagement plus net et, à ce propos, nous eûmes quelques discussions.

Pour maintenir l'organisation dans cette ligne, je connus aussi de sérieuses difficultés avec certains des représentants de l'Association nationale en Algérie. L'énorme tension que les délégués subissaient sur place les incitait à s'engager plus vite et plus loin qu'il ne paraissait souhaitable. D'où des heurts et des conflits. Il a été affirmé depuis que l'Association portait la responsabilité de l'organisation du contre-terrorisme, qu'elle fut à l'origine de l'arrivée à Alger des volontaires que la presse a baptisés « barbouzes », c'est absolument faux. Au contraire, nous nous sommes employés avec énergie à dissuader toutes les initiatives dans cette direction. Dans son livre *Histoire des Barbouzes* *, Lucien Bitterlin rappelle l'opposition de l'Association nationale à toute entreprise menant à l'action directe. En revanche, certains responsables reçurent de la délégation générale des appuis et des moyens qui leur permirent de se soustraire totalement à notre autorité. Aussitôt avisés, nous nous empressions de leur retirer titres et responsabilités.

En septembre 1961, notre représentant à Oran, Gaston Pernot, gravement blessé par une foule déchaînée, hospitalisé, échappa miraculeusement à l'explosion d'une grenade lancée par la fenêtre de sa chambre laissée volontairement ouverte et sa vie ne fut sauvée que parce que je parvins, dans la nuit, à le faire rapatrier par avion.

Mais l'affaire algérienne, ce fut aussi l'épisode de la tentative des généraux, en avril 1961.

Le 31 mars, les représentants du gouvernement provisoire algérien décidèrent de ne pas se rendre à Evian. Cet événement incita sans doute les extrémistes à l'intervention directe. Les trois premières semaines du mois d'avril furent donc mouvementées. Les attentats se succédaient. Nous sentions que la pression augmentait sans trouver les moyens de la faire baisser. De Gaulle poursuivait obstinément sa lente marche en avant, décidé à franchir tous les obstacles que les nostalgiques placeraient sur sa route.

Le samedi 22 avril, je suis dans une maison du Var, perdue dans les pins et les châtaigniers. J'ai saisi l'occasion de la présence à Paris du président Senghor pour profiter du printemps en Provence. En prenant mon petit déjeuner au soleil naissant, j'apprends par la radio qu'un groupe de généraux tente à Alger de s'emparer du pouvoir. Une demi-heure plus tard, je suis parti. Il n'y a pas encore d'autoroute et les neuf cents kilomètres me paraissent longs. Ils se déroulent péniblement, ponctués par les nombreuses émissions d'information. Aix-en-Provence, Montélimar... L'affaire paraît sérieuse.

A Lyon, j'apprends que la présence au Forum de Salan est

---

* Edition du Palais Royal, 1972.

imminente. On parle d'un grand enthousiasme populaire, d'une participation musulmane... Difficile de se former une opinion.

J'arrive au début de la soirée. Paris est calme malgré les gros titres des journaux. Le ministre Joxe et le général Ollier sont partis dès le matin sur place pour conforter les énergies. A l'Elysée, tout le monde est là. Le Général regagne son bureau après le dîner. Foccart m'annonce qu'il y a le lendemain dimanche une réunion à 8 h 30 chez Michel Debré.

Le lendemain, nous nous retrouvons donc autour du Premier ministre. Pendant trois jours, nous nous réunirons matin et soir.

Nous pensons que le Général doit s'adresser aux Français pour stigmatiser la tentative. Il le fera et j'organise avec Jean Chauveau l'enregistrement. Il aura lieu, non dans la Salle des Fêtes faute de décor, mais dans le salon de musique. Le Général arrive en uniforme. Derrière les caméras, nous l'écoutons. Il parle. Soudain, il se redresse et serre les poings :

« Au nom de la France, j'ordonne.... j'interdis... »

Nous ressentons presque physiquement la force de sa volonté. Nous savons que, ce soir, les auteurs du coup de force, tous les officiers d'Algérie, les soldats vont recevoir en plein visage cet ordre. Que se passera-t-il ? Sentiront-ils ce que la tentative de s'opposer à l'évolution comporte d'illusion ?

Personnellement, j'éprouve une grande tristesse devant le choc de deux espérances, toutes deux respectables. Je comprends ce que pensent les autres, peut-être même, à leur place... Mais je sais aussi que l'homme qui lutte sous nos yeux, qui tire de lui-même toutes ses ressources pour maintenir le vaisseau sur son cap, qui veut l'arracher au naufrage, je sais qu'il a raison.

De retour chez Debré, les nouvelles ne sont pas bonnes ; il paraît que dans le Constantinois, le général Gouraud hésite. On peut craindre une action des généraux sur Paris. Il est exclu d'opposer des soldats à d'autres soldats, je sens qu'il faudrait utiliser la force dont nous disposons, c'est-à-dire l'appui de l'opinion publique qui se révèle partout en France opposée à la folie d'Alger. La masse des Français approuve la politique d'autodétermination, le référendum de janvier l'a clairement montré, c'est sur elle qu'il faut s'appuyer pour ramener les égarés dans la voie adoptée par la majorité.

Comment procéder ? Les Français réprouvent totalement la déraisonnable entreprise d'Alger mais comment les associer à une action et quel genre d'action leur proposer ? Le temps presse. Des deux côtés de la Méditerranée, on sait que chaque heure, presque chaque quart d'heure, compte. L'annonce d'une opposition ou d'un ralliement peut modifier les données.

Il est par ailleurs nécessaire de prendre des initiatives pour soutenir les responsables qui, en Algérie, demeurent fidèles à la légalité. Devant un poste de télévision, nous écoutons de Gaulle. Diable d'homme qui tient l'unité de la France à bout de bras.

« Françaises et Français, aidez-moi ! »

Debré, Frey, Chaban, Foccart, nous nous regardons émus. J'insiste. Il est vital de s'appuyer sur les Français qui voudront répondre à cet appel. Et c'est tout de suite qu'il faut proposer quelque chose. Chaban pousse Debré à parler dans la soirée afin de mobiliser les individus en les appelant à intervenir.

Debré se rendra à l'Elysée pour solliciter l'avis du Général. Foccart m'emmène dîner chez lui. Isa, sa charmante femme, est toujours calme et résolue. Oui, les moyens doivent être donnés à l'opinion publique de se manifester.

Revenus à l'Elysée, nous retrouvons Debré, puis Chaban très convaincu de la nécessité d'un appel au peuple. Ils sont successivement reçus par le Général.

Ce dernier laisse Debré libre de s'adresser au pays.

Le Premier ministre se rend alors dans les studios de la R.T.F. et lance un premier appel, un peu avant minuit. Son allocution pathétique sera diffusée une seconde fois.

Son texte a obtenu un grand succès auprès des chansonniers, le « à pied, en voiture » a été beaucoup repris. La formule en soi n'était pas heureuse mais l'effet psychologique de son intervention fut atteint : soudain les Français se sentent individuellement concernés.

Nous nous installons pour passer la nuit à l'Elysée. Des lits de camp ont été montés dans le bureau de Foccart. Quand j'entre dans le mien, j'y découvre un sous-officier et deux hommes en tenue de combat. Ce sont les membres d'un commando de la marine qui viennent renforcer la garde. Ils ont établi un poste dans le fameux Salon d'Argent d'où une arme automatique balaie le parc.

Curieux contraste entre les rudes équipements des militaires et le délicat satin blanc des sièges.

Frey, secrétaire d'Etat à l'Intérieur, prend la place du ministre subitement indisposé et il accueillera les volontaires.

Malraux vient dans la cour du ministère de l'Intérieur où le « peuple » réveillé s'équipe de treillis et de casques. Malraux leur parle : « Vous êtes la République debout... »

Les armes, toutefois, restent prudemment cadenassées dans les caves.

De notre bureau-dortoir, nous établissons la liaison avec les services du contrôle aérien. Aucun mouvement suspect ne sera décelé. Mais les téléphones ne cesseront pas de sonner ; de hauts responsables ou des amis nous appellent pour demander nos consignes.

Deux communications nous indiquent que les partis et organisations de gauche pourraient être mobilisés à notre demande.

Le Général ne veut pas se trouver en situation d'être pris ou neutralisé par une opération que lanceraient les activistes. En effet, s'il ne disposait plus de la liberté de mouvement et de parole, les pires extrémités pourraient se produire. Aussi pensons-nous à organiser un déplacement et, cette nuit-là, deux voitures et deux chauffeurs attendent dans la cour. Nous avons rasoir et chemise dans nos serviettes. Un poste de commandement pour le chef de l'Etat n'étant pas encore prévu, je pense que nous serions allés nous installer dans une préfecture du Nord ou de l'Est, là où se trouvaient stationnées des forces capables de protéger la personne et l'action du président de la République.

Le Général, parfaitement calme, rentre très tard dans ses appartements. Nous ne dormons pas. Le jour vient. Le commando se retire. Nous nous rendons à Matignon pour la réunion.

Dans la journée du lundi, nous apprenons que l'intervention du Général a produit un effet considérable sur les appelés. Ceux-là n'ont guère de motif de choisir une autre direction que celle voulue par le pays. Les paroles de De Gaulle ont atteint chacun d'entre eux et les ont touchés. Le chef de l'Etat a pu les joindre individuellement grâce aux transistors. Victoire politique remportée à l'aide de moyens techniques. Mais nous ne savons pas encore que les généraux voient leurs troupes fondre entre leurs mains.

Nous resterons encore les deux nuits suivantes sur nos lits de camp et notre commando viendra reprendre sa place. Qui sait ce que le désespoir risque de provoquer ?

Le mardi, les réactions de l'opinion s'organisent. De partout le Général reçoit des messages de fidélité et d'encouragement. Dans toute la France, l'Association nationale, l'U.D.R., les démocrates réagissent ; le moment de la surprise est passé.

Le mercredi, la subversion abandonne. Challe et Zeller renoncent. Salan et Jouhaux disparaissent. Leur action, pendant l'année qui va suivre, portera grand préjudice à l'avenir des Français d'Algérie.

Il est aisé d'imaginer ce que de Gaulle ressentit devant cette révolte de certains chefs militaires. Entre l'armée et lui, qui avait choisi d'y consacrer sa vie, les rapports suscitaient décidément des problèmes. De Gaulle se trouvait toujours en avance et le corps militaire, lourd et lent, constamment en retard.

C'était ainsi avant la Seconde Guerre mondiale ; ce sera ainsi lorsque, vingt ans plus tard, de Gaulle choisira pour la France l'armement nucléaire.

Il y avait eu aussi la grande rupture de 1940, la « désobéissance » aux chefs qui choisissaient l'acceptation de la défaite, et cette rupture dépassa le domaine technique pour atteindre aux principes. Le corps militaire a besoin de discipline pour survivre ; les circonstances de la « patrie en danger » étant rares, l'enthousiasme du citoyen pour la défendre devient lui aussi une matière peu courante. Entre Valmy, la Marne et le soulèvement de 1944, il faut attendre et faire marcher au pas des millions de citoyens. Il ne reste alors que la discipline. Sans elle, plus d'armée ; quiconque y porte atteinte est un saboteur ; qui l'ignore, même s'il remporte la victoire, est un dangereux perturbateur qu'il convient de mettre hors d'état de nuire.

Ainsi fut considéré de Gaulle par des générations d'officiers. En 1950, la France Libre n'était présente ni au musée de Saint-Cyr ni au musée de l'Armée. Pourtant, de Gaulle a sans doute écrit sur l'état militaire les pages les plus belles ; il lui portait une grande considération. Il connaissait la qualité des sentiments de l'armée et estimait ceux qui y servaient, mais l'obstination de quelques chefs élevait un mur entre de Gaulle et ceux qui cherchaient, au fond, la même chose que lui.

Les officiers qui le visaient en 1940 à Dakar croyaient agir pour le bien de la France comme Bastien-Thiry qui voulait tuer l'homme de l'autodétermination de l'Algérie.

De cet affrontement renouvelé, de Gaulle souffrait. Ses « soldats perdus » le tourmentaient. Quel effort devait-il consentir pour rudoyer ces caractères dans lesquels il se reconnaissait peut-être ? Pénible tâche pour ce soldat que de sacrifier des semblables, terrible épreuve que de les voir se dresser contre sa personne.

Stigmatiser devant le pays des généraux qu'il savait désintéressés et entraînés par un sentiment dont il pouvait reconnaître les sources, devait lui paraître fratricide, alors qu'il trouvait pour compagnons de route des démagogues dont il n'ignorait pas la petitesse des desseins. Une phrase pudique dans ses *Mémoires d'espoir* nous montre combien profond fut ce déchirement *.

L'armée, on l'a vu, il voulut dès juin 1958 la tenir en dehors et au-dessus d'une évolution politique qui ne pouvait que l'éprouver. Il s'efforça de l'arracher aux opérations relevant du pouvoir civil, fit sortir les officiers des comités de salut public et leur fixa des objectifs militaires. Sur le terrain, il s'agissait de dominer l'adversaire, de remporter une victoire puis de laisser aux civils le soin d'assurer une évolution, de mettre au point des accords,

* Tome I, page 118.

de reconnaître l'indépendance de l'Algérie. Ce n'était pas à l'armée de supporter cette épreuve. Hélas, bien des militaires ne le comprirent pas, soit pour avoir pris goût à l'administration directe, soit pour s'être trop engagés.

On utilisa la « tournée des popotes », pour démontrer une duplicité du Général qui aurait eu deux visages : un pour les militaires, l'autre pour les civils. Voici ce qu'il en fut.

Les 5 et 6 mars 1960, le Général rend visite aux P.C. opérationnels du territoire algérien, c'est la « tournée des popotes ». Sous les tentes des colonels, il rencontre les chefs de bataillons, les commandants de compagnies, les chefs de sections et de groupes. Encore une fois, ces hommes se battent et engagent chaque jour leur vie. Encore une fois, que peut-il leur dire ? Comment leur confierait-il : vous vous battez à contre-courant de l'Histoire ; en d'autres mots : vous risquez de mourir pour rien ? D'ailleurs, il ne le pense pas. Certes, l'épreuve finira par une négociation et l'Algérie arrachera son indépendance, mais il importe que la France puisse négocier en position de force, c'est-à-dire victorieuse sur le terrain. N'est-ce pas l'issue de tout conflit ? Il leur confirme donc : « Pour la France, battez-vous et gagnez, c'est à nous qu'il incombe de faire le reste. »

Ceci est proclamé par les activistes de gauche comme un reniement qui entraîne de leur part des critiques ; celles-ci vont jusqu'à l'injure à l'égard de celui qui choisit justement la solution la plus démocratique.

Vient le jour où de Gaulle dit aux militaires : « Au nom de la France, merci, vous avez gagné, nous sommes maîtres du terrain, laissez agir maintenant les politiques. » Mais, au nom de l'honneur de l'armée, les militaires ne veulent pas de cette victoire, ils veulent gagner sur un terrain qui n'est pas le leur et où ils ont tout à perdre. Et c'est ainsi que quatre généraux d'armée se trouvent un jour en rébellion et que de Gaulle les ridiculise devant le monde entier.

Qu'est-ce d'autre que le discours de Pnom-Penh sinon la suggestion présentée aux Américains d'agir de la même façon ? L'arrêt des combats décidé par les Etats-Unis eux-mêmes ne pouvait nuire à la fierté ni aux intérêts de cette grande nation. Ensuite, les armes feraient place à la négociation puisque le résultat ne saurait être atteint autrement. Ce fut d'ailleurs ce qui se produisit.

VIII

LA DEMOCRATIE NOUVELLE

En raison du départ d'Olivier Guichard, et les bases du déroulement des voyages officiels étant solidement établies, à partir du début de 1961, je ne m'occupai, et cette fois au Secrétariat général, que des questions politiques et de l'information. J'eus donc à suivre de près et souvent à orchestrer la préparation des référendums et des consultations électorales.

Pour tout ce qui touchait à la politique, la règle de discrétion ne pouvait subir aucune dérogation. L'Elysée devait rester au-dessus des « opérations » courantes de la vie publique. Les politologues jugeront si, sur le fond, la barque a été bien menée, mais je crois avoir réussi à maintenir dans l'ombre et mon rôle et mes intentions.

Dès l'automne 1961, la grande question, en politique intérieure, devient la préparation des élections législatives bien que celles-ci ne doivent se produire que deux années plus tard.

Depuis novembre 1959, beaucoup d'événements, et notamment l'évolution de l'affaire algérienne, ont bousculé le corps électoral et l'on peut se demander si l'audience du Général dans le pays demeure la même. La majorité parlementaire dont il a disposé s'est révélée disparate ; dès lors le problème soulevé pour nous est celui de savoir s'il est préférable de laisser les formations de cette majorité se présenter en ordre dispersé ou, au contraire, de tenter un rassemblement.

Il devint vite évident que l'U.N.R. et l'U.D.T. (Groupement des gaullistes de gauche) mis à part, aucune formation, même favorable, ne souhaitait se fondre dans un ensemble.

Je ne le regrettais pas dans la mesure où les alliances de circonstance, nous le savions par expérience, ne survivent guère aux périodes électorales.

Mais, pour représenter la fidélité à l'action de De Gaulle, était-il souhaitable de proposer aux suffrages plusieurs candidats, les uns s'affirmant plus progressistes que les autres, ou, au contraire, la fusion des gaullistes de gauche avec l'U.N.R. était-elle préférable ? Devant les manœuvres des diverses formations, et notamment du M.R.P., qui défendaient tout à fait normalement leur existence, il parut nécessaire de ne présenter, dans les circonscriptions, qu'un candidat symbolisant l'appui à de Gaulle. Une entente de l'U.D.T. et de l'U.N.R. fut donc mon objectif de cet hiver 1961-1962.

Sur l'intérêt de cette entente, tous les dirigeants se trouvaient d'accord mais, malheureusement, là s'arrêtait la similitude de leurs vues.

Pompidou était devenu Premier ministre le 14 avril 1962. Nous avions nous-mêmes été surpris de le voir passer sans transition du privé au second poste de l'Etat.

Quelques semaines avant qu'il soit désigné par de Gaulle, nous déjeunons chez lui, quai de Béthune. Il nous apprend que le Général lui a fait comprendre qu'il se proposait de le rappeler aux affaires. Nous pensons qu'il est peut-être un peu difficile de passer de la banque Rothschild à Matignon. Certains suggèrent qu'il séjourne d'abord dans un ministère d'Etat avant de devenir Premier ministre, mais cette formule ne lui convient pas.

— On oubliera vite la banque Rothschild, affirme-t-il.

Il avait raison.

Nous nous demandons quelle sera la réaction de l'U.N.R. devant un départ de Debré et le choix d'un non-parlementaire qui n'est pas des leurs. Un grand effort sera nécessaire pour faire accepter ce nouveau venu à la politique. Pompidou, en effet, n'est pas aimé des élus et il est quasiment inconnu des militants.

Cet aspect des choses ne l'inquiète pas.

Nous abordons le cas des « gaullistes de gauche ».

— Mais c'est de la rigolade, plaisante Pompidou, ça n'existe pas vos gaullistes de gauche. Quelques doctrinaires qui discutent sans fin...

Toutefois, le jour venu, Pompidou reconnut, non sans efforts de notre part, la nécessité de tenir compte de leur existence.

J'entretenais de bons et étroits rapports avec les animateurs des deux mouvements que je connaissais depuis des années et commençai un long travail de persuasion. L'U.N.R., le plus puissant des deux et dont la cohésion sortait presque intacte de l'affaire algérienne, s'était vue traitée de conservatrice par nos amis « gaullistes de gauche » dont les convictions et l'ardeur constituaient un ferment auquel nous attachions beaucoup de prix. Le soutien moral et matériel de leur action m'avait d'ailleurs procuré, dans les années précédentes, de nombreux soucis.

Alors commencèrent à mon domicile, en fin d'après-midi, des réunions délicates et laborieuses dont Louis Vallon, Roger Dusseaulx, Jacques Baumel, Louis Terrenoire et Roger Sauphar n'ont certainement pas perdu le souvenir. Mon cher ami et maître René Capitant y est aussi venu souvent.

Il y avait les principes et les questions pratiques. Sur les premiers, les uns et les autres pouvaient parler toute une nuit et effectuer trois ou quatre fausses sorties. Sur le problème de la répartition des circonscriptions, les participants moins prolixes repoussaient toujours la discussion à une séance ultérieure. Les manœuvres souterraines et les faits accomplis entre de si bons amis étaient à craindre, et je m'efforçai donc de progresser. Lorsqu'enfin on en arriva à avancer des noms de personnes et à les rapprocher de ceux des circonscriptions, mon salon se transforma en petit parlement et mon épouse, peu accoutumée aux passions du monde gaulliste, put se demander si les vases de cristal de ses cadeaux de mariage ne risquaient pas de subir un sort regrettable.

Puis, après avoir effectué l'inventaire de leurs impasses, mes hôtes, montés sur leurs grands chevaux, demandèrent l'arbitrage du Général. Naturellement, les choses ne pouvaient en arriver là puisque celui-ci ne voulait à aucun prix intervenir. Il savait que la moindre audience accordée par lui serait aussitôt transformée en prise de position et exploitée par tous, amis et adversaires, dans les directions les plus variées.

Le Général eut vent de mes efforts et me bouscula durement en me priant fermement de laisser les grenouilles se disputer entre elles.

J'étais donc pris, une fois encore, entre deux feux. Mais le respect et l'affection que portaient tous ces hommes à de Gaulle provoqua le miracle et tout le monde s'embrassa. Ce miracle, on doit le reconnaître, fut facilité par une suite d'événements de quelque importance parmi lesquels l'attentat du Petit-Clamart, la dissolution de l'Assemblée nationale et le résultat du référendum sur l'élection du président de la République au suffrage universel.

C'est tout juste dix jours après ce référendum, mais seulement dix jours avant la consultation électorale, que fut rendue publique la nouvelle de candidatures communes U.N.R.-U.D.T.

Le résultat de ces élections fut satisfaisant puisqu'à quatre sièges près le groupe des partisans du Général disposait de la majorité absolue à l'Assemblée nationale. De Gaulle en fut heureux et voulut bien, d'une phrase — c'était beaucoup — me faire comprendre qu'il ne m'en voulait pas d'être intervenu et d'avoir poursuivi malgré ses objurgations mes efforts dans une direction qui se révélait la bonne.

En fait, la Ve République, telle qu'elle a été bâtie, repose sur un accord entre le chef de l'Etat et l'Assemblée nationale. Le premier dispose de nombreux moyens et dont le plus important est son action directe sur l'opinion, pour amener les élus à sa politique.

Le président de la République peut en effet intervenir constamment auprès du pays pour lui présenter ses intentions, lui expliquer ses objectifs, le convaincre et l'amener à voter pour des candidats ayant pour programme le soutien de sa politique.

Par ses discours à la télévision, ses conférences de presse, ses voyages, il agit sur les esprits ; par les référendums et la dissolution, il associe la nation aux grands choix et obtient d'elle l'expression de sa confiance.

Depuis la guerre, de Gaulle avait pris l'habitude de s'appuyer sur le peuple plutôt que sur les corps intermédiaires, et ceci par nécessité. Il tenait à s'adresser et à consulter directement la nation, sachant que ses réactions demeuraient spontanées, exemptes de calcul et inspirées par les sentiments simples et profonds qui valaient à la France de se ressaisir toujours. Vieille sagesse des hommes travaillant dur, sachant garder les pieds sur la terre, et aussi indéracinable désir de sécurité des femmes.

L'Assemblée, doublée du Sénat, assume naturellement le pouvoir législatif en toute indépendance ; mais elle sait, lorsqu'elle aborde un projet ou une proposition de loi, qu'il lui appartient de tenir compte de l'état de l'opinion constamment sollicitée par le chef de l'Etat.

Les moyens modernes de transports et de communications permettent ainsi à une troisième composante, l'opinion, d'intervenir presque chaque jour dans le fonctionnement d'une démocratie du dernier tiers du XXe siècle.

De Gaulle pratiquait à fond cette démocratie directe et je ne pense pas qu'il fût parvenu sur l'affaire algérienne à maintenir l'unité de sa majorité s'il n'avait, à chaque étape, réussi à s'assurer l'appui des Français, appui manifesté lors des consultations nationales que constituaient les référendums, mais aussi lors des voyages où il voyait applaudir, mois après mois, les phases de sa marche vers son objectif de l'autodétermination.

Les élus ne disposaient plus de l'exclusivité de la représentation du peuple ; les approbations des maires, les acclamations des populations et les innombrables mains serrées représentaient autant de scrutins que le chef de l'Etat pouvait opposer aux états d'âme des partis et des parlementaires.

La présence d'une nouvelle puissance transformant le dialogue en confrontation à trois, est une réalité historique et les successeurs de De Gaulle, comme les chefs d'Etat étrangers, ne peuvent s'abstenir d'en tenir compte.

La plus grande faiblesse des pays totalitaires, et des démocraties populaires, c'est de se voir contraints d'étouffer cette force nouvelle. Ce faisant, la bâillonnant, ils vivent dans un constant anachronisme qui les mène inévitablement à de graves affrontements.

De Gaulle s'est adressé en même temps au pays et au Parlement, il a constamment équilibré l'un par l'autre sans retirer au corps législatif aucune de ses attributions. Il n'y eut jamais tant de vrais débats à l'Assemblée que du temps du Général.

Pompidou n'aimait pas les grands échanges de vues au Parlement ; il les subissait comme des épreuves inutiles, bien que l'issue du vote fût connue d'avance.

De Gaulle, au contraire, voulait que la démocratie fonctionnât pleinement ; il désirait que les gouvernements gouvernent et que les législateurs légifèrent. Cela ne l'empêchait pas d'utiliser au profit de ses choix tous les moyens autorisés par les institutions, mais il trouvait normal et souhaitable que les élus mettent en cause ses options et discutent ses projets.

Le général de Gaulle respectait l'Assemblée et le Sénat. Il les traitait avec les égards qui leur étaient dus et il attendait d'eux la réciproque. C'est pourquoi il tint rigueur à Monnerville d'avoir publiquement manqué au président de la République.

L'organisation de ces consultations nationales que constituaient les référendums présentait toutefois une difficulté majeure. Il ne fallait à aucun prix tomber dans l'excès détestable d'une « campagne officielle ». L'Etat se devait, autant que possible, de demeurer neutre. Il ne l'était pas, puisque la question posée correspondait à une certaine politique menée, précisément, par le pouvoir, mais l'énorme machine administrative ne pouvait être utilisée pour faire pencher la balance dans le sens voulu, et il était indispensable que l'opposition disposât des moyens de se faire entendre et de développer son point de vue. L'équilibre de la balance et la neutralité de l'Etat furent respectés. Sans doute était-ce dans ce but que l'Association nationale se vit confier l'organisation des campagnes.

Le référendum du 28 octobre 1962 sur l'élection du président de la République au suffrage universel est une illustration frappante de la manière d'agir du Général. Toutes les formations politiques, toutes à l'exception de l'U.N.R., se déclarent opposées au projet. De Gaulle, en appelant au peuple, obtient par son référendum sur ce sujet une très large majorité. Les partis politiques se trouvent aussitôt en position difficile. Et c'est moins d'un mois plus tard un « raz de marée » en faveur des candidats gaullistes de l'U.N.R.-U.D.T. aux élections législatives. De Gaulle a joué le peuple contre les partis, et il a gagné.

Pour rester dans le domaine électoral, la grande question de l'unité de candidature réapparut en 1967 avec plus d'évidence. Le contexte politique lui donna une grande acuité. Pour certains, tous ceux qui soutenaient le chef de l'Etat devaient s'entendre pour présenter dans les circonscriptions un candidat unique. Pratiquement, cela avait pour conséquence d'éliminer dans certains cas le candidat de l'U.N.R. puisque la place aurait été laissée vacante au bénéfice d'une autre formation alliée. Mais de Gaulle, plus sceptique que quiconque en matière d'alliance électorale, fit savoir que les ententes lui paraissaient illusoires et qu'il souhaitait la présence de candidats de l'U.N.R. dans toutes les circonscriptions.

Or, cette rigueur ne faisait pas l'affaire de tous les sortants U.N.R., assez incertains sur leur sort et qui souhaitaient, par des marchandages, obtenir que les centristes ne présentent pas de candidats contre eux. Aussi des intrigues se nouèrent-elles dans l'ombre pour une répartition à l'amiable de certains sièges.

Mais directement et par notre intermédiaire, de Gaulle intervint. Il fit savoir au Premier ministre Pompidou qui, on le sait, n'était pas l'homme des affrontements, que les électeurs devaient partout être mis en mesure d'appuyer de Gaulle, c'est-à-dire que l'U.N.R. devait être engagée partout.

Cette tendance aux ententes électorales se retrouvera chez Pompidou en 1968, et même au-delà, lorsque, devenu président de la République après la disparition du Général, il lui reviendra de choisir entre un combat ouvert avec le centre ou des accords pour éviter de se nuire mutuellement.

En 1962 et en 1967, les instructions données par le Général sont formelles et je m'en souviendrai par la suite pour le combat que je mènerai, presque seul, contre la tromperie de la candidature unique.

Je n'ai pas oublié les réunions des « commissions d'investiture » à la présidence de l'Assemblée ou dans le salon blanc de Matignon. Nous butions toujours sur les mêmes cas et les débats oscillaient entre les solutions d'indulgence et de facilité et celles de rigueur qui le plus souvent présentaient le risque le plus grand.

Les deux tendances avaient leurs avocats, toujours les mêmes. C'étaient en réalité les caractères qui traçaient la ligne de séparation, et non les arguments.

La liste arrivait sur le bureau du Général qui l'étudiait avec très grand soin et très grande vigilance. Je puis dire qu'en cas d'hésitation il tranchait toujours dans le sens de la rigueur.

Je l'entends encore protester violemment parce qu'il trouvait qu'une part trop belle était faite aux Indépendants.

— Ils trahiront à la première occasion, tonnait-il de sa grosse voix de basse. Croyez-moi, ils n'attendent que ça.

Les événements devaient nous montrer combien il avait raison.

De Gaulle ne comptait que sur les siens, et encore... se méfiait-il toujours des intérêts qui pouvaient déterminer un retournement de veste. Il n'avait pas oublié les trahisons des élus du R.P.F.

Mais, curieusement, au sein même du groupe de ses collaborateurs fidèles, il y en avait toujours pour être séduits par la perspective d'une embrassade générale comme si d'aussi émouvantes manifestations pouvaient, dans le monde politique, revêtir une quelconque signification.

La lutte entre les durs et les mous est éternelle. Elle existait parmi nous et l'on verra les inconvénients graves que la victoire des mous, un jour, entraînera.

Le général appartenait, quant à lui, incontestablement à la catégorie des durs et, dans le domaine politique comme dans les autres, il soutint ceux qui pensaient comme lui.

Aux élections de 1962, le Général ira aussi loin que possible puisqu'en cette occasion — la première élection législative depuis qu'il est président de la République —, il s'engagera sans restriction.

Le fait est d'importance. Sous la Ve République, le président de la République n'étant plus un arbitre, cette position est conforme à la logique. Le chef de l'Etat mène une politique, prend position en chaque circonstance, il est protagoniste et non spectateur. Il a donc des partisans et des adversaires. Une élection législative est une circonstance où les électeurs portent un jugement sur ses décisions. Il ne peut rester neutre. Sachant qu'un succès de ses adversaires signifierait une crise et de nombreux changements d'orientation, souhaitant la victoire de ceux qui le défendent, il ne saurait rester en dehors de la confrontation.

De Gaulle entre donc dans la bataille électorale. Il jette, suivant son habitude, son prestige dans la balance pour défendre ce qu'il fait et s'assurer pour le lendemain la possibilité de poursuivre dans la même direction.

Par la suite, lors de chaque grande consultation, il agira de même et s'engagera complètement. Ce faisant, il complète sa conception de la Constitution : le chef de l'Etat n'est pas un observateur passif et neutre, c'est un dirigeant impliqué dans une politique, garant et responsable de ses résultats.

Nos rapports avec l'opposition se trouvaient très réduits. Non pas de notre fait. Qu'elle fût de droite ou de gauche, elle affirmait que nous n'étions pas gens à fréquenter. Elle attaquait et refusait la discussion. De Gaulle déroutait les professionnels de la politique en les prenant toujours à contre-pied. Ils n'osaient l'affronter.

Nous suivions attentivement les activités des partis et de leurs dirigeants avec le sentiment qu'ils vivaient encore la IVe République. Le débat revêtait une autre ampleur, mais les habitudes refusaient de disparaître. Ceux qui avaient connu la toute-puissance du Palais-Bourbon n'acceptaient pas que le centre des affaires soit passé sur l'autre rive de la Seine et nous décelâmes que leur amertume n'était pas sans influencer certains des nouveaux élus de l'U.N.R. Ces derniers ne parlaient-ils pas soudain d'un soi-disant « mépris » du Général pour les parlementaires ! Il était étonnant et cocasse de constater l'influence du milieu sur des députés dont l'ancienneté remontait à quelques mois et qui avaient fait campagne pour une stricte séparation des pouvoirs.

Lors d'une réception donnée à l'Elysée en l'honneur du Parlement, les élus défilent. Le Général leur serre la main. A quelques centimètres derrière lui, nous essayons de lui situer les uns et les autres, mais il en connaît beaucoup et parfois précise même leur appartenance à telle ou telle formation. Le défilé dure depuis une bonne heure quand le rythme se ralentit. Le Général décide alors de rompre le dispositif en déclarant :

— Je crois que le quorum est atteint.

Puis il se dirige vers ses invités qui ont transformé le parc en une gigantesque salle des quatre colonnes. Il s'arrête sur le perron et déclare : « Ne se ressemblent-ils pas tous ? »

La fin de l'année 1962 constitue sans doute un sommet. La guerre d'Algérie est terminée, la décolonisation se trouve bien engagée, les Français ont largement approuvé le principe de la désignation du président de la République au suffrage universel, l'économie est en pleine expansion et la monnaie solide, les formations qui soutiennent de Gaulle s'affirment puissantes et le nombre de leurs élus donne au chef de l'Etat de grandes possibilités.

C'est alors que de Gaulle se tourne plus résolument vers

les Affaires extérieures. Au début de 1963, il signe le traité franco-allemand, dans la perspective d'une grande politique d'indépendance européenne ; le dégagement de la France des contraintes du traité militaire de l'OTAN est décidé, ainsi que la mise sur pied de notre force de dissuasion nucléaire ; bref, une nouvelle période s'ouvre.

Depuis plus d'un an, une coordination de fait s'était établie entre le groupe d'amis que nous constituions, laquelle se manifestait par des déjeuners ou des dîners. C'est ainsi que prit forme la légende des « barons ». Nous nous retrouvions à sept et, nous faisant part de nos sentiments et réactions, nous efforcions d'harmoniser nos efforts. Autour de Michel Debré, puis de Georges Pompidou, se réunirent donc régulièrement chez l'un ou chez l'autre Jacques Chaban-Delmas, Jacques Foccart, Olivier Guichard, Roger Frey et moi-même.

Bien des questions qui auraient pu dégénérer trouvaient ainsi des solutions. Nous étions sûrs les uns des autres et la présence morale de De Gaulle garantissait que les préoccupations les plus désintéressées commanderaient nos pensées. Après la rupture de 1968 entre Pompidou et le Général, je ne participai plus à ces réunions.

De 1958 à 1968, aussi étonnant qu'il puisse paraître et malgré les innombrables sollicitations dont nous étions l'objet, nous nous sentions isolés. Certes, la masse des Français accordait sa confiance et suivait le Général ; mais le monde politique, celui de l'administration, celui des affaires et les milieux de l'information ne cessaient de critiquer et de s'opposer en sous-main à tous les efforts du président de la République et de son gouvernement.

Pourquoi ces cercles, qui comprenaient une immense majorité d'hommes intelligents et parfois remarquables, démolissaient-ils presque systématiquement ce que de Gaulle s'efforçait de bâtir ?

La raison n'en était pas une opposition sur les principes puisque la politique du Général, ne relevant d'aucune idéologie classique, donnait satisfaction tantôt aux uns tantôt aux autres, de même d'ailleurs qu'elle pouvait choquer successivement toutes les tendances ; non, la « grogne et la rogne » trouvaient leur origine dans un sentiment plutôt que dans une conviction. Ce sentiment était celui de la frustration.

Le général de Gaulle et ses ministres jouaient leur rôle et assuraient leur tâche sans se laisser perturber par les états d'âme des groupes de pression, des salons et des salles de rédaction.

Les élus du Parlement voyaient leur influence limitée au domaine que leur fixait la Constitution : le législatif. L'administration recevait des instructions pour administrer dans la direction et avec les objectifs décidés par le pouvoir politique. Les hommes d'affaires se voyaient soutenus et encouragés dans leurs activités et l'exercice de leur profession, mais non au-delà. Quant aux diffuseurs d'informations, ils recevaient la matière que les responsables des affaires publiques voulaient bien leur donner et disposaient d'une totale liberté pour s'exprimer mais n'étaient pas considérés comme les tenants d'un quatrième pouvoir.

Les limites dans lesquelles chacun se voyait ainsi contenu provoquaient de lancinants refoulements, qui entraînaient une constante mauvaise humeur.

Le non-conformisme de De Gaulle lui avait déjà valu de rencontrer presque constamment incompréhension, voire hostilité, de la part d'un milieu ou d'un autre. Cette fois, étant à la place dominante, il réussissait à provoquer l'opposition de la quasi-totalité de ce qu'on appelle la classe dirigeante. Résultat exceptionnel, performance unique, mais situation inconfortable.

Si, après la guerre, les notables ralliés à Pétain pendant l'Occupation ne pardonnèrent pas à de Gaulle de leur avoir publiquement donné tort, de même, après 1958, étape après étape, les mêmes notables gardaient rancune, à celui qui sortait à chaque fois la France des impasses, de le faire sans eux et parfois contre eux.

La Constitution, l'Algérie, la décolonisation, la force de frappe, le plan de stabilisation, etc., autant de circonstances et de décisions qui connurent la désapprobation des élites de plus en plus vexées de se tromper constamment. La mésentente continuait.

Les rapports du Général et de la presse méritent, quant à eux, une réflexion plus approfondie.

Avant la guerre de 1940-1945, les militaires recevaient pour consigne permanente d'éviter tout contact avec ce qui pouvait ressembler, de près ou de loin, à un journaliste.

Le temps où les journaux se voyaient interdits à l'entrée des casernes et des mess a duré jusqu'en septembre 1974 et théoriquement un officier en tenue n'a toujours pas le droit de lire un journal dans un lieu public.

Le lieutenant-colonel puis colonel de Gaulle eut de timides contacts avec certains journalistes, mais ceux-ci étaient choisis soigneusement pour avoir adopté les vues de l'auteur de *Vers l'armée de métier*.

Naturellement, comme chef de la France Libre, le Général se vit contraint d'établir des contacts personnels avec la presse.

Hélas, la presse française n'existait plus dans la mesure où les journaux autorisés à paraître sur le territoire national épousaient par définition la cause de Vichy sinon de l'ennemi. Toutefois, de Gaulle eut affaire, à Londres, à quelques journalistes français émigrés, mais ceux-ci, à une dizaine d'exceptions près, choisirent soit de s'opposer à lui par hostilité viscérale à tout militaire aventuré sur le terrain politique, soit de se mettre à la disposition des autorités anglaises.

En revanche, les rapports avec les représentants de la presse anglo-saxonne furent plutôt bons, pour plusieurs raisons, semble-t-il. Les journalistes anglais et américains appartenant à des pays qui avaient choisi de se battre se trouvaient mieux à même de comprendre les motivations et l'attitude du Général, même si celle-ci lui commandait parfois l'intransigeance. De plus, les Anglais, de la presse écrite ou parlée, se faisaient du rôle des journaux une conception élevée, très respectueuse de la séparation des tâches entre l'acteur et l'observateur ainsi que très pénétrée de la valeur de la vérité.

La période d'Alger allait montrer à de Gaulle que la presse française, même engagée dans l'effort de guerre, entendait toujours ses vieux démons.

Le journaliste français est un être passionné — comme on le comprend ! — et sa passion l'emporte parfois sur son objectivité. L'établissement de procès-verbaux face à des événements, à des décisions, à l'énoncé d'une politique, ne recueille pas ses préférences ; c'est plus un commentateur qu'un observateur. Ses goûts le portent vers l'engagement. A cela vient s'ajouter l'esprit critique, vertu nationale dont nous sommes à juste titre très fiers mais qui transforme toute construction en cible désignée.

La Libération et les mois qui suivirent donnèrent aux journaux de nombreuses occasions d'exercer pleinement leur capacité d'analyse et leur talent de dénigrement. Quand il y avait la guerre à gagner, la France à reconstruire, les digressions philosophiques, analytiques et critiques, ont pu paraître, à certains moments, vraiment superfétatoires à celui qui portait la responsabilité du relèvement.

Ajoutons que les efforts consentis pour que la France soit respectée et trouve sa place lors de la victoire ne furent que partiellement compris par ceux à qui on avait rendu la parole.

Il paraissait donc à de Gaulle qu'il n'avait guère de motifs de reconnaissance envers la presse ; au long de son chemin, elle l'avait peu soutenu et ne lui avait fait grâce d'aucun brocard.

Mais de Gaulle respectait totalement son indépendance et jamais, à aucun moment et dans quelque circonstance que ce fût, même lors de la mise en œuvre de l'article 16, il ne porta atteinte à sa complète liberté.

Toutefois, il l'aurait voulue différente de ce qu'elle était. Rêve irréalisable ! Il pensait que chacun serait à sa place en faisant son métier. L'homme d'Etat en agissant et le journaliste en informant. A ses yeux, ce rôle ne constituait pas une tâche subalterne.

Informer le plus complètement et le plus objectivement possible étant un art, aussi difficile que celui de décider, il y avait donc, à ses yeux, beaucoup de mérite à le bien faire. Il y en avait certainement moins à se laisser aller à un scepticisme systématique et à l'emploi permanent de la formule :« il n'y a qu'à ».

L'Algérie ! La presse, qu'elle fût conservatrice, centriste ou progressiste, attaquait chaque jour le Général et son Premier ministre et pourtant, de 1954 à 1958, ces conseilleurs s'étaient trouvés tout-puissants ; ils fabriquaient alors et jetaient à terre politiques et gouvernements. Qu'en était-il sorti ? La faillite d'une république.

Il n'y a rien de plus divertissant que de reprendre aujourd'hui les journaux des années 1958, 1959 et 1960. A chaque pas accompli par de Gaulle, dans quelque direction que ce soit, répondent les sarcasmes et les objections. Aucun de ceux qui écrivent n'est satisfait. Mais le peuple suit. Aujourd'hui, les mêmes, qui attaquaient, regrettent ce temps et la vigueur des intentions d'alors.

Chaque année, à l'occasion des fêtes, le président de la République recevait les journalistes accrédités à l'Elysée. Du temps de la IVe République, la presse présidentielle — c'est ainsi qu'on l'appelait — ne comprenait que des journalistes de second plan ; mais depuis la mise en place de la nouvelle République et l'arrivée du Général, il en était tout autrement : directeurs de journaux et éditorialistes se désignaient eux-mêmes pour avoir une chance de rencontrer de Gaulle en petit comité. Cette chance se présentait donc, au début de chaque année, devant un buffet. Le Général, dès qu'il franchissait la porte du salon, était véritablement agressé. Les journalistes oubliaient qu'ils étaient ses invités pour saisir l'occasion d'une phrase exclusive.

— Mon Général, que pensez-vous de ceci ?... Monsieur le Président, doit-on interpréter votre attitude comme cela ?...

Un groupe compact se formait autour de lui et le pressait de toutes parts.

— Messieurs, permettez-moi de vous adresser mes vœux.

— Mon Général, que doit-on penser du jugement de M. Y sur vous ?

Si le Général répondait courtoisement à l'une ou l'autre question, aussitôt plusieurs de ses hôtes quittaient la pièce précipitamment pour aller téléphoner les mots historiques par eux recueillis.

A l'une de ces réceptions qui agaçaient le Général par le caractère déplacé de l'assaut dont il était l'objet, la main gauche dans la poche de son veston, il pointe l'index droit en direction du directeur d'un important quotidien de province, ancien résistant, dont les écrits sont toujours parfaitement vinaigrés.

— M. Wolf. Je lis très régulièrement vos éditoriaux.

M. Pierre-René Wolf n'en revient pas et rougit de plaisir. L'infortuné ne s'attend pas à ce qui va suivre.

— M. le Président, j'en suis très flatté.

— Savez-vous, poursuit de Gaulle, ce que lisent de préférence ceux qui achètent votre journal ?

— Certainement, monsieur le Président, nous avons effectué des études très approfondies.

— Eh bien, voyons cela.

— 60 à 70 % achètent le journal pour les nouvelles sportives et les faits divers.

— Ah ! Ah !

— 20 à 30 % pour les nouvelles locales.

— Ah ! Ah !

— Environ 10 % pour les programmes de cinéma, de télévision, les prévisions météorologiques, etc.

— Ah... fort bien. Et qui lit donc les études politiques, et par exemple les éditoriaux ?

M. Wolf a compris.

— ...Moins de 0,5 %, monsieur le Président, répond-il piteusement.

— J'espère, conclut le Général avec un sourire de l'œil, que cela ne vous découragera pas.

L'un des présidents de l'association de cette presse présidentielle me fit cadeau d'une méchante réputation.

Lorsque je m'installai dans un des salons de l'Elysée en détachement précurseur, j'eus à interpeller au travers du hall d'entrée l'un des huissiers. Ce membre du personnel portait alors la tenue dite « à la française », en culotte courte et bas blancs. Je ne sus comment l'appeler et une malheureuse réminiscence classique me fit utiliser le mot de : valet. C'était archaïque, j'en conviens. Par malchance, le journaliste en question se trouvait dissimulé derrière l'une des colonnes et il m'entendit user de ce qualificatif malencontreux. C'est ainsi que l'on put lire dès le lendemain un article croustillant sur les mœurs féodales de certain collaborateur du Général qui se prenait pour un jeune seigneur venant coloniser la République. L'affaire fut commentée, devint presque importante et prit, l'on s'en doute, une signification politique.

Depuis, j'ai décidé de ne marquer aucune différence et d'appeler « monsieur », le duc comme le portier.

Le Général eût souhaité une presse qui, tout en gardant sa liberté d'expression, participât à l'œuvre nationale de rénovation entreprise.

Certes, les institutions ne convenaient pas à tout le monde ; mais ne fallait-il pas attendre avant de les juger ? Aujourd'hui, vingt ans après, on peut sans doute en parler utilement. Il est à remarquer que l'unanimité en leur faveur se réalise à peu près.

La décolonisation, la solution au problème algérien, la création de la force de dissuasion n'obtiennent de nos jours que des jugements flatteurs ou presque, dans tous les journaux.

Quant au « Vive le Québec libre », que n'avons-nous pas lu alors ! Et tout récemment, dans les mêmes journaux, nous avons constaté avec plaisir les grands éloges qui entourent maintenant cette solennelle et utile prise de position.

De Gaulle eût souhaité que les journaux français ne fussent pas toujours les premiers à douter de la France, prenant presque systématiquement le parti d'approuver les objections venues de l'étranger. Les difficultés particulières auxquelles de Gaulle se heurtait comme tout chef d'Etat commandaient selon lui de ne pas prendre en considération une situation donnée comme prétexte à l'attendrissement — ce qui est tentant pour un envoyé spécial — ; de ne pas épouser la cause d'un groupe plutôt que d'un autre — ce qui arrive souvent aux grands reporters — ; et de ne pas adopter des attitudes spectaculaires et tranchées, ce que souhaite tout correspondant rendant compte d'un discours ou d'une conférence de presse. Manifestement les soucis des journalistes et ceux de De Gaulle n'étaient pas de même nature.

Il eût aimé, pourtant, j'en suis sûr, s'entretenir avec les dirigeants des grands *media* ou les éditorialistes dont les noms étaient sur toutes les lèvres ; mis à part trois ou quatre privilégiés dont il avait éprouvé la discrétion, il renonça à ces rencontres par crainte de voir un dialogue se transformer en déclaration sous un titre occupant toute la largeur d'une page.

L'art du journalisme est difficile, celui de la politique ne l'est pas moins ; alors qu'on s'étonnerait de voir un politicien donner des conseils à un éditorialiste pour la rédaction de ses écrits, pourquoi ne s'étonne-t-on pas de constater le nombre de journalistes qui chaque jour conseillent les hommes d'Etat ?

Sans doute le Général conservait-il la nostalgie des époques où la presse, lorsque le pays était menacé, faisait corps avec celui-ci. Sans doute nourrissait-il le regret que les habitudes françaises fussent si différentes en ce domaine des mœurs britanniques. De leur côté les journalistes ne se consolaient pas de se voir écartés de la scène politique et relégués à l'exercice de leur métier.

En outre, par ses voyages, ses allocutions et — ô paradoxe — ses conférences de presse, de Gaulle trouvait le moyen de s'adresser directement au pays en dehors de ceux qui croyaient détenir le monopole de ces communications. Dans l'établissement de ce lien direct, la télévision devait occuper une place dominante.

En 1958, la télévision n'avait encore joué aucun rôle politique en France.

Lors de la consultation de 1956, la dernière en date, les formations ne s'étaient pas produites sur le petit écran en raison de la quasi-inexistence des émissions et de l'absence de postes récepteurs. Deux années plus tard, la situation se trouvait un peu modifiée et les événements du printemps et du début de l'été devaient favoriser considérablement le développement de ce formidable support d'information.

Pour l'action politique, l'outil n'avait donc jamais été systématiquement utilisé.

Treize jours après son retour, le Général prononce sa première allocution télévisée et constate le considérable effet obtenu. Dès lors, ayant tout de suite saisi l'importance du phénomène, il se servira régulièrement de ce nouveau moyen.

Dans l'Histoire resteront les causeries « au coin du feu » de Roosevelt à la radio et les allocutions de De Gaulle à la télévision.

C'est par sa présence dans chaque foyer, par la transmission de sa force de conviction, que le chef de l'Etat agira sur l'opinion alors que la presse écrite et parlée demeurera constamment hostile ou réservée. Doublant les habituels maîtres à penser, il interviendra directement auprès de chacune et de chacun, expliquant, conseillant, élevant le débat, en un mot, convainquant.

Les premières séances d'enregistrement furent, du point de vue technique, quasiment improvisées. A Matignon, une camionnette, une poignée de techniciens, un bureau, un fauteuil, trois ou quatre projecteurs suffirent. A l'Elysée, au fur et à mesure des années, l'enregistrement devint une véritable cérémonie. Plusieurs camions occupaient le parc ; des antennes poussaient sur le toit ; une nuée de techniciens envahissait la Salle des Fêtes où un décor approprié avait été conçu et essayé ; le directeur général de la R.T.F., et plus tard de l'O.R.T.F., et trois ou quatre directeurs, se déplaçaient... Toutefois, en certaines circonstances tendues, par exemple le putsch des généraux où la décision de parler était prise au dernier moment, la mise en scène retrouvait sa sobriété des débuts.

Aujourd'hui, chacun reconnaît l'importance de la télévision et l'on sait qu'une carrière politique peut dépendre d'une bonne ou d'une mauvaise prestation devant les caméras. J'irais même jusqu'à poser la question de savoir si les hauts responsables des mouvements politiques ne sont pas choisis autant pour leurs qualités télégéniques que pour leur capacité à gouverner.

De Gaulle fut notre première et plus grande vedette. Depuis son départ, beaucoup ont tenté de l'égaler mais, je pense, sans y parvenir. Lorsque l'occasion se présente de revoir à la télévision l'une de ses grandes interventions — par exemple lors des émissions anniversaires — l'on mesure la considérable différence qui existe entre lui et les autres. La densité est différente. De Gaulle s'adressant aux Français, c'est un dialogue vrai. Quand de Gaulle parle aux Français de la France, un phénomène se produit, un lien s'établit. De Gaulle parle d'une personne que ses interlocuteurs connaissent. Chaque citoyen, qu'il soit assis dans un atelier, une cuisine ou un salon, ressent que l'homme qui parle est sincère.

La télévision est un terrible révélateur. L'artifice et la sincérité s'y lisent à visage ouvert ; le regard, le pli de la bouche emplissent tout l'écran ; l'âme se révèle et, malgré le talent et le maquillage, la tromperie est aussitôt décelée. C'est pourquoi les Tartuffe tremblent devant la caméra.

« Aidez-moi ! » demande le chef de l'Etat ; et les Français entendent l'appel, ils se sentent concernés ; ils n'ont pas en face d'eux un politicien qui quémande leur appui, c'est quelqu'un qui ne demande qu'à rentrer chez lui, qui ne recherche aucune gloire nouvelle mais qui a besoin de leur soutien contre les forces d'intrigues et de profits. C'est presque un voisin, un ami sérieux, qui demande un coup de main pour terminer un travail, finir la moisson ou poser une charpente. Le contact direct entre l'humble et le grand s'est établi. De Gaulle fait partie du cercle familial, et même ses adversaires les plus constants le considèrent ainsi.

On a parlé du complexe de l'enfant vis-à-vis de son père. Le sentiment filial n'explique pas tout. De Gaulle représentait la part de dignité qui est en chacun ; à l'écouter, à le suivre, les petits, les humiliés se sentaient grandis ; les puissants, eux, éprouvaient le sentiment d'être diminués. C'est là sans doute une autre explication du soutien du peuple et de la réserve des grands.

Mes rapports avec André Malraux et son équipe étaient fréquents et chaleureux. Selon moi, Malraux classait les gens en deux catégories : les complices et les autres. Aux premiers on pouvait tout pardonner ; on surveillait les seconds avec méfiance.

La guerre et ce qui s'ensuivit m'avaient valu le privilège d'appartenir à la première catégorie.

Lorsque quelque projet ou événement concernait le Général, Noël Loubet ou Albert Beuret, ses fidèles collaborateurs, m'appelaient. L'objet pouvait indifféremment concerner la restauration de Trianon, le dessin des armes de la République comme les statuts des maisons de la culture.

Mais Malraux s'intéressait à la politique — depuis toujours n'est-ce pas ? — et je soupçonne qu'il était secrètement habité par le regret que de Gaulle ne lui confie pas un poste de responsabilités directes.

Un jour, il me convia à déjeuner pour me parler de l'Algérie. C'était après le référendum sur l'autodétermination. Il approuvait totalement la politique du Général et je compris qu'il était soulagé de constater que celui-ci s'orientait dans une direction que l'auteur de *l'Espoir* ne pouvait que souhaiter. Mais... il pensait qu'entre l'idée et son application le chemin serait long et qu'une action spectaculaire parviendrait à forcer les hostilités et les réticences. Pour préparer l'Algérie à l'indépendance, il fallait qu'un élan fût donné, qu'un souffle se levât, qu'une révolution se produisît. Et André Malraux pensait qu'il était l'homme à donner cette impulsion-là.

Je fus surpris par ce songe. Au feu des passions, le grand poète se fût brûlé les yeux, les ailes, et devant la complexité des problèmes militaires, économiques et sociaux que posait l'évolution, l'écrivain esthète eût gaspillé son talent.

Mais j'imaginais, pour me distraire un peu, des échanges de vues entre le Premier ministre Debré et un ministre délégué pour l'Algérie auteur du *Royaume farfelu*.

Lors du putsch des généraux, Malraux se précipita place Beauvau, là où se distribuaient les équipements. Dans la cour du ministère, on l'a vu, il harangua les jeunes qui essayaient des ceinturons, en leur parlant de la liberté. Allait-on vivre à nouveau ?

Ce souvenir me rappelle ce qu'il me dit un jour : il n'y a pas de grandes personnes.

Malraux connut une période difficile. Les charges officielles pesaient chaque jour davantage ; sa petite voisine fut aveuglée par une bombe qui lui était destinée ; son foyer reçut le coup terrible de la mort de ses deux fils ; son neveu alla vivre sa vie... Les voyages avec la Joconde ne suffisaient pas à combler un vide plus grand chaque jour.

Comment écrire, comment créer au milieu de cette foire tragique ? Il s'éloigna vers l'Orient comme on fuit, puis revint. Il se remit à écrire, c'était pour lui la seule évasion possible. Il lui était impossible de s'accommoder de la réalité. Quoi ! il était ministre après avoir vécu de livres achetés et revendus sur les quais, et puis ? Il vivait moins et ce que les années avaient accumulé autour de lui s'abattait sur sa tête.

Après le départ et la mort de De Gaulle, je le vis assez

souvent. Le moment était venu pour lui de faire ses comptes ; d'ailleurs il complétait les *Antimémoires.*

— Alors, qu'est-ce qu'il reste ? lui demandai-je quand le tableau qu'il venait de brosser virait au noir.

— Ça.

Il me montrait le chat.

— Sérieusement ?

— Vous le verrez, la mort, il paraît que ça existe.

— Sérieusement ?

Il réfléchit.

— Le rêve.

Pour lui, c'était ce qui se faisait de plus sérieux.

Depuis 1958 deux Premiers ministres avaient occupé Matignon. Ils étaient fort différents.

Michel Debré appartenait à la longue lignée des moines réformateurs. Il disposait en permanence d'un bûcher pour brûler les hérétiques. Chaque matin, de très bonne heure, il lançait ses morigénations et ses excommunications. Dans la matinée, les membres du gouvernement recevaient ses ordres, critiques ou compliments par écrit et de sa main.

Il écrivait souvent, mais sur un autre ton, au Général. Il ne dormait pas quand il pensait qu'un secteur de l'activité de l'Etat ne fonctionnait pas de façon satisfaisante. Le fonctionnement de l'Etat n'étant pas parfait, c'est dire qu'il dormait peu et que sa sérénité s'en ressentait.

Nous le voyions arriver chez le Général, une petite serviette de cuir maroquin à la main, le visage toujours soucieux, le front barré de rides profondes et souvent l'air tragique.

Ses visites avaient lieu plusieurs fois par semaine, même en période calme ; mais, de son temps, y eut-il des périodes calmes ?

Avec lui entrait dans le bureau présidentiel une brassée de soucis et de problèmes insolubles. Il ne faut pas oublier que ne remontent au niveau du Premier ministre que les questions non réglées par les ministres, c'est-à-dire que les malheureux occupants de l'hôtel Matignon ne trouvent sur leur bureau que des dilemmes impossibles à trancher. Les mesures faciles ou populaires sont pour les autres, lui, le Premier, n'a droit qu'aux ennuis. Il est une machine à décider, à faire un choix entre de mauvaises solutions. Quand il existe une issue facile, l'affaire s'est traitée en dehors de lui.

Je l'ai rappelé, de Gaulle a veillé avec soin et obstination à ce que le chef de gouvernement joue son rôle. D'abord il estimait que les responsabilités d'orientation, de réflexion, de représentations à l'extérieur suffisaient à absorber le temps du chef de l'Etat et ensuite il souhaitait qu'un écran protégeât celui qui constituait le recours final. Les coups ne devaient pas le heurter de plein fouet. Il devait garder la possibilité de rectifier une erreur ou de corriger une fausse manœuvre.

Dans ses *Mémoires d'espoir*, il insiste sur le fait qu'ayant à promouvoir de nouvelles institutions, il a tenu, par la pratique, à donner au rôle de Premier ministre une réelle consistance.

Il apparaît que ses deux successeurs furent moins soucieux que lui de prendre cette distance vis-à-vis des événements. Si les dispositions de la Constitution de la Ve République n'ont presque pas changé depuis sa naissance, sa pratique est devenue différente. Je crains que les titulaires actuels et futurs n'aient à le regretter.

L'œuvre du Général fut constamment freinée par la passivité de l'administration. Sous les IIIe et IVe Républiques, les gouvernements tombant comme châteaux de cartes, l'administration assurait la continuité et, pratiquement, gouvernait. La mise en place de nouvelles institutions assurant la stabilité et par conséquent la continuité de l'action eut pour conséquence de rendre l'administration plus dépendante, ce qu'elle n'apprécia sans doute pas et les gouvernements de la Ve République se heurtèrent à une grande inertie de sa part, quand ce ne fut pas de l'hostilité.

De Gaulle savait que prendre une décision ne suffit pas et qu'il faut s'assurer de son exécution. Vieux et solide principe militaire qui a maintes fois fait ses preuves. Il s'efforçait donc de suivre et de vérifier l'application des instructions données ; mais ce contrôle ne pouvait se réaliser que par l'intermédiaire du Premier ministre. De ce point de vue, Debré fut très efficace en raison de son caractère obstiné et persévérant. Il s'efforça de bousculer les bureaux partout où il passait. A Matignon d'abord, ensuite au Quai d'Orsay et aux Finances, il secoua la machine, au grand scandale de ceux qui la composaient. Le souvenir laissé par Debré chez les bureaucrates est détestable. Quel bon point ! Mais malgré son énergie, il ne parvint pas toujours à faire exécuter les décisions prises par le gouvernement. La volonté se perd dans les sables et l'expérience montre qu'il est quasiment impossible de découvrir ce qui fait échouer une réforme, c'est-à-dire l'endroit où le mécanisme se grippe. Le blocage provient essentiellement de l'indifférence et de la méfiance pour tout ce qui bouleverse des habitudes, et que peut-on faire contre des sentiments aussi insaisissables et dispersés ?

Les résistances aux changements possèdent, dans notre pays, une force considérable. Dans le secteur privé, déjà, toute nouvelle idée est accueillie par un réflexe de rejet. Que dire de la fonction publique ?

Cette masse, d'une extrême complication, engendre des habitudes, pompeusement nommées tradition, et vouloir les bousculer est considéré comme une menace à l'intégrité de l'Etat. C'est, bien sûr, comique, mais cette affirmation produit chaque fois son effet de dissuasion et bien rares sont ceux qui acceptent d'affronter la désapprobation de cette puissance multiforme.

De plus, l'anticonformisme du Général ne plaisait pas à tous les roitelets pour lesquels l'ancienneté est la règle sacrée. Ce quelque chose de révolutionnaire que l'homme du 18 juin portait partout avec lui effrayait les bâtisseurs de règlements inquiets pour leur petite autorité. Devant l'inconnu, devant ce qui les dépassait, ils se coalisaient et pesaient sur les freins de toutes leurs forces.

En temps normal, Pompidou, lui, ne rencontrait qu'une fois par semaine le chef de l'Etat. Il se présentait à l'Elysée la plupart du temps les mains vides de tout papier et, quoi qu'il arrivât, le sourire aux lèvres. Quoi qu'il arrivât, il assurait au Général que tout s'arrangerait, lui démontrait qu'avec « des trucs et des machins » on trouverait une solution pas trop douloureuse. C'était un optimiste et, pendant quelque temps, aux lendemains de la longue et rude épreuve de l'Algérie, cette vision encourageante des événements et des hommes convint au Général. Il n'était pas fâché de souffler un peu et de consacrer ses réflexions et son temps à des questions plus vastes.

Pompidou répugnait à la violence et à l'emploi des voies autoritaires. En paysan, il croyait à la négociation, pleinement confiant en ses capacités d'Auvergnat pour enjôler tout interlocuteur. Il craignait par-dessus tout les positions tranchées et les épreuves de force. Il aimait l'harmonie et le beau temps.

Par exemple, je m'efforçai pendant plusieurs années d'obtenir de lui l'égalité des droits des formations syndicales dans les entreprises. On sait en effet que seules les centrales jouissant de la « représentativité » à l'échelon national — qualité attribuée par un décret — peuvent bénéficier de subventions et sont autorisées à présenter des candidats au premier tour des élections des représentants du personnel. Ce texte est en réalité une limitation abusive du droit syndical puisque le travailleur ne peut voter que pour un représentant appartenant à l'une des centrales titulaire de cette fameuse représentativité. J'essayai d'obtenir une totale liberté de candidature à l'élection, et ceci dans le but de permettre aux syndicats non politisés de s'implanter si les électeurs le souhaitaient. Une telle disposition aurait sans doute eu pour heureuse conséquence une brusque augmentation du nombre des syndiqués qui, à l'époque, ne s'élevait qu'à un sur cinq des salariés.

Mais, naturellement, un tel projet ne convenait pas aux syndicats en place et notamment à la C.G.T.

Pompidou était bien convaincu de la légitimité de la proposition ; cependant, il aurait voulu que la décision fût prise en accord avec tous les syndicats, accord impossible à obtenir. Il provoqua plusieurs réunions et la décision ne fut jamais prise, alors qu'il bénéficia, durant son long temps passé à Matignon, de circonstances qui lui eussent permis de l'imposer.

Il y eut toutefois une circonstance où Georges Pompidou fit preuve d'une grande résolution. Il se trouve que c'était lors d'un conflit avec le Général mais, en la circonstance, il avait raison. Il s'agit du sort du général Jouhaux. En s'opposant à son exécution, Pompidou rendit un éminent service à de Gaulle.

J'ajouterai que si le Général l'avait écouté, la déplorable décision de la réquisition des mineurs en mars 1963 aurait été évitée. Cette mesure autoritaire se solda, on s'en souvient, par un échec qui porta atteinte au crédit du chef de l'Etat.

Pour avoir vécu au sein d'un important groupe bancaire, Georges Pompidou pensait que l'avenir de la France dépendait pour une grande part de son développement industriel et financier et que la place de notre pays dans le monde était liée à son rang parmi les producteurs.

Certes, il n'avait pas tort, mais je ne suis pas sûr qu'il ait été persuadé que la grandeur de la France, c'était aussi son rayonnement politique. Il m'a semblé qu'il ne suivait pas le Général quand celui-ci, estimant que notre rôle dépassait nos moyens matériels, s'efforçait de donner à la France une mission de porte-parole des nations petites et moyennes et tentait de la placer en position d'arbitrer les conflits permanents qui opposent l'Est et l'Ouest.

Pompidou, les pieds profondément enfoncés dans la terre, considérait les biens de la France, ses champs et ses ateliers, et abordait la partie avec modestie, préférant tenir que paraître.

Les années passant, de Gaulle se rendit compte que son Premier ministre ne le suivait ni dans la direction des réformes sociales ni dans la voie de l'intervention de la France au niveau de la politique des grands.

De Gaulle parlait de réforme, de participation, il se lançait à l'assaut du dollar en voulant restructurer le système monétaire international, il s'efforçait de mettre sur pied une Europe qui ne fût pas américaine... Pompidou levait les bras au ciel.

A mon avis, je m'en expliquerai plus loin, il demeura étroitement attaché au Général jusqu'en juin 1968 mais il ne partageait pas toujours l'ardeur du président de la République et laissait bien des initiatives sans soutien, ce qui les vouait au plus triste des sorts. Pour lui, c'était une façon d'écarter une réforme sans aller jusqu'à la refuser ouvertement.

D'ailleurs, il ne possédait pas le goût de pousser les choses à fond. Elles se trouvaient lancées et vivaient leur propre existence, contre laquelle il ne croyait pas que l'on puisse agir.

Contrairement à Michel Debré, Georges Pompidou ne pourchassait pas la facilité et l'attentisme. Et ce fut sans doute, du temps où Pompidou siégeait à Matignon, une faiblesse du Général que de ne pas constamment s'assurer de l'exécution des décisions et de la réelle mise en œuvre des réformes. De Gaulle ne voulait pas intervenir directement auprès des ministres et des services et, ayant donné à ses collaborateurs pour instruction formelle de ne pas y procéder, l'Elysée ne suivait qu'à grand-peine la mise en œuvre au niveau des grandes administrations. C'est ainsi qu'un flottement s'établit et que la volonté de la tête se fit moins sentir aux échelons subordonnés. Sans doute aussi les énergies se relâchèrent-elles dès que disparut la tension née de l'affaire algérienne.

Une autre évolution acceptée par le Général s'est ébauchée et va sensiblement transformer la silhouette des gouvernements et, au-delà, les rapports du gouvernement avec l'Assemblée.

On assiste en effet, de 1958 à 1968, à une augmentation du nombre des élus parmi les ministres. La tendance s'affirmera au détriment des techniciens et les liens entre l'Assemblée et le gouvernement que le Général avait souhaité couper se trouveront, au contraire, renforcés.

C'est là sans doute une erreur dont les conséquences n'apparaîtront que plus tard mais qui porte avec elle la menace d'un retour en force des partis.

***

A l'occasion de mes prises de fonction à Matignon puis à l'Elysée était apparu aux services administratifs l'insolite de ma position. Je n'étais pas fonctionnaire et je servais l'Etat. De plus, au cours de ces cinq années, ma situation privée avait tout naturellement été occupée par d'autres.

Ayant donc, au début de 1963, l'impression que l'on abordait une période de calme — par comparaison — j'entretins Georges Pompidou, devenu Premier ministre depuis un an, de la précarité de mon état. Le Général me fit venir pour m'en parler. Mes goûts, mais peut-être aussi mes moyens, me portaient vers l'administration préfectorale.

Le Général ayant décidé que pour entrer au tour extérieur dans cette carrière, dont il souhaitait que se renouvelât le recrutement, il serait nécessaire d'être nommé à un poste en province, je devais donc partir pour une préfecture. Il me dit que ce séjour me serait utile, il avait raison, et que je reviendrais très vite ; il avait encore raison.

Le 1er août 1963, je gagnai mon nouveau poste.

De la voiture qui me conduit au chef-lieu de mon département, ma pensée se tourne vers les cinq dernières années.

En 1958, de Gaulle a tiré avec une extraordinaire sûreté les leçons de son expérience politique. Le long et décevant parcours du R.P.F. qui a, malgré tout, renforcé son expérience et son image, lui a permis de disposer des hommes et des contacts nécessaires à l'exploitation d'une circonstance. Ensuite il a mené, seul ou presque, le pays vers l'unique solution au problème algérien qui lui parût possible et compatible avec l'image de la France dans le monde.

Il a su aussi utiliser les excès des opposants pour placer la dernière pierre de sa construction constitutionnelle.

Sans doute a-t-il commis dans le choix des hommes quelques erreurs qui ont compliqué sa tâche, sans doute pouvait-il exiger avec plus d'obstination que s'effectue le contrôle de la mise en œuvre des décisions mais, en ce mois d'août 1963, l'avenir demeure totalement ouvert.

L'acquis est déjà considérable : des institutions que le pays accepte de plus en plus, la décolonisation, la fin du drame algérien, la place de la France reconnue par tous.

Ce jeudi 1er août 1963, les Français sont sur les routes avec des pliants et des cannes à pêche sur les toits. Dans les villes, nous roulons lentement. Les enfants regardent cette DS noire officielle et son chauffeur. Ils se montrent du doigt le monsieur assis sur les coussins arrière. Ce monsieur est raide, cravaté et ressemble fort peu à quelqu'un qui part en vacances. Il est même triste. Certes, il faut bien penser à une carrière mais connaîtra-t-il à nouveau la plénitude de ces années, l'harmonie profonde entre les convictions et l'action, la joie de participer à une œuvre ?

Il pense au déjeuner donné par le général de Gaulle pour son départ quelques jours plus tôt, aux quelques mots dits par le chef de l'Etat qui levait son verre, aux paroles affectueuses prononcées au moment de la séparation : « Vous ne partez pas, je compte sur vous pour bientôt. »

Je pouvais penser raisonnablement, connaissant l'homme, que l'étendue d'eau calme qui s'étendait devant nous ne tarderait pas à s'agiter.

Je n'imaginais pas de Gaulle se contentant d'assurer l'expédition des affaires courantes. Et puisque, à l'heure des grands coups de vent, l'Histoire avait prouvé qu'on se retrouvait fort peu à ses côtés, j'emmenais avec moi la certitude de ne pas m'écarter pour longtemps du cercle vivifiant qui l'entourait.

IX

VU DE L'EXTERIEUR

Il me fut alors possible de considérer l'action du Général de l'extérieur. Pendant les deux années passées en province, je le rencontrerai à plusieurs reprises et il me conviera pour des déjeuners et des dîners. Mais de percevoir sa démarche d'un milieu provincial m'en donnera une autre vision.

La vie dans un département moyen prend des dimensions humaines et je trouvai avec plaisir des responsables aux prises avec des problèmes qui présentaient des solutions réalisables. Les efforts s'accomplissaient dans le calme et cinq minutes suffisaient pour retrouver la sérénité de la nature.

Les arbres, les rivières et les champs ne supprimaient pas les difficultés mais ils les ramenaient à de justes proportions, et la sagesse montant de la belle terre berrichonne donnait aux rapports un ton et une qualité qui permettaient d'aller loin.

La ville et le département sont des ensembles où l'effort d'un homme et d'une équipe demeure sensible et dans lesquels les projets ont des chances d'aboutir.

La première impression que j'éprouvai en prenant des contacts fut celle du soulagement des Français de se savoir enfin gouvernés. Nos concitoyens pouvaient approuver ou déplorer l'action de De Gaulle, ils savaient à quoi s'en tenir et sentaient que le navire bénéficiait d'un pilote à la main sûre et résolue. Quel changement ! Cette sensation qu'il existait une autorité était perceptible dans tous les milieux et à tous les échelons. Du garde-champêtre au directeur de l'administration circulait un courant nouveau. L'Etat retrouvait sa dignité et personne ne s'en plaignait.

Mon département, vieux centre de radicalisme et de socialisme, relevait sur le plan politique de l'opposition. Sur les 23 élus du Conseil général, 22 considéraient de Gaulle avec méfiance sinon hostilité ; 5 sur 6 des parlementaires n'avaient pas souhaité son retour, et j'arrivai fortement marqué d'une conviction tout à fait notoire.

Mais ces adversaires, même les communistes, portaient un grand respect à l'auteur de *l'Appel du 18 juin* et, s'ils ne se gênaient aucunement pour le critiquer et éventuellement m'interpeller dans nos séances, ils ne mettaient pas en doute, à l'image de tous les Français, sa sincérité et son attachement à la cause publique.

En un mot, sur les bases de l'intérêt départemental et national, s'établirent de bons, j'écrirai même d'excellents rapports ; c'est dire le prestige dont jouissait de Gaulle.

Les communistes, je le répète, leur numéro d'indignation et de revendications terminé devant la galerie, venaient me trouver sous un prétexte ou un autre pour me parler de lui et me demander ce qu'il pensait de ceci ou de cela.

Je dirai que c'est la droite classique, ou ce qu'il est convenu d'appeler ainsi, qui manifestait la plus inconditionnelle malveillance. D'abord, là comme partout, la tromperie de Vichy avait laissé de profondes traces. La riche société, à quelques exceptions près, s'était engagée derrière le maréchal et les bousculades de la Libération lui avaient fait connaître et la peur et l'opprobre, ce qu'elle ne pardonnera jamais à de Gaulle. Une vieille et systématique défiance à l'égard des Anglais flottait aussi dans l'air. J'en cherchai la raison, qui paraissait obscure dans la mesure où les châtelains envoyaient leurs enfants à Oxford et achetaient leurs vestes de sport à Londres. Puis je découvris que la région avait été un champ de bataille et une frontière pendant la guerre de Cent Ans. Une ligne Maginot de châteaux, debout ou en ruines, dressés face au Midi, en témoignait. Ce conflit un peu longuet ne datait pas de la veille mais était-il effacé de la mémoire collective ?

L'indépendance de l'Algérie constituait le second attendu de l'acte d'accusation. Dans cette France, lente à changer d'avis, les ressentiments se révélaient tenaces. On regrettait l'époque impériale pour les emplois, le prestige, et parfois les marchés qu'elle procurait, et l'on méprisait totalement tout ce qui accusait une goutte de sang arabe. Il est vrai aussi que Poitiers n'était pas très éloigné...

— Quelques régiments de plus et on en reprenait pour cinquante ans. Il n'y a que la fermeté qui paie. Ah, si on avait laissé faire les militaires !...

Ces milieux cultivés et courtois s'étonnaient sincèrement qu'un partisan de leur adversaire juré ne viole pas leur fille et ne parte pas avec les petites cuillères.

Du côté des militaires, je fus à même de constater sur place les difficiles problèmes posés par la reconversion de l'armée.

Le colonel, délégué militaire dans le département, était un bel officier aux brillants états de service. Il avait servi en Afrique du Nord et souffrait cruellement des événements qui entraînaient le repli de la France sur son hexagone.

Dès l'annonce de mon arrivée, il me considéra comme un progressiste et un bradeur criminel. Nos rapports furent donc tendus et seuls mes titres de guerre permirent au dialogue de s'instaurer. Je saisis, grâce à cet interlocuteur sincère et de qualité, combien grandes seraient les difficultés rencontrées par de Gaulle pour reconstituer l'armée.

La dissuasion nucléaire, des officiers de cette formation le savaient, serait affaire d'ingénieurs plutôt que de meneurs d'hommes et le rôle de ces derniers irait s'amenuisant. Dès lors, par un réflexe naturel, ceux qui avaient choisi et aimé leur métier de chef à la tête d'un bataillon ou d'un régiment s'opposeraient à l'évolution, ils trouveraient toutes sortes de bonnes raisons pour que l'on maintienne le service militaire, que l'on continue à fabriquer des centaines de chars, que les divisions demeurent aussi nombreuses, et que les musiques défilent le dimanche. Ils défendraient, sans s'en rendre compte, l'armée pour l'armée, sans concevoir que l'armée n'a de raison d'être qu'en fonction de sa mission de Défense et que si un seul homme peut, avec des interrupteurs, assurer la sécurité du pays, les forces militaires doivent se réduire à ce seul homme.

Mon interlocuteur ne voulait pas comprendre cela. Pour lui, l'armée constituait la matrice qui donnait au citoyen le sens civique et le patriotisme indispensable à l'esprit de défense. De son point de vue, si l'armée se dissolvait, avec elle disparaîtrait le sentiment national. Et la France allait mourir d'une folle pratique de la démagogie qui agissait sur elle comme un acide et la détruisait après l'avoir réduite, par la décolonisation, à l'état de nation secondaire.

Cette querelle n'est pas terminée. De Gaulle imposa la première étape d'une profonde transformation. Il est à craindre que ses successeurs n'aient ni la même autorité, ni la même conviction pour la poursuivre.

Mon colonel, bien qu'à la retraite aujourd'hui, doit être heureux de constater que le nombre de « troufions » ne diminue pas, même si on ne peut leur fournir qu'un demi-bidon de carburant pour un demi-char.

⁂

Ces années 1963 et 1964 furent marquées par le Plan de stabilisation et la réforme régionale.

Je constatai que la population se sentait concernée par la lutte contre l'inflation. Naturellement, mes collaborateurs et moi-même prolongions l'action gouvernementale, mais les citoyens, producteurs, commerçants, acheteurs, soutenaient nos efforts. De Gaulle bénéficiait d'un considérable capital de confiance et, dès lors que lui-même intervenait, ses interlocuteurs, même les plus modestes, se mobilisaient.

J'écris « de Gaulle vu de loin », mais en réalité il n'était jamais lointain, il était parvenu à être présent partout. Nous recevions beaucoup, acceptions aussi de nombreuses invitations et je prenais garde de ne placer jamais moi-même le propos sur un sujet politique. Mais, quoi que l'on fît, de Gaulle devenait immédiatement le centre de la conversation. Son personnage fascinait, ses paroles engendraient la passion.

Il fascinait parce que le pays ne connaissait de lui que sa face officielle, et que celle-ci, demeurant inchangée, était restée telle qu'on l'avait imaginée. Tout le reste concernant l'homme, tout ou presque, demeurait dans l'ombre. Il sortait en pleine lumière puis il rentrait. Il y avait du mystère dans ce phénomène. L'auteur du *Fil de l'épée* a écrit : « Et, tout d'abord, le prestige ne peut aller sans mystère, car on révère peu ce que l'on connaît trop bien. » Pour lui, il sut parfaitement, jusqu'à la fin de sa vie, préserver cette partie cachée qui provoquait un immense intérêt.

La passion pour ses propos, il savait la faire naître. D'abord par la beauté de sa langue qui touchait même les plus illettrés comme une œuvre d'art émeut le berger ; ensuite par le caractère épique qu'il donnait à ses interventions. Les Français ont toujours été sensibles aux histoires chevaleresques et l'auteur, qui parlait de la France comme d'une dame savait trouver les formules qui suscitent la compréhension et entraînent l'adhésion.

Quand de Gaulle parlait, les routes du département se vidaient et les gendarmes pouvaient rester chez eux.

La Réforme régionale et départementale fut moins perçue de l'opinion. Il s'agissait d'abord de donner une consistance aux vingt et une régions de programme et celles-ci n'étaient pas encore entrées dans les mœurs. Ne correspondant pas aux régions traditionnelles, elles n'existaient pas aux yeux des populations qui ne connaissaient que le département et son chef-lieu. Les nouvelles structures, artificielles dans leur début, devaient constituer la base d'une pyramide se terminant par un nouveau Sénat associé aux choix budgétaires, les seuls qui soient vraiment décisifs.

Une fois de plus en cette affaire, pour développer la participation de tous, de Gaulle souhaitait associer aux échelons administratifs les représentants des activités locales, chambre de commerce, chambre des métiers, syndicats, associations de développement, etc. ; une fois de plus les élus, conseillers généraux et parlementaires, virent dans cette orientation une atteinte à leurs privilèges et n'eurent de cesse de neutraliser ou de coiffer ces nouvelles instances. Ils y parvinrent, et ouvrirent ainsi un nouveau théâtre à leurs activités non désintéressées.

Sans doute est-il opportun d'aborder ici la question controversée du cumul des mandats, question sur laquelle de Gaulle abandonna malheureusement sa position première qui eût sans doute modifié profondément les mœurs politiques françaises.

En effet, en 1958, lors des élections législatives, il fut décidé que, pour ce qui concernait l'U.N.R., les maires des grandes villes et les conseillers municipaux de Paris ne seraient pas candidats aux élections législatives. C'était un modeste début et il eût été souhaitable de poursuivre dans cette direction en généralisant, par un texte, l'impossibilité du cumul des mandats.

Mais en 1962, lors des élections législatives, un fort courant se dessina pour permettre aux élus locaux connus de leurs électeurs de se présenter à un mandat national. Ensuite, ce fut l'inverse : le détenteur d'un mandat national apparut comme un bon candidat aux élections municipales. Ainsi la règle orale fut-elle transgressée et, de Gaulle ne s'y opposant pas avec suffisamment d'énergie, les professionnels de la politique, même à l'U.N.R., s'empressèrent de postuler à tous les mandats qui pouvaient se présenter.

Ainsi, aujourd'hui, un seul personnage peut remplir à la fois les fonctions de maire, conseiller général — voire président du Conseil général — membre — voire président du Conseil régional —, et député — voire vice-président ou président de l'Assemblée nationale. C'est impressionnant et, certes, satisfaisant pour un collectionneur ; c'est scandaleux et absurde vu de l'intérêt d'une ville, d'un département, d'une région ou d'un Parlement.

Comment un individu, fût-il extraordinairement doué, pourrait-il efficacement faire face à tant d'obligations ? C'est impossible ; il en résulte qu'un ou plusieurs postes se trouvent occupés par quelqu'un qui n'en remplit pas la charge ; c'est-à-dire qu'il y a là une imposture. C'est ainsi du haut en bas de l'échelle de la construction politique française : M. le maire n'est pas le maire, c'est le premier adjoint ; M. le président du Conseil général confie les responsabilités à un vice-président ; M. le président du Conseil régional met en place un de ses hommes à tout faire pour tenir son rôle, etc. L'actuel mal politique français tient, en grande partie, à ce scandale permanent. Le reste est littérature.

Un texte constitutionnel, c'est-à-dire un texte solennel et auquel on ne pourrait toucher sans que de draconiennes conditions soient réunies, devrait disposer que le cumul des mandats est interdit. Ainsi les responsabilités seraient distribuées et élargie la participation de tous. Au lieu d'un élu pour les postes mentionnés plus haut, il y en aurait quatre et des milliers de nouveaux citoyens participeraient à la vie publique.

Il paraît qu'on se préoccupe en haut lieu d'apporter remède à la présente situation. Félicitons-nous-en, mais attendons pour voir.

Naturellement, un tel projet réalisera contre lui l'unanime hostilité de tous les élus : députés, sénateurs, conseillers généraux et maires, puisque chacun aspire au long de sa carrière politique à se tailler un fief inexpugnable. Nos élus, pour ce qui les concerne, s'efforcent en effet de restaurer le régime féodal. Je gage qu'ils ont eu souvent la tentation de nous proposer le rétablissement à leur profit du principe de l'hérédité des charges.

***

Dès le printemps de 1965 régnait une grande agitation autour de l'élection présidentielle.

De Gaulle se présenterait-il ou non ?

Cette élection au suffrage universel, c'est lui qui l'avait voulue. Refuserait-il de se porter candidat, et sinon, soutiendrait-il quelqu'un et qui ?

La Constitution est en place, son équilibre définitif est assuré par le pouvoir nouveau dont bénéficiera le président face au législatif, la décolonisation s'effectue sans heurt majeur, la triste affaire d'Algérie appartient au passé, le Plan de stabilisation a produit ses effets, et le franc est solide ; enfin le taux d'expansion est satisfaisant.

La France ne connaît-elle pas un de ces moments privilégiés où l'Histoire lui laisse quelque répit ?

Certes, des problèmes demeurent, tout d'abord celui de l'intégration de l'agriculture française dans le Marché commun, mais il est à penser que la ferme attitude de la France aura finalement raison de la mauvaise volonté allemande. Reste également en suspens la candidature de la Grande-Bretagne comme partenaire de la Communauté européenne. On sait que l'entrée du Royaume-Uni dans le cercle tout juste équilibré des Six, aurait pour conséquence, en raison des liens des insulaires avec le Commonwealth et de la livre sterling avec le dollar, l'effondrement de l'ensemble ; cependant l'on n'ignore pas que Londres mettra tout en œuvre pour neutraliser une force continentale qu'elle craint depuis toujours et qu'un jour viendra où un arrangement se révèlera inévitable.

De Gaulle souhaite que l'Europe des Six ait pris suffisamment de forces lorsque ce jour viendra. Il voudrait que ce soient les Six, solidement et définitivement unis sur le plan économique, qui traitent avec l'Angleterre. Il sait que personne d'autre que lui n'aura le courage de « tenir » face à la pression anglaise jusqu'à ce que les continentaux se sentent vraiment solidaires. Il ne doute pas que le lendemain de son départ d'innombrables voix se feront entendre pour que la position s'assouplisse et, les chancelleries aidant, qu'une formule soit trouvée, sauvant la face mais permettant à l'immuable Angleterre d'atteindre son habituel objectif de neutralisation. Il ne se trompait pas. Un an après sa mort, son ancien Premier ministre, devenu son successeur, trouvait la formule et, cédant à la facilité, livrait le tout jeune Marché commun à la passion dévorante de la vieille Albion.

Face à cet avenir incertain, l'on peut supposer que le Général sera tenté de disposer d'un peu de temps pour donner à la construction européenne en cours des fondements durables et par conséquent qu'il se représentera.

Peut-être aussi tiendra-t-il à mener à bien la réforme souhaitée du système monétaire international. Non pas qu'il espère trouver une formule parfaite et définitive, mais, par le maintien d'une référence à l'or, il pense pouvoir limiter la pression des grands sur les petits. Il disait volontiers que l'ère des banquiers avait succédé à celle des canonnières et que la démocratique république américaine assurait son expansion coloniale, près d'un siècle après l'Europe, mais à coups de dollars, ce qui présentait l'avantage de la discrétion et celui du respect apparent de l'indépendance des peuples. Il était facile de deviner ce qui risquait d'arriver si la possibilité était laissée aux Etats-Unis de fabriquer indéfiniment des dollars-papiers : ils achèteraient l'arc de Triomphe.

Nous sommes en 1978. Que se passe-t-il dans le monde depuis que le dollar s'est vu libéré de toute contrainte, c'est-à-dire depuis la conférence de Naïrobi en 1972 ? Deux ans après la mort du Général, son ancien Premier ministre et l'un de ses anciens ministres des Finances ayant ainsi donné aux *businessmen* la possibilité d'acheter le monde avec des petits bouts de papier, joliment imprimés, ils ne s'en privent pas.

Dans ce domaine aussi de Gaulle souhaitait assurer l'avenir. En 1968, il était tout près d'y parvenir lorsque se produisirent les événements de mai qui, jetant bas le franc, ruinèrent ses espoirs et sauvèrent le dollar. Troublante coïncidence !

Mais abordons les questions internes. Quelles raisons pouvaient le pousser à poursuivre son effort ?

Il avait vu basculer le XIXe siècle dont la forte personnalité allait marquer aussi, malgré la guerre, le premier quart du XXe, mais ce qui avait suivi manquait de forme. Une société sans caractère et qui ne nourrissait d'autre ambition que de grignoter ce qu'elle fabriquait. Tous les problèmes se résumaient, pour les dirigeants, à une question de produits et d'appétit. La faim serait-elle suffisante pour absorber tous les produits ou inversement y aurait-il assez de victuailles pour satisfaire la boulimie ?

Et quels grands desseins ? Les marxistes en avaient nourri un et la moitié du monde en fut secouée. Il leur arrivait de le secouer encore, mais le résultat crevait les yeux : la société bourgeoise, après le passage des comités d'ouvriers et de paysans, se reconstituait aussitôt. Seuls changeaient les bénéficiaires et les opprimés. Quant aux libéraux — c'est-à-dire les Américains du Nord — inspirés par un protestantisme prétendu éclairé, ils donnaient volontiers des leçons de progrès et de générosité au monde entier tout en maintenant solidement un système fondé sur l'exploitation d'un prolétariat noir et sur l'annexion de marchés étrangers par pression financière.

L'immense révolution chinoise ? Il convenait de la traiter à part. La Chine, découvrant son identité après mille fois mille nuits de prostitution, s'efforçait de repartir à zéro. Mao cassait et recassait les classes, les privilèges renaissant indéfiniment... Mais c'était là un cas particulier. Et cette autodestruction systématique des structures allait-elle durer ? Tous les Français, eux, étaient devenus de petits-bourgeois. Que pouvait signifier une révolution culturelle sur les berges de la Seine ?

Et pourtant, le problème de notre temps était bien celui de la place de l'individu dans la société mécanique. Ce problème a toujours préoccupé de Gaulle. En 1950, n'avait-il pas dit : « Un jour la machine a paru. Le capital l'a épousée : ce couple a pris possession du monde. Dès lors, beaucoup d'hommes, surtout les ouvriers, sont tombés sous sa dépendance. »

C'est pourquoi nous avons, avec Malraux, choisi cette phrase pour l'inscrire au pied du mémorial de Colombey : « La seule querelle qui vaille est celle de l'homme... C'est l'homme qu'il s'agit de sauver, de faire vivre et de développer. »

La condition du peuple, de Gaulle ne l'ignore pas. La caste des officiers telle que la montre l'affaire Dreyfus ne connaissait pas, ne comprenait pas, n'imaginait même pas la condition des prolétaires et le noir désespoir qui en est l'affreuse marque. Les guerres ouvrent parfois les yeux des officiers. On ne fréquente pas la mort avec un chaudronnier sans échanger les trois mots qui ouvrent les âmes et établissent l'égalité.

Et, dès 1940, de Gaulle comprit que la résistance naîtrait de l'amour pour la liberté, que celle-ci en serait l'inspiratrice ou que le mouvement n'existerait pas. La mobilisation avec intervention de gendarmes n'ayant rassemblé qu'un troupeau, la résistance serait l'addition d'innombrables sentiments personnels ou ne serait pas. Elle se formerait autour de : « la liberté en danger » plus que de la « patrie en danger ». La liberté, le peuple apprendra à l'apprécier. C'est sur le peuple que s'abattra le travail obligatoire, les réquisitions de main-d'œuvre ; c'est lui qui souffrira le plus du manque de ravitaillement ; c'est lui qui subira le plus durement la condition de vaincu. Le chef de famille ne disposant pas de réserves, n'étant pas libre de ses choix, sera, plus qu'aucun autre, soumis à la contrainte de l'emploi, parfois il n'aura même d'autre possibilité que celle de travailler pour l'adversaire.

De Gaulle décèle que la résistance ne trouvera sa pleine ampleur que si le peuple s'y engage. Les premiers chefs issus des milieux favorisés ne suffiront pas. Si le cheminot et le paysan ne se réveillent pas, s'ils ne sentent pas que l'essentiel est menacé, que leur patrimoine d'homme est en cause, la résistance ne trouvera pas le caractère national qui lui est indispensable.

Et la liberté, n'est-ce pas d'abord la dignité ?

Pendant la guerre, de Gaulle a dit à plusieurs reprises : « Cette guerre est avant tout une révolution. »

Parmi ceux qui vinrent le rejoindre, il y avait des hommes qui rêvaient chaque jour d'une autre société, plus libre, plus égale, plus fraternelle. Ils firent comprendre à ce penseur et à cet historien que l'occasion se présenterait, au jour de la Libération, de faire bouger ce qui apparaissait comme définitivement soudé.

De Gaulle tint compte des idées apportées par les André Philip et Georges Boris et du message à lui adressé par Léon Blum en 1941, l'assurant de sa confiance et de son appui. C'est ainsi qu'à la Libération de Gaulle saisira l'occasion. Jamais autant de réformes ne furent réalisées que pendant les seize mois du gouvernement provisoire, c'est-à-dire d'août 1944 à fin décembre 1945. Que n'aurait-il pas fait si la durée lui avait été accordée !

De même, après 1952, il sentit que son œuvre ne serait complète que s'il parvenait à résoudre — ou tout au moins à faire avancer vers une solution — le problème essentiel qui constituait le centre des préoccupations des travailleurs.

Pendant le R.P.F., dès 1947 par conséquent, les groupes d'étude mis en place et diligentés par lui s'efforcèrent de progresser sur le thème de l'association du capital et du travail.

L'idée, venue du socialisme français du XIXe siècle, adaptée aux circonstances nouvelles, parut chimérique et ne fut mise en application que par quelques petites entreprises.

En 1958, la crise à résoudre s'appelait l'Algérie ; en 1961, de Gaulle voulut utiliser son prestige pour faire progresser l'Europe, l'Angleterre, par Hollande interposée, eut raison de l'entreprise ; puis vint l'affaire du Marché commun agricole et enfin l'urgente nécessité du Plan de stabilisation. Ainsi, de 1961 à 1965, la grande réforme sociale n'avança guère. Il ne cessait pourtant d'y penser ; le 11 avril 1966 il écrivait à M. Marcel Loichot :

« Peut-être savez-vous que, depuis toujours, je cherche, un peu à tâtons, la façon pratique de déterminer le changement, non pas du niveau de vie, mais bien de la condition de l'ouvrier. Dans notre société industrielle, ce doit être le recommencement de tout, comme l'accès à la propriété le fut, dans notre ancienne société agricole. »

Mais il se heurtait à l'indifférence, sinon à l'hostilité générale.

Les syndicats, en effet, s'affirmaient comme les plus ardents opposants à toute formule risquant de mettre leur puissance en péril. Sans lutte de classes, sans opposition des employeurs et des employés, de quels leviers disposeraient-ils ? Incapables de se délivrer d'un schéma correspondant à la société industrielle du XIXe siècle, trop peu hardis pour tenter d'imaginer une nouvelle forme de lutte mieux adaptée aux impératifs de notre époque, ils n'apportaient rien de constructif susceptible de changer notre société. Et les dirigeants, comme tous dirigeants, tenaient à leurs privilèges, à leur notoriété, en un mot à leurs postes.

Quant aux patrons, par tradition, ils s'opposaient à tout ce qui pouvait provoquer un changement. Il faut reconnaître que depuis 1789, les changements intervenus — il y en eut quelques-uns depuis la réglementation du travail des enfants mineurs jusqu'aux congés payés — toutes les réformes s'étaient effectuées au détriment de ce qu'ils croyaient leur intérêt. Sans doute confondaient-ils leur véritable intérêt et leurs égoïsmes ; mais enfin, c'est ainsi, pour eux chaque mouvement provoque une perte. Alors ils se prononçaient hardiment pour l'immobilité et faisaient en sorte que ne soit pas soulevée la délicate question de la domination du capital sur le travail.

Quant aux hommes politiques, les communistes craignaient par-dessus tout une coopération entre le capital et le travail — c'était annihiler leur stratégie — ; les socialistes ne voulaient pas prendre le risque de mécontenter leurs syndicats ; les centristes, par opposition à de Gaulle, disaient non à tout ce qui venait de lui ; quant aux « gaullistes », c'est-à-dire aux élus de l'U.N.R., ils trouvaient que tout allait pour le mieux à leur bénéfice et qu'il ne fallait surtout pas trop s'agiter. Les électeurs plutôt conservateurs venaient de boire le calice de l'indépendance algérienne ; le moment n'était pas propice à un bouleversement qui ferait perdre des voix.

Le gouvernement pensait de même. Qu'en était-il du Premier ministre ? Nous l'avons dit, Pompidou n'aimait pas les secousses ; il eût été vain d'attendre de lui qu'il s'engageât sur une voie aboutissant inévitablement à un conflit. De plus, il redoutait que toute formule de participation ne finisse par porter atteinte à la liberté de gestion des dirigeants des entreprises.

De Gaulle ne pouvait compter que sur lui-même et une poignée de gaullistes dits « de gauche », ceux de l'ancienne U.D.T., l'équipe de *notre République,* les Capitant, Vallon, Debû-Bridel, Sauphar, etc. ; ceux-là ne manquaient pas une occasion de traiter avec esprit et férocité les U.N.R. de « vieux croûtons de droite », ce qui ne résolvait rien mais entretenait l'amitié et maintenait l'atmosphère à un certain niveau de pression.

En conséquence, de Gaulle estimait que lui seul pouvait aboutir à un progrès dans le domaine social. N'était-ce pas une raison suffisante pour demeurer au sommet ?

Mais d'autres considérations ont sans doute pesé en faveur d'un non-départ.

D'abord, vis-à-vis de l'opinion, comment aurait-il justifié un refus de poursuivre son effort ? Désir d'être délivré, lassitude, fatigue ? Impossible pour lui qui prêchait que le service de la collectivité pouvait tout exiger ; pour lui qui avait dit que la Patrie méritait tous les sacrifices. Mauvaise santé ? Il donnait chaque jour la preuve d'une endurance exceptionnelle. Et personne ne l'aurait cru s'il avait parlé d'indifférence. Pour qu'il puisse déposer le fardeau, un événement était nécessaire, une défaillance physique, un refus du peuple...

De surcroît, s'il décidait de se retirer alors que la situation générale ne présentait aucun élément dramatique, comment s'abstenir de prendre position vis-à-vis d'un éventuel successeur ? Du jour au lendemain, sans motif grave, s'enfermer dans le silence de Colombey et ne pas indiquer aux Français à qui donner leur confiance, était-ce possible ? De Gaulle disant : « Je me désintéresse de la suite... » ?

Non, de Gaulle ne voulait soutenir personne, il ne désirait donner son aval à personne, il n'aurait pas de successeur. En aucun cas on ne pourrait dire : c'est de Gaulle qui nous a recommandé M. X et ce M. X ne fait que des bêtises.

Certes, après lui, quelqu'un occuperait l'Elysée, mais ce serait autre chose : on aurait quitté l'épopée pour entrer dans la routine.

Toutes ces considérations le poussaient donc à solliciter un nouveau mandat. S'opposant à elles, deux forces intervenaient : l'ennui et Mme de Gaulle.

A partir de 1963, le Général n'a plus trouvé, dans les événements du quotidien, le stimulant suffisant. Sur la scène internationale qui se trouvait son terrain de prédilection, ses partenaires avaient perdu de leur intérêt : M. Khrouchtchev n'était plus là, le président Eisenhower avait montré combien peu l'intéressait la grande politique, Adenauer s'était vu remplacer par des hommes d'affaires qui ne parlaient que gros sous, McMillan ne renvoyait la balle qu'aux Américains... Le jeu n'offrait guère d'occasions de grandes actions. La mélancolie occupait les bureaux dorés et les dossiers qui meublaient les longues journées n'avaient pour saveur que celle des affaires courantes, c'est-à-dire celle de la poussière. Pour que la politique intérieure mobilisât son énergie, il eût fallu un gouvernement profondément motivé.

Enfin, il y avait le souci de Mme de Gaulle. Celle-ci considérait le Général comme un homme et comme son mari ; on ne saurait le lui reprocher. Elle estimait que l'homme méritait une fin de vie paisible. Il avait été appelé pour sortir une deuxième fois la France d'une situation tragique, c'était fait, tout le monde respirait ; le devoir accompli, le Général pouvait légitimement prétendre à un repos bien gagné.

En cette occasion comme en beaucoup d'autres, les réactions de Mme de Gaulle et des siens ne se différenciaient pas de celles d'une simple famille de fonctionnaire ou de militaire. Le rôle extraordinaire joué par le mari, père ou beau-père, n'intervenait pas dans les jugements et les décisions d'ordre intime. L'épouse du général de Gaulle, épouse de Charles de Gaulle, enviait sans doute la femme du conseiller d'Etat Y ou du général X pour lesquels l'intérêt national ne faisait pas partie des données de ses problèmes habituels.

On le sait, pour Mme de Gaulle, après la France, tout juste après, venait la famille. Les petits-enfants grandissaient. En sept ans, de bambins elle les voyait devenir des adolescents et ils ne rencontraient que rarement leur grand-père.

Quant à l'homme public, selon Mme de Gaulle, il n'avait rien à gagner à prolonger sa présence à la tête des affaires. L'avenir apparaissait fort plat et générateur d'ennuis qui terniraient l'éclat de deux grandes réussites.

— Le Général a bien mérité de se reposer, me dit-elle alors.

Elle seule savait en effet ce que cachait de travail et d'incessants efforts une apparente facilité. Sans doute constatait-elle que le Général peinait plus qu'auparavant. Bref, Mme de Gaulle souhaitait que la grande entreprise se terminât là.

— Ne le poussez pas à rester, m'a-t-elle dit aussi, c'est un mauvais service à lui rendre.

Mais, sur ses intentions, le Général restait très secret. Parfois il nous interrogeait pour connaître notre réaction, parfois il affirmait qu'il était décidé ; toutefois, le connaissant, nous savions que ces échanges ne signifiaient pas grand-chose.

Les visiteurs de l'extérieur sortaient souvent très excités de son bureau en affirmant :

— Le Général ne se représentera pas, il me l'a dit formellement.

Ou bien ils déclaraient tout juste le contraire :

— Naturellement, le Général est décidé à se représenter, il m'en a fait la confidence.

Ces « révélations » alimentaient copieusement la chronique. En réalité, rien ne fut décidé avant la rentrée.

En juillet, en octobre et en novembre, les ministres du Marché commun se réunissent à Bruxelles en l'absence de la France. C'est une partie de poker qui se joue. Naturellement, les partenaires de la France attendent de savoir si de Gaulle restera ou non. S'il reste, ceux-ci devront céder et ils le savent ; s'il s'en va, au contraire, il deviendra possible de contraindre la France et de lui imposer une solution de compromis au détriment de ses agriculteurs.

Cette considération fit-elle aussi pencher la balance de la décision ? Peut-être.

Sur le choix du Général, Pompidou, Premier ministre, n'en savait pas plus que l'homme de la rue et enrageait. En vain s'efforçait-il d'arracher au Général quelque prise de position susceptible d'éclairer la suite.

Nous sentîmes progressivement naître chez lui une espèce d'inquiétude qui devint une angoisse.

Il faut reconnaître que la situation ne manquait pas d'être inconfortable et presque intenable pour l'occupant de Matignon. On lui demandait d'être un fidèle adjoint, presque sans personnalité, et de se trouver néanmoins prêt à jouer, si les circonstances l'exigeaient, un rôle politique de premier plan.

On entendait qu'il demeurât un super-directeur de cabinet, effacé et discret, mais qu'il soit aussi suffisamment connu du pays pour paraître éventuellement sur le devant de la scène.

Georges Pompidou éprouva profondément les inconvénients de cette contradiction.

Comme lui, tout homme en cette circonstance se serait posé la question de son avenir. Sans doute, ce moment-là fut-il très important pour l'ancien professeur ; sans doute connut-il là sa minute de vérité.

Il était Premier ministre depuis plus de trois ans. De simple collaborateur, il s'était métamorphosé en homme politique. Remercié un jour par le chef de l'Etat comme Michel Debré, regagnerait-il le secteur privé et se consacrerait-il aux affaires, finirait-il comme président d'une grande banque ?

Comme il ne se voyait pas embrassant une simple carrière de député, comme il ne s'imaginait pas ministre sous l'autorité d'un autre Premier ministre... Dans la voie publique, aucun autre débouché ne se présentait que l'Elysée.

Remplacer de Gaulle ?

Le ferment entra dans l'esprit dès que cette question se vit formulée. Le seul fait de la poser, et le Général faisait en sorte qu'elle fût posée, entraînait la réponse.

Pour Georges Pompidou, le choix ne revêtait pas un caractère facile. On le sait, il appréciait la vie et ses innombrables éventualités, et la perspective de s'enfermer — fût-ce dans un palais et même pour une tâche d'une envergure exceptionnelle — ne lui souriait guère. Quant à Claude, sa femme, elle repoussait avec terreur la perspective d'une existence consacrée au service de l'Etat, c'est-à-dire austère, ingrate, et placée tous les instants sous l'œil de l'opinion.

Cependant Pompidou aimait la sensation de dominer, c'est dire qu'il choisit délibérément d'atteindre le sommet. Dès lors, il devint impatient. La décision prise, il n'avait qu'une hâte : en voir la réalisation.

Cette impatience fut-elle perçue par le Général, ce dernier éprouva-t-il le sentiment que le numéro deux ne désirait rien tant que prendre la place du numéro un, saisit-il dès ce moment qu'il n'avait plus en face de lui un collaborateur mais un concurrent ? Pour ma part, je le crois.

Un indice, en effet, avait alerté le Général. Le fait remontait à la fin de l'année 1963 lors des Assises nationales de l'U.N.R. Dans son discours de clôture, Pompidou, pour la première fois, s'était permis une allusion à la succession du Général en assurant que celle-ci irait à ses « héritiers naturels ».

Je sais que le Général avait estimé ces propos prématurés, désobligeants et inutiles et qu'en 1965 ils demeuraient présents à son esprit.

De plus un livre paru à ce moment et intitulé *Le destin secret de Georges Pompidou* *, dont on savait que le héros de l'ouvrage, faute de pouvoir en empêcher l'initiative, avait étroitement suivi sa rédaction, n'est sans doute pas étranger au sentiment éprouvé par de Gaulle.

Dès le début de l'été 1965, les éléments d'un drame shakespearien se trouvent donc en place. Le décor est dressé, l'argument inexorable est écrit. Le roi et son féal le plus proche vont s'affronter.

Trop attaché moi-même au Général et sans doute excessive-

* Merry Bromberger, Fayard, 1965.

ment naïf, je ne décelai pas avant l'automne le caractère aigu de la situation.

Plus tard, je devais me trouver au cœur du conflit et devenir un des acteurs de la tragédie. Je nomme cela une tragédie parce que la mort est venue par deux fois apposer son sceau à la fin des actes.

X

LE SECOND SEPTENNAT

Le Général ne souhaitant pas que sa campagne électorale, si campagne il y avait, fût menée par une formation politique, je m'en trouvai chargé.

J'estimais que le cadre de l'Association nationale convenait à l'accomplissement de cette mission touchant personnellement le Général. C'est pourquoi je m'installai rue de Solférino et constituai une équipe.

En firent partie et servirent sans compter : Henri Gorce-Franklin, Sonia Eloy, Simone Bruneau, Emile Fauquenot, Guy Roulier, Jean Avot, Olivier Bizot, Jean Runel, Nicolas Vyrouboff, Georgette Rocafulle et bien d'autres encore.

Nommé à la présidence d'une société d'Etat, la Sofirad, je regagnai Paris début septembre 1965. Mais préparer une campagne nationale d'un caractère entièrement nouveau sans la participation du principal intéressé n'est pas une entreprise facile. En effet, de Gaulle nous informa qu'il ne ferait connaître sa décision qu'un mois avant la consultation.

Nous eûmes donc à prévoir affiches, déclarations et documents de propagande sans recueillir l'avis de l'éventuel candidat et aucune fabrication ne put être lancée avant le fatidique 4 novembre, date choisie pour l'annonce publique de ses intentions.

Nous avions alors des réunions très fréquentes autour de la table couverte d'un tapis gris de Matignon. Nous assistions à la mise en place des campagnes des divers concurrents sans pouvoir agir.

Le silence du Général nous gênait peut-être, mais les embarrassait aussi, et il faut reconnaître que sa décision de n'ouvrir la partie que trente jours avant le jour du vote limita de la façon la plus efficace l'ampleur de l'affrontement.

A l'issue d'une de nos réunions, Pompidou me fit entrer dans son bureau pour me dire ceci :

— Pierre, je ne suis pas plus avancé que vous quant aux intentions du Général. Naturellement, tout doit être en place pour sa campagne, mais tout doit être également en place pour une autre campagne. N'en parlez pas mais agissez en conséquence. Je tiens à votre disposition les renseignements personnels dont vous pourriez avoir besoin.

Georges Pompidou avait parfaitement raison d'envisager une hypothèse différente de celle que nous souhaitions tous.

De mon côté, j'avais bien entendu réfléchi à la solution de remplacement, mais cette conversation matérialisa brutalement une perspective dont la portée m'apparut avec toutes ses conséquences. N'y avait-il pas d'autre solution ?

Naturellement, il y avait Michel Debré auquel le Général avait annoncé un grand avenir le jour où il lui rendait sa liberté. Un troisième homme allait-il apparaître au troisième acte ?

Mais, placé au sommet, Georges Pompidou, Premier ministre, se trouvait disposer de tous les moyens de s'imposer. Il tenait les leviers de commande, ses moindres propos se voyaient aussitôt diffusés et il rencontrait régulièrement le général de Gaulle.

Toutefois, il s'aperçut qu'il lui manquait l'appui de l'U.N.R. Le grand mouvement, qui se présentait comme l'appareil au service du gaullisme, connaissait peu le chef du gouvernement et ne l'appréciait guère. Volontairement Pompidou s'était tenu à l'écart du R.P.F. et n'avait pas participé à sa renaissance sous la forme de l'U.N.R. en 1958 ; les responsables locaux et les militants, jusqu'au jour de son arrivée à Matignon, ne savaient rien, ou presque, de lui et les dirigeants nationaux n'avaient pas apprécié la nomination par le Général d'un personnage ne sortant pas de leurs rangs.

Pompidou se trouva découvert de ce côté alors qu'il était essentiel à un futur candidat de pouvoir compter sur l'aide active des fédérations et groupements professionnels de la formation revendiquant le monopole du gaullisme.

Des avances furent donc décidées en direction de l'état-major de la rue de Lille, des invitations furent lancées et Frey et Guichard s'employèrent à « vendre » Pompidou aux bataillons gaullistes.

De sa faiblesse vis-à-vis de la formation politique, Pompidou devait se souvenir et, dès la réélection de 1965 passée, dès janvier 1966, il fit en sorte que le Premier ministre, c'est-à-dire lui-même, devînt le chef effectif de l'U.N.R.

Jusqu'au 4 novembre au matin, nous n'avions aucune certitude sur les intentions du Général. Pompidou le vit le matin de son enregistrement et nous rapporta la nouvelle. Il en fut sincèrement soulagé, conscient qu'il était de ne pas encore « exister » politiquement. Il lui fallait une occasion de s'imposer, un petit 18 juin, si modeste qu'il fût. On verra qu'il crut le trouver.

Je me gardai de me rendre à l'Elysée lors de l'enregistrement ; je reçus l'émission et le message qu'il contenait comme un simple citoyen. Cela se passa à la clinique aux côtés de ma femme et de ma petite fille de deux jours. Je trouvai de Gaulle peu explicite et froid. Il manquait la touche de sentiment qu'il savait pourtant donner quand il le voulait. Je sentis que, en vérité, il n'aimait pas avoir quelque chose à demander : pas plus les suffrages que quoi que ce soit d'autre.

De Gaulle avait donc choisi de rester et d'accomplir un nouveau parcours. Finalement, quel argument l'avait emporté ? Certes, il voulait poursuivre dans les directions qui ont été rappelées, mais intervint, je m'en aperçus, une considération d'un autre ordre.

En 1946, il était parti en déclarant : « Le train est sur les rails. » C'était vrai, mais l'opinion lui avait reproché d'avoir quitté les commandes alors que l'ouvrage était très loin d'être terminé. Sensible à cette critique, il ne voulait pas donner l'impression qu'il était celui qui n'achevait pas, celui qui vient lorsque les choses vont mal mais qui n'est pas capable d'administrer des périodes calmes.

Il lui eût été pénible d'entendre commenter son départ comme un nouvel abandon. Si le désir de mener à leur terme quelques desseins intervint, le Général savait, il l'a dit et écrit, que rien n'est jamais accompli. Tout est à recommencer, toujours, et il ne pouvait pas espérer qu'il atteindrait tel résultat sans que celui-ci fût aussitôt remis en cause. Quant à la pérennité des constructions, il demeurait sans illusion.

Pendant les trente jours de la campagne, la rue de Solférino redevint une ruche bourdonnante. Le nombre des questions à régler se révéla considérable, ne serait-ce que parce qu'il nous fallut trouver dans chaque département un représentant du candidat non engagé dans l'U.D.R. et qui en fût digne, et aussi... parce que le papier vint soudainement à manquer !

Naturellement, tous les textes devaient être revus par le Général que les formalités électorales agaçaient.

Des affiches ? A quoi bon, les Français me connaissent. Une profession de foi ? Ils savent ce que je leur propose, je le leur ai dit et l'ai répété cent fois. Des interventions à la télévision, après ou avant M. Barbu ? Certainement pas.

On le voit, notre tâche se révélait quelque peu malaisée.

Pour l'affiche nationale que réclamaient les militants, vers quel type s'orienter ? Représenter de Gaulle, l'idée que les Français se faisaient de De Gaulle, soulevait bien des controverses et je recevais des conseils de tous. Finalement je choisis, entre vingt projets, après l'avoir montrée à deux ou trois amis, une photographie agrandie en trois couleurs et fortement tramée. Elle plut, je crois, aux Français. Certains disent que ce fut la plus belle affiche réalisée sur le Général.

Le choix pour la photographie figurant sur la déclaration destinée à chaque électeur fut, par contre, mauvais. Le Général y paraissait vieux et désabusé. Je l'ai déjà dit, de Gaulle a été photographié des centaines de milliers de fois et aucun des clichés qu'on m'apportait ne convenait. Pour la déclaration du second tour, je retins la photographie officielle prise à l'Elysée mais qui paraissait bien fade une fois reproduite en noir et blanc.

Notre imprimeur Matot réalisa aussi une affiche bleue reproduisant la déclaration sur laquelle apparaissait le visage du Général pour peu qu'on s'en éloignât de quelques mètres.

Evidemment, la presse se passionnait pour cette compétition d'un genre nouveau et les états-majors des candidats subissaient un véritable harcèlement de la part des journalistes.

Sur de Gaulle, une fois de plus, les chroniqueurs se voyaient frustrés des petites nouvelles et des ragots qui rendent les papiers savoureux. Pis : ils étaient pratiquement privés d'informations. En effet, le candidat de Gaulle se trouvant être également chef de l'Etat, il nous était apparu souhaitable que la plus grande discrétion préside à notre action. Malgré les pressions dont je fus personnellement l'objet, je refusai toute interview, tout entretien ; la rue de Solférino fut sévèrement protégée et notre équipe réussit à ce que sa photographie ne parût pas dans les grands hebdomadaires à côté de celles des états-majors des autres candidats.

La propagande mise en œuvre se devait de rester dans une limite raisonnable et le nombre de nos affiches et de nos documents fut inférieur à celui de la plupart des concurrents.

De Gaulle nous intima l'ordre d'éviter toute attaque personnelle. Il est vrai, de telles pratiques constituent l'un des aspects les plus critiquables des campagnes politiques, mais, dans le cas dont il s'agit, vraiment, c'était nous tenir en laisse.

Avoir en face de soi le héros du prétendu attentat de l'Observatoire et ne pouvoir rappeler les circonstances de cette honteuse comédie, c'était nous frustrer de quelques bons moments. La décision prise par de Gaulle l'honorait et maintenait son action d'information au niveau qui convenait, toutefois, ne pas rappeler les multiples retournements de veste, les exploits dans le saut de haies du candidat de la gauche, n'était-ce pas aussi manquer à notre devoir d'information ?

Naturellement, les autres postulants ne s'embarrassaient pas du même scrupule. Ils s'employèrent à salir le Général mais ils n'avaient pas grand-chose à se mettre sous la dent. On ne rencontrait pas souvent de Gaulle à Saint-Germain-des-Prés et il ne courait pas après les demoiselles de quinze ans.

L'événement de la campagne fut l'intervention de la télévision dans le heurt des personnalités. Pour la première fois apparut ce moyen de contacts entre quelques individus qui s'affrontaient et le corps électoral. Pour des motifs d'ordre public, en raison de l'extrême tension provoquée par le drame algérien, mais aussi par manque d'expérience, la R.T.F. ne s'était pas encore aventurée sur le terrain des émissions politiques. Les électeurs furent fascinés et l'audience se révéla considérable. On ne sortait plus de chez soi pour voir et entendre MM. Lecanuet, Mitterrand, etc. C'était un spectacle inédit, à la fois dramatique, sportif et parfois comique. Or, avant la consultation du 5 décembre, de Gaulle refusa d'utiliser ses temps de parole.

Par acquis de conscience, j'avais demandé plusieurs sondages pour aiguiller la propagande et savoir à quoi nous en tenir. Les informations obtenues ne manquaient pas d'être vagues. Les seuls chiffres qui m'intéressaient vraiment étaient ceux de la cote personnelle de De Gaulle. La même question étant posée depuis des années — dans les mêmes termes et à un échantillonnage comparable — la courbe des réponses me paraissait une indication vraiment valable. En l'occurrence, la variation ne donnait pas de précision à quelques points près et c'étaient justement ces points, 2 % au-dessus ou en dessous d'une certaine barre, qui nous importaient.

Dans les quelques jours qui précédèrent le vote, nous éprouvâmes le sentiment d'un certain flottement. De province nous arrivaient des avertissements : le Général allait-il répondre aux attaques, et quand ? De Gaulle ne parla en effet que deux fois, brièvement et sans polémiquer, c'est-à-dire que les critiques et insinuations des adversaires, restant sans réponse, prirent de l'importance. Lecanuet n'était pas mauvais, il paraissait sincère et les arguments et les promesses de Mitterrand portaient.

De Gaulle était seul contre sept candidats qui s'opposaient à lui d'une façon ou d'une autre, il s'obstinait à ne pas riposter et se refusait à démontrer le peu de consistance des attaques. Pendant quinze jours, tous les soirs, durant près de deux heures, des orateurs s'employaient à le juger, à le condamner, voire à l'insulter. Mais l'intéressé ni personne ne réagissait aux allégations et injures !

Nous insistâmes. Le Général resta inflexible, il parlerait

l'avant-veille du scrutin comme président de la République mais il se refusait toujours à descendre dans l'arène comme candidat et à rendre coup pour coup.

Il parla donc une dernière fois le 3 décembre, mais l'allocution, courte et élevée, ne réfutait aucune attaque et ne traitait que fort peu de l'avenir.

Là-dessus, pour respecter la tradition, il partit pour Colombey.

Je suivis l'arrivée des résultats rue de Solférino, à l'Elysée, à Matignon et au ministère de l'Intérieur.

Le Général ne réunissait pas la majorité absolue. Il y avait, pour la première fois depuis juin 1958, moins de 50 % des voix pour, nous nous trouvions devant un ballottage.

Ce soir-là, avec tous ceux qui avaient œuvré autour de moi, je fus consterné. Quoi, les Français oubliaient si vite !, leur ingratitude se manifestait avec tant de précipitation !

Qu'allait faire le Général ?

Le lendemain, Burin des Roziers, le subtil et combien perspicace secrétaire général de la Présidence et Pompidou eurent de Gaulle au téléphone. Il rentrerait le mardi. Il leur fit comprendre qu'il hésitait sur le parti à prendre.

Quels furent ses sentiments pendant ces quelques heures ? Il se souvint certainement de la coalition des partis politiques écartant Clemenceau au lendemain de la victoire, de la cruauté du peuple anglais chassant Churchill au lendemain de la guerre ; il se rappela Dakar, son départ de 1946, etc. Mais, une fois de plus, la situation ne supportait la comparaison avec aucune autre. S'il se retirait de la lutte, un homme tel que Mitterrand risquait de devenir le chef de l'Etat, ou un Lecanuet. C'était leur abandonner la place. Qui pouvait avoir confiance dans le premier, dont la carrière publique avait successivement pris toutes les directions et qui paraissait respecter fort peu la justice de son pays, comment laisser libre devant lui le chemin de la magistrature suprême ? Que penserait l'étranger, quel crédit deviendrait alors celui de la France !... La victoire de Lecanuet, ce serait surtout la victoire du parti des Etats-Unis, des ex-partisans de la C.E.D., cela revenait à accepter que Washington décide pour Paris, c'était sonner le glas de l'indépendance nationale et accepter le retour à la démission permanente de la France.

Certes un ballottage après les résultats des précédentes consultations présentait un caractère désobligeant et pouvait diminuer le prestige de De Gaulle, mais aussi, quelle meilleure réponse aux sourcilleux démocrates qui ne cessaient, à son égard, de parler de pouvoir personnel, voire de dictature ? Où et quand avait-on vu un dictateur en ballottage ? La Ve République pouvait donc être considérée comme exemplaire, ses institutions jouaient pleinement, une campagne entièrement libre, sévère, venait d'avoir lieu ; l'opposition avait disposé largement de la radio et de la télévision ; les conditions de la campagne, égales pour toutes, ne soulevaient aucune critique, et de Gaulle arrivait loin en tête.

Une renonciation après ce résultat ne serait-elle pas interprétée comme un refus de la règle démocratique, ne dirait-on pas : puisqu'il n'est pas plébiscité, de Gaulle s'en va ? Alors qu'au contraire, se pliant jusque dans les détails à la règle commune, ne grandissait-il pas son personnage ? De Gaulle tout-puissant, disposant de tout et jouant le jeu jusqu'au bout, acceptant comme une donnée normale l'absence de reconnaissance...

Devant cette hésitation nous éprouvâmes une profonde angoisse. La France allait-elle retomber et connaître à nouveau le régime impuissant des partis ? Et de Gaulle, enfermé à Colombey, se trouvait inaccessible.

Je me demandai si la campagne pouvait être rendue responsable de ce résultat. Notre équipe et moi-même étions-nous coupables de quelque maladresse majeure ?

Non, les milieux politiques et la presse constatèrent que l'affaire s'était jouée sur un autre plan. L'irruption de l'opposition à la télévision, le silence du Général, l'absence de réponse aux attaques, le goût des Français pour la contradiction, l'attrait du changement, l'agacement aussi de voir toujours les mêmes têtes : telles étaient, sept années après 1958, les raisons de la réserve de quelques centaines de milliers de Français à l'égard de De Gaulle.

Si le Général décidait de poursuivre, il nous fallait absolument obtenir qu'il intervînt personnellement et qu'il répondît aux attaques avant le deuxième tour. Ce qu'il fallait, c'était que le Général descendît personnellement dans l'arène. C'est cela, principalement, qui avait manqué.

Que faire s'il renonçait ? Comment poursuivre l'action si de Gaulle lui-même s'en retirait ? Dans cette hypothèse, j'étais partisan de renoncer au gouvernement, de maintenir notre position au Parlement et de laisser aux autres le soin de diriger les affaires. Nous ne pouvions donner notre caution ni à Mitterrand ni à Lecanuet. Mais je vis que tout le monde ne pensait pas comme moi et qu'on envisageait toutes sortes de collaborations. Les arguments favorables au renoncement paraissent toujours plus séduisants que ceux qui incitent à la fermeté.

Jacques Vendroux nous raconte que le fameux lundi d'anxiété, étant allé voir le Général à Colombey, celui-ci ne lui fit pas formellement part d'une décision. Il lui dit toutefois qu'il penchait plutôt vers le maintien de sa candidature et lui confirma aussi que Mme de Gaulle souhaitait qu'il se retire. Jacques Vendroux, qui ne se trompait jamais sur les réactions de De Gaulle, estima que son beau-frère se représenterait. Au moment où Jacques Vendroux le quittait pour regagner Paris, de Gaulle lui recommanda de laisser supposer qu'il inclinait plutôt vers un départ.

Etait-ce pour garder jusqu'au dernier moment sa liberté d'appréciation, était-ce pour augmenter le « suspense » ?

Cette attitude est bien dans la manière de De Gaulle, lequel, à maintes reprises en 1940, en 1946, en 1958 et avant le dépôt des candidatures, et ensuite en plusieurs occasions, tint à maintenir et à épaissir si possible le secret de ses intentions. Faut-il voir là un reste de son éducation chez les jésuites ou la survivance d'un principe militaire ?

De retour à Paris, Jacques Vendroux provoqua l'inquiétude dans les couloirs du Palais-Bourbon en faisant grise mine.

Dans ces mêmes couloirs, certains répandaient la nouvelle que « Georges Pompidou aurait exprimé l'avis que le Général ferait mieux de se retirer ». Déjà !

Le mardi matin, de Gaulle revint et nous fûmes fixés dans l'après-midi : il continuait.

Notre soulagement faisait plaisir à voir. Dès son retour, une offensive fut lancée ; Burin des Roziers et Foccart obtinrent du Général qu'il descende de l'Olympe et réponde à une série de questions sur les principaux points dont se souciaient les Français.

— Ils veulent me voir en pyjama, observa-t-il.

La question d'un interlocuteur familiarisé avec la télévision se posa. Nous proposâmes Michel Droit qui fut accepté. Ce dernier a raconté avec talent l'élaboration des entretiens et je n'ai rien à y ajouter sinon insister sur l'entière liberté qui lui fut laissée pour la formulation et la portée de ses questions.

La seconde campagne, grâce aux interventions du Général, au fait qu'il n'avait plus qu'un adversaire, et aux efforts de Georges Pompidou, se déroula plus aisément. Le Général se prit lui-même au jeu, il saisit l'occasion de ces émissions d'un style nouveau pour trouver un ton moins solennel et plus familier. Sa gouaille, que nous connaissions mais que la plupart des Français ignorait, put s'exercer et se traduire par des traits qui firent mouche. En fin de compte, il apprécia que ses prestations devinssent des dialogues et, plus tard, il revint de lui-même à la formule.

Le soir de l'élection, le résultat acquis, je pense qu'une ère nouvelle va commencer, un septennat différent du premier dont les difficultés étaient particulières. De Gaulle devrait prendre à bras-le-corps les questions sociales et, mettant tout le poids de son crédit en œuvre, tenter d'ébranler les constructions auxquelles personnes n'a voulu toucher. J'en parle sur le moment même à Pompidou, qui reçoit ses amis à Matignon.

« La participation, mais vous savez bien que c'est une plaisanterie ! me répond-il. Je voudrais bien que vous m'expliquiez ce que ça veut dire. Croyez-moi, il ne faut pas réveiller le secteur. Vous et vos gaullistes de gauche, ne comptez pas sur moi. D'ailleurs, je ne serai peut-être plus là demain. »

La question se pose en effet, et il appartient à de Gaulle, nouvellement réélu, de constituer un autre gouvernement. Pompidou restera-t-il à Matignon ?

Au fond de lui-même, le Premier ministre n'en doute pas. Le Général, pense-t-il, souhaitera démontrer par le maintien du même chef de gouvernement l'absolue continuité du régime et de ses intentions. Les élections normales interviennent, l'action se poursuit vers le même objectif avec les mêmes grands responsables. La Ve République prouve sa solidité et continue.

Mais, depuis 1962, Georges Pompidou a changé. Quoi de plus normal ? La pratique du pouvoir transforme inévitablement les personnalités. Si le goût de la puissance n'est pas à l'origine, il vient vite et occupe une place de plus en plus grande. L'habitude se prend facilement de la convergence des individus et des affaires vers soi. Chacun sait combien facilement apparaît normale à celui qui commande la subordination des autres.

Pompidou, qui avait su, autrefois, écarter de lui la coupe aux délices ne souhaitait plus se trouver un verre vide à la main.

Renouvelé dans ses fonctions, ayant senti l'insuffisance de ses arrières et la fragilité de sa position, il décide de modifier les rapports de forces. Tout d'abord, il est souhaitable qu'il prenne une envergure personnelle, qu'il ne soit plus seulement l'homme du Général, mais qu'il existe par lui-même, en tant que personnage politique. Et pour cela, sans doute se révélera-t-il nécessaire qu'il s'oppose un jour publiquement au Général, qu'il montre ainsi qu'il n'accepte pas le rôle de simple exécutant.

Ensuite, il lui est indispensable de pouvoir disposer du mouvement, de l' « organisation gaulliste », c'est-à-dire de l'U.N.R. Il ne peut prendre le risque de voir une autre vedette, poussée par les instances, se dresser en concurrent, constituer une solution de rechange.

A la lumière de ce plan soigneusement appliqué — c'est ainsi que le 13 janvier 1966 Georges Pompidou préside pour la première fois le Conseil politique de l'U.N.R. — s'éclaircissent bien des péripéties et des décisions des vingt-huit mois qui séparent ce mois de janvier 1966 de mai 1968 ; de même, les journées mouvementées de ce fameux mois, ainsi que les semaines suivantes apparaissent sous un jour différent.

⁂

De Gaulle se trouve donc devant un nouveau chapitre.

Mais la composition du gouvernement qui suit l'élection ne marque malheureusement nulle intention particulière, on poursuit ce qui est entrepris. Aucun n'y figure de ceux dont les noms auraient signifié qu'on allait s'attaquer au problème social : ni Louis Vallon, ni René Capitant. Le Général a-t-il pensé à eux, Pompidou s'y est-il opposé ? Quoi qu'il en soit, ce choix est lourd de conséquences.

Dès le tout début, le nouveau septennat donne une impression de morne platitude.

Sans doute de Gaulle ne « sentait-il » pas son terrain, sans doute, atteint par le résultat du premier tour de l'élection, se disait-il que Pompidou avait raison, que la France n'aspirait qu'au calme et à la prospérité, et qu'il ne convenait pas de la secouer de nouveau par des réformes qui, une fois de plus, se trouveraient combattues par les partis, les syndicats, la presse et bien entendu les salons du XVIe arrondissement et de Neuilly. Pourquoi de Gaulle n'aurait-il pas été las de repartir seul en croisade ? C'est une hypothèse qui expliquerait l'absence d'un ferme dessein.

De plus, la tendance des formations constituant la majorité, et soutenant officiellement de Gaulle, l'U.N.R. et les Indépendants, s'apparentait plus à l' « enrichissez-vous » du second Empire qu'à la profession de foi de l'ancien chef du R.P.F. : « Nous prétendons faire de la France ce qu'elle doit être suivant sa vocation, je veux dire un modèle et un guide quant à la condition des hommes. » *

De Gaulle allait-il se laisser neutraliser ? Avec le recul du temps et l'enseignement de l'Histoire, l'on constate que ces deux années, 1966 et 1967, marquées du conservatisme, sont grosses des événements de mai 1968.

⁂

L'élection passée, la rue de Solférino retrouve son rythme de vie normal. Je deviens officiellement président de l'Association nationale en mars 1966. A la demande du Général, je maintiendrai à l'organisation son potentiel d'intervention.

La direction de la Sofirad, qui m'a été confiée en septembre 1965 par le Conseil des ministres, va m'absorber beaucoup. Il s'agit d'y mettre de l'ordre, de maintenir la position des pouvoirs publics dans les nombreuses filiales et d'assurer leur développe-

* 11 février 1950. In *Discours et messages,* t. II, p. 336.

ment. Cette société gère les participations de l'Etat dans les postes de radiodiffusion et de télévision périphériques ou étrangers.

Ce secteur des grands médias vivant de la publicité se révèle des plus animés. De gros intérêts se trouvent en jeu dont le moindre n'est pas l'influence politique. Les capitaux privés et publics se mélangent, les législations de plusieurs pays se contredisent et s'affrontent, la concurrence joue à fond entre deux sociétés d'un même groupe, bref, l'affaire exige qu'on s'en occupe pleinement.

Je serai brillamment secondé par Henri Dolbois. En sept années de collaboration, nous ne nous sommes heurtés qu'une fois : sur le style à choisir pour son nouveau bureau.

Par la Sofirad, et mon intermédiaire, le pouvoir était en mesure de superviser les émissions d'information, notamment d'Europe n° 1, de Radio Monte-Carlo, Sud-Radio et Télé Monte-Carlo. L'Etat n'était présent à Radio Luxembourg que par l'intermédiaire de la société Havas et, juste avant mon arrivée, il avait été question que la Sofirad rachète un important paquet d'actions de cette entreprise malgré l'opposition de la majorité luxembourgeoise. Or, c'était l'époque où la France avait claqué la porte du Marché commun pour faire céder les Allemands sur l'intégration de notre agriculture et nous avions besoin de la voix des Luxembourgeois pour gagner l'épreuve de force. C'est pourquoi Couve de Murville fit pression pour que l'opération ne se réalise pas. Je le vis à ce sujet mais, arrivé trop tard, je ne pus sauver le projet.

Quoi qu'il en soit, les filiales de la Sofirad représentaient vingt à trente millions d'auditeurs et les informations diffusées sur les diverses antennes pouvaient influencer une part importante de l'opinion.

De Gaulle avait souvent été irrité par le caractère systématiquement critique des commentaires dont toute information politique se voyait plus ou moins assortie et son désir, à l'origine, était sans nul doute de mettre fin à cette grogne perpétuelle en utilisant les moyens dont disposait l'Etat dans chaque société.

Il nous donna des instructions précises : les postes périphériques étaient en permanente contravention avec la loi sur le monopole reconnu à la R.T.F., ils bénéficiaient d'une tolérance et il importait de le leur rappeler quand ils trouvaient au régime actuel, si libéral vis-à-vis d'eux, tant de défauts et de mauvaises intentions. Surtout, il n'était pas convenable que les sociétés dans lesquelles l'Etat possédait des participations importantes s'emploient jour et nuit à critiquer la politique et les décisions de ce même Etat.

J'approuvai, bien entendu, et je dois reconnaître que j'étais aussi convaincu que le Général de la nécessité de mettre fin à ce systématique dénigrement. Il n'y avait, me semblait-il, aucune raison pour que le gouvernement subisse constamment des attaques venant de sociétés dont la fortune matérielle dépendait de son bon vouloir.

Par ailleurs, personne ne doute qu'il soit plus facile de critiquer que de gouverner.

J'arrivai donc animé des plus sévères intentions. Les problèmes financiers m'accaparèrent pendant quelques mois. Après avoir étudié les rouages et les mœurs, considéré l'action gouvernementale de l'extérieur, je me posai la question du contrôle des émissions. Je n'avais pas oublié les conséquences de l'irruption, lors de l'élection présidentielle, de l'opposition sur les ondes, et je me demandais comment agir pour concilier le respect de l'Etat et la liberté.

En l'occurrence, le principe de la liberté de la presse ne me paraissait pas se poser. L'Etat était majoritaire de fait ou entièrement propriétaire d'un certain nombre de stations de radiodiffusion et, comme tout exploitant d'une entreprise, même de presse, il avait le droit d'avoir son opinion et de la faire connaître par le canal de ces entreprises. Personne ne critique *Le Monde* ou *Le Figaro* de représenter une tendance, de nourrir une opinion et de les présenter ou de les défendre tout au long de leurs colonnes ; sans pour autant que la parole soit refusée aux représentants de telle ou telle autre conviction.

Je me sentais donc en droit de suggérer aux rédactions un peu de réserve quant à leurs critiques et un peu plus d'intérêt pour les efforts du pouvoir. Europe n° 1 se gardait bien de critiquer le gouvernement allemand parce que ses émetteurs se trouvaient en Sarre ; Radio Monte-Carlo ne disait que du bien du prince de Monaco et de la Société des Bains de mer ; et Sud-Radio, qui s'appelait alors Andorre-Radio, ne mettait pas en cause le Conseil des vallées d'Andorre. De son côté, RTL ne trouvait jamais rien à redire ni à la politique luxembourgeoise ni à celle suivie par Bruxelles. Dès lors, pourquoi ces honorables stations criaient-elles toujours haro sur tout ce que faisait l'Elysée ou Matignon ?

Il y avait, dans cette attitude, une certaine forfanterie dont l'habituel désir de faire sensation n'était pas absent. On ne l'ignore pas, il est plus amusant d'égratigner que de louer. En un mot, je n'aurais eu aucun scrupule à rappeler à la décence des messieurs qui cédaient à la tentation de se payer de bonnes soirées sur le dos de leur protecteur.

Mais, outre que ce rôle de censeur m'était parfaitement désagréable, il me parut que l'usage de notre droit d'intervention serait sot, dangereux et à courte vue.

Sot parce que vouloir atténuer une hostilité par la contrainte n'a jamais fait disparaître cette hostilité, bien au contraire. Dangereux parce que cela semblerait en contradiction avec ce que nos concitoyens appelaient la liberté d'expression, et finalement à courte vue parce que vouloir ôter aux Français l'habitude de la critique était une entreprise démesurée et vouée à l'insuccès.

J'eus donc avec le Général une explication ; je lui fis part de ma conviction et de la nécessité de laisser subsister une soupape par où pouvaient s'échapper tous les gaz détonants. Par ailleurs, j'essayai de lui montrer l'inanité d'une action de contrôle politique laquelle, aussitôt rendue publique et à grands cris par tous ceux que cela indisposerait, laisserait croire qu'il y avait beaucoup à cacher alors que les critiques, si irritantes qu'elles fussent, étaient inévitables et même souhaitables, et ne concernaient la plupart du temps que des problèmes secondaires.

Le Général crut que la faiblesse m'inspirait et réagit vivement. Je repris mon raisonnement dans l'autre sens en lui démontrant que ce qu'on acceptait évidemment de la presse écrite, pourquoi le contesterions-nous à la presse parlée ?

— Mais ces postes appartiennent plus ou moins à l'Etat. Pourquoi le critiquent-ils à chaque occasion ? Ce n'est pas leur vocation !

Je lui dis que le grand public ignorait la part de l'Etat dans ces sociétés et qu'il n'y verrait, sans tenir compte de la répartition des capitaux, qu'une volonté de censure ; la meilleure attitude me paraissait de laisser dire.

Les critiques — mêmes stériles — ne choquaient pas le Général, il en avait pris l'habitude une fois pour toutes. Ce qu'il ne concevait pas, c'était que ces critiques émanent d'organismes que l'Etat avait la possibilité, et par conséquent le devoir, de contrôler.

Ce n'était pas le pouvoir en tant que moyen de pression qu'il souhaitait défendre, mais l'Etat en tant qu'expression de la souveraineté populaire. Il n'y avait pas en lui volonté de puissance mais respect de la collectivité.

Je plaidai avec beaucoup de chaleur et fis comprendre que je n'avais pas le goût de ce type d'intervention ni les qualités pour les mener à bien et qu'en conséquence je serais très heureux que l'on me trouve une modeste préfecture... L'irritation de mon interlocuteur tomba instantanément. Peut-être m'imaginait-il de connivence avec ceux qui revendiquaient si haut le droit au dénigrement. Il constata que j'étais prêt à rentrer dans le rang sans bruit ni nostalgie.

— Les ministres ne cessent de se plaindre et de réclamer des mesures énergiques, me dit-il. Puis, il ajouta : Ils n'ont pas la peau très dure.

J'étais là pour servir de tampon et ces messieurs pouvaient

se plaindre à moi ce dont, d'ailleurs, ils ne s'étaient pas privés. Je le lui dis.

— Ah, constata-t-il. Vous les avez déjà sur le dos ! Eh bien, alors, soit, on verra bien.

De cet été 1966 à avril 1969, je n'eus jamais à subir une seule intervention de l'Elysée, ni du Général ni de l'un de ses collaborateurs. Je n'intervins jamais, sauf en mai 1968 — on verra comment, pourquoi et dans quelles conditions — auprès des responsables des émissions d'information ou des journalistes des diverses stations. Ce furent eux qui vinrent parfois me demander mon avis.

J'ajoute qu'après m'en être expliqué avec eux, aucun des Premiers ministres successifs dont je dépendais directement, — Georges Pompidou, Maurice Couve de Murville, Jacques Chaban-Delmas, Pierre Messmer —, n'intervinrent auprès de moi, ni aucun de leurs collaborateurs, pour influencer dans un sens ou un autre les innombrables bulletins d'information qui se trouvaient diffusés sur les antennes des filiales contrôlées par la Sofirad.

En revanche, des membres du gouvernement, des parlementaires, des responsables des partis m'appelèrent souvent ou vinrent me voir pour se plaindre, s'étonner, s'indigner.

Je leur répondais invariablement :

— Personne d'autre que vous n'attache d'importance à ce qui a été dit, tel jour à telle heure, sur vous ou votre action. Si nous rectifions, tout le monde en parlera, ce qui n'est apparemment pas ce que vous souhaitez. De plus — et surtout — notre intervention serait contraire aux règles que nous nous sommes fixées.

Il y eut même des interpellations à la Chambre. Fort de l'accord du Général qui ne se dédit jamais, qui ne m'en reparla jamais, je restai parfaitement serein devant ces successives agitations.

Les choses furent, paraît-il, différentes après mon départ. Certains des hauts responsables des services d'information voulurent bien me déclarer qu'ils regrettaient mon temps, c'est-à-dire celui du général de Gaulle.

De Gaulle, en diverses occasions, me dit et ensuite me fit répéter qu'il lui paraissait important que la voix de la France fût entendue dans le monde entier. Il souhaitait que j'agisse dans ce sens.

Dans ce domaine, une vieille querelle — celle des ondes courtes — bloquait tous les efforts. La R.T.F., plus tard l'O.R.T.F., recevait comme mission permanente de couvrir par ses émissions le plus grand nombre possible de pays étrangers. La solution choisie par les techniciens, théoriquement bonne, consistait à émettre des programmes en ondes courtes, celles-ci jouissant d'une excellente propagation. Ainsi l'O.R.T.F. diffusait-elle d'innombrables émissions, certainement excellentes, dans presque toutes les langues. L'ennui était que très peu d'auditeurs se trouvaient en mesure de recevoir ces émissions. C'est ce que démontra une vaste enquête effectuée en 1964 et 1965, dite « Rose des Vents ». En effet les particuliers, dans la plupart des pays, ne disposaient pas et ne pouvaient disposer — notamment au-delà du rideau de fer — de récepteurs à ondes courtes.

Les bonnes paroles tombaient donc dans le vide. Cela était d'autant plus désolant qu'une importante subvention du ministère des Affaires étrangères pour la propagande à l'étranger se trouvait ainsi volatilisée, c'est le cas de le dire.

Il est vrai que la faible portée des ondes moyennes reçues par tous les récepteurs du commerce rendait leur utilisation difficile puisqu'il fallait, pour les employer avec efficacité, se trouver installé à proximité de la zone à couvrir. Ayant mis en place leur réseau d'ondes courtes, les remarquables ingénieurs de la radiodiffusion d'Etat ne voulaient pas entendre parler des ondes moyennes alors qu'ils disposaient, grâce au monopole, de bases exceptionnelles à Saint-Pierre-et-Miquelon, aux Antilles, en Nouvelle-Calédonie, à Djibouti, etc. ; sans parler des pays francophones d'Afrique avec lesquels de nombreux accords semblaient possibles.

Après quantité de tentatives auprès de l'O.R.T.F. qui se heurtèrent au scepticisme sinon à l'hostilité ouverte, les directeurs généraux laissant le dernier mot à leurs ingénieurs, je décidai d'agir par mes propres moyens et choisis, à la demande du Général, le Proche-Orient comme premier objectif. La Sofirad s'y trouvait déjà implantée par ses intérêts dans la télévision libanaise. L'île de Chypre répondait à toutes les exigences techniques et, après de fort laborieuses négociations, le 2 avril 1971, j'éprouvai la grande satisfaction d'appuyer sur le bouton qui lançait vers le Liban, la Syrie, Israël, l'Irak et une partie de l'Iran la première émission sur ondes moyennes, en langue arabe et française, de Radio Monte-Carlo.

Hélas, je ne pouvais plus rendre compte au Général de la réalisation de son vœu.

Il faut dire que l'affaire ne réussit que grâce à l'appui décisif de Sa Béatitude le président de la République chypriote Makarios. Je vis celui-ci à plusieurs reprises. Il me dit que, malgré des propositions plus avantageuses formulées par d'autres puissances, il choisissait de préférence la France en raison de la politique et de la personnalité du général de Gaulle. Je savais que nous étions en concurrence avec les Américains qui disposaient déjà dans l'île d'un très important centre d'écoute et qui proposaient beaucoup plus d'argent que nous ne le pouvions pour obtenir l'indispensable concession officielle. Que le président Makarios soit remercié de son choix. J'appris la mort de ce remarquable homme d'Etat avec peine.

La station est devenue aujourd'hui, me dit-on, la plus écoutée au Liban en raison des terribles événements qui secouent ce cher et malheureux pays, et mon projet d'un relais de ces émissions dans le golfe Persique serait, paraît-il, repris. De tout cela je me réjouis et le Général se réjouirait encore plus.

Il me paraissait souhaitable et politiquement très important que de Gaulle rende visite au Proche-Orient. Le Liban était alors le seul pays de cette région à jouir d'un relatif état de paix, et les liens très étroits qui le liaient à la France commandaient ce choix. De plus, le commandant de Gaulle y avait séjourné, et chaque Libanais en était fier.

Je pus constater l'extraordinaire popularité du Général en d'innombrables occasions provoquées à mon insu par le chauffeur dont je disposais pendant mes séjours à Beyrouth. Celui-ci stationnait n'importe où sans ennuis aucun, et à mon retour d'une visite, je trouvais souvent un ou deux agents de police pour me saluer courtoisement, voire m'ouvrir la portière de la voiture. Un jour, enfin, m'étonnant auprès de Georges — le chauffeur — de voir un groupe de curieux rassemblés autour de la voiture et s'inclinant à mon arrivée, je lui demandai l'explication de son impunité et de ma surprenante notoriété. Georges avait une figure ronde et un visage de Tartare ; son rire le secouait tout entier.

— Ah, monsieur le Président, il faut bien se débrouiller pour stationner, alors je dis toujours que vous êtes le neveu du général de Gaulle. Vous voyez, ajouta-t-il plié de rire sur son volant, ça marche ! ça marche !

De même que je ne pus, au long d'une collaboration étalée sur six années, l'empêcher d'appuyer sur son avertisseur à chaque carrefour sans aucune raison, de même je ne réussis pas à le convaincre d'abandonner cet indélicat procédé pour ranger sa voiture. Ce système lui avait par ailleurs valu en ville une certaine célébrité dont je ne suis pas certain qu'il n'abusait pas.

Le président de la République libanaise, le distingué et brillant Charles Helou, qui voulait bien me recevoir régulièrement et à qui je parlais d'une éventuelle visite du Général au Liban, me chargea, avant d'envoyer une invitation officielle, de sonder le général de Gaulle sur ses intentions.

Au début de 1968 le Général me donna son accord de principe et me demanda de lui remettre un projet ; il me chargea de remercier M. Helou en le priant d'attendre avant de prendre l'initiative d'une quelconque déclaration publique.

Evidemment, je tins notre ambassadeur au courant de l'idée et de son évolution, et j'établis un avant-projet dont je parlai au Général, mais selon lui, le moment n'était pas encore venu.

L'opération israélienne sur l'aérodrome de Beyrouth ruina mon espérance. « Il ne saurait être question maintenant de cette visite que dans longtemps », me dit le Général.

Combien nous devons regretter que ce déplacement n'ait pas eu lieu. L'accueil des Libanais eût été extraordinaire, d'autant plus chaleureux qu'ils sentaient leur pays menacé et faible face aux passions qui l'entouraient. Imagine-t-on de Gaulle proclamant à Beyrouth l'urgence d'un accord, fixant des limites aux ambitions d'Israël mais affirmant la nécessité de sa reconnaissance par tous ses voisins, renouvelant la garantie de la France sur l'intégrité du Liban, enfin démontrant qu'il existe d'autres alternatives pour les nations moyennes et petites que de se rallier aux colosses de l'Est et de l'Ouest. Oui, imagine-t-on les répercussions d'une telle intervention ! L'histoire dramatique de ce grand carrefour en perpétuelle agitation s'en serait trouvée modifiée.

Certaines personnalités insinuèrent à Beyrouth que les services secrets d'Israël, ayant connu ce projet, se seraient employés à le faire échouer en provoquant l'agression spectaculaire du 28 décembre de la même année. C'est une insinuation dépourvue, à l'heure actuelle, de toute preuve.

Je pensai ensuite étendre nos zones d'écoute à l'Afrique du Nord francophone. Pour toutes sortes de raisons politiques et techniques l'île de Malte se présentait comme la plate-forme idéale. J'y ouvris donc des négociations avec son gouvernement, hélas prétentieux et gourmand. L'Angleterre exerçait encore sur les autorités une influence certaine qui se trouve sans doute à l'origine des exigences auxquelles je me heurtai. Toutefois, je ne me décourageai pas et une station-pilote fut installée dont les résultats se montrèrent encourageants.

Au moment de la conclusion, les moyens financiers me manquèrent. Les ressources dont disposait la Sofirad se trouvaient alors consacrées à une importante mutation de Radio Monte-Carlo et le ministère des Finances, très méfiant vis-à-vis de tout ce qui sortait de la routine, refusa d'augmenter le capital de la société. Je serais sans doute parvenu à surmonter cet obstacle malgré la disparition du Général, mais la mesure brutale mettant subitement fin à mon mandat ruina ce projet. Je regrette vivement, sentant venir le vent, de ne pas avoir engagé la Sofirad de façon irréversible dans cette direction. Je crains qu'il n'y ait donc jamais d'émetteur français capable de couvrir en ondes moyennes la Tunisie, l'Algérie et une partie du Maroc.

A la demande du Général, j'effectuai plusieurs tentatives vers le Québec. Il souhaitait voir les divers secteurs de l'activité nationale prendre des contacts et renouer avec la dynamique province dont les racines trouvaient leur force dans notre tradition et notre culture, et cela dès avant le fameux « Vive le Québec libre ».

Par ailleurs, il pensait que, par la radiodiffusion et la télévision, nous pourrions resserrer des liens culturels que les siècles avaient distendus. Convaincu de l'importance de la télévision, il désirait notamment que l'utilisation par le Québec du système français Secam de télévision en couleur ouvre des perspectives de collaboration technique et artistique.

Je partis donc pour le Québec où je fus très bien reçu par les autorités comme par les sociétés privées qui exploitaient les diverses chaînes.

Plusieurs missions françaises se trouvaient en même temps que moi à Montréal et à Québec et nous échangeâmes nos impressions. Certes, les Québécois souhaitaient que l'égalité des droits leur soit reconnue au sein de la Fédération canadienne et notamment que les francophones se voient traités à l'égal des anglophones conformément aux lois fédérales, mais, pour eux, la France demeurait loin et, de plus, elle ne disposait pas des moyens suffisants à assurer une véritable présence.

Moi-même, dans mon secteur, je ne pouvais utiliser que quelques ressources propres très modestes face aux énormes capitaux américains et à leur dynamisme. Mes aimables hôtes québécois estimaient au fond d'eux-mêmes que nous étions le nain contre le géant anglo-saxon, et les capitaux que j'étais en mesure d'avancer ne suffisaient pas, en raison de leur faible montant, à les convaincre du contraire.

De surcroît, aussi francophones et même francophiles qu'ils fussent, mes interlocuteurs ne souhaitaient surtout pas se placer dans la situation de subir un néo-colonialisme qui leur ferait regretter leur pseudo-liberté. La France et sa prestigieuse culture, très bien, ils acceptaient d'en être les fils ; mais des fils totalement émancipés, et ils ne voulaient à aucun prix que leur lutte contre leurs maîtres d'Ottawa les mène à une quelconque suzeraineté de Paris.

Mes efforts poursuivis avec opiniâtreté ne débouchaient sur rien. De petits obstacles surgissaient continuellement et je compris que, devant la modicité de mes moyens, les Québécois ne se sentaient pas enclins à mécontenter leurs puissants associés anglais ou américains. Nous ne constituions pas une sérieuse solution de rechange.

Au surplus, les Québécois avaient souffert de notre indifférence et nous en tenaient rigueur. Ils ne voulaient pas trop vite se jeter dans nos bras. Aucun n'avait envie de nous dire : « Nous vous attendions. » Mais au contraire : « Qu'est-ce qui vous prend subitement, un peu de modération ! » En un mot, ils nous voyaient venir et gardaient leurs distances. Certains Français pensent qu'au fond ils nous trouvent versatiles et frivoles et qu'ils ne nous aiment pas du tout. Serait-ce vrai ?

A propos du destin des Canadiens français, personne n'a oublié le « Vive le Québec libre » lancé par le Général du balcon de l'Hôtel de Ville de Montréal le 24 juillet 1967 ; personne n'a non plus oublié le tollé que cette exclamation souleva dans la presse... française. Pas un journal qui alors ne critiquât violemment l'initiative présidentielle. Quelques jours après son retour, le Général, constatant avec résignation cette incompréhension unanime, me fit le reproche du silence de l'Association nationale sur ce sujet :

— Quoi, me déclara-t-il en substance, vous voyez qu'on m'attaque de partout et vous ne dites rien.

J'en restai frappé. Nous ne pensions pas devoir intervenir alors que le chef de l'Etat et le gouvernement disposaient de si nombreux moyens de s'expliquer.

Par la suite, il se confirma que de Gaulle comptait sur le modeste groupement que nous représentions pour commenter ses actions et au besoin les défendre. Cette vocation ne prit tout son sens que lorsque le Général se fût lui-même condamné au silence. Dès lors nos propos orthodoxes revêtirent une relative importance, même s'ils ne plurent pas à tout le monde.

A la Sofirad nous pensâmes aussi à l'Extrême-Orient par une installation au Laos, et à l'Amérique du Nord en prenant pour base Saint-Pierre-et-Miquelon. Mais de tels projets demandent des années et les événements firent que je ne disposai pas du temps nécessaire pour les mener à bien. Toutefois, ma satisfaction fut réelle lorsque, pour des motifs politiques, il fut mis fin à mes fonctions, de laisser l'entreprise dans une excellente situation administrative et financière. De zéro quand j'y fus nommé, les intérêts versés à l'Etat avaient atteint près de 12 % du capital.

⁂

De janvier 1966 à mai 1968, pendant ces deux années et demie, l'essentiel ne fut donc pas accompli en politique intérieure. La « révolution » de société sans l'aide de cette société, ou tout au moins des corps intermédiaires — gouvernement, assemblées, patronats, syndicats, université, appareils des partis — se révéla irréalisable. Aujourd'hui, la situation n'a pas changé ; elle demeure verrouillée.

En revanche, sur le plan extérieur, l'énergie du Général marqua l'époque. Et ce furent la sortie de la France de l'OTAN qui rendait sa totale liberté à notre diplomatie ; le voyage en URSS qui constituait une première pour un chef d'Etat d'une démocratie occidentale ; le discours de Pnom Penh qui faisait accéder la France au rang d'arbitre mondial et dont les Etats-Unis allaient s'inspirer ; le lancement du premier sous-marin nucléaire français, lequel donnait à notre politique d'indépendance toute sa crédibilité ; la mise en route du Plan calcul dans le but de maintenir nos techniques au premier rang ; et la visite à la Pologne, la plus souffrante des démocraties populaires.

Ce furent aussi les élections législatives et la guerre des Six Jours.

Pour les législatives, l'erreur fut commise, je l'ai dit, de pousser à la candidature les hauts techniciens qui servaient l'Etat de De Gaulle mais ne s'étaient jamais aventurés dans la compétition électorale. Ce faisant, le gouvernement se trouva presque exclusivement composé d'élus. C'est dire qu'entre l'autorité exécutive et l'assemblée législative allaient s'établir des dépendances que la Ve République avait souhaité supprimer. Nombre de ministres devenaient députés avant de prendre leur poste au gouvernement. Ils laissaient un suppléant s'asseoir sur leur siège mais se voyaient contraints de s'occuper activement de leur circonscription et de participer à la vie interne de l'Assemblée. Ainsi en fut-il pour Pompidou, Couve de Murville, Messmer, et tant d'autres.

Pourquoi de Gaulle poussa-t-il ces personnalités à devenir députés ? En 1967, l'issue des élections paraissait incertaine et l'engagement des « vedettes » connues de l'électorat pouvait apporter des voix. Ensuite il n'était pas inutile de charpenter, par la présence des ténors, le groupe parlementaire de l'U.N.R., devenu en 1967 l'U.D.R. Enfin, je pense que le Général souhaitait disposer de son entière liberté pour la constitution du gouvernement qui suivrait la consultation ; or, les personnalités en question, devenues des professionnels de la politique, si elles n'entraient pas au gouvernement, devaient pouvoir poursuivre une carrière.

Il s'en fallut de peu que je ne monte dans la charrette. J'admire beaucoup les élus du peuple pour le dévouement et la constante disponibilité dont ils font preuve à l'égard de leurs électeurs. S'intéresser chaque jour à la mutation d'une institutrice ou d'un gendarme, se pencher sur l'affectation d'un jeune appelé, se consacrer chaque fin de semaine et les jours de fête aux bals des sociétés de pêche ou de boules, me paraît proprement admirable. User parfois de stratagèmes pour convaincre ses concitoyens qu'il n'y a pas meilleur que soi-même, attaquer et ridiculiser un homologue dont les convictions sont fort voisines des siennes et avec lesquelles on joue très amicalement au bridge, s'incliner devant la décision de son parti pour voter ou non un texte de loi, revenir sur des affirmations antérieures parce que les combinaisons politiciennes se trouvent changées, toutes ces attitudes me paraissent au-dessus de tout éloge mais elles exigent des qualités de subtilité, de souplesse et d'oubli dont je me sens assez peu doté. Malgré plusieurs occasions des plus prometteuses, j'avais toujours réussi à écarter la très honorable mais redoutable charge d'un mandat parlementaire.

Au cours d'un entretien avec le Général, il m'invita à me lancer dans la bataille qui se préparait en me disant que toutes les énergies gaullistes devaient se mobiliser. Je protestai de mon peu de goût, mais surtout de mon manque de talent pour ce genre d'exercice, mais il insista et m'annonça qu'il demandait à ses ministres non élus de s'engager dans la lutte. Pris de court, je ne parvins pas à me dégager et me retrouvai quasiment consentant en le quittant.

Pour s'opposer au Général avec quelque chance de succès, il fallait disposer d'arguments de nature élevée. Les convenances personnelles n'ayant que peu de prix à ses yeux, seules comptaient et pouvaient modifier son point de vue des raisons faisant appel à des considérations morales ou à un intérêt supérieur. En l'occurrence, aucun argument de cette nature ne m'étant venu à l'esprit, je me trouvai dans la situation d'un monsieur qui avait voulu dire non et qui venait de dire oui.

Pompidou m'en parla à la première occasion, insista, fit référence à l'accord obtenu par le Général, et ne retint aucune de mes objections. De discussions en réunions et malgré mes réticences qu'aucun ne prenait au sérieux, il fut décidé que je serais candidat de l'U.N.R.-U.D.T. à Quimper. L'avenir m'apparut bien sombre. Il n'y a aucune population plus sympathique que les Bretons et je m'imaginais participant à quelque magnifique cortège entouré des hautes coiffes blanches de mes futures électrices. Mais la perspective de quitter la Sofirad et ses projets aux quatre coins du monde pour me consacrer à la défense des intérêts bigoudens ne m'enthousiasmait que modérément et je cherchai une occasion ou une raison de me soustraire à cette obligation.

La lumière me vint par hasard quelques semaines seulement avant le dépôt des candidatures à la suite d'un dîner où l'importance des convictions religieuses dans la lutte politique s'était trouvée discutée. Le lendemain, j'allai voir Georges Pompidou pour lui dire qu'à mon grand regret un obstacle se dressait entre nos projets pour Quimper et la réalité. Il écarta mon annonce d'un revers de la main :

— C'est décidé, me rétorqua-t-il, on ne peut pas revenir constamment sur tout.

Alors qu'il souhaitait parler d'autre chose, j'insistai et lui lâchai ma bombette :

— Je suis protestant et un candidat protestant à Quimper, c'est de la provocation.

Il en resta coi ; puis il éclata :

— Vous n'auriez pas pu vous en apercevoir plus tôt ? Protestant ! protestant ! comment peut-on être protestant !

Je lui rappelai qu'entre nous mon protestantisme était devenu un sujet de plaisanterie et que la chose se trouvait connue de tous.

Bref, j'échappai ainsi à la carrière parlementaire. Peut-être qu'en quelques mois je serais devenu aussi souple que mes amis qui règnent au Palais-Bourbon ; qui sait même si je n'aurais pas battu les plus malléables d'entre eux sur leur propre terrain ?

Un excellent candidat, mille fois plus remarquable, fut trouvé et élu. On le voit, les habitants de Quimper échappèrent à une grande désillusion.

Je racontai plus tard ce miracle à André Malraux qui avait été l'un des seuls à échapper à la réquisition.

— En 1951, du temps du R.P.F., de Gaulle avait insisté, me dit-il. Cette fois-ci, il m'en parla de cette façon : « Bien sûr, vous ne voulez pas vous présenter ? » Je répondis : « Bien sûr... » Pompidou m'a téléphoné ; lui il y allait, alors il poussait les petits copains, mais il connaissait d'avance la réponse.

Le résultat des élections ne fut pas bon. Il sanctionnait la désaffection des électeurs « de gauche » mécontents d'une politique d'immobilisme social. A la Chambre, la majorité allait parfois tenir à une voix. Une fois de plus, Pompidou restait ; une fois de plus, le nouveau gouvernement ne présentait aucune tendance nouvelle, les conservateurs allaient donc profiter de la faible marge parlementaire dont disposait l'exécutif pour lui interdire toute initiative hardie.

Il eût fallu de fracassantes réformes pour provoquer l'éclatement des partis, prononcer une dissolution et regagner la confiance des progressistes qui avaient suivi de Gaulle jusqu'alors.

En juin 1967 éclata la guerre des Six Jours. De Gaulle prit position contre l'initiative d'Israël et qualifia ce peuple de... « sûr de lui-même et dominateur ». Ces qualificatifs firent autant de bruit que les canons dans le Sinaï.

Certes, la menace qui pesait sur Israël paraissait dans l'abstrait très inquiétante pour le petit Etat, mais jamais ni la France ni l'Angleterre ni surtout les Etats-Unis n'auraient laissé détruire cette nation née du malheur. Qu'on imagine l'immense réprobation qui se serait levée si l'un des peuples arabes était passé des mots aux actes ; combien peu nombreuses eussent été alors les heures avant qu'une aide militaire immédiate ne s'organise. Sans doute les Américains eussent-ils même brandi l'arme nucléaire ! C'est ce que dit de Gaulle au ministre des Affaires étrangères d'Israël deux jours avant le conflit. Sentant monter la tension, il lui recommanda qu'aucune initiative d'agression ne vînt de son pays, lequel, s'il s'y laissait entraîner, deviendrait responsable vis-à-vis de l'opinion. Je ne sais pas si M. Aba Ebban sortit convaincu du bureau, mais à Tel-Aviv, la machine était lancée.

De Gaulle ne nourrissait aucune prévention contre les Juifs en particulier pas plus que contre l'Etat d'Israël. Il ne voyait pas de différence entre un Français juif et un Français catholique, protestant ou agnostique. Il le démontra dans le choix de ses collaborateurs, qu'ils fussent Premiers ministres ou membres de son entourage immédiat. Son père, on s'en souvient, avait pris parti pour Dreyfus malgré les pressions de son milieu, et jamais la famille n'avait jeté quelque exclusive que ce fût.

A ce propos, Michel Debré m'a raconté l'anecdote suivante. Alors qu'il remplissait les fonctions de ministre des Affaires étrangères, le poste d'ambassadeur de France à Beyrouth se trouva disponible et il pensait y nommer une personnalité dont les qualités convenaient particulièrement. Il s'en ouvrit au général de Gaulle en lui disant ceci :

— M. X. ferait parfaitement l'affaire, mais il se trouve que sa femme est la petite-fille du capitaine Dreyfus. Pensez-vous, mon Général, qu'étant donné la situation au Proche-Orient, ce fait puisse constituer un obstacle ?

Le Général, paraît-il, réfléchit un instant puis répondit :

— Mme X. est la petite-fille d'un officier français, cela ne saurait constituer un obstacle.

M. X. fut nommé ambassadeur à Beyrouth et son épouse y fut parfaitement adoptée.

On sait que le père du général de Gaulle faisait la lecture à ses enfants, et c'est ainsi qu'il leur lut et commenta la *Bible*. Or, dans le *Nouveau Testament*, à de nombreuses reprises, il est fait allusion à la fierté et à l'orgueil du peuple élu, souvent qualifié de « peuple à la nuque raide ». Peut-être même le mot « dominateur » y figurait-il bien qu'il n'apparaisse pas dans les diverses traductions. S'il n'y est pas, d'autres qualificatifs s'en approchent beaucoup.

Le jugement porté en 1967 par de Gaulle est, dans ce cas.

un jugement politique formulé sur une action politique. Il ne voyait dans Israël qu'un Etat comme un autre, avec ses ressources, ses moyens militaires, ses amis et ses adversaires ; un Etat installé au cœur d'un complexe physique et politique.

Le fait que Hitler ait exterminé les Juifs allemands, polonais et français ne donnait aucun droit particulier au gouvernement et à l'Etat d'Israël ; ces faits abominables ne classaient pas Israël dans une catégorie d'Etat à part auquel les règles habituelles ne s'appliquent pas. Pour un Etat indépendant, et par conséquent tenu à respecter les règles, les excès des autres dans le passé ou dans le présent ne sauraient justifier une conduite répréhensible.

De la part d'Israël, prétendre être d'une autre nature que l'Italie ou la Thaïlande en raison d'Auschwitz, c'est déclarer que les Juifs du monde entier n'ont qu'une patrie : Israël, et qu'ils sont en résidence provisoire partout ailleurs. C'est justement ce que prétendait Hitler et ce que ne pensaient certainement pas les centaines de milliers de Juifs russes, polonais, allemands, français et autres qui sont morts depuis des siècles sur tous les champs de bataille pour défendre leur patrie. Affirmer que tous les Français juifs devraient être favorables à la politique de l'Etat d'Israël, c'est rejoindre la théorie des nazis ; déclarer que toute critique envers l'une ou l'autre des attitudes de l'Etat d'Israël constitue un acte d'antisémitisme, c'est tomber dans une confusion qui, elle aussi, donne raison à Hitler. Non, l'épouvantable entreprise de génocide des Himmler et autres Eichman est une réalité de l'Histoire et la politique de l'Etat d'Israël en est une autre.

L'appréciation de De Gaulle au lendemain de la guerre des Six Jours est celle d'un homme d'Etat, comme les recommandations de Pnom-Penh ou « Vive le Québec libre ».

Mais quelles réactions indignées soulevèrent, à l'époque, ces quelques mots. Certains de mes amis juifs prirent feu et flamme. Mon frère d'armes Albert Blin, vieux Français Libre, me téléphona de l'autre bout de la France pour me dire sa tristesse :

— Il exagère, les autres se défendent purement et simplement.

Et même des membres de la famille du Général, très proches de lui, s'étonnèrent de ce qui leur apparaissait comme une injustice.

— Rappelez-vous *la Bible*, que notre père nous lisait, leur répondit, paraît-il, Charles de Gaulle. Il y fit d'ailleurs publiquement allusion en donnant les raisons de sa position.

Mais surtout la société juive de Paris s'émut vivement, nombre de ses membres n'ayant pas encore su distinguer les convictions du judaïsme et les décisions de l'Etat d'Israël. Tout ce que la presse, la radiodiffusion et la télévision comportait d'hommes endeuillés, blessés, révoltés par les souvenirs de la guerre s'éleva avec indignation contre ce qu'ils considéraient comme des insultes au passé, rejoignant par cette fâcheuse confusion les théoriciens de l'antisémitisme.

De Gaulle se devait de juger la situation sans passion. On le sait, ce qui comptait pour lui, c'étaient les réalités. Certes, ses sentiments pouvaient pencher vers la jeune nation anxieuse de s'affirmer et avide de sécurité alors que les menaces des pays arabes ne lui apparaissaient qu'odieuses et vaines ; mais la France avait choisi une politique d'ouverture, d'assistance et de coopération vis-à-vis du tiers monde. La fin de la crise algérienne et les résultats spectaculaires de la décolonisation donnaient à cette orientation sa crédibilité et sa force. Le monde arabe constituait une masse immense de population et présentait de considérables virtualités culturelles et économiques.

Par ailleurs, il n'est pas inutile de rappeler que, dès 1950, de Gaulle s'était préoccupé du grave problème de nos ressources énergétiques. En 1959, après un entretien avec le Général, Jacques Vendroux attire l'attention de l'Assemblée nationale sur la nécessité d'une politique de coordination européenne dans ce domaine. En juin 1960, de Gaulle en parle à nouveau. Cette préoccupation ne pouvait être absente de son esprit lors de cette crise.

Enfin, la France s'était toujours trouvée présente au sein du monde musulman dont elle comprenait la philosophie, les difficultés et les espoirs. De Gaulle ne pouvait sacrifier la politique à laquelle il s'employait depuis près de dix ans en cédant à une inclination.

Maintenant, mes interlocuteurs traumatisés du printemps 1967 reconnaissent eux-mêmes que le choix du Général fut le bon.

Notons aussi le grand crédit dont la France jouit aujourd'hui dans cette région, crédit qui se traduit par d'importantes progressions commerciales, lesquelles contribuent grandement au relatif équilibre de nos échanges avec l'extérieur.

Quelques mois plus tard, allant négocier à Damas l'adoption du procédé français de télévision en couleur par la Syrie, j'entrai dans le bureau du ministre compétent. C'était un homme au physique rude et que sa réputation présentait comme particulièrement abrupt. Il m'attendait debout et me dit en bon français :

— Je sais que vous êtes un ancien collaborateur du général de Gaulle. Avant que nous parlions de nos affaires, permettez-moi de vous embrasser.

Assez surpris mais un peu ému aussi, j'accédai volontiers à ce désir sous l'œil attendri de son directeur.

La Syrie se prononça en faveur du système français.

J'étais à Beyrouth le matin du déclenchement de la guerre. Arrivé paisiblement avec ma femme la veille au soir, j'appris la nouvelle de Georges, le chauffeur, que je trouvai dans un grand état d'excitation.

— On va les écrabouiller, ces sales sionistes, m'annonça-t-il triomphalement.

Je lui fis remarquer que la chose ne me paraissait ni possible ni souhaitable.

— Alors, fit-il après réflexion, c'est à de Gaulle à arrêter tout ça. Il lui suffit de parler. Il faut qu'il parle.

C'est aussi ce que j'attendais. Un appel lancé eût, sans doute, dès le premier jour, remis les antagonistes à leur place en définissant les vraies responsabilités. De Gaulle ne le fit pas et je crois que des peuples entiers, les Libanais notamment, en furent déçus. Sans doute craignait-il que son adjuration d'avoir recours à d'autres moyens que la guerre ne produisît pas d'effet. Mais, étant donné son attitude d'ensemble et son entretien avec Ebban, sa position en serait devenue encore plus forte. Oui, il me paraît regrettable que de Gaulle ne soit pas alors intervenu aussitôt.

⁂

Certes, ces deux années et six mois ne furent vides ni d'événements ni d'interventions et de Gaulle affirma sur le plan extérieur la position et les intentions de la France. Mais j'y reviens, le secteur des réformes sociales auquel le Général aurait pu se consacrer en priorité ne progressa qu'imperceptiblement.

Pourtant, de 1966 à 1968, les grèves des P. et T., de la R.A.T.P., de la S.N.C.F., des fonctionnaires et plusieurs mouvements nationaux auraient dû alerter. Aucune résolution d'aller vite et loin dans le domaine social ne vint modifier le climat.

Il est vrai qu'au milieu de l'année 1966, une commission nommée dans ce but, la commission Mathey, remit un rapport sur la participation, et qu'en juillet de la même année Louis Vallon, soutenu par de Gaulle, fit adopter un important amendement à un projet de loi sur l'intéressement des travailleurs aux résultats des entreprises. Il est exact aussi que le Général ne manqua pas de faire allusion, dans une conférence de presse du 28 octobre 1966, à son souci de participation. Enfin, le 17 août 1967, étaient publiées une série d'ordonnances sur la participation des salariés aux fruits de l'expansion des entreprises, mais ces textes riches en perspectives n'étaient ni catégoriques ni contraignants. On en resta là. La grande occasion d'une refonte hardie fut manquée. Pourquoi ?

Je connais la conviction des gaullistes de gauche. Ils sont

persuadés que l'opposition à toute initiative fondamentale dans la participation est venue de Pompidou. Je ne dispose pas de preuves formelles d'un heurt entre de Gaulle et Pompidou sur ce sujet. Ce que je sais se résume à ceci : premièrement, Pompidou s'opposait à toute décision susceptible de provoquer une vague sociale ; deuxièmement, il s'accommodait fort bien du système capitaliste en vigueur et ne voyait aucune raison de le changer ; troisièmement, il ne croyait absolument pas à la notion de participation, et nullement en la valeur psychologique de l'idée sur laquelle elle reposait ; quatrièmement, il ne voulait pas qu'il soit porté atteinte au monopole des dirigeants en matière de décisions.

Je l'ai déjà rapporté, le sujet l'agaçait et il l'écartait avec son sempiternel : « Je voudrais bien que quelqu'un m'explique ce qu'est la participation. »

Manifestement, cet homme parti de presque rien et arrivé au sommet passait à côté du grand problème de notre temps : celui du besoin de dignité. Il n'était pas le seul dans son cas et ceux que la réussite couronne, je l'ai constaté, sont bien souvent sourds aux aspirations légitimes de ceux que la société écrase.

Président d'une société d'Etat, je suggérai qu'une expérience fût tentée au sein d'une ou plusieurs de nos filiales. La réponse de Pompidou fut brutalement négative :

— Vous êtes fou, vous allez déclencher une campagne de revendication dans tout le secteur public !

René Capitant, Louis Vallon et leurs amis ne cessèrent de se battre pour que des textes précis et ayant valeur d'obligation fussent élaborés par le gouvernement et débattus à l'Assemblée. Ils ne parvinrent pas à les présenter et de Gaulle n'intervint pas, n'imposa pas. Il laissa la machine dont disposait Pompidou s'interposer, ralentir et éliminer.

Le mal causé par cette obstruction est malheureusement irréparable. Je ne pense pas que nous ayons de sitôt un chef d'Etat disposant d'une autorité suffisante pour lancer la boule dans les quilles. On avancera péniblement de réformettes en aménagements arrachés sans que les intéressés éprouvent un instant le sentiment qu'une puissante volonté agit pour leur donner la fierté de leur travail auquel chaque homme devrait avoir droit.

Le mois de mai 1968 arriva. Pierre Viansson-Ponté, reprenant une expression célèbre, écrivit alors *la France s'ennuie*. L'opportunité de cette citation était remarquable.

Pour les Français, en effet, habitués à regarder le pas de leur porte, il ne se passait rien. De son côté, pour de Gaulle, habitué aux grands mouvements dans de grands espaces, il ne se passait pas grand-chose et le remarquable article de Viansson-Ponté aurait pu aussi s'intituler « le Général s'ennuie ».

Bercé par l'optimisme souriant de son Premier ministre, peut-être l'homme du 18 juin sommeillait-il un peu.

Était-il fatigué ? Au début de 1968, de Gaulle entrait dans sa soixante dix-huitième année. Il avait subi l'opération de la prostate, mais ses collaborateurs peuvent témoigner qu'il possédait sa pleine acuité d'esprit ; de plus les performances publiques qu'il accomplissait : discours, conférences de presse, voyages, démontraient que ses forces ne l'abandonnaient pas et que sa puissance intellectuelle demeurait intacte.

Peut-être s'ajoutait une fatigue morale ou encore un sentiment de déception.

De Gaulle, dans les moments difficiles, éprouvait, quelle que soit la qualité de son entourage et de ses grands collaborateurs, une impression de solitude. Il en est ainsi des hommes dont les capacités de jugement et d'appréciation dépassent celles du commun. Voir différemment et plus loin que les autres, imaginer l'évolution avec plus de clairvoyance, concevoir les voies et les objectifs que personne ne soupçonne encore, c'est inévitablement se trouver à part et sans interlocuteur. Tel était de Gaulle à cette époque où les affrontements du quotidien n'imposaient plus leur service. Une vaste puissance de réflexion, de grands desseins qui ne trouvaient ni associés ni soutiens.

Au début de 1968, qui souhaitait se lancer dans une révolution ?

XI

LE COUP DE VENT DE 1968

Des manœuvres nationales du 1ᵉʳ corps d'armée baptisées : exercice Langres, se déroulaient sur la frontière de l'Est du 6 au 11 mai 1968. J'y participai en tant qu'officier de réserve d'état-major. Nous utilisions les engins nucléaires comme de gros obus et les brigades blindées fonçaient comme en 1944. C'était la guerre de papa, mais les postes de commandement et les popotes fonctionnaient à merveille et nous demeurions, bien entendu, maîtres de la situation.

Au mess, il était question de nouvelles venant de Paris : les étudiants manifestaient.

« Feraient mieux de passer leurs examens... »

Ou :

« Comme toujours ce sont les plus privilégiés qui se plaignent ! »

Le général de Boissieu, gendre du général de Gaulle, qui commandait alors la 7ᵉ division, faisait toutefois remarquer avec perspicacité que l'année 1968 avait été plutôt chaude, qu'une certaine fièvre s'était partout emparée de la jeunesse : Tokyo, Los Angeles, Rome, le Mexique et même Genève, et que l'affaire semblait revêtir une certaine importance...

Dans leur ensemble, les officiers pensaient qu'une attitude énergique suffirait à tout remettre en ordre.

Voyant la situation se durcir, je rentrai précipitamment le matin du samedi 11 mai et le taxi eut quelque difficulté à franchir la place Saint-Michel entièrement occupée par des forces de maintien de l'ordre.

— Les jeunes sont bien organisés, commenta le chauffeur, qu'est-ce qu'ils mettent aux flics. Ça leur fait les pieds !

J'en conclus que l'opinion publique prenait le parti de se distraire des événements plutôt que de s'en indigner. Curieuse réaction après une nuit durant laquelle les manifestations avaient pris des aspects d'émeute.

Très différent était le climat qui régnait chez les responsables. Je me rendis à Matignon, Pompidou absent rentrait le soir même et j'y rencontrai Michel Jobert et Pierre Juillet. C'est avec ce dernier que je coordonnerai mon action pendant tout le mois. Aux réunions qu'il tiendra presque chaque jour, participeront irrégulièrement Foccart, Chirac, Rey, Frey, Guichard et Dechartre.

Dès lors, comme président de la Sofirad, je m'efforcerai de faire comprendre aux diverses stations du groupe les graves conséquences de la dramatisation excessive à laquelle cèdent par inclination professionnelle les reporters témoins des événements. Mes efforts en ce qui concerne Europe n° 1 ne seront guère couronnés de succès et je serai contraint à de brutales interventions et à la mesure d'interdiction dont il sera plus loin question.

Par ailleurs, je vais réveiller l'Association nationale qu'une longue inaction a engourdie, mais surtout, je m'efforcerai de galvaniser les « gaullistes » capables de tenir une plume en leur demandant de s'exprimer dans la presse, à la radio, à la télévision. En effet, très vite je constaterai que les principaux organes d'information sont pratiquement devenus les porte-parole des agitateurs et de l'opposition alors que les opinions des partisans de la majorité s'en trouvent totalement absentes. La majorité, soucieuse de ne pas se compromettre, restait silencieuse, au grand bénéfice des contestataires. L'équilibre devait absolument être rétabli.

J'entrepris donc une action énergique pour obtenir des uns qu'ils écrivent et des autres qu'ils parlent. C'eût été la tâche du porte-parole du gouvernement, mais l'un des effets de la crise, et non des moindres, fut de rendre muets ceux qui, dans les allées du pouvoir, se bousculent habituellement autour des microphones.

Je créai un bulletin de presse et dans ce domaine, le résultat de nos efforts ne fut, paraît-il, pas négligeable.

L'attitude de De Gaulle, du 2 mai au 11 mai au soir — c'est-à-dire pendant l'absence de Pompidou — a été nette et claire : l'ordre doit être maintenu.

Chaque fois qu'il convoquera le Premier ministre par intérim, M. Louis Joxe, ou le ministre de l'Intérieur, M. Christian Fouchet, avec ou sans le préfet de police, M. Maurice Grimaud, les 4, 5, 7, 10, 11 mai, ce sera pour leur donner des consignes de fermeté.

Au Conseil des ministres du 8 mai, il affirme sa volonté de mettre fin à l'agitation et lorsque, imprudemment, le ministre de l'Education nationale, qui avait sous-estimé la virulence de l'orage menaçant, annonce à la tribune de l'Assemblée, l'après-midi de ce même jour, une éventuelle réouverture de la Sorbonne, de Gaulle le convoque aussitôt pour lui signifier de n'en rien faire et M. Peyrefitte reviendra sur ses déclarations. L'annonce et son retrait donneront l'impression d'une certaine indétermination.

Le 10, de Gaulle fait venir Fouchet pour lui demander d'interdire la manifestation annoncée la veille par l'Union nationale des étudiants de France. Fouchet, dont le siège est fait par Grimaud, parvient à convaincre le Général que cette mesure présenterait de graves inconvénients. De Gaulle cède. C'est sans doute à ce moment-là, au cours de cet entretien, que de Gaulle perd la première manche. A la suite d'ordres et de contrordres, la manifestation dégénérera et se terminera par la nuit des barricades.

Fouchet, dans ses *Mémoires,* reconnaît qu'il ne prit pas les événements de mai « à bras le corps », c'est-à-dire qu'il ne s'engagea pas à fond et n'apporta pas au Général le soutien sans réserve que le chef de l'Etat attendait de lui. Pourquoi ? Fouchet était pourtant profondément d'accord avec le Général sur la nécessité d'une attitude de rigueur, et l'absence de Pompidou, ses contacts directs avec le chef de l'Etat ne pouvaient que faciliter son action. Alors, pourquoi ne prit-il pas les événements « à bras le corps » ?

L'explication que je peux en donner est le résultat de nombreux entretiens avec Christian Fouchet et elle transparaît de la lecture de ses écrits sur le sujet. Fouchet ne voulait à aucun prix avoir du sang sur les mains. Avoir du sang sur les mains, c'était prendre ou couvrir la décision de tirer sur les manifestants, or il repoussait cette terrible éventualité de toutes ses forces. Du premier jour de la crise au dernier, ce fut là sa constante préoccupation. Comme on le comprend ! Toutefois, le Général attendait de lui qu'il prît ce risque. Le chef de l'Etat considérait qu'une telle possibilité, aussi terrible qu'elle fût, figurait à l'inventaire des éventualités que l'on accepte lorsqu'on est appelé à s'installer derrière le bureau du ministre de l'Intérieur.

Fouchet pensait-il que le jour où le feu serait ouvert, le régime serait balayé ? Il a remarqué lui-même que dans d'autres pays où il avait été fait recours à cette dernière extrémité, le régime n'en était pas mort. Et de Gaulle en avait vu d'autres, il était de taille à porter le poids de cette responsabilité. Fouchet ne se préoccupait-il pas de son propre avenir politique ? C'était un homme très sensible à la critique et les interventions et démarches dont il fut l'objet pendant cette courte période l'incitèrent sans doute à penser qu'avec l'annonce d'un certain nombre de morts se terminerait sa carrière. Paradoxalement, ce fut peut-être le contraire qui se produisit.

De plus, son adjoint direct, le préfet de police, n'avait pas l'âme répressive. En temps normal qui pourrait s'en plaindre ? Il était plutôt philosophe et les motivations des manifestants l'intéressaient peut-être plus que le prestige de l'Etat.

Quoi qu'il en soit, en cette veille de la première nuit des barricades, celle qui allait décider de l'avenir immédiat et, on va le voir, de l'intervention de Pompidou, de Gaulle ne trouve pas d'interlocuteurs décidés à le suivre.

Le lendemain de cette fameuse nuit, le 11 mai, de Gaulle reçoit de très bonne heure Joxe, Fouchet et Messmer pour une étude critique des événements et pour renouveler ses consignes. Il constate qu'un sérieux flottement s'est produit entre le moment où furent construites les premières barricades et le début de leur destruction. Les négociations en cours avaient, parait-il, retardé le lancement de l'ordre de destruction et son exécution. Le préfet de police voulait sortir de ce guêpier par des négociations et le ministre et lui n'eurent recours à la force qu'*in extremis* et dans des conditions plus hasardeuses.

De Gaulle reproche à ses grands subordonnés leur hésitation et leur lenteur. Renouvelant ses instructions, il leur dit : « L'Etat ne recule pas » et il leur fait comprendre qu'il attend d'eux une action des plus rigoureuses.

Ce même samedi, vers la fin de l'après-midi, après que la C.G.T. a lancé son ordre de grève pour le lundi suivant, Fouchet et Grimaud sont à nouveau convoqués par le Général qui leur renouvelle ses consignes de fermeté. La ligne est donc claire : l'ordre sera maintenu, même au prix de durs affrontements, dussent-ils être mortels.

Durant cet après-midi, après m'être concerté avec Foccart m'apportant confirmation des dernières consignes du Général, sera prise la décision de créer les Comités de défense de la République. Il nous paraît en effet nécessaire de donner à notre action un visage parfaitement adapté aux circonstances et susceptible de rassembler cette fameuse majorité qui demeure inorganisée et quasiment muette. Je formerai un Comité national et, par le réseau de l'Association nationale, je donnerai pour consigne de mettre sur pied de semblables comités dans tous les centres importants. Ils s'exprimeront aussi souvent que possible. Un cadre sera ainsi créé qui pourra se révéler utile. Il le sera en effet, malgré des infiltrations décelées plus tard, et inévitables d'ailleurs en pareils cas où l'urgence est prioritaire.

⁂

Une heure après que de Gaulle eut confirmé ses instructions à ses ministres, Georges Pompidou atterrit à Orly, sa conviction acquise, ses décisions prises. Ce fait ne laisse pas d'être étonnant. Le Premier ministre est absent depuis dix jours durant lesquels se sont déroulés des événements dont il n'a eu connaissance qu'imparfaitement et incomplètement. S'il rencontre, à son retour, MM. Joxe et Fouchet, c'est rapidement et sans écouter ni leurs comptes rendus ni leurs points de vue. Il a déjà décidé et annonce à ses ministres, stupéfaits de la méthode, qu'il mettra le marché en main au Général : ou de Gaulle accepte ses décisions à lui, Pompidou ; ou lui, Pompidou, donne sa démission. C'est une espèce d'ultimatum.

Or, ce qu'il propose et dont ses ministres ne comprendront l'ampleur que plus tard, en l'entendant à la télévision, c'est un complet renversement de politique. Autrement dit, il désavoue les décisions prises par le Général et les ministres depuis le 2 mai. De l'exercice de l'autorité, — à vrai dire incomplètement pratiquée —, Pompidou choisit de passer à la négociation et aux concessions.

De Gaulle, en prise directe avec les réalités, a senti que les membres de son gouvernement et les hauts fonctionnaires concernés par les événements n'étaient pas résolus à la rigueur. Au contraire, il n'a reçu d'eux que des avis de prudence et de laisser faire. Et chacun ne manquait pas de lui faire remarquer que l'opinion ne le suivrait pas sur le chemin de la dureté. Mais en combien d'occasions de Gaulle avait-il agi contre l'opinion pour la trouver ensuite derrière lui ! Il se rendit compte que la politique qu'il souhaitait ne serait pas menée, que chaque jour son autorité se trouverait un peu plus entamée et qu'ainsi il risquait de descendre, un par un, les degrés qui menaient à la faiblesse. De surcroît, voilà que le chef du gouvernement, revenant de voyage, lui affirme que la seule issue est dans la négociation, réclame la réouverture de la Sorbonne, la relaxe des étudiants arrêtés et l'ouverture d'entretiens avec les meneurs.

De Gaulle n'a plus dès lors d'autre choix que de changer les hommes, dont le Premier ministre, ou d'accepter que Pompidou tente de démontrer que sa politique est la bonne.

Le Général choisit la seconde solution. Sans doute commit-il une erreur. Ce fut plus tard son jugement sur sa propre action. Quand il a dit : « La réouverture de la Sorbonne fut une erreur », il faut traduire : le choix de la politique de Pompidou fut une erreur.

Peut-on faire remonter cette erreur à 1965, en trouver une

autre illustration en 1967 ? A ces deux époques, les situations n'étaient pas comparables, mais il existe sans doute un certain enchaînement dont cette décision de 1968 serait la suite logique. De Gaulle choisit chaque fois la facilité plutôt que la rigueur.

Cette mauvaise décision pèse encore sur notre vie. De Gaulle, chef de l'Etat, ne se sentait plus en situation, comme en 1940, de mener directement les affaires ; ceci en raison de ses fonctions, et peut-être aussi d'une certaine lassitude. Il n'était plus seul à décider et ne vit pas à qui confier la direction du gouvernement en cette phase difficile. Christian Fouchet manqua une chance unique de montrer qu'il était capable de prendre cette lourde charge à son compte. Devant le vide, devant le fait qu'aucun ministre ne s'opposait au plan de Pompidou, de Gaulle donna donc à celui-ci la possibilité d'effectuer sa démonstration et lui laissa carte blanche. Il décommanda même la réunion des ministres responsables qu'il avait décidée le 11 et qu'il devait présider le 12 au matin en présence de Pompidou. La pusillanimité ou le laxisme de ceux sur qui il croyait pouvoir compter le paralysaient. Il lâcha la barre.

Je ne crois pas que de Gaulle aurait fait ce choix si, le 10 mai au matin, Fouchet et Grimaud l'avaient suivi, avaient interdit la manifestation et affronté les événements avec résolution. D'ailleurs, rien n'eût été ensuite semblable.

Dans son avion, Pompidou avait froidement étudié la position des pions sur l'échiquier.

La nuit des barricades lui apparaissait comme un échec dû à l'attitude raide du Général, peu importait de savoir si le Général avait été bien ou peu servi par ses ministres, le résultat était là et serait considéré par l'opinion comme un échec. Pompidou avait toujours écarté les affrontements et n'avait pas voulu participer à ceux que l'Histoire plaçait sur son chemin. Sa nature, ses goûts, ses qualités le poussaient à la négociation, à la manœuvre, au compromis. Il se sentait foncièrement hostile à toute épreuve de force et ne se voyait pas menant, pour le compte de De Gaulle, une action ferme et nécessairement brutale. Il souhaitait donc que soit prise la voie pour laquelle il se savait doué et dont il était sûr qu'elle lui permettrait de prendre avantage sur l'adversaire. Talleyrand plutôt que Cavaignac. A l'approche de l'ennemi, il penchait pour le bourgeois de la *Kermesse héroïque* qui organise une fête pour le recevoir, et non pour les héros se battant jusqu'aux dernières cartouches.

De plus, Pompidou estima sans doute que la possibilité de se démarquer se présentait enfin à lui. Le terrain serait bon : il symboliserait le libéralisme et la tolérance face à l'autorité voulant s'affirmer. Par surcroît, l'opération lui permettrait de jouer le rôle d'un arbitre entre les deux forces opposées, de prendre de la hauteur et d'apparaître, suprême ambition, comme le recours.

Aussi décida-t-il seul, dans sa Caravelle, de la tactique qui allait être la sienne et ne s'embarrassa-t-il pas de l'avis des Joxe et des Fouchet. Voyant la voie ouverte devant lui, il s'y engagea.

De Gaulle comprit-il, à l'instant, la manœuvre ? Peut-être ne l'entrevit-il que le soir-même de ce 11 mai en écoutant le discours adressé par son Premier ministre aux Français. Chez tous, la stupéfaction fut grande devant le ton et le contenu ; mais aussi une sorte d'espérance rassurante prit forme. Pompidou, dont le message avait été écrit dans l'avion et auquel il n'a pratiquement pas changé un mot, se présentait comme le seul responsable qui jugeait sévèrement les maladresses commises par ceux auxquels il avait laissé la charge du navire en son absence. De ce jour, de cette heure, il joua sa partie. Il la joua seul et pour lui et, parce que l'enjeu au bout de la route s'appelait l'Elysée, il la joua contre de Gaulle.

Celui-ci, incertain sur le bien-fondé de la politique de son Premier ministre, tiendra à prendre du champ et partira même en voyage conformément à ce que lui recommande Pompidou et malgré les objurgations de certains, dont Fouchet. Sans doute estime-t-il aussi que ce serait reconnaître aux événements un caractère trop important que de décommander un voyage officiel du chef de l'Etat à l'étranger. Avant de quitter la France, il annonce tout juste son intention de s'adresser au pays le 24 mai, soit... dix jours plus tard !

Dès le 12 mai, Pompidou, sans perdre une minute, met en œuvre son plan d'apaisement. Les manifestants arrêtés, et même les condamnés, sont libérés, les forces de police sont retirées du quartier Latin, la Sorbonne est réouverte et la manifestation du 13 mai se déroule en l'absence de tout service d'ordre policier.

Le 13 au matin, Pompidou affirme à ses ministres que tout sera réglé dans les quarante-huit heures.

Il ne semble pas toutefois que cet espoir devienne une réalité et que les mesures prises calment les esprits car la Sorbonne, aussitôt occupée, servira de foyer permanent d'agitation et la manifestation s'approchera de Matignon et de l'Elysée.

La situation ne cesse de se détériorer. L'agitation sociale prend le relais. Le 15 mai, la première grève se déclenche, à Cléon chez Renault ; le 16, l'ensemble de la Régie nationale, le gros morceau dont les décisions pèsent si lourd, se prononce pour l'arrêt du travail ; et le 18, l'activité cesse partiellement à l'O.R.T.F.

Bref, quand le Général, ayant écourté son voyage, rentre le 18 au soir après avoir laissé Pompidou totalement libre de son action, la situation est plus grave que cinq jours plus tôt, elle a pris même une ampleur nouvelle puisque les syndicats se sont lancés dans l'escalade des grèves.

— La récréation est terminée, déclare le chef de l'Etat.

Et le lendemain, dimanche, il convoque à l'Elysée le Premier ministre et les membres du gouvernement impliqués dans les problèmes du maintien de l'ordre.

Le dossier de De Gaulle est bon : les onguents de Pompidou n'ont donné aucun résultat, bien au contraire. Les contestataires, les syndicats et l'opposition ont accéléré le mouvement, convaincus que rien ne leur résisterait, et surtout pas le Premier ministre.

De Gaulle décide donc que l'on reviendra à la politique de fermeté, il prescrit que la Sorbonne et l'Odéon soient évacués par la force, que... Les ministres lèvent les bras au ciel. Cela veut dire qu'il faudra tirer, qu'il y aura des morts... Pour la sauvegarde de la République, combien la France a-t-elle sacrifié de Français ? Les hommes qui sont là ne sont ni des Gambetta ni des Clemenceau, mais des M. Prud'homme. Pompidou refuse et les ministres font bloc derrière lui.

Là encore, une possibilité se présentait au Général de faire table rase, mais il ne le fit pas et laissa passer l'occasion. Ah, si seulement il avait trouvé en face de lui une ou deux âmes d'airain !

Toutefois, à partir du moment où la fermeté n'avait pas été appliquée avec constance, les chances diminuaient avec les jours qui passaient.

Le lendemain, la « chienlit » l'emporte. La grève est presque générale et des agités s'emparent des sièges des associations professionnelles ; la maison de la Société des Gens de lettres est même occupée ! ! !

Enfin, l'essence commence à manquer.

Le surlendemain, 21 mai, se déroule à l'Assemblée nationale un triste débat où tout le monde trahit presque tout le monde. C'est à l'occasion de ce débat que certains élus « gaullistes » lancèrent la phrase : « Maintenant le vieux est fini, il doit partir. » Phrase terrible venant de ceux qui devaient tout au Général, si terrible que certains se sont demandé et se demandent encore s'il ne s'agissait pas là d'un mot d'ordre. Ce dont je puis témoigner, c'est que, dans les deux jours qui suivirent, on parlait beaucoup, dans les couloirs de Matignon, du nécessaire départ du général de Gaulle.

Au surplus, c'est à ce moment que l'un des collaborateurs les plus proches du Premier ministre effectua une démarche auprès du secrétaire général de l'Elysée pour lui expliquer que l'annonce du départ de De Gaulle constituerait une très opportune déclaration.

En somme l'autorité gouvernementale se dissout dans une confusion générale.

Nous agissons avec l'énergie du désespoir pour empêcher cette liquéfaction.

Le jeudi 23 mai, je prends l'initiative de réunir au siège de l'Association nationale, rue de Solférino, les représentants des groupes parlementaires et de tous les mouvements qui se rattachent à de Gaulle. Le but est d'affirmer, au siège de l'Association dont la vocation est la fidélité à de Gaulle, que ces mouvements et ces formations demeurent loyaux envers le chef de l'Etat et qu'ils l'appuient de toute leur confiance ; il s'agit aussi de montrer à l'opinion que n'ont pas disparu les forces qui soutiennent le chef de l'Etat et qui représentent la majorité de la population. Sont présents les présidents des groupes parlementaires à l'Assemblée et au Sénat, les secrétaires généraux de l'U.D.R., de l'Union de la gauche Ve République, de l'Association pour la Ve République que préside Malraux et de l'Union des jeunes pour le progrès. De leur côté, les C.D.R. que je préside annoncent officiellement leur existence et affirment leur attachement aux institutions de la Ve République. Un bureau de coordination est mis en place.

Nous recevons les journalistes dans la vieille salle où se réunissait le conseil de direction du R.P.F. et leur remettons une déclaration de confiance absolue, énergique et non équivoque. Elle sera partout reprise. L'opération n'est pas sans effet sur l'évolution de l'opinion.

Parallèlement et en raison de mes fonctions, je tente depuis plusieurs jours de trouver une solution efficace aux problèmes posés par le déchaînement des stations de radiodiffusion périphériques qui agissent comme des multiplicateurs et facilitent la tâche des manifestants.

J'interviens vivement auprès de Sylvain Floirat, président d'*Europe n° 1*. Je vais le voir dans son bureau de la place de l'Etoile. Sans le prendre par les sentiments, je lui démontre que la station scie la branche sur laquelle elle est assise : *Europe n° 1* vit de la publicité ; la victoire de la rue sur la loi, c'est dans l'instant la fin d'une économie libérale et, par conséquent, la fin d'*Europe n° 1*. Floirat comprend ce langage. Il est blanc lorsqu'il me répond :

— Je pense comme vous, mais je n'y peux rien.

Il me confirme — ce que je sais déjà — que les services d'information ne réfléchissent guère, qu'ils sont fascinés par l'événement et que ce qui compte pour eux c'est de « passer » du sensationnel. Tant qu'il y aura des journalistes à l'antenne, ils vibreront au moindre incident et à l'unisson avec la foule. On ne peut pas demander au spectateur d'un match de football de méditer sur le rôle social du sport lorsque le ballon s'approche du but.

Je demande à Floirat de s'installer rue François-Ier et de surveiller personnellement ce qui se passe à l'antenne. Il accepte de jouer ce rôle mais je doute qu'il parvienne à contrôler efficacement les comptes rendus passionnés des reporters plongés dans l'événement et qui, des voitures-radios sur place, s'expriment directement sur l'antenne, sans possibilité de filtrage. Une mesure plus radicale s'impose, d'autant que les affrontements, après dix jours de calme relatif, reprennent dès ce jeudi 23 mai au soir.

Naturellement, le gouvernement peut décider la coupure des lignes de modulations P. et T. qui relient les studios parisiens aux émetteurs d'Europe n° 1 et de RTL situés à l'étranger. Mais je considère qu'il s'agirait là d'une décision « boomerang » et que les effets seraient pires que le prolongement de la situation en cours. Le brusque silence de ces stations provoquerait une inquiétude extrême et ouvrirait la porte à toutes les suppositions.

Je propose alors à Matignon que soient interdits dans la région parisienne les radios-téléphones des voitures des reporters qui permettent à ceux-ci, sur les lieux, de passer en direct sur l'antenne. Jean Farran, directeur général de RTL, que je consulte le 23 par téléphone de Matignon, prend l'engagement de respecter la mesure, sous réserve bien entendu que les autres stations en fassent autant. La décision est prise par le gouvernement le 24 au matin, c'est-à-dire dans la matinée de ce que la presse appela le « troisième vendredi rouge ».

Le soir de ce 24 mai, de Gaulle parle, comme il l'avait annoncé. Nous sommes assis, avec Pompidou, dans un bureau de Matignon.

Cette allocution, par son style et son contenu, n'est pas adaptée aux circonstances. Nous constaterons très vite que l'opinion n'en a pas été touchée. Les événements vont suivre leur cours. Pour la première fois, de Gaulle ne parvient pas, par l'expression de sa volonté, à modifier la situation. Pourquoi ?

Il y a une contradiction évidente entre le comportement du Premier ministre qui occupe les écrans de télévision presque chaque jour depuis le 11 mai et les propos que vient de tenir le chef de l'Etat. Le premier a placé le problème sur le plan des négociations alors que le second revient au langage sévère du maintien de l'ordre ; le premier prêche la détente, le second met en avant le respect des principes.

Or, à ce moment, après environ quinze journées consacrées

à des tentatives de conciliation, l'idée même du maintien de l'ordre par la contrainte ne reçoit plus d'écho.

Comment le Français pourrait-il, en effet, comprendre et suivre ? Depuis plus de dix jours, le pays subit des grèves dont l'amplitude va grandissant ; des chocs se produisent presque tous les soirs, ici ou là, entre la police et des groupements, dont certains irresponsables ; le pouvoir se voit contesté ; les ministres ne paraissent plus et, suprême atteinte à la liberté individuelle, l'essence manque. Le pays attend un choc, une initiative spectaculaire susceptible de renverser le courant.

De Gaulle affirme ce soir-là que l'ordre sera maintenu, mais les citoyens constatent qu'en fait les agitateurs, les partis et les syndicats décident et réalisent ce qu'ils veulent. L'affirmation se révèle aux yeux de tous comme fort éloignée de la réalité.

Quant au référendum annoncé, soit. L'opération représente un appel au peuple de nature à secouer l'opinion lorsque chacun se sent concerné par son objet, mais la participation est encore une notion trop abstraite pour passionner le pays. D'autant que, dans le cas présent, il peut sembler que de Gaulle ne s'y décide que contraint et forcé, utilisant le thème pour apaiser une agitation qu'il est incapable de maîtriser par d'autres moyens. La proposition apparaît comme la dissimulation d'une véritable impuissance.

D'ailleurs, l'opinion n'a les yeux fixés que sur ceux qu'elle considère comme les véritables meneurs du jeu : les syndicats, les dirigeants politiques qui sortent de l'ombre, les jeunes dont les visages sont rafraîchissants et les actions inédites. De Gaulle est passé au second plan, il n'est plus le centre de l'intérêt, ce n'est plus lui la vedette, les projecteurs se tournent ailleurs, il est devenu un comparse, il appartient au passé. C'est ce que Charles de Gaulle découvre soudain au lendemain de ce solennel appel resté sans effet.

***

Après beaucoup d'autres, je passe cette sombre soirée du 24 à Matignon. Dans le bureau de Pierre Somveille, chargé au cabinet des rapports avec l'Intérieur, nous suivons la montée de l'émeute. Le bruit des grenades nous parvient, l'odeur des lacrymogènes pénètre par les grandes fenêtres ouvertes. Somveille s'entretient directement avec Grimaud ou avec son adjoint Paolini. Pompidou est là, dans un fauteuil, la cigarette aux lèvres. Il constate que sa tactique d'apaisement n'a pas encore porté ses fruits, et de loin. Avec Somveille et Juillet, nous nous efforçons de le convaincre qu'en la circonstance seule la rigueur est possible. Somveille, avec un calme et une efficacité remarquables, remonte le moral de ses interlocuteurs qui, à l'autre bout du fil dans la salle de commandement de la préfecture de police, reçoivent les messages pathétiques des commandants d'unités au contact avec les manifestants déchaînés.

Un commencement d'incendie se déclare à la Bourse. Puis les émeutiers retournent au quartier Latin et des barricades s'élèvent à nouveau.

Il faut absolument les faire sauter.

Je suis frappé de l'absence de contact, au paroxysme de la crise, entre le Premier ministre et son ministre de l'Intérieur. Il est également flagrant que le Premier ministre passe au-dessus de son ministre responsable et donne des ordres directement au préfet de police. Le directeur de cabinet du ministre de l'Intérieur nous appelle pour nous dire qu'on ne s'en sortira qu'avec l'intervention des blindés de la gendarmerie stationnés au camp de Satory. Il semble avoir perdu son calme.

J'interviens auprès de Pompidou pour qu'il parle à Christian Fouchet, qu'il n'a pas appelé une seule fois de la soirée. Sur l'interministériel du bureau voisin, je parle moi-même à Fouchet et lui annonce Pompidou à l'appareil. En ce moment dramatique, je constate que les rapports entre les deux hommes sont froids et presque protocolaires.

Nous insistons beaucoup, avec Somveille, pour que, malgré l'épreuve que subissent les forces de l'ordre, les barricades soient toutes détruites avant le lever du jour.

Mais Pompidou agit contre son inspiration. Son espoir est ailleurs, dans la négociation. Il espère pouvoir séparer les syndicats des manifestants, il pense que la reprise du travail signifierait la fin de la crise. En son nom, Chirac a rencontré la C.G.T. ; le lendemain doivent s'ouvrir les entretiens de Grenelle : c'est là-dessus qu'il compte.

Pour Pompidou, Grenelle est l'occasion de démontrer que sa méthode est la bonne, ce sera Austerlitz ou Waterloo. En effet, de Gaulle lui aurait dit, en lui donnant carte blanche deux semaines plus tôt : « Si vous gagnez tant mieux, la France gagne avec vous ; si vous perdez, tant pis pour vous. »

Or, le Premier ministre engage les pourparlers avec un handicap : l'échec de l'intervention du Général ; et pourtant il lui faut gagner. Il se trouvera donc contraint, pour s'en sortir honorablement, de lâcher sur toute la ligne, de lâcher même plus que n'en espèrent les interlocuteurs.

De Grenelle, il fait son affaire. Pompidou arrivant à Grenelle, Pompidou à la table des négociations, dans le couloir du ministère, dans le jardin, dans la cour ; on le verra toutes les deux heures sur les écrans de télévision.

Poursuivant son action solitaire, il sent tourner vers lui les regards de la foule. Il est fatigué et ses traits tirés donnent au personnage une dimension dramatique qu'on ne lui connaissait pas. Il prend une nouvelle stature. Il profite de l'occasion pour éliminer un concurrent potentiel. En effet, chose incroyable et sans précédent, le ministre des Finances et de l'Economie, le principal intéressé, n'est pas invité à participer à ces négociations de première importance : il est vrai qu'il s'appelle Michel Debré.

Sortant de Grenelle, le lundi matin 27 mai, après deux jours et deux nuits de négociations, Pompidou est heureux, il a gagné, les syndicats acceptent de rapporter leur ordre de grève. La France va reprendre le travail, le gouvernement retrouve l'initiative, les agitateurs isolés perdront leur audience, la crise est passée, et c'est lui, de Gaulle n'y est pour rien, qui sera le héros de cette victoire. Grâce à lui, la France continue, c'est son 18 juin.

En ce matin de réconciliation nationale sur le dos des gauchistes, tout le monde respire et c'est un concert de louanges. D'ailleurs, à Matignon, où je passe, on pavoise et l'on parle de plus en plus ouvertement du départ du Général en s'interrogeant sur la meilleure procédure à suivre pour ménager son amour-propre.

Malheureusement, un détail a échappé aux triomphateurs. La C.G.T. a parlé de la nécessité de « faire approuver par la base » les résultats obtenus. Pour Séguy lui-même il ne s'agit que d'une formalité et, tout heureux des extraordinaires avantages obtenus — 35 % d'augmentation du SMIG — le secrétaire général de la C.G.T. se rend chez Renault à Billancourt où il est sûr de trouver un auditoire nombreux et organisé.

Gonflé de fierté, il prend la parole et... stupéfaction ! il est hué et sifflé. Que se passe-t-il ? Eh bien, à son tour, le responsable de l'appareil le plus structuré et le plus rodé de l'échiquier politique se doit de constater que la situation est « insaisissable » et que des motivations imprévues entrent en jeu.

Cette réaction de la base démontre le caractère moral de la crise. Les revendications quantitatives ne sont que la partie apparente de l'iceberg. De l'ébranlement général est née une espérance. Voilà qui augmente le regret que l'effort n'ait pas porté depuis 1965 sur les profondes réformes capables de modifier par la participation une société d'inégalité.

Dans le désordre et à coup de hurlements devant un Séguy stupéfait, la « base » décide la continuation de la grève.

Matignon et la France entière apprennent, en fin de matinée, que les abandons de Grenelle, acquis et bien acquis, ne serviront à rien. La révolution continue.

Alors c'est la ruée. De Gaulle a échoué. Pompidou vient d'échouer. La voie est libre. Le soir même, c'est la réunion de Charlety où la C.F.D.T. organisatrice est rejointe et dépassée par les starlettes de la Sorbonne et la glorieuse figure blanchie de Mendès France sortie de sa boîte.

Le lendemain, on se bouscule au portillon. C'est Mitterrand qui annonce sa candidature à la présidence de la République... poste qui, aux dernières nouvelles, n'est pas encore vacant.

C'est aussi l'annonce pour le 29 mai d'une manifestation de la C.G.T. Les dirigeants des grandes centrales éprouvent le besoin, après l'échec qui a suivi Grenelle, de reprendre leurs troupes en main, et rivalisent de déclarations.

C'est cet après-midi du 27, au cours de l'une de nos réunions, que nous décidons, atterrés par la vacuité du pouvoir, l'organisation d'une manifestation publique, envisagée depuis plusieurs jours.

Les forces en action ne représentent pas la majorité du pays. Le refus de la base d'accepter les considérables concessions de Grenelle démontrant, s'il était utile, le caractère politique des mouvements sociaux et dévoilant l'objectif inavoué de certains milieux syndicaux ; la précipitation des politiciens à déclarer la vacance du pouvoir ; tout cela provoque une hostilité de l'opinion qui doit être exploitée. Il faut donc donner aux Parisiens une occasion de manifester leur volonté de voir cette situation sortir de l'impasse.

Oui, mais le risque est immense. Et si nous ne réunissons que dix mille personnes ! Il ne faut pas oublier que l'essence manque, que la plupart des transports en commun sont immobilisés, que les citoyens risquent d'avoir peur de se heurter à ce que le ministre de l'Intérieur appelle la « pègre qui sent les bas-fonds de Paris ». Oui, le risque est considérable. Mais l'immobilisme n'est-il pas pire encore ? En conséquence, nous décidons de prendre ce risque et de mobiliser tous les moyens dont nous disposons. Le 5 de la rue de Solférino, qui abrite l'Association nationale et les C.D.R., a été attaqué quelques jours plus tôt et les manifestants ont tenté de l'incendier, mais le feu a été rapidement maîtrisé ; c'est de là que commencent à partir, dès le soir même, des appels pour tous les groupements de Paris et de la banlieue.

⁂

De Gaulle, lui, fait le bilan et constate que, de plus en plus, l'intérêt se porte sur d'autres. Il se sent en dehors du jeu. Alors, il décide de créer un événement, son événement, et de faire basculer les projecteurs vers lui. Le 28 mai après-midi, le Général prépare son coup. Il reçoit Pompidou, le chef de l'état-major des armées, et, après le dîner, Fouchet. Il ne dévoile à personne ses intentions et donne même des rendez-vous pour le lendemain. A Christian Fouchet, il dit sa déception de n'avoir pas été résolument secondé par un vieux compagnon tel que lui. Fouchet se rend compte qu'il a laissé passer son heure ; qu'en épousant à fond la volonté de rigueur et de dignité du chef de l'Etat, il se fût retrouvé quelques jours plus tard à Matignon. De Gaulle prononce des paroles très sévères pour Pompidou qui, de concession en concession, l'a mené à l'échec cuisant de Grenelle.

Il demande ensuite à Fouchet de l'assurer que les forces de l'ordre resteront toujours maîtresses du terrain. Fouchet donne cette garantie à condition que l'on puisse recourir au feu.

— Oh, vous savez, rétorque de Gaulle *, le feu ne me fait pas peur. Ne soyez pas obnubilé par la crainte d'y avoir recours.

Or, c'est justement cette crainte qui a hanté Fouchet depuis le début du mois.

A son interlocuteur, de Gaulle, fignolant, parlera même de l'éventualité d'un départ définitif tout en lui demandant de venir le voir le lendemain avec le Premier ministre à l'issue du Conseil.

— Voyez-vous, me dit Christian Fouchet alors que nous parlions de cette période longtemps après, j'ai les mains nettes, il n'y a pas de sang.

Je lui rappelai que la charge de l'Etat est rude, que les généraux commandent les assauts, que les victoires de la République ont coûté cher, que tous les gouvernements, quelle que soit leur origine, ont un jour ou l'autre recours à la force, que ceux qui se prétendent les plus progressistes eux-mêmes... voir Budapest et Prague.

Pour moi, de Gaulle était dans le vrai. L'Etat ne peut pas céder, la démocratie doit se défendre. La Constitution, les lois, donnent aux responsables le droit et les moyens de protéger la République des assauts de l'intérieur comme de l'extérieur. La République peut évoluer, elle peut devenir progressiste ou réactionnaire, mais par les voies prévues pour cela : les élections. Jamais la démocratie n'a accepté le coup de force ni sous forme de grève politique ni sous forme de barricade. Si la République dispose de forces de maintien de l'ordre entretenues chaque année par le budget que votent les élus de la nation, c'est justement pour éviter d'être renversée par une insurrection. L'Etat ne peut accepter d'être investi. En conséquence, en 1968, le Premier ministre et

---

* *Les lauriers sont coupés,* Christian Fouchet, Plon éd.

le chef de l'Etat avaient le devoir ultime de faire respecter, au besoin par la force, les institutions de la République.

Et, tout compte fait, la province demeurant parfaitement calme, cette grande révolution ne rassemblait, dans sa première phase, que cinq à dix mille actifs sur cinquante millions de Français, soit une infinitésimale minorité.

L'évacuation de la Sorbonne, de l'Odéon, l'arrestation des émeutiers, le fonctionnement des services publics incombaient à l'Etat républicain fort de sa légitimité et de l'appui du Parlement.

Je ne me sens pas pour autant réactionnaire ou conservateur. Je reproche à ce même Etat de n'avoir pas utilisé la confiance du pays pour donner au progrès social une impulsion décisive. Faiblesse et respect de la liberté ne sauraient être confondus, pas plus qu'absolutisme et fermeté.

Dans l'après-midi du 28, de Gaulle a donc pris sa décision, il va quitter Paris de façon ostensible et créer ainsi un événement qui ramènera l'attention sur lui.

De plus, il aspire à un temps de répit loin de l'Elysée où il se sent entouré d'intrigues et pressé par les événements.

Enfin, la manifestation prévue par la C.G.T. pour le lendemain risque de dégénérer ; si elle atteignait le faubourg Saint-Honoré, il pourrait se trouver paralysé, perdant ainsi toute possibilité de reprendre l'initiative. Or, il tient quoi qu'il arrive à conserver sa liberté d'action et compte sur cette rupture de rythme pour méditer, après la ruine des espoirs de Pompidou, sur les modalités d'une nouvelle étape.

En cette soirée du 28 mai, que reste-t-il de solide entre les mains du chef de l'Etat ?

Le gouvernement n'existe plus. L'administration est bien toujours là, mais c'est un outil d'une lourdeur extrême dont on ne peut attendre qu'il serve avec promptitude un dessein hardi.

Naturellement, de Gaulle n'ignore pas que l'opinion a évolué et que le pays aspire maintenant à un retour au calme.

Ah, s'il était sûr d'un appui massif de l'opinion, tout serait possible, mais cinq jours plus tôt elle n'a guère réagi à son appel. De Gaulle n'est pas convaincu qu'elle soit encore assez consciente pour le suivre. Et pour utiliser une opinion, il importe de lui fixer un objectif, de la polariser sur une action, sur une entreprise ; pour l'instant, dans le flou des circonstances, il n'entrevoit pas laquelle.

Certes, il y a l'armée. Cette carte demeure entre ses mains. Mais il sait parfaitement que l'armée est inapte aux tâches de maintien de l'ordre, il sait qu'il ne peut l'utiliser que pour une action symbolique. Un grand mouvement de troupes, le déplacement d'une ou deux divisions blindées, prouverait sa volonté d'aller jusqu'au bout et démontrerait aussi qu'il dispose des moyens de le faire. Mais l'armée obéira-t-elle ? Le contingent acceptera-t-il de manœuvrer en vue d'impressionner les jeunes, les syndicalistes et tous les bavards de la Sorbonne ?

De Gaulle a besoin de savoir avec certitude si une manœuvre avec l'armée est possible. Pourquoi ne s'installerait-il pas à Strasbourg, ou à Metz, en appelant les Français de province, restés parfaitement calmes jusqu'alors, à le suivre et à reprendre le travail ? Le jour où Paris et ses excités se trouveraient isolés et désavoués par le reste du pays, la partie serait gagnée.

Pour connaître l'état d'esprit de la troupe, ce n'est pas aux états-majors parisiens qu'il convient de s'adresser, mais aux chefs directs, à ceux qui sont en contact quotidien avec les appelés.

De Gaulle fait donc savoir dans la soirée du 28 à son gendre, le général de Boissieu, qu'il souhaiterait le voir le lendemain matin, 29 mai, de bonne heure. Son intention est de rencontrer également le général Massu, commandant la Ire armée française stationnée en Allemagne et qui comprend trois de nos cinq divisions opérationnelles.

En fin d'après-midi, des bagages importants sont préparés. Mme de Gaulle demande également à son frère de conduire sa femme de chambre parmi les siens.

Le 29 au matin, le général de Boissieu, venu de Mulhouse en hélicoptère, se présente très tôt à l'Elysée. Il est aussitôt reçu. De Gaulle lui demande l'état d'esprit des forces qu'il commande. De Boissieu est catégorique : ses officiers suivront à la lettre les ordres du chef de l'Etat ; quant à la troupe, elle obéira sans murmurer, elle est montée contre les agitateurs et les grèves qui interrompent les communications et le courrier, elle souhaite la fin d'une agitation qui la confine dans ses casernes.

De Gaulle annonce son intention de quitter Paris et de rencontrer le général Massu avant de gagner Colombey. Il demande à de Boissieu de prendre contact de Colombey, et par la ligne téléphonique privée, avec le général Massu pour l'organisation d'une rencontre et de lui transmettre les renseignements concernant cette rencontre par radio, à l'aéroport de Saint-Dizier.

Il recommande au général de Boissieu de ne communiquer à personne ses intentions.

Ainsi il dispose de sa totale liberté de mouvement.

Puis de Gaulle donne des ordres pour que son fils, sa belle-fille et ses petits-enfants quittent Paris pour se soustraire à une éventuelle pression. Il les envoie sous la protection de la Ire armée. Il souhaite, on le voit, que rien ne puisse peser sur ses décisions.

Enfin, il décommande le Conseil des ministres, annonce à

Pompidou son départ pour Colombey sans lui parler de sa rencontre éventuelle avec le général Massu, et décolle d'Issy-les-Moulineaux à 11 h 45. A Pompidou, avant de raccrocher le téléphone, il dit : « Je vous embrasse. » Ça, c'est le mot d'auteur qui annonce une sortie. Pompidou en est évidemment très alarmé.

A ce moment, Pompidou est conscient de la faillite de sa politique d'apaisement. La faiblesse du gouvernement a eu pour résultat de convaincre de son inexistence, et, pour occuper le vide, il n'est partout question que d'en faire sortir un nouveau des palabres et des meetings. De plus, malgré les concessions de Grenelle, la grève n'a cessé de s'étendre.

Dès le lundi 27, Pompidou a décidé des mesures supplémentaires de sécurité ; des unités blindées ont été rapprochées de Paris et les bâtiments publics placés sous la garde de l'armée. Sans doute a-t-il enfin compris que la seule attitude convenant était celle de la rigueur.

Heureusement et aussi surprenant que cela puisse paraître, le téléphone fonctionne sans défaillance. En conséquence, de notre côté, en liaison avec Krieg qui s'active au Conseil de Paris, nous ne cessons d'alerter tous nos correspondants en vue de la manifestation du lendemain. L'accueil que nous recevons est mitigé : oui, bien sûr, on s'efforcera de toucher le plus de monde possible, mais il n'y a plus d'essence, presque plus de transports en commun, comment se déplacer...

Je ne fus mis au courant du subit départ du Général qu'en passant à Matignon à l'heure du déjeuner. Pompidou reçoit la fiancée et les futurs beaux-parents de son fils... Ce n'est que deux heures plus tard que j'apprendrai la nouvelle : de Gaulle n'est pas arrivé à Colombey et personne, pas plus son Premier ministre que les collaborateurs de l'Elysée, ne sait où se trouve le chef de l'Etat. Le Général a fait escale à Saint-Dizier, puis il est reparti, ensuite a disparu.

Pendant que Pompidou s'entretient avec les représentants des groupes parlementaires de la majorité, le bruit circule que le Général est à Taverny, au centre de commandement de la force de dissuasion. Messmer, ministre des Armées, questionné, ignore tout de ce qui s'est passé après l'escale de Saint-Dizier bien que le président de la République se déplace dans un hélicoptère de l'armée de l'air et que son appareil soit accompagné par un autre hélicoptère de la gendarmerie. Messmer sait simplement que les gendarmes ont été congédiés par le Général à partir de Saint-Dizier.

Comme prévu, le général de Boissieu s'est rendu à Colombey. Comme prévu, il a tenté de joindre, par le circuit des P. et T., le général Massu. Le central téléphonique de Chaumont, en grève, a refusé de passer la communication. Il y a une dame du central téléphonique de Chaumont qui, par son refus d'acheminer cette communication a donc, en suivant avec un aveuglement assez borné les consignes de son syndicat, joué un rôle historique. Elle en est sans doute fière aujourd'hui et raconte l'événement aux mariages et aux premières communions.

Dans l'impossibilité de joindre Baden-Baden, le général de Boissieu a alors transmis à la tour de contrôle de Saint-Dizier un message destiné au général de Gaulle.

Comme prévu, celui-ci s'est posé à Saint-Dizier et le ravitaillement en kérozène de son hélicoptère s'est effectué. Il a ensuite décidé de précipiter les choses et de se rendre lui-même auprès du général Massu à son poste de commandement, en Allemagne.

Ce déplacement à l'étranger a beaucoup choqué, il m'a beaucoup choqué. Je pensais que Massu aurait pu finalement être joint par un moyen ou un autre et qu'au besoin, après avoir déposé le Général à Colombey, le même hélicoptère aurait pu aller chercher Massu en Allemagne et le ramener.

J'ai été déçu par cette incursion à l'étranger — et en Allemagne — pour régler une affaire strictement française. Je regrette toujours cette initiative. Mais il faut reconnaître que l'effet dramatique du voyage en a été considérablement amplifié. Le Général voulait provoquer un choc et il n'a reculé devant rien pour que son déplacement soit le plus spectaculaire possible. On ne peut pas nier qu'il y ait réussi.

On sait peu de chose de l'entretien de De Gaulle et de Massu. Mais on peut facilement l'imaginer :

— Vos bonshommes marcheront-ils ? questionne le chef de l'Etat.

— Oui, répond Massu. (Et il fait venir les membres de son état-major qui répondent dans le même sens.)

De Gaulle reste un long moment seul dans le bureau de Massu. On lui a apporté un plateau de viande froide. Certains racontent qu'il a été alors tenté d'abandonner la lutte, et les propos pessimistes tenus à Massu, les « tout fiche le camp, tout est perdu » sont à l'origine de cette thèse. Mais, connaissant le Général, on peut écrire sans grand risque de se tromper que ses propos, comme toujours, avaient pour but de faire réagir l'interlocuteur ; il se faisait une fois de plus l'avocat du diable. Même si l'idée de renoncer à ses fonctions est venue au Général, il n'a pu en accepter les conséquences évidentes : la France à l'abandon, l'anarchie, tout l'acquit dilapidé... De Gaulle avait fait le 18 juin dans des circonstances autrement désespérées. Certes, ça bougeait à Paris, certes, la grève s'étendait, mais la France était calme et l'armée résolue. Non, il était impossible que lui, de Gaulle, démissionnaire, laisse le pays aux mains de quelques agitateurs et s'installe dans une villa sur les bords du Rhin.

De Gaulle, face à la certaine idée qu'il se fait de lui-même, choisit et décide. Il regagne Colombey et se prépare à engager la troisième manche.

Ce qu'il constate, en regardant la télévision dans son salon de la Boisserie, c'est que cette troisième épreuve est presque gagnée. Son départ a fait l'effet de la foudre. L'opinion en a été pétrifiée et la presse stupéfaite. Les projecteurs ont quitté les comparses et se sont à nouveau braqués sur lui. Il est déjà redevenu le maître de la situation et l'ignorance dans laquelle, pendant quatre heures, s'est trouvé le pays, n'a pas joué pour peu dans cet extraordinaire retournement.

Les Mitterrand, Mendès France et autres Séguy sont balayés. Maintenant, se dit de Gaulle, il faut exploiter la situation nouvelle, vite, très vite, et remporter la partie.

Les journaux et les commentaires du lendemain lui montrent l'étendue du succès. Il annonce son retour à Paris et convoque le Conseil des ministres. Les traditions sont à peine bousculées puisque le Conseil n'aura été repoussé, finalement, que de vingt-quatre heures.

Dès son retour, il reçoit Pompidou et lui signifie qu'il reprend les choses en main ; c'en est fini des palabres, il ira jusqu'au bout, son intention est de remanier le gouvernement pour bien montrer qu'une nouvelle politique va être suivie et qu'il s'adressera ensuite au pays l'après-midi même.

Pompidou comprend et offre sa démission. De Gaulle ne l'accepte pas. Il ne veut sans doute pas qu'apparaisse ainsi publiquement le désaveu de ce qui a été fait, depuis plus de quinze jours, somme toute avec son accord. Un effort de conciliation a été tenté, il a échoué, l'ordre sera donc rétabli par les moyens dont le président de la République dispose et l'indépendance de l'Etat affirmée par voie d'autorité. C'est ainsi que le retour à la politique du début de la crise doit apparaître à l'opinion.

Pompidou accepte de rester, mais il plaide alors pour que le référendum annoncé soit abandonné au bénéfice d'une dissolution de l'Assemblée nationale et de nouvelles élections.

C'est l'opinion de Guichard depuis l'appel manqué du 24 mai. Ce référendum, pense-t-il, ne mobilisera pas l'opinion et, qui plus est, il pourrait être saboté par des adversaires criant au plébiscite alors que de nouvelles élections absorberaient immédiatement l'activité de tous les partis — et même celle des syndicats — interdisant à quiconque de prétendre que l'on procède à une opération antidémocratique.

Guichard a raison et, heureusement, Pompidou trouve les

bons arguments pour convaincre le Général. Celui-ci annoncera donc la dissolution et de nouvelles élections.

De Gaulle veut parler à 20 heures, comme il l'a toujours fait. Mais Foccart, avec son énergie habituelle, lui fait remarquer qu'une manifestation est prévue pour 17 heures. Le Général accepte de parler à 16 h 30. Mais pas de télévision, pas d'image, la voix seule, comme autrefois. L'enregistrement commence à 16 h 10.

Les ministres, eux aussi, ont subi le choc de ce départ ; il semble que l'atmosphère soit changée. C'est à nouveau à l'Elysée que tout se passe. Il suffit de constater le nombre de journalistes se pressant dans la cour, déserte les jours précédents. Par ailleurs, l'impression se confirme que l'opinion est lasse et bascule.

Rue de Solférino, depuis le matin, les groupes de jeunes confectionnent des banderoles. Par terre, dans la cour, s'étendent des rouleaux de calicot, s'entassent les pots de peinture et les pinceaux. Dans mon bureau, avec Sonia Eloy, Henri Gorce-Franklin, Simone Bruneau, Olivier Bizot et Jacques Godfrain, nous nous interrogeons. Que faisons-nous si nous ne nous retrouvons que deux mille à la Concorde ? Les journaux et les radios n'ont guère repris nos consignes, comment les Parisiens auront-ils été informés de la manifestation ?

— Nous tournerons en rond sur la place en faisant le plus de bruit possible.

— Dans ce cas, il est à craindre que nous n'impressionnions guère.

Malraux me fait demander par téléphone, où il me retrouvera : au pied des Chevaux de Marly, à droite en regardant l'Etoile.

C'est là aussi que je donne rendez-vous à François Mauriac, dont le fils Jean m'appelle, et à Jacques Foccart.

François Flohic, aide de camp du Général, me suggère de faire diffuser l'allocution place de la Concorde. Nous cherchons sans succès à louer des voitures-radios. Je rassure Flohic : il y a les transistors.

A 16 h 30, nous sommes tous autour d'un poste récepteur posé sur mon bureau.

— Françaises, Français...

De Gaulle s'engage à fond. Nous le reconnaissons. La minute de vérité approche.

Nous sommes émus, une fois de plus, devant tant de volonté et de courage. Quel homme !

— Ça, c'est du vrai de Gaulle, fait Sonia Eloy qui, engagée dans les F.F.L. à dix-sept ans, s'y connaît en gaullisme. Après cela il faudrait cent mille personnes sur les Champs-Elysées...

Allons-y.

Nous longeons à pied le Quai d'Orsay avec d'autres petits groupes qui se dirigent aussi vers la Concorde. Nous sommes silencieux. Quelle partie se joue !

Nous avons décidé de la manifestation sans savoir, naturellement, que de Gaulle allait partir, revenir, et sans nous douter que cette tentative coïnciderait avec un nouvel appel, le plus pathétique.

Extraordinaire mais aussi redoutable coïncidence ! La manifestation avortée, l'effet de l'allocution est manqué, le crédit du chef de l'Etat gravement entamé, l'avenir à nouveau fermé...

Au début du pont de la Concorde, nous ne savons pas encore. Et si nous nous étions trompés ? Et si les Parisiens étaient restés chez eux ?

Le pont est en dos d'âne, je suis le premier à voir. Une foule immense recouvre la place, déborde sur les Tuileries et ce que j'aperçois des jardins des Champs-Elysées est noir de monde. C'est une nouvelle marée. Les larmes me viennent aux yeux.

Sacré pays !

André Malraux que je raccompagne, trois heures plus tard, épuisé, à sa voiture, me prend par les épaules :

— C'est gagné, vous pouvez aller à la pêche.

Le surlendemain, de Gaulle me dit :

— Il paraît que c'était comparable à la Libération ?...

Puis, après avoir parlé de l'avenir, nous sommes debout devant la fenêtre.

— Savez-vous que j'ai été sur le point de partir.

— Non, lui répondis-je, je ne le crois pas. Le général de Gaulle ne serait jamais parti en abandonnant la France.

— Oh, vous savez, la France, elle se passerait volontiers de De Gaulle.

— Oui, quand il fait beau. Mais là, le vent soufflait vraiment.

— Pour remonter au vent, il faut un bon équipage... Il ajouta ensuite quelques paroles bien sévères, mais trop personnelles pour que je les rapporte.

Je lui suggère, dès les élections passées, de se lancer dans de grandes réformes. Il me dit que ce ne sont pas les projets de réforme qui lui manquent mais les gens pour les mettre en œuvre. Il doute que la France souhaite de nouvelles secousses ; il pense que les Français aspirent maintenant au calme.

Il me demande enfin ce que je souhaite. Venant de lui, c'est une question surprenante. Je réponds que je ne souhaite rien.

Alors il me dit lentement quelques mots chaleureux que je n'oublierai pas.

⁂

A la veille des élections générales, le jeudi 20 juin, dans le plus grand des halls de la Foire de Paris, quarante mille personnes sont réunies, à l'appel des C.D.R., pour nous entendre mais surtout pour écouter André Malraux. Il va nous dire : « Nous vivons une crise de société. »

J'ai longuement et à plusieurs reprises abordé ensuite ce sujet avec l'auteur de *l'Espoir*. Il avait raison, bien sûr.

Certes, en cette année 1968, la violence était dans l'air et le récit et la vue des violences engendre la violence. A voir sur les écrans de la télévision les étudiants américains, japonais et italiens manifester, les nôtres éprouvaient une émulation.

C'était une crise du mal de vivre. Comme toujours, elle s'exprimait par l'action d'une minorité. Celle-ci impatiente et idéaliste regroupait les plus imaginatifs mais aussi les plus vulnérables. Cette fois, la masse ne s'était pas sentie concernée.

Peut-être aussi certaines forces avaient-elles joué pour répandre de l'huile sur le feu. A-t-on vraiment cherché à savoir de quels moyens disposaient les manifestants étrangers qui affluèrent sur Paris ? D'où venaient leurs ressources ? La question mérite d'être posée lorsque l'on sait que le développement de la crise a sauvé le dollar américain. Personnellement, je ne serais pas étonné que quelques officines aient distribué en Allemagne des slogans et des subsides, insuffisants à créer le fait mais utiles à son développement.

Quoi qu'il en soit, pour allumer le premier foyer, il y eut une réalité. Voici comment elle m'apparaît : il existait depuis 1965 une contradiction entre le chef de l'Etat tel qu'on le connaissait et la façon dont les affaires étaient conduites. L'image que les citoyens se faisait de De Gaulle ne pouvait s'accommoder d'immobilisme, et la France, depuis plusieurs années, vivait en état d'immobilisme.

L'affaire algérienne terminée, il eût fallu, de Gaulle étant à l'Elysée, un Mendès France à Matignon. Je n'oublie pas que dans la dernière législature, la majorité ne disposait que d'une voix de marge à l'Assemblée, mais qu'importe, même en 1967, il eût fallu une irrésistible marche en avant au lieu d'un cheminement lénifiant. Les voix seraient venues, le gaullisme connaissait ces sortes de charges héroïques, elles ne l'avaient guère effrayé dans le passé.

Les événements de 1968 font encore peur à la bourgeoisie et aux communistes qui les ont subis. Mais un jour, si la société demeure toujours immobile, d'autres jeunes, qui n'auront rien à perdre, s'emploieront une nouvelle fois à secouer l'édifice. Et cette fois-là, il n'y aura plus de Gaulle pour rassembler le peuple sur les Champs-Elysées.

⁂

Les élections passées et gagnées, une vie plus normale reprit.

Je connus toutefois quelque difficulté à la direction des C.D.R. L'équipe qui m'avait secondé avec une efficacité remarquable aurait souhaité que les comités jouent ensuite un rôle politique en rapport avec l'importance de leur action pendant cette difficile période. L'U.D.R. ayant été complètement défaillante, les membres de mon Comité national auraient voulu que les C.D.R. deviennent le grand mouvement politique d'appui au Général.

Certes, l'U.D.R. s'était révélée incapable de réagir, certes les parlementaires ne s'étaient vraiment réveillés que le 30 mai en fin d'après-midi, on avait beaucoup entendu dans les couloirs de la rue de Lille, siège de l'U.D.R., que le temps du Général était terminé, qu'il vaudrait mieux pour lui quitter ses fonctions avant que ses fonctions ne le quittent, etc. Certes. Mais l'U.D.R., en tant que mouvement politique, existait et elle était le fruit de dix années d'effort et d'organisation alors que les C.D.R. ne représentaient qu'un élan spontané dont nous ne savions pas même qui le composait.

Dans la précipitation, nous avions en effet accepté la constitution des sections sans connaître vraiment leurs organisateurs et plusieurs mauvaises surprises avaient éveillé ma méfiance. Je découvrais subitement que des anciens de l'O.A.S. se trouvaient dans nos rangs et que d'anciens groupuscules, extrémistes, s'étaient aussi couverts de notre sigle. Dans la mesure où les C.D.R. poursuivraient leur action, un sérieux examen de l'ensemble s'imposait. Quel que puisse être l'avenir de ce jeune mouvement hétérogène né des circonstances, il n'était pas question qu'il remplace l'U.D.R., et notamment qu'il présente partout des candidats, ce que certains souhaitaient, en pensant parfois à eux-mêmes. Après un sérieux conflit, plusieurs membres du Comité national nous quittèrent et je confiai le secrétariat général à Yves Lancien avec mission d'opérer un sérieux filtrage, mission qu'il remplit avec beaucoup d'intelligence et d'efficacité. Dix-huit mois plus tard, je donnai ma démission de la présidence des C.D.R., ne voulant pas qu'une confusion puisse s'établir entre cette responsabilité et celle de l'Association nationale d'action pour la fidélité au général de Gaulle, à l'indépendance de laquelle le Général attachait du prix.

Mais je garde toujours en mémoire l'étonnement que me causèrent à l'époque certains contacts que j'établis avec la presse pour mieux faire connaître nos comités.

A quelques jours du référendum d'avril 1969, le distingué directeur d'un quotidien important me dit avec le plus grand sérieux :

— Nous savons très bien que si le général de Gaulle perd le référendum, vous, les C.D.R., vous descendrez dans la rue pour imposer son maintien.

Je crus qu'il plaisantait. Non, il parlait sérieusement. Comment était-il possible de méconnaître à ce point et qui nous étions et les buts que nous poursuivions ! Et maintenir de force le Général au pouvoir ! Imaginer cela, c'était vraiment n'avoir rien compris à la personnalité de De Gaulle.

Quel mal causent les innombrables clichés dont s'encombrent nos esprits !

J'eus aussi l'occasion de constater un fait stupéfiant. En septembre, le groupe Enseignement des C.D.R., animé par le conseiller d'Etat Smeltz, organisa, à ma demande, une rencontre sur le problème de l'enseignement. A la Maison de la Chimie nous réunîmes cent professeurs, cent parents d'élèves et cent lycéens et étudiants. Nous voulions définir un terrain de participation et de coopération entre les principaux intéressés. Les débats en commission et en séance plénière furent passionnés et fort intéressants. Malheureusement, une fois de plus, la presse, bien qu'invitée et assistant à certains des débats, ne crut pas utile de répercuter suffisamment les conclusions auxquelles nous parvînmes et dont certaines anticipaient sur ce qui, plus tard, s'imposera à tous.

Or, au cours des échanges de vues, des représentants de l'enseignement supérieur en arrivèrent à nous communiquer leur conviction profonde, à savoir que la vocation de l'Université n'était pas de préparer les jeunes à des carrières. A leurs yeux, la finalité de l'Université se limitait à la formation d'autres professeurs et de chercheurs ; rien de plus. Qu'on ne s'y trompe pas, ce n'était pas le rôle de l'Université de préparer ses étudiants à occuper une place dans la vie active du pays.

Nous fûmes admiratifs devant tant de franchise et abasourdis devant tant d'inconscience. Quoi, l'enseignement supérieur n'avait-il d'autre but que de se perpétuer lui-même, pour la science, sans s'arrêter une seconde à sa mission sociale et nationale de pépinière pour toutes les activités ! Nous avions calculé qu'à l'époque le budget de l'Education nationale représentait autant de fois deux mille nouveaux francs qu'il y avait de foyers en France. En théorie, chaque famille donnait donc deux mille francs pour l'Education nationale. Et cet immense effort débouchait sur l'enseignement supérieur, qui ne servait pas directement l'avenir de la nation — c'est-à-dire sa jeunesse — mais donnait satisfaction à l'administration de l'Education nationale en mesure ainsi de se perpétuer.

De plus, nous découvrîmes que celle-ci se trouve entièrement, ou presque, entre les mains des professeurs. Ces derniers avaient-ils des compétences en matière administrative ? Un professeur peut-il prendre la place d'un administrateur alors que le remplacement d'un professeur par un administrateur déclencherait un épouvantable tollé ? N'était-ce pas une erreur fondamentale ? Ne faut-il pas aller chercher là la cause de l'échec de toutes les tentatives de réformes engagées au ministère depuis un demi-siècle ?

Le monde a profondément changé. C'est précisément ce que nous apprennent les professeurs, mais le système d'éducation, en France, ne saurait évoluer.

Fouchet et Peyrefitte, tour à tour, se cassèrent les dents sur la forteresse de la rue de Grenelle.

Il fallut 1968 — et ce fut le résultat positif de cette grande foire — pour que les professeurs sous l'effet de la peur, acceptent, sans hurler à l'absolutisme, que l'on modernise quelque peu le fonctionnement des universités.

Ne nous faisons pas trop d'illusions. La peur passée, la grande confrérie des enseignants s'est employée et s'emploie toujours à revenir à la situation antérieure, c'est-à-dire à l'exercice quotidien et intouchable de son omnipotence, aggravée par l'éclatement des structures.

⁂

Pompidou, « mis en réserve », s'était installé dans de vastes locaux, avenue de Latour-Maubourg. J'eus, dans son petit bureau, deux longs tête-à-tête avec lui, en octobre et en décembre 1968.

La première fois, il me dit à peu près ceci : « Je suis devenu un autre homme. Depuis les événements de cet été, j'ai pris une dimension nationale. On me connaît, on me salue partout où je passe. Hélas, la présence du Général aura une fin, qu'y pouvons-nous ? Nous devons penser à la suite... »

Je lui demande s'il estime souhaitable et possible que le Général se lance sérieusement dans la mise en place de la participation. Je connais déjà sa réponse :

— La participation ! me rétorque-t-il en levant les bras dans un geste d'impuissance. C'est une plaisanterie ! Pourquoi vous obstinez-vous sur cette chimère ? D'ailleurs, personne ne suivrait. La réforme du Sénat ?

— Tout le monde s'en fout. Et dites-vous bien ceci. Le Général n'a plus le temps pour lui. Cette affaire de mai a atteint son prestige. Il faut se préparer à la suite.

Pour terminer, il me parle de l'Association nationale et des C.D.R. Il souhaite que les structures soient maintenues.

« Il faut se préparer à la suite », me répète-t-il sur le palier. Je compris. Georges Pompidou, ce jour-là, était, en effet, un autre homme ; je découvris les intentions de ce nouveau venu et bien des événements prirent, à mes yeux, un éclairage nouveau.

Tout en désapprouvant sa position durant le mois de mai je l'avais suivi et soutenu parce qu'il était le premier collaborateur de De Gaulle. Je l'avais même félicité, mais ce jour d'octobre, ce que m'avait dit le Général le 1er juin à son propos revêtait subitement tout son sens et je pris conscience de la profondeur du fossé qui séparait les deux hommes. Les changements de cap du mois de mai n'étaient pas deux variations d'une même tactique mais deux orientations qui s'étaient, en fait, opposées.

Un vrai drame se déroulait derrière les apparences. Deux forces se heurtaient. Une affaire secondaire allait précipiter le déroulement des actes et donner à l'affrontement un rebondissement digne du grand Will.

A l'occasion de l'enquête sur l'assassinat d'un jeune Yougoslave, Stefan Markovic, le nom d'une personnalité politique est avancé par un condamné déjà sous les verrous. Cette personnalité aurait été mêlée de près à l'affaire. Ce nom est celui de Georges Pompidou. Sa femme aurait « fréquenté » le caïd de ce petit milieu. De Gaulle en est informé, le 2 novembre, par Bernard Tricot qui effectue pour cela le déplacement à Colombey. Matignon, alors prévenu à la demande du Général, est chargé d'alerter l'intéressé, mais entre-temps Pompidou apprend par hasard qu'il est précisément celui sur lequel on papote dans tous les dîners en ville.

Naturellement, ni Georges Pompidou ni son épouse ne sont mêlés, ni de près ni de loin, à ce règlement de comptes et Pompidou voit soudain se dresser devant lui l'hydre de la calomnie. A l'instant, il se persuade qu'on veut l'abattre.

Evidemment, il connaît l'état de ses relations avec de Gaulle, il sait que ce dernier lui tient rigueur de son attitude en mai, il ne doute pas que le Général n'ait décelé ses intentions et son désir de jouer le premier rôle, et il n'a pas oublié l'étonnante facilité avec laquelle sa démission a été acceptée le 1er juillet au lendemain des élections. Il s'agissait d'une formalité prévue par les institutions, mais son geste fut aussitôt pris au sérieux, d'autant qu'il avait fait état de sa fatigue et de son vœu de se reposer.

Puis le Général le laisse dans l'ignorance de ses intentions pendant quatre journées qui voient se tenir un Conseil des ministres. Pompidou est partagé : va-t-il revenir sur sa déclaration de départ ? Il ne résiste pas et, le samedi 6 juillet au matin, par un coup de téléphone, il fait savoir : réflexion faite, si le Général le souhaite, il restera.

Quelques heures plus tard, il apprend que le Général a reçu plusieurs fois Maurice Couve de Murville, et qu'il l'a désigné la veille au soir, le vendredi 5, comme Premier ministre. En l'occasion, le Général avait fait preuve de préméditation et de célérité.

Pompidou sait pertinemment qu'on n'a plus voulu de lui ; de là à croire qu'on veut l'éliminer de la scène politique, il n'y a qu'un pas, très court à franchir, d'autant que le ministère de la Justice se trouve entre les mains d'une personnalité dont il s'est souvent moqué et dont il a contrecarré systématiquement les projets : René Capitant.

Pompidou, voyant là un complot destiné à l'abattre définitivement, se dresse comme un cobra dont on marche sur le corps. Il ne se laissera pas faire. L'honneur de sa femme, le sien, sa carrière sont en jeu.

Depuis la première minute, il en veut à de Gaulle d'avoir permis que le bruit prenne naissance. Il est profondément blessé que de Gaulle, aussitôt informé, ne l'ait pas fait personnellement prévenir plutôt que de prendre Couve de Murville pour intermédiaire. Couve n'est pas son ami, quel besoin de l'introduire dans le circuit ? Et Couve ne s'est pas spécialement pressé de l'alerter.

De surcroît, Pompidou, traumatisé, interprète dans un sens péjoratif la réponse que l'on prête à de Gaulle interrogé sur le sujet à la fin d'un Conseil des ministres. De Gaulle aurait répondu à peu près ceci : « Il faut laisser faire la justice. » C'était sans nul doute la meilleure et l'unique réponse à donner. Cela voulait dire que toute intervention serait scandaleuse, et d'ailleurs inutile, puisque, un ancien Premier ministre de De Gaulle ne pouvant rien avoir à se reprocher, la marche de la justice ne risquait d'aboutir qu'à la confusion des détracteurs.

Pompidou, éprouvé et saisi de colère, ne comprit pas qu'une quelconque démarche pour étouffer ou orienter le cours de l'enquête aurait eu pour résultat de faire croire qu'il y avait quelque réalité à cacher.

Cette réflexion du Général transmise à Pompidou fit dire à ce dernier, qui venait de voir mourir son père : « En une semaine j'ai perdu deux fois mon père. »

Les choses s'apaisèrent puisqu'il ne s'agissait que d'une fable, mais Pompidou avait vu le gouffre s'ouvrir sous ses pieds. Il avait senti le vide s'élargir soudain autour de lui, il avait pris conscience de la proximité de la roche tarpéienne et de la fragilité de l'homme politique jalousé et écarté du pouvoir. C'est certainement pourquoi il décida soudain de brusquer le processus et de prendre position sans attendre.

Dans cette affaire Markovic, de Gaulle manifesta publiquement sa confiance dans son ancien Premier ministre en l'invitant avec son épouse, à sa table, pour un dîner privé. Dîner qui eut lieu le 12 mars 1969 et auquel étaient conviés M. et Mme Michel Debré ainsi que M. et Mme Bernard Tricot.

L'atmosphère y fut, paraît-il, particulièrement glacée, mais il faut préciser que cette soirée eut lieu après les déclarations en janvier et février 1969 de Pompidou à Rome et à Genève. N'importe. C'était affirmer pour l'opinion qu'aucun des bruits en circulation n'avait pu entamer l'estime personnelle que de Gaulle portait à Claude et Georges Pompidou.

***

En novembre 1968, je rencontrai Pompidou à diverses occasions, mais j'eus surtout une nouvelle conversation en tête à tête avec lui le 11 décembre.

Je le trouvai changé. Il était dur et parfois une véritable méchanceté que je ne lui soupçonnais pas apparaissait sur son visage et dans ses propos.

En substance il me dit :

— On a voulu m'abattre et le plus bassement possible, en s'attaquant à ma femme. Personne ne m'a défendu, pas même le Général.

Je tentai de lui expliquer que l'attitude du Général était la seule possible.

Il balaya brutalement mon explication :

— Le Général jalouse ma notoriété.

Je protestai.

— Je sais ce que je dis, me coupa-t-il. Maintenant, il me faut agir seul. Je suis aussi attaché que vous au Général. Mais son temps est passé.

Choqué de ses propos pour le moins prématurés, je protestai de nouveau. Il s'irrita.

— Allons, les sentiments ne sont pas de mise. La succession est ouverte. Il s'agit de savoir si ce seront les gaullistes, c'est-à-dire nous, c'est-à-dire moi qui gagnerai, ou les autres. C'est tout. Le reste, c'est du romantisme.

Il ajouta sur le pas de la porte de son bureau :

— Il faut savoir choisir entre le passé et l'avenir.

C'était un avertissement. Cela signifiait qu'il serait nécessaire de choisir entre de Gaulle et lui. Nous nous quittâmes froidement.

Dans l'avant-propos des *Entretiens et discours* * de Georges Pompidou, Edmond Balladur, ami et confident, écrit : « C'est en 1968 que l'action l'a désigné, et qu'il est entré dans notre Histoire, à la suite du général de Gaulle. » Tel était donc le sentiment qui habitait l'homme et son entourage.

Je ne fus guère étonné lorsque, quelques jours plus tard, le 17 janvier, à Rome, Georges Pompidou déclara qu'il serait candidat à une élection à la présidence de la République lorsqu'il y en aurait une.

J'avais en mémoire notre dernier entretien ; c'est pourquoi personnellement je fus certain qu'il ne s'agissait pas là d'une maladresse exploitée par des journalistes avides de sensationnel, mais au contraire d'un propos délibéré.

Pompidou a formulé cette déclaration à la fin de sa conférence de presse et, disent ses anciens collaborateurs, il n'a fait que répéter d'un ton léger ce qu'il avait déjà déclaré à plusieurs reprises à des déjeuners de journalistes. Il n'a certainement pas eu le sentiment de lâcher une bombe. Mais alors qu'il se préparait dans sa chambre pour le dîner, il reçut un appel d'un journaliste ami, Pierre Charpy, lui faisant part de l'émotion provoquée par la dépêche de *l'A.F.P.* transmettant sa tonitruante conclusion. Il est environ 20 h 30, il demeure tout à fait possible, par deux phrases rectificatives, de limiter dans la presse du lendemain la portée de l'affaire. Le journaliste demande à Pompidou de prononcer les quelques mots apaisants. S'il avait été « piégé », l'occasion lui était donnée de tout réparer, mais Pompidou refuse. Le lendemain, la bombe dont il n'a pas voulu éteindre la mèche explose.

Par surcroît, interviewé sur le quai de la gare, à Paris trois jours plus tard, Pompidou ne revient pas sur ses propos pour les atténuer ou leur donner un autre sens. Au contraire, tout en ayant conscience du bruit considérable fait par sa déclaration et le sens qui lui avait été donné, il la confirme et précise qu'il ne voit rien d'anormal dans ses propos de Rome.

Il ne sollicita pas davantage une entrevue auprès du président de la République pour s'excuser et ramener l'événement à une juste mesure.

Fait curieux : quelques jours avant son voyage en Italie, Pompidou avait demandé à être reçu par de Gaulle. Celui-ci avait accédé le 9 janvier au désir de son ancien Premier ministre qui se rendait à l'étranger. Cette visite, où il n'avait été certainement question que du Marché commun ou des relations cultu-

* Plon éditeur.

relles, ne pouvait rien apporter au voyageur ; Pompidou ne venait-il pas y chercher une sorte d'habilitation ?

Quant à de Gaulle, il ne se trompa pas un instant sur le sens des deux déclarations, puisque, quarante-huit heures après le retour de Pompidou, dans un communiqué approuvé en Conseil des ministres, il annonçait qu'il remplirait son mandat jusqu'à son terme. C'était sa réponse à ce qu'il avait ressenti comme une attaque personnelle.

Moins d'un mois plus tard, à la télévision suisse, le 13 février 1969, Georges Pompidou répondra à la réponse en déclarant : « J'aurai peut-être, si Dieu le veut, un destin national. » C'était persévérer.

Quel fut, sur de Gaulle, l'effet de cette prise de position, qu'en éprouva-t-il ?

Je pense que ce fut un choc très rude pour le Général. Il se rendit compte que, malgré le prodigieux rétablissement de mai et bien que le résultat de la consultation de juin se soit présenté sous la forme d'une victoire, une ombre obscurcissait ses rapports avec le pays, sinon son ancien Premier ministre n'aurait pas osé aborder ainsi le sujet de son départ. Ensuite, le manquement de celui qu'il avait sorti de l'ombre et auquel il avait accordé, dix ans durant, son entière confiance, manquement rendu public par ce dernier, lui portait un coup personnel. *Tu quoque...*

Maintenant, le pays entier savait que le plus haut collaborateur de De Gaulle, auquel ce dernier avait confié le pays pendant plus de six ans, considérait, par la présentation de sa candidature, que l'époque de Gaulle était révolue.

Pour ma part, je suis certain que cette défection tient une large place dans la décision du Général de procéder au référendum malgré les mauvaises conditions dans lesquelles il se présentait.

De Gaulle veut effacer et le mauvais souvenir du changement de cap du mois de mai et l'impression, née de la déclaration de Rome, que sa succession est ouverte.

Un succès en avril 1969 eût fait table rase de ce désagréable passé, de l'infidélité passagère des Français ; les paroles de Pompidou se fussent envolées et une nouvelle étape aurait pu être franchie jusqu'au moment où, choisissant les circonstances et le jour — pourquoi pas la date de son quatre-vingtième anniversaire — de Gaulle eût décidé lui-même de se retirer.

Si le succès ne se présente pas ou si le résultat est insuffisant, il quittera ses fonctions et cela en une période où aucune crise ne menace le pays.

Ce n'est pas un « référendum suicide » mais c'est un « référendum minute de vérité ». Si le peuple, une fois de plus, le suit, les barricades et le prétendant seront balayés.

Malheureusement, pour une épreuve de cette nature, le sujet de la consultation est bien austère et abstrait, mais le Général ne pouvait poser la seule question qui l'intéressât vraiment : « Me faites-vous toujours confiance ? » Il lui fallait un prétexte et celui-là, dans la ligne de la participation, lui paraissait de nature à intéresser la province.

Certes, la construction des régions n'avait de véritable portée que si celles-ci disposaient de la possibilité d'intervenir au niveau des décisions, c'est-à-dire si elles se trouvaient en mesure de discuter les grandes options budgétaires et ceci au sein d'un Sénat profondément modifié. Mais s'attaquer ainsi au Sénat rendait l'entreprise encore plus hasardeuse.

La réforme du Sénat, qui en fît une chambre de collectivités locales et aussi de professions et de groupements sociaux, n'était pas une idée nouvelle. Cette idée datait de la Libération et l'on en trouve les bases dans les discours constitutionnels de Bayeux et d'Epinal. Cependant, le moment était-il bien choisi pour bouleverser une aussi vieille institution ? Dans le mouvement de 1958 cette réforme fût passée presque inaperçue, et en 1962 également, il eût certainement été possible de la faire adopter par l'opinion, mais après les graves secousses de l'été précédent, il se révélait sans doute superfétatoire d'inquiéter les sénateurs, les conseillers généraux, les maires et leur clientèle, par ce qui apparaissait comme une sérieuse modification de la Constitution.

Beaucoup déplorent que de Gaulle se soit lancé dans ce référendum ; je crois pour ma part qu'il était indispensable pour le chef de l'Etat, si celui-ci voulait ensuite aller de l'avant. Vis-à-vis des oppositions et des clans — dont celui de Pompidou puisqu'il en représentait un maintenant — un vote national de confiance s'imposait ; toutefois, ce que je regrette, c'est qu'il ne se soit pas limité à quelque disposition favorable à la participation dans le cadre des régions, de l'éducation et, par exemple, des entreprises nationales. Sans plus. Le problème du Sénat, puisqu'il n'avait été résolu ni en 1958 ni en 1962, pouvait être abordé en une autre occasion. Dans ces conditions, il me semble que le résultat du référendum du 27 avril 1969 eût été différent. Que l'on n'oublie pas l'immense campagne lancée dans le pays dès l'automne 1968 par le président du Sénat et la plupart des sénateurs contre toute modification de l'Assemblée du Luxembourg. Quel prétexte idéal pour la coalition dite centriste condamnée jusqu'alors à suivre de Gaulle pour participer au pouvoir et si impatiente de lui succéder ! Menée avec l'énergie du désespoir, cette campagne tendant à présenter de Gaulle comme un destructeur des collectivités locales — alors qu'il s'agissait justement du contraire — eut les conséquences que ses meneurs en espéraient.

⁂

Ce référendum, à la différence des précédents, fut directement organisé par le Premier ministre et ses collaborateurs. Ce fut, je crois, une erreur, mais sans grandes conséquences. L'Association nationale y fut associée en participant aux innombrables réunions de travail présidées par le directeur de cabinet du Premier ministre ; ses délégations dans les départements, si elles ne disposèrent que de peu de moyens, redoublèrent d'efforts. Nous constituâmes avec Jean Runel un Comité national pour le oui au référendum, et publiâmes un bulletin de presse.

Il nous fut, comme à tout le monde, facile de constater que l'U.D.R. et ses cadres ne faisaient pas preuve d'une grande ardeur. Les élus et responsables locaux ne comprirent pas ou ne voulurent pas comprendre l'importance de l'affaire. Ils ne se sentirent pas mobilisés et Couve de Murville n'était sans doute pas le type d'homme à les faire sauter de leur lit de plumes pour parcourir les campagnes. Il faut rappeler aussi qu'un an ne s'était pas écoulé depuis les élections législatives. Les députés, frais émoulus, répugnaient à s'engager ; ne sentant pas l'opinion très intéressée, ils ne souhaitaient pas être pris dans un naufrage, si naufrage il y avait.

De Gaulle déclara bien que si le résultat se révélait négatif, il quitterait ses fonctions, mais une réalité majeure supprimait l'inconnue de la consultation. La position de successeur prise par Pompidou apportait, en effet, aux Français une solution de rechange. La crainte d'une grande confusion n'occupait plus l'esprit des électeurs et tout le monde ne décelait pas la part qui revenait à de Gaulle et celle qui revenait à Pompidou dans l'heureuse issue des désordres de mai. Curieusement, et malgré un différend étalé sur la place publique, l'opinion croyait toujours en la connivence du chef de l'Etat et de son ancien Premier ministre ; elle était persuadée que Pompidou demeurait le dépositaire de la volonté du Général. L'ancien Premier ministre laissait d'ailleurs planer un doute en demeurant, après ses coups d'éclat, étrangement silencieux. Trop silencieux même, puisqu'il ne participa pour ainsi dire pas à la campagne en faveur du « oui » au référendum. Il assista à une grande réunion à la porte de Versailles le 23 avril et réussit à n'y point prendre la parole.

Sa seule déclaration revêtit un caractère d'extrême platitude. Il dit : « Je voterai oui vis-à-vis de mon passé comme de l'avenir. »

Je fus parmi ceux qui s'inquiétèrent de l'attitude de Pompidou et de l'influence démobilisatrice sur les électeurs de sa déclaration de candidature. Malraux, très lucide et souhaitant dissiper l'illusion, avait d'ailleurs déclaré à la porte de Versailles : « Il n'y a pas d'après-gaullisme contre le général de Gaulle... On peut fonder un après-gaullisme sur la victoire du gaullisme, mais on ne pourrait en fonder aucun sur la défaite du gaullisme. »

Jacques Vendroux, de son côté, décide d'intervenir auprès du Général pour l'alerter sur le danger présenté par le silence de Pompidou. Il déjeune à l'Elysée le jeudi 24 avril, la veille du départ de De Gaulle pour Colombey, et lui dit ceci * : « Si Georges Pompidou ne déclare pas publiquement dans les vingt-quatre heures qu'il ne sera pas candidat aux élections présidentielles en cas d'échec du référendum, l'affaire est perdue. C'est là le seul moyen de rattraper ceux qui se sont laissés influencer... Rien ne l'empêcherait d'ailleurs, par la suite, de se laisser convaincre que la raison d'Etat exige qu'il revienne sur cette décision... »

Quelques minutes plus tard et après l'intervention de son beau-frère, à quatre jours du référendum, Charles de Gaulle déclare à sa belle-sœur en la raccompagnant * : « Vous voyez, Cada, Untel, Untel et encore Untel m'ont trahi dans le passé. Et aujourd'hui, c'est Untel ! »

...« Et aujourd'hui, c'est Untel ! » : il n'est guère difficile de trouver le dernier nom de cette terrible liste.

Dans l'après-midi, Jacques Vendroux fait part à Foccart de sa conversation avec le Général. Il estime que ce fidèle collaborateur, également ami de Pompidou, est le mieux placé pour transmettre avec cœur et intelligence ce qui n'est pas une demande mais y ressemble fortement. Foccart transmet à Pompidou le contenu de cette conversation et par conséquent l'entretien du Général et de Vendroux.

Vers 20 heures, Foccart appelle ce dernier à Calais et déclare que... « les amis qu'il a consultés ne sont convaincus ni de l'utilité ni de l'opportunité de la prise de position qu'il suggérait ».

J'ai moi-même vu Foccart un peu avant ce second coup de téléphone et je sus que l'accueil fait à la sage suggestion qui n'engageait pas vraiment l'avenir avait été glacial et négatif.

On sait ce qu'il advint.

Dans la courte lettre que de Gaulle adressa en réponse à Pompidou lui annonçant, le 29 avril, son intention de se présenter — lettre qui me paraît très dure et combien claire — le Général ne mentionnera qu'une explication de l'échec, et c'est précisément le fait que Pompidou ait annoncé sa candidature « quelques semaines à l'avance » **.

---

* *Ces grandes années que j'ai vécues,* Jacques Vendroux, Plon éditeur.
** *Le Monde,* 12 avril 1974.

Que se serait-il passé si de Gaulle avait gardé Pompidou à Matignon en juillet 1968 ? Naturellement, les déclarations de Rome et de Genève n'auraient pas eu lieu ; sans doute Pompidou serait-il parvenu à obtenir une meilleure présentation du référendum, sans doute l'U.D.R., consciente de l'enjeu, se serait-elle remuée, sans doute les Français n'auraient-ils pas pensé à la solution de rechange Pompidou parce que ce dernier ne se serait pas laissé aller à parler de son avenir, sans doute... sans doute le référendum eût-il été gagné. Mais quel avenir eût-il ouvert ? Le problème posé à Georges Pompidou eût-il été changé ?

Le 27 avril au soir, le rideau tombe. Je déclare à la télévision :

« C'est avec une profonde tristesse que nous prenons connaissance des premiers résultats de la consultation.

« Le général de Gaulle a été l'homme de toutes les crises, il a maintenu la France, il l'a sauvée de combien de périls et voici que le pays reconstitué et en paix avec le monde entier le frappe de ce grand coup.

« Dans cinq ans, dans dix ans, dans un siècle, on ne comprendra pas. Dans un mois, dans un jour, on regrettera.

« Ce soir, la moitié de la France est en deuil, souhaitons que demain elle ne soit pas dans le malheur. »

Les archives de l'Elysée arrivent rue de Solférino. Je m'enferme dans mon bureau. Je me rends parfaitement compte qu'en cet instant une époque nouvelle commence.

⁂

Je rencontrai Pompidou pendant sa campagne électorale. Je venais d'apprendre qu'il s'entourait des hommes politiques centristes qui avaient le plus combattu de Gaulle. Je vis se profiler à l'horizon les ombres du passé venant reprendre leur place. Je lui dis que je ne pensais pas possible que l'Association nationale appuie sa candidature alors que les CDR pouvaient prendre position en sa faveur, ce qu'ils firent. Il me reprocha ma déclaration du 27 avril.

Je refusai une invitation à venir déjeuner à l'Elysée que Pompidou m'adressa moins d'une semaine après son élection. Je repoussai de même toutes les autres sollicitations. Je ne devais le revoir qu'une fois, dans des circonstances dramatiques que j'évoque plus loin.

J'avais choisi la continuité et, n'ayant d'autres moyens à ma disposition, je pris la plume.

XII

LA FOUDRE

Je vis le Général pour la dernière fois en avril 1970. C'était à Colombey. Il m'accueillit par un : « Alors, mon vieux Lefranc ? » qui n'était guère habituel chez lui.

Avant le déjeuner, nous parlâmes de l'Association nationale, dont il souhaitait qu'elle poursuivît son action.

— Je ne sortirais de mon silence, me dit-il, que si l'essentiel se trouvait mis en cause : les institutions, l'indépendance nationale.... Il faut bien qu'il y ait quelque part un organisme pour défendre mon action et un jour ma mémoire. Vous verrez, ce ne sera pas inutile. Dès que j'aurai tourné le dos...

Puis nous abordâmes le projet déjà avancé de la création d'un institut Charles de Gaulle, organisme d'études et de recherches, et pour lequel il m'avait demandé de m'informer de ce qui s'était fait en Angleterre pour Churchill et aux Etats-Unis pour Eisenhower.

Il décida qu'aussi longtemps que possible l'entreprise demeurerait privée, gérée par ceux de ses collaborateurs qui lui demeureraient attachés. Il me donna la liste des six membres qui en seraient les fondateurs, écarta certains que je lui proposais, parce qu'ils s'étaient ralliés à l'action de son successeur et exprima le vœu qu'André Malraux en assume la présidence *. Il souhaitait qu'à ce sujet je prenne contact avec son fils.

— C'est avec lui, plus tard, que vous règlerez tout cela.

* Ces six membres étaient : André Malraux, Gaston Palewski, Geoffroy de Courcel, le Chancelier de la Libération ès-qualité alors Hettier de Boislambert, le Président de l'Association des Français Libres ès-qualité alors l'amiral La Haye, et moi-même.

Je m'efforçai également de trouver une solution au problème de ses archives en lui exposant l'intérêt que présenterait la libération de nombre d'entre elles n'ayant pas le caractère de documents d'Etat. Il en convint finalement et me pria de tout rassembler et de faire établir un inventaire de ce qui avait été déposé par lui en 1947 aux Archives nationales et de ce qui venait de l'Elysée. Il effectuerait ensuite un tri. Hélas, un événement dramatique, le décès dans un accident d'automobile de l'archiviste choisie pour ce travail, retarda de deux mois l'établissement de cet inventaire qui n'était malheureusement pas terminé à la mort du Général.

Nous abordons ensuite mon projet d'un livre d'extraits de ses discours et messages. Le Général y est hostile. Je lui montre combien il est difficile pour un étudiant d'acquérir les cinq gros volumes parus chez Plon de ses *Discours et Messages.* Il résiste, car il craint les coupures.

— On peut faire dire ce qu'on veut à un texte en le découpant.

Et aussi :

— Mais un texte est un ensemble ! On ne saurait en extraire une phrase sans citer la précédente et la suivante...

Je le persuadai que le but de ceux qui choisiraient les textes ne serait pas de déformer sa pensée. Il voulut bien en accepter l'augure et finalement me donna son accord *.

Puis il me parla de son travail, de ses *Mémoires.*

— C'est un vrai pensum, mais je veux dire moi-même ce que j'ai voulu faire.

Après un temps, il reprit :

— On ne peut pas rester toujours sur les sommets. Au temps de l'effort succède celui du relâchement. Plus tard, quand la confusion aura de nouveau tout envahi, on se souviendra de De Gaulle. C'est la jeunesse qui le découvrira. C'est pour elle que je m'astreins à cette dernière tâche. C'est elle qui, avec son intransigeance habituelle, imposera la rigueur sans laquelle il n'y a pas de grandes affaires... C'est elle qui saura reconnaître ce qui est essentiel. Ce sont les idées simples et élevées qui touchent les hommes. Ils se sentent grandis en épousant une grande cause.

Il me dit que le premier tome était à peu près terminé, qu'il paraîtrait sans doute au début du mois de septembre, qu'il ne ferait peut-être pas plaisir à tout le monde, qu'il y traitait l'affaire algérienne. A ce propos, je remarquai :

— Les nécessités ne vous ont pas permis de ménager les Français d'Algérie. Peut-être pourriez-vous insister un peu sur le

* *Pour l'avenir*, le Livre de poche, 1973.

drame qui fut le leur et confirmer combien vous en avez été conscient et malheureux.

Il réfléchit.

— Par leurs excès, ils ont tout gâché. S'ils étaient restés tranquilles, ils auraient pu demeurer en Algérie. Les accords le prévoyaient et les Algériens ne souhaitaient pas leur départ massif. Les gros auraient beaucoup perdu, certes, mais ils en possédaient trop ; quant aux petits, ils y seraient toujours s'ils n'avaient écouté les fanatiques. Oui, ils ont tout gâché.

J'abordai la question de la participation et j'exprimai mon regret qu'on ne fût pas allé plus vite et plus loin.

— Mais personne n'en voulait, me dit-il en levant les bras. Que vouliez-vous que je fasse ? Avec dix ans de plus devant moi, peut-être...

Quelques mois plus tard, André Malraux auquel je faisais part de ce même regret me rétorqua : « La participation ! mais il fallait des hommes pour la faire. Où étaient-ils ? Où sont-ils ? »

Le Général me dit ensuite que son intention était, dans le dernier chapitre, de rappeler les principes qu'il avait suivis et auxquels il croyait.

— Ainsi ceux qui le voudront pourront s'en inspirer.

C'est un malheur pour notre pays que le destin soit venu frapper avant la dernière ligne de ce dernier chapitre. Ce texte manque cruellement. Les jeunes cherchent et le temps ne leur est pas laissé de trouver avant qu'ils deviennent adultes. De Gaulle leur apporte bien des réponses, mais il leur faut les découvrir dans le vaste ensemble de ses œuvres. Combien il est regrettable que l'homme du 18 juin, celui du refus, ne leur ait pas laissé quelque message particulier pour les éclairer !

Malraux, que je sollicitai en 1972 de s'adresser dans ce sens à la jeunesse, m'a répondu :

— C'est de la blague, la jeunesse, ça n'existe pas.

Je lui rétorquai qu'il s'était toujours adressé à elle : sans doute parce qu'il savait que l'inspiration d'un homme, c'est sa jeunesse.

— Soyons sérieux, il l'oublie vite.

— N'est-ce pas elle qui fait les révolutions ?

— Plus maintenant : elle fait de la moto.

Paradoxe cher à Malraux. Il était resté le jeune homme avide de tout et d'absolu. A l'entendre, de Gaulle deviendrait un jour une nouvelle idole des moins de vingt ans.

— Il faut que vous teniez le coup jusque-là, avait-il conclu.

Nous allons déjeuner. Le colonel d'Escrienne, aide de camp, constitue le quatrième convive. Après le déjeuner, d'Escrienne reste quelques instants dans le bureau du Général. Je m'entretiens avec Mme de Gaulle, que je trouve détendue et souriante. Elle me confirme la bonne santé du Général :

— Mais il travaille beaucoup, ajoute-t-elle. Il a hâte d'en finir.

D'Escrienne ayant terminé, le Général me rappelle.

— Voilà, me dit-il. Je veux qu'on sache que je n'ai rien à voir avec ce qui se passe. M. Pompidou et son gouvernement font ce qu'ils veulent, cela n'a aucun rapport avec de Gaulle. Naturellement, ils mettent ma photo partout. Je ne peux pas les en empêcher, mais il faut que nul n'ignore que de Gaulle n'a rien à voir là-dedans... Il faut le dire sinon, au nom de De Gaulle, vous les verrez un jour changer les institutions, réintégrer l'OTAN, etc. Non, les choses doivent être claires.

Puis, après un temps, il me parla de Pompidou, de l'action qu'il avait menée depuis 1965. Le Général me confia sa déception de voir certains de ses anciens ministres, et même de ses proches collaborateurs, suivre le nouveau président de la République. Je ne rapporterai pas les propres termes utilisés par mon interlocuteur puisqu'il s'agit de confidences.

Il revint ensuite sur les tâches qu'il venait de me confier et me demanda de lui apporter l'inventaire des archives dès qu'il serait achevé. Le projet des statuts de l'Institut devait également lui être transmis lorsque j'aurais vu Philippe de Gaulle, mais, de l'avis du Général, rien ne pressait.

Je prends congé de Mme de Gaulle et il nous raccompagne. Je vois encore sa haute silhouette dans l'encadrement du porche de la Boisserie, la main levée, nous adressant son salut alors que la voiture démarre.

Je ne sais pas que c'est l'ultime image.

***

Le 10 novembre 1970, il est 7 h 30.

Philippe de Gaulle, au téléphone, me dit :

— J'ai une mauvaise nouvelle de Colombey.

— ...

— Le Général est mort hier soir.

L'émotion me submerge.

Mon interlocuteur me demande de venir.

Pour l'histoire, il ne peut être évité de rappeler les trois journées qui vont suivre.

Philippe de Gaulle domine sa peine. Nous parlons de l'immédiat.

Les dernières volontés du général de Gaulle datent de janvier 1952. Depuis, il ne les a pas modifiées, et récemment, il a confirmé à son fils qu'il devait les considérer comme valables. Philippe de Gaulle me rappelle que trois exemplaires de ce texte ont été remis par le Général à son fils, à sa fille et à son chef de cabinet de l'époque : Georges Pompidou.

Il est nécessaire de faire savoir à ce dernier, devenu président de la République, que les dispositions décidées en 1952 sont celles qui doivent être suivies.

Le général de Boissieu informe alors Philippe de Gaulle, par téléphone de Colombey, qu'il a porté, il y a environ une heure, la nouvelle de la mort du Général à la connaissance du chef de l'Etat.

Après cet entretien, Philippe de Gaulle me demande d'aller voir en son nom le président Pompidou et de lui faire savoir que rien n'est changé des dispositions prévues, que la famille compte rendre publiques. J'accepte, bien entendu, malgré ma profonde réticence à rencontrer Pompidou en ce jour. Il est convenu qu'ensuite je communiquerai à la presse le contenu du document.

Philippe de Gaulle se rendra à Colombey en fin de matinée et nous resterons en contact pour toutes les dispositions à prendre. Je m'installerai donc dans les locaux du secrétariat particulier, avenue de Breteuil.

J'appelle l'Elysée pour annoncer mon arrivée.

Philippe de Gaulle m'accompagne jusqu'à l'ascenseur. Son visage est celui du Général jeune, tel que je l'ai vu la première fois.

Je voudrais partir tout de suite pour Colombey, mais je roule vers l'Elysée. L'Etoile, les Champs-Elysées... jamais plus.

Cette démarche m'est vraiment pénible. Je franchis le porche, le perron ; je reconnais les gardes, l'huissier, je monte cet escalier, je traverse les salons où je ne suis jamais revenu depuis... J'aperçois une ou deux silhouettes qui me guettent. Un aide de camp vient à ma rencontre.

— Le président vous attend.

Il est 8 h 40 environ.

Je retrouve le grand bureau. Georges Pompidou est debout. Il a grossi. Ses yeux sont petits, bouffis. Il s'avance vers moi :

— Bonjour, Pierre. C'est affreux...

— Bonjour...

J'hésite : M. le Président ? Georges ?...

Nous restons silencieux. La pièce n'a pas changé. Nous nous asseyons face au bureau.

— J'étais venu vous dire de la part de la famille du Général que les dispositions prises en 1952 sont toujours valables.

— Il n'y en a pas eu de nouvelles ?

— Non.

— L'exemplaire qu'il m'a remis est chez moi, quai de Béthune. J'ai demandé à Mme Dupuy d'aller le chercher.

Je lui tends l'exemplaire que m'a confié Philippe de Gaulle, et qui porte le numéro trois. Il le lit longuement, puis se lève et sonne. L'aide de camp entre.

— Voulez-vous me photocopier vous-même ce document ?... J'ai demandé à Chaban de venir. Nous allons voir ce qu'il convient de décider.

— La date de la cérémonie à Colombey sera sans doute fixée ce soir. Je vous l'indiquerai aussitôt, dis-je.

Un silence. Il regarde un texte qui était déposé sur son bureau.

— Voilà ce que je me propose de déclarer tout à l'heure. Qu'en pensez-vous ?

Il me passe la feuille manuscrite. Je lis : « La France est veuve... » Le texte fait ensuite allusion aux grands services rendus par de Gaulle au pays, 1940, 1944, 1958... Je remarque aussitôt qu'il ne mentionne pas 1968. Aucune allusion n'est faite à cette circonstance où de Gaulle a une fois de plus sorti le pays du mauvais pas. Naturellement, pour Pompidou, c'est lui le héros de 1968. Il oublie que le 29 mai, à l'heure du départ du Général, rien n'était résolu. C'est de Gaulle, et lui seul, qui a retourné la situation.

J'hésite à manifester mon étonnement. Le moment n'est pas opportun pour un débat sur ce sujet, mais ce n'est pas cette considération qui me retient. Je décide qu'il faut laisser apparaître Pompidou tel qu'il est, tel qu'il doit porter par la suite la responsabilité de cette omission volontaire.

Je lui rends la feuille sans un mot. Il m'interroge du regard. J'acquiesce en silence.

L'aide de camp rapporte l'exemplaire original des dernières volontés et une copie. Georges Pompidou me rend l'original.

Quelques minutes plus tard, Mme Dupuy entrera pour remettre au président un trousseau de clés et l'exemplaire qui vient du coffre de son appartement.

Il ouvre l'enveloppe soigneusement. Le regarde.

— Cet exemplaire porte le numéro un, me dit-il.

J'entrevois tout de suite le parti qu'il se propose de tirer de la situation. A ce moment même, en effet, Georges Pompidou arrête ses intentions. Il a été dix-sept ans plus tôt, en raison de ses fonctions de chef de cabinet, le dépositaire des dernières volontés du général de Gaulle. En les présentes circonstances, alors que les situations réciproques et que les rapports entre les deux hommes ont totalement changé, il s'apprête à tirer de sa possession d'un exemplaire de ces dispositions une preuve de la légitimité qui lui manque. En effet, sa mise à l'écart en 1968, la querelle des déclarations de Rome et de Genève, le silence du Général lors de la campagne présidentielle de 1969, tous ces faits ont entamé son image d'héritier, de successeur. Produisant aujourd'hui le testament que de Gaulle lui a confié, il apparaît comme son exécuteur testamentaire, comme le dépositaire de ses volontés personnelles, ce qui efface les épisodes désagréables du passé et, sur le plan politique, lui apporte une aide d'importance.

Le calcul perce déjà à cet instant où la nouvelle vient tout juste de nous frapper.

Je préviens alors que la famille du Général se réserve, bien entendu, de communiquer à la presse le contenu de ce document.

L'aide de camp annonce le Premier ministre. Celui-ci a été prié une heure plus tôt de se rendre à l'Elysée. Le motif de cette convocation ne lui a pas été donné.

Chaban entre et, stupéfait de ma présence en ce lieu et à cette heure, comprend qu'un drame s'est produit. Il s'arrête.

— Oh, Pierre, dit-il. Le Général ?

— Oui, il est mort hier soir.

Jacques Chaban-Delmas marche vers moi les mains tendues.

Je lui raconte, en quelques mots, ce qui s'est passé.

— C'est terrible.

Chaban-Delmas est vraiment bouleversé.

— Rien ne sera plus comme avant, dit-il les larmes aux yeux, nous sommes seuls maintenant.

Nous détournons nos regards.

— Voici les volontés du Général, déclare Pompidou en lui tendant son exemplaire. Elles datent de 1952, Pierre vient de me dire qu'elles sont toujours valables.

Chaban lit.

— Quand aura lieu la cérémonie ?

— Ce n'est pas encore décidé, répond Pompidou. Pierre nous fixera.

— Sans doute ce soir, je précise.

— Que fait-on d'officiel ? questionne Chaban.

— Une cérémonie à Paris, une messe, peut-être, répond Pompidou. Mais il faut attendre avant de la fixer que la famille décide du moment de l'enterrement à Colombey.

— Bon. Attendons, alors.

Un silence.

L'aide de camp entre pour prévenir que la nouvelle de la mort du général de Gaulle vient d'être donnée par les postes de radiodiffusion.

Je suis choqué que Pompidou ne parle pas de se rendre immédiatement à Colombey. Je pense que cela aurait dû être son premier réflexe. Aussi j'interroge, car il ne paraîtrait pas convenable que le président de la République française ne se déplace pas pour rendre un hommage officiel, que ce président s'appelle Pompidou ou autrement.

— Vous ne pensez pas aller à Colombey ?

— Ce sera difficile, répond Pompidou.

Chaban et moi échangeons un regard.

— Il est impossible que vous n'y alliez pas, dis-je.

— Mais quand ? rétorque Pompidou. Cet après-midi, il faut laisser la famille. Demain, il y a les cérémonies du 11 novembre...

— Demain après-midi ; nous pourrions nous y rendre vous et moi, propose Chaban. En hélicoptère.

— Oui, peut-être demain après-midi, concède Pompidou.

— Voulez-vous demander à la famille du Général si Georges et moi pouvons venir demain après-midi à la Boisserie ? me demande Chaban.

— Je vous tiendrai au courant de la date des obsèques à Colombey et vous donnerai cette réponse dès que possible.

— Oui, nous ne déciderons rien avant, m'assure Pompidou.

Maintenant, je souhaite me retirer. L'atmosphère est pénible. Les arrière-pensées envahissent cette grande pièce où se sont passés tant d'événements. Compagnons d'une longue lutte, un sentiment unique eût dû habiter les trois hommes que nous étions.

— Je serai avenue de Breteuil d'où je vais rendre publiques les volontés du Général.

Il est environ 9 h 30 lorsque j'arrive avenue de Breteuil. Le fidèle et irremplaçable Xavier de Beaulaincourt a été appelé très tôt à Colombey ainsi que le colonel Desgrées du Loû, aide de camp. Heureusement, je trouve les collaboratrices, ponctuelles. Elles viennent d'être informées, elles sont bouleversées ; mais, avec le capitaine Sabot, elles seront particulièrement efficaces.

Le colonel d'Escrienne, le commandant Tallon et le colonel Lurin voudront bien aussi m'apporter leur aide, ainsi que Pierre-Louis Blanc qui se présentera sitôt appris la triste nouvelle.

Je suis à peine arrivé que Georges Pompidou m'appelle, il m'exprime sa préférence pour une visite à Colombey l'après-midi même.

— Cela ferait moins sensation que demain, me dit-il.

Je ne comprends pas, mais je pose la question à Philippe de Gaulle. Ce n'est pas possible ce jour même, pour des raisons familiales bien compréhensibles. Il me donnera dans l'après-midi la réponse de Mme de Gaulle pour une éventuelle visite le lendemain. Je transmets la réponse à Pompidou lui-même.

Il faut passer le texte à *l'A.F.P.* le plus tôt possible, mais soudain le téléphone se révèle totalement bloqué : la France entière se communique ses sentiments. Nos tentatives successives restent infructueuses.

C'est alors que Michel Jobert, secrétaire général de la présidence de la République, parvient à me joindre.

— Le président convoque un Conseil des ministres pour la fin de la matinée et souhaiterait lui réserver la primeur des volontés du général de Gaulle qui lui ont été remises. Ce texte serait ensuite rendu public.

Je réplique aussitôt :

— Ceci me paraît contraire à la volonté de la famille qui se considère comme dépositaire naturelle des volontés du Général. Toutefois, je vais informer le capitaine de vaisseau de Gaulle de ce projet, et je vous rappelle.

Je diffère toutefois la diffusion du texte et Philippe de Gaulle, que j'arrive à obtenir, confirme que c'est à la famille de rendre public un texte qui lui appartient. Il me presse d'en informer Jobert et de publier le texte.

Je rapporte aussitôt cette confirmation à Jobert. Il insiste en rappelant le vœu exprimé par Pompidou. Le ton monte un peu et nous nous quittons froidement parce que je lui rappelle que la famille a plus de droit que quiconque sur ce texte.

Pendant que je parle à Jobert, Pierre-Louis Blanc, à qui j'ai confié cette mission, réussit à atteindre *l'A.F.P. ;* il obtient Jean Mauriac et lui dicte le document.

Mauriac interrompt la réception pour nous annoncer que le service de presse de l'Elysée diffuse au même moment des photocopies toutes prêtes de l'exemplaire confié à Pompidou.

Se voyant contré sur son projet de déclaration solennelle en Conseil des ministres, Pompidou s'efforce de prendre les devants. Il y réussit, puisque *l'A.F.P.* annoncera que c'est l'Elysée et non le secrétariat particulier qui a communiqué le testament. Par une triste ironie, non dépourvue de sens, celui qui lit aux journalistes accourus à l'Elysée ce texte si personnel n'est autre que l'animateur de la campagne de Lecanuet contre de Gaulle en 1965.

J'apprendrai plus tard que c'est la direction de l'*A.F.P.,* à la demande du service de presse de Pompidou, qui a insisté pour que soit indiquée sur la dépêche la présidence de la République comme source du document.

Georges Pompidou, après le départ du Général, n'avait pas su choisir entre une étroite fidélité et une complète liberté d'attitude. L'ombre de De Gaulle ternissait son soleil mais il ne pouvait s'en séparer, elle lui était attachée plus que la sienne propre. De Gaulle venait de mourir, Pompidou allait-il exister ?

L'on connaît la question posée par Pompidou recevant en février 1971 son éditeur qui avait été celui du Général :

— Quand est-ce, monsieur, que le fait de publier des ouvrages sur le général de Gaulle sera, enfin, une très mauvaise affaire commerciale * ?

La porte du modeste appartement du rez-de-chaussée de l'avenue de Breteuil s'ouvre maintenant sur les amis. Ni les uns ni les autres ne parviennent à contenir leur émotion et le spectacle est sans doute insolite de ces rudes gaillards qui s'embrassent en pleurant.

Devant l'affluence des messages dont la rue de Solférino m'informe, je fais installer sous le porche de l'immeuble des registres sur lesquels les Parisiens pourront apposer leur signature. La préfecture de police, pour canaliser une queue vite devenue longue de trois cents mètres, va placer des barrières.

Mais déjà se manifestent les intérêts particuliers et l'on me téléphone pour réserver des places d'honneur aux obsèques, l'on se préoccupe de l'ordonnance de la cérémonie et des préséances.

Je réponds sans doute brutalement à ces correspondants.

Philippe de Gaulle m'annonce son départ et me fait part de son étonnement que l'on présente comme provenant de l'Elysée le texte du testament. Je lui raconte ce qui s'est passé. Nous déplorons ensemble de pareilles manœuvres en un tel moment.

— Vous savez, la politique...

Vers 13 h 15, j'apprends avec une extrême surprise par la télévision que le gouvernement a décidé d'organiser une cérémonie le samedi 12 novembre à 11 heures à Notre-Dame de Paris alors qu'il avait été formellement convenu, dans le bureau de Pompidou et avec Chaban, que rien ne serait décidé avant la fixation par la famille de la date des obsèques à Colombey.

Naturellement, le président de la République fait largement état du fait qu'il était dépositaire des dernières volontés du général de Gaulle.

J'appelle l'Elysée et obtiens Mme Dupuy. Je désire parler au président. Celui-ci déjeune. Je demande alors à mon interlocutrice de lui faire part de mon étonnement qu'une date et une heure aient été arrêtées pour une cérémonie officielle alors que la famille n'avait pris encore aucune décision quant à la date et l'heure des obsèques à Colombey.

Naturellement, il ne s'agit pas d'un malentendu mais de l'application d'un plan délibéré.

Philippe de Gaulle a lui aussi entendu la nouvelle, il m'appelle pour me dire qu'il est choqué par le procédé et que dans ces

---

* *Délit de vagabondage,* Marcel Jullian, Grasset.

conditions il n'y aura personne de la famille à la cérémonie officielle.

A la demande de Philippe de Gaulle, je fais savoir à Mme Dupuy que la famille ne sera pas présente et qu'il est inutile que M. Pompidou prenne la peine de me rappeler.

Le défilé des fidèles n'a pas cessé. Des dizaines de personnalités viennent se mettre à notre disposition.

Je me trouve quelques instants seul. Je sens que, pour la France, en ce jour, l'Histoire bascule. Du vivant du Général, ni le chef de l'Etat ni le Premier ministre ni personne ne pouvaient dépasser certaines limites dans le compromis et l'abandon. L'œil de Colombey les surveillait et la menace d'une réaction planait en permanence. Dès cette heure, nous entrons dans l'après-de Gaulle. Les vannes à tous les accommodements et à tous les renoncements sont ouvertes. Le flot va se former, grossir et déferler. Combien serons-nous pour l'arrêter ?

Les visites se multiplient et les questions les plus diverses s'abattent sur nous. C'est en effet vers l'avenue de Breteuil que convergent les journalistes.

Vers 5 heures, Philippe de Gaulle m'appelle. Il est calme et précis. La cérémonie à Colombey est fixée au samedi, presque à la même heure que celle choisie pour la manifestation officielle.

— Ainsi, me dit-il, la volonté du Général sera respectée, il n'y aura ici que des fidèles, et pas d'officiels.

Je comprends que c'est là la réponse de la famille à la manœuvre. Puisqu'on a voulu accaparer l'événement, on s'en est exclu soi-même.

Le président de la République et le Premier ministre, puisqu'ils en ont exprimé le désir, sont attendus à 4 heures le lendemain à la Boisserie.

Beaulaincourt et Desgrées du Loû s'occupent de l'organisation de la messe dans la petite église et le général de Boissieu a pris contact avec le ministre des Armées pour l'aspect militaire de la cérémonie. Il me demande de faire assurer le service d'ordre aux abords et dans l'église, et souhaite que je m'entretienne avec le préfet de la Haute-Marne des problèmes que pourrait poser la venue de nombreux participants.

J'exprime ma tristesse d'être retenu à Paris. Il est convenu que je viendrai le lendemain en début d'après-midi.

D'innombrables questions nous assaillent, ne serait-ce que le retour rapide de l'un des petits-fils du Général en voyage aux Etats-Unis et que nous ne savons où joindre.

Avec Jules Muracciole, secrétaire général de la Chancellerie de la Libération, nous réglons la participation des Compagnons.

Nous recevons encore de nombreux appels de personnalités soucieuses de la place qui leur reviendra.

Le jour se termine sur beaucoup de sincérité dans tous les témoignages, mais sur beaucoup d'attitudes, déjà.

Le lendemain matin, j'apprends de Sonia Eloy, qui dirige avec cœur et efficacité l'Association nationale en mon absence, que de nombreuses délégations viendront de province.

Curieusement, les informations diffusées aux premières heures présentent le déplacement vers Colombey comme très difficile. Certains bulletins déclarent même que l'accès du village et de l'église ne sera pas libre. D'où viennent ces renseignements susceptibles de dissuader ceux qui le souhaitaient de se rendre sur place ?

Je me mets aussitôt en rapport avec le préfet de la Haute-Marne. Il craint des embouteillages sur des routes enneigées ou verglassées. Pour l'instant, les voies d'accès sont très praticables. Je lui demande donc de faire en sorte qu'aucun obstacle ne soit mis à l'arrivée des délégations et des particuliers. J'insiste pour que les informations venant de ses services ne soient pas décourageantes. Il est réticent. Aurait-il reçu des instructions ?

Je fais part de la situation au général de Boissieu et lui suggère qu'une intervention soit faite auprès des autorités pour rappeler la volonté du Général : Que le peuple de France soit libre de lui rendre hommage.

Le soir même, à la préfecture, j'aurai une explication orageuse avec le préfet. J'ai nettement le sentiment qu'on souhaite, en haut lieu, minimiser la participation des Français à la cérémonie du lendemain. Non sans mal, j'obtiendrai que les instructions données à la gendarmerie soient modifiées et je réussirai à faire annoncer que l'accès du village sera ouvert à tous.

Mon interlocuteur se révèlera par la suite très bien intentionné. Sans doute était-il pris, ce jour-là, entre deux feux. De plus, une série de personnalités lui ayant, sans discrétion, annoncé leur arrivée, il se voyait contraint d'organiser un dîner, de prévoir le logement de tous ces pontifes surtout soucieux, en ces tristes circonstances, d'un accueil officiel et de leur confort.

Longue matinée du 11 novembre. Je me souviens qu'il y a trente ans, à l'appel de De Gaulle, nous affrontions les Allemands sur les Champs-Elysées. Les étapes du rude chemin vers la dignité me reviennent en mémoire.

Dans dix ans, dans vingt ans, que restera-t-il du renouveau que nous venons de vivre ?

A l'heure du déjeuner, ma femme et moi, nous prenons la route. La grille de la Boisserie s'ouvre. Une angoisse m'étreint. Philippe de Gaulle et le général de Boissieu nous accueillent ; puis, dans le salon, au pied du long cercueil, Mme de Gaulle et sa fille.

⁂

Charles de Gaulle avait sur les hommes et le monde une vision d'écrivain.

Ce qu'il pensait des caractères relevait du moraliste. La façon dont il appréciait les situations lui était inspirée par le dramaturge. Pas un dialogue ou un conflit qui ne prît avec lui les sonorités et les dimensions d'un affrontement sur l'essentiel.

Ses positions politiques, il les exprima par des écrits. C'est par le cheminement de la plume sur le papier, dans le silence d'un cabinet, qu'il marqua son temps. Appels, proclamations, discours, tout cela fut rédigé soigneusement en choisissant les mots et les formules.

L'analyse construite sur de nombreux entretiens, sa conviction faite, le calme l'entourant, il affronte la feuille blanche. Il va ciseler sa pensée, arrêter la forme et la dimension de ses actes. Il écrira d'abord et agira ensuite.

Son dialogue avec la France a d'abord été épistolaire. Elle était une dame lointaine, lui un combattant guerroyant pour son service. De son bureau, entouré d'étrangers, il correspondait avec une silhouette dont il idéalisait les traits et la personnalité : Madame, il est ici quelqu'un qui pense à vous ; « Maintenant, j'entends la France me répondre... » La correspondance dura quatre années, la durée d'une croisade en somme, et ils se retrouvèrent. Minute d'angoisse, l'amour serait-il aussi grand de près que de loin ? La réponse fut donnée à Bayeux et le long des Champs-Elysées.

Mais de Gaulle continue à lui envoyer des lettres ; il les lisait et cela donnait des discours. Ainsi, il lui a raconté une légende dont elle était l'héroïne et, lorsque la réalité ne répondait pas à la vision, il s'en étonnait.

A force d'entendre des éloges, la France finit par les croire. Elle y crut si fort qu'elle devint presque semblable à ce qu'il contait d'elle.

Toutes les formes de l'action de Charles de Gaulle ont une source, une expression et un prolongement littéraires.

La littérature le passionnait. Il lisait beaucoup et la surprise est grande de découvrir les nombreuses lettres écrites par lui aux auteurs. Pour les grands écrivains, cela se comprend, mais il est de modestes prosateurs qui possèdent et qui gardent, plié sur leur cœur, un mot autographe. Comment imaginer de Gaulle, alors qu'il constitue le centre d'une intense activité politique, assis derrière son bureau, et absorbé par la rédaction d'une missive au petit écrivain inconnu qui lui a fait l'hommage de ses sonnets !

Quant à l'Académie, nous savions qu'il la prenait au sérieux et que son rôle de protecteur lui causait du souci. Lorsqu'il décida de lui rendre visite, il revêtit l'habit pour honorer la compagnie qui le recevait tout de vert habillée. Nous traversâmes Paris à 3 heures de l'après-midi, vêtus de nos gilets et de nos cravates blanches, sous l'œil narquois des badauds.

Les étapes de sa vie tiennent sur un rayon de bibliothèque ; sous sa signature, tout y est dit, y compris, à qui sait lire, ses recommandations pour l'avenir.

Il rédigeait l'histoire l'avant-veille et la veille, et il faisait en sorte qu'elle devînt réalité le lendemain.

La zone de silence et d'immobilité que de Gaulle s'est employé à établir autour de lui est celle qui est nécessaire à tout écrivain soucieux de rassembler ses pensées pour les graver péniblement de sa main. Ces remparts qu'il a construits pour acquérir la sérénité ont été souvent considérés comme une manifestation de dédain pour le monde extérieur. Je crois qu'il n'en était rien. La création est un acte qui réclame une intense concentration et de Gaulle, penché vers l'avenir, faisait œuvre de créateur.

Que concevait-il seul dans son bureau pendant des heures si ce n'étaient les objectifs et surtout les voies, les moyens et la meilleure façon d'entraîner l'un des peuples le plus capricieux de l'univers ?

La distance qu'il établissait entre lui, les individus et les événements représentait l'éloignement indispensable à tout observateur qui veut saisir une scène et son environnement.

La solitude, il se l'imposait pour que son esprit demeure tout entier disponible et tout entier attaché aux desseins du futur.

De ses milliers de phrases, de ce que j'ai eu le privilège de connaître de lui, je prends la liberté de tirer quelques réflexions.

Ce que de Gaulle portait en lui, c'était aussi une certaine idée de lui-même. La conviction qu'il était voué à une « destinée éminente et exceptionnelle » le concerne lui ; cette certitude ne l'a sans doute pas quitté et explique la rugosité de son caractère et l'aisance avec laquelle il se mêlait de ce qui ne le regardait pas, ne s'embarrassant pas des hiérarchies et bousculant allègrement les potiches.

Cette certaine idée de son propre personnage lui a permis

de trouver le bon chemin lorsque la confusion et le défaitisme submergeaient tout. Et les événements, voire la chance, le confortèrent dans la certitude qu'il était désigné. Echapper à l'accident d'avion d'octobre 1940, passer entre les balles de la Libération, sortir indemne des deux attentats effectifs dont il fut l'objet, sans parler de sa santé et de son endurance. Et s'appeler de Gaulle !

Incontestablement, une étoille brillait quelque part. Cette conception qu'il se faisait de son « emploi », comme on dirait au théâtre, s'est renforcée de son isolement. Etant devenu le premier dans l'exil envers tous et contre tous, il se condamna à l'exemplarité et en chaque circonstance s'observait et se jugeait de l'extérieur.

Cette transcendance de soi-même qui habite chaque homme, c'est celle qui fait agir, celle qui engendre les savants, les artistes, les poètes et les héros.

Guillaumet s'échappant des Andes après un incroyable effort et constatant : « Ce que j'ai fait, jamais aucune bête ne l'aurait fait » ; Moulin martyrisé par une lamentable brute et refusant d'ouvrir la bouche...

Ainsi de Gaulle, se dépassant lui-même, et se disant, le 18 juin : « et maintenant je suis un homme différent, mon comportement doit s'élever au-dessus des contingences »... Et tenant ce défi pendant trente ans. Trente ans !

Il s'était créé ainsi une impérieuse obligation, celle de rester inflexible, sinon de quels sarcasmes lui-même se serait-il couvert. Il connaissait bien les épithètes appropriées aux pantins et autres acrobates pour s'en être servi abondamment à l'usage des autres.

Il était démocrate. Peut-être ne l'avait-il pas toujours été ? Je pense que la guerre de 1914-1918 et ce qu'elle représentait de brassages et de sacrifices communs n'avait pas été sans le convaincre que la France telle qu'elle était, c'est-à-dire après avoir guillotiné son souverain et donné beaucoup de son sang à la République, ne s'accommoderait d'aucun autre régime. Et puis c'est le peuple qui, par son engagement, avait donné son vrai visage à la Résistance. Peut-être était-il démocrate par raison. Quoi qu'il en soit, cette raison a constamment commandé ses choix.

Son temps fut celui du dialogue et de la concertation, voire de la contestation qui n'en est somme toute que le degré supérieur. Chaque pas en avant donnait lieu à une question posée et à une réponse obtenue.

Utilisant les moyens tout récemment offerts par la technique, il a fait entrer une nouvelle composante dans l'art de gouverner les peuples, celle que représente l'opinion. Cette donnée supplémentaire fera partie de toutes ses combinaisons. Avec elle, il établira le contact par tous les moyens possibles et se servira d'elle pour contrebalancer les élites qui le bouderont du premier au dernier jour.

Bourgeois, catholique et traditionaliste, il heurtera constamment la classe dirigeante, l'Eglise et les conservateurs. Voilà le premier chef d'Etat républicain qui entend la messe tous les dimanches et il trouvera toujours, ou presque, les évêques en travers de sa route ! Fait remarquable et dont l'explication remonte sans doute à l'engagement de l'Eglise à la suite de Pétain.

C'est le peuple, qu'il a su associer à son action, qui dans les grandes crises arbitrera en sa faveur.

Et les partis politiques, à l'évidence, ne lui pardonneront pas cet exercice d'une démocratie directe qui administre la preuve de leur inconsistance.

Qui, plus que lui, même à l'époque des extrêmes tensions, a respecté la liberté de la presse ? De combien de traits pourtant cette presse ne l'a-t-elle pas percé et avec une persévérance digne d'un meilleur objet. Aujourd'hui, menacée, elle parle avec émotion, l'œil humide, du temps de De Gaulle. Ce pourrait être comique si ce qui est en cause ne se trouvait pas primordial.

De Gaulle prenait toutes les libertés possibles dans la manœuvre mais ne cédait jamais sur les principes qui dictaient son action.

Ces principes sont constamment présents depuis *La discorde chez l'ennemi* jusqu'aux dernières lignes des *Mémoires d'espoir*. Ils sont peu nombreux mais concernent toute la vie publique nationale ainsi que la position et la vocation de la France dans le monde.

Pour les questions intérieures, c'est la séparation des pouvoirs et la dignité de l'homme. Pour l'extérieur, c'est l'existence de la France, la réalité de sa mission universelle et, par conséquent, la nécessité absolue de son indépendance.

Ces notions de base ont commandé toutes les initiatives et décisions de Charles de Gaulle. Elles ont pris d'innombrables aspects mais il n'a jamais transigé avec elles.

De Gaulle a écrit en 1924 : « A la guerre, à part quelques principes essentiels, il n'y a pas de système universel, mais seulement des circonstances et des personnalités. * » Cette déclaration ne trouve aucun démenti dans les trente années de la vie politique de son auteur. Certes, il s'est trouvé des circonstances et des personnalités, ô combien diverses, mais les principes l'ont toujours emporté.

---

* *La discorde chez l'ennemi*, p. 20.

Savoir s'il existe une doctrine « gaulliste » est une querelle sans objet. Elle est menée par ceux que cela arrange parfois de nier sa réalité. On a vu souvent ces mêmes détracteurs brandir en certaines occasions cette doctrine soi-disant inexistante pour étayer l'une ou l'autre de leurs manœuvres ! Une doctrine, n'est-ce pas un ensemble de principes susceptibles de s'appliquer aux situations multiples qu'impose la vie des peuples ? Chez de Gaulle, la présence de ces principes est évidente. Du respect de ces quelques notions essentielles, il a fait sa règle de vie, et avec quelle cruelle ironie ne parle-t-il pas des hommes qui ont prêté de successifs serments à de successifs pouvoirs.

Ces notions se voient d'ailleurs chaque jour rappelées et commentées par le monde entier.

Ce sont les vicissitudes du parcours qui ont sans doute fait découvrir à de Gaulle la puissance d'attraction que présente la cohérence de l'action. Les contraintes de notre époque favorisent la propension naturelle des hommes à disperser leur attention et leurs intérêts. Les états d'âme et par conséquent les croyances évoluent, se transforment, changent, et la présence d'une conviction immuable exerce une espèce de fascination sur les esprits surchargés de nos contemporains. L'évocation répétée et la référence constante aux mêmes idées fondamentales finissent par forcer la considération et recueillir l'adhésion. On porte estime à celui qui ne se contredit pas ; on peut se laisser séduire par une belle envolée, mais le moment de la réflexion venu, le flot passé, les rocs seuls demeurent.

Cet attachement à certaines valeurs, cette confiance dans le réel et le solide sont des traits que l'on trouve souvent chez les femmes et de Gaulle a largement bénéficié de l'appui de cette moitié du corps électoral auquel il avait donné le droit de s'exprimer.

Oui, les principes, à condition de s'y tenir, ont une force devant laquelle échouent les assauts des opportunistes les plus brillants.

De Gaulle portait en lui une formidable capacité d'espérance.

Aux pires moments, il n'a jamais désespéré de l'avenir. A la veille de sa mort, il espérait encore et travaillait pour la jeunesse. C'est là aussi un des traits principaux de son caractère. On peut appeler cela l'optimisme ou la foi, c'est selon.

Mais de 1940 à 1970, l'homme a changé.

Dans les péripéties de la défaite, on le sent encore intimidé par le prestige et l'aplomb des hommes politiques. Sa voix s'élève mais il est un nouveau venu et il lui manque l'autorité que donne un passé public dans un cercle qui depuis vingt ans collectionne les mandats et les portefeuilles.

Ensuite, grandit en lui le complexe d'être rejeté par le milieu dont il est issu.

En 1944, 1945, bien que la gloire l'entoure, il sait que les volets des belles maisons restent fermés lorsqu'il passe et, quand les vieux comédiens du théâtre parlementaire, sortis de leurs cachettes, s'efforcent de le neutraliser, il ne les bouscule pas, il ne leur dit même pas ce qu'il pense, il se retire. Peut-être est-il encore impressionné par les truquages de la scène.

Mais la « coopérative de conservation » qu'est la IVe République se défendra et les efforts du Général pour se concilier les notables resteront vains.

C'est seulement en 1958 que, sur le terrain politique, il disposera de tous ses moyens. Il sait ce que vaut l'aune de professionnels de la tribune et manœuvrera sans se laisser impressionner par quiconque. Il est courtois, respectueux de la règle et des traditions mais « le processus nécessaire à l'établissement d'un gouvernement républicain », il l'entame tout seul sans craindre de piétiner les plates-bandes ni de renverser les statues.

Dix ans plus tard, en pleine tempête, il laissera la barre à un autre, ce qu'il regrettera ensuite très vivement.

Dans sa méthode d'action, on retrouve le militaire, le responsable qui connaît ses moyens, profite des faiblesses de l'ennemi et utilise le terrain. Le plus souvent, il porte le combat là où l'opposant ne l'attend pas. Il y a peu d'affrontements mais combien de manœuvres par les ailes, de diversions et d'enveloppements. La surprise est son arme principale.

Il surgit, prenant l'adversaire à contre-pied. Si l'affaire s'engage mal, il se retire, mais pour réapparaître ailleurs en brandissant un argument inattendu.

Ces opérations ne sont pas dues au hasard ou à une improvisation hâtive, elles sont le résultat d'une réflexion et l'application d'une méthode. Dans bien des cas, la trame est visible. Il faut, dans cette optique, relire ses discours où l'on retrouve parfois les classiques paragraphes des ordres de bataille.

Charles de Gaulle était un être modeste. Malgré la mission dont il se sentait investi, malgré quelques succès notables pour ne pas dire retentissants, malgré la conscience de ses capacités, il est demeuré humble devant l'événement et devant les hommes. Il ne se sentait pas infaillible face aux situations et il n'écrasait pas les individus de son poids.

Je le rappelle une dernière fois, à la poursuite de la vérité, il observait avec minutie et écoutait avec une profonde attention. Rien n'était superflu à son analyse. Un homme à l'esprit honnête, personnage d'une extrême rareté.

Cet homme cultivé, profondément attaché aux traditions et aux valeurs du passé, s'est aussi trouvé à la pointe du progrès intellectuel. Il a épousé son temps. Certains s'en étonnent. L'explication de cette apparente contradiction, je la trouve dans le souci constant qui l'habitait de ne pas s'éloigner des réalités.

Il avait lutté presque constamment contre les théories ignorantes des faits et, par son effort pour apercevoir ceux-ci, les analyser et en tenir compte, il était amené à se trouver loin en avant de tous ceux qui, pour accepter l'évolution, attendent que les tempêtes bouleversent ce qui est en place.

Toute son attitude devant l'événement est résumée dans sa formule : « La politique n'est rien d'autre que l'art des réalités. » *

Il a abordé la vie publique avec la modestie de l'écrivain devant son sujet. Les idées présentes, tout s'oppose à leur expression ; l'objectif en vue, mille obstacles surgissent.

Comme l'artiste devant l'impossibilité d'exprimer la beauté, il doutait de son talent et de son pouvoir de faire sortir l'œuvre du néant.

Pour nous, de Gaulle a façonné une France. Elle était belle, elle nous a fascinés, nous l'aimions. Nous rêvons souvent d'elle.

Le patriotisme de De Gaulle n'était pas un sentiment aveugle ; il procédait de la raison autant que du cœur. Sa famille, ses parents, lui-même se trouvaient liés à une communauté par des dons reçus et des sacrifices consentis. Cette communauté possédait un passé que la générosité, le courage, l'intelligence avaient tour à tour inspiré. Nulle autre ne présentait tant de richesses. Comment ne pas l'aimer ? Et toute grande âme brûle de servir une grande cause : le rôle de la France dans le monde.

De Gaulle connaît l'enthousiasme de l'époque des pantalons rouges, puis la résolution des hommes bleu horizon ; ceux en kaki

* 25 février 1953. In *Discours et messages,* t. II, p. 564.

vécurent l'humiliation mais aussi la libération. A chaque temps son style.

En 1960, c'est le rayonnement de la culture, le droit des peuples à l'autodétermination, la coopération, la défense de la paix. Pour cette œuvre immense, la France convient.

Et si la France apportait la solution de la participation au conflit de l'homme et de la machine, ne serait-ce pas aussi grand que les droits de l'homme ?

Pourquoi de Gaulle paraît-il exceptionnel parmi les hommes exceptionnels ?

Intelligence, capacité d'analyse, courage, bien sûr, il possédait tout cela. D'autres aussi. Ce qui le singularise, c'est son détachement, l'indifférence qu'il a toujours manifestée pour les biens de ce monde, au sens le plus large. Biens matériels, position, honneurs, pouvoirs...

A aucun moment, il n'a craint de se retrouver seul dans une modeste pièce. Son sens de l'esthétique, son idée de la grandeur, résidaient dans cette capacité à demeurer identique à lui-même dans le salon des ambassadeurs comme dans son étroit bureau de Colombey.

Cette dignité qui s'accommode des ors comme du dépouillement, elle est partagée par toute sa famille. Les manuscrits et les souvenirs seront donnés, et les héritiers ne seront pas à l'abri des difficultés matérielles.

Sa main est toujours restée sur la poignée de la porte. Ses concitoyens savaient qu'il ne s'agissait pas là d'une attitude, qu'il n'envisageait de rester que si la situation lui paraissait compatible avec ses certitudes.

Cette permanente capacité à rentrer chez lui, à « retourner dans son village », à s'enfermer avec lui-même, a donné sa dimension incomparable à l'homme d'Etat.

Ce désintéressement pour sa personne, la conscience de sa mission, s'alliaient pour produire ce mélange inhabituel de fierté et de modestie qui intriguait et séduisait si fort.

Non, de Gaulle n'était pas un double personnage, la combinaison de deux natures. Il ne vivait pas un conflit intérieur. Il ne s'encombrait pas, il allait, de son pas, vers l'objectif qu'il s'était choisi. Il ignorait sans doute bien des raccourcis et ne voulait pas voir les panneaux porteurs d'interdictions. Il ne se souciait pas d'être abattu en chemin. S'il n'arrivait pas, eh bien tant pis, il aurait fait ce qu'il avait pu.

Il n'était pas compris de tous ; l'on peut même affirmer qu'il marchait souvent seul. Malgré les huées, il continuait,

Enfin, le général de Gaulle peut être classé parmi les affectifs. Cela surprendra. Les sentiments personnels, en effet, demeurent le plus souvent cachés mais apparaissent, parfois, de façon fulgurante.

L'affection, l'amitié, la compassion interviennent constamment chez lui. En creusant un peu, on les trouve. Souvent, la raison d'Etat est passée la première et les a dissimulées, mais, sacrifiées, elles étaient présentes. Et c'est sans doute parce qu'il connaissait lui-même la sensibilité de son âme qu'il se tenait à l'abri des effusions. Si celles-ci lui déplaisaient, c'est qu'il les craignait.

Voilà ce qu'ont découvert tous ceux qui ont approché de Gaulle avec leur cœur.

***

Quand le Général est mort, en novembre 1970, de tous les hommes-vedettes qui tournaient dans la lumière, lequel était capable d'un 18 juin, lequel disposait de la force de caractère, du rare courage de faire passer ses idées avant son ambition ? Lequel résisterait à la tentation des renoncements et par conséquent, lequel accepterait, pour le respect de ses convictions, de se voir écarté ?

Aujourd'hui, chacun sent que la France de 1979 n'a rien de commun avec celle de De Gaulle.

En ce jour glacé de novembre, dans l'église de Colombey, je compris combien il serait dur et dangereux de rester fidèle à soi-même.

Si certains, si beaucoup ont déjà dérivé, les Françaises et les Français ne se trompent, ni ne doutent. Ils font la part de la fidélité et de la comédie, ils savent intimement ce que l'homme du refus entendait par « une certaine idée de la France », ils gardent cette image comme chacun garde toujours une espérance secrète.

L'histoire des huit années qui vont suivre sera celle d'une lutte qui explique nombre d'événements et éclaire la personnalité d'un certain nombre d'acteurs connus ou inconnus. Une lutte pour des idées, mais aussi pour une philosophie de l'action politique. Deux conceptions de la chose publique s'y opposeront. L'affrontement n'est pas sans précédents mais la France, qui l'avait oublié, en connaît à nouveau les péripéties.

Il est trop tôt pour écrire cette histoire. Toutefois, dès maintenant, l'on peut annoncer, sans risque d'indiscrétion, qu'il s'agit d'une fresque illustrant la petitesse des hommes.

Si de Gaulle lisait les lignes qui terminent ce récit, il questionnerait avec un discret sourire, en inclinant la tête et en mordant sa lèvre inférieure : « Ça vous étonne ? »

TABLE DES MATIERES

ACHEVÉ D'IMPRIMER
LE 29 JUIN 1979
SUR LES PRESSES DE
L'IMPRIMERIE HÉRISSEY
A ÉVREUX (EURE)

N° d'éditeur : 10487 — N° d'imprimeur 24082
Dépôt légal : 1er trimestre 1979
Imprimé en France